21世纪高等学校规划教材 | 信息管理与信息系统

信息资源管理
（第四版）

张 凯 等 主编

清华大学出版社
北京

内 容 简 介

本书内容包括信息资源管理概述、信息资源过程管理、信息资源管理法规、网络信息与大数据资源及配置、信息资源管理技术、信息资源标准化管理、信息系统资源管理、信息产业的组织管理、政府信息资源管理、市场信息资源管理、企业信息资源管理和经济信息资源管理案例。

本书可作为高等院校信息管理类及相关专业，特别是财经商贸院校的"信息资源管理"课程的教材或教学参考书，也可作为信息资源管理学者和广大信息资源用户的参考书。

本书封面贴有清华大学出版社防伪标签，无标签者不得销售。
版权所有，侵权必究。举报：010-62782989，beiqinquan@tup.tsinghua.edu.cn。

图书在版编目(CIP)数据

信息资源管理/张凯等主编. —4版. —北京：清华大学出版社，2020.11(2024.1重印)
21世纪高等学校规划教材·信息管理与信息系统
ISBN 978-7-302-56035-7

Ⅰ. ①信… Ⅱ. ①张… Ⅲ. ①信息管理－高等学校－教材 Ⅳ. ①G203

中国版本图书馆CIP数据核字(2020)第127051号

责任编辑：闫红梅　张爱华
封面设计：傅瑞学
责任校对：胡伟民
责任印制：曹婉颖

出版发行：清华大学出版社
　　网　　址：https://www.tup.com.cn，https://www.wqxuetang.com
　　地　　址：北京清华大学学研大厦A座　　　　　邮　编：100084
　　社 总 机：010-83470000　　　　　　　　　　　邮　购：010-62786544
　　投稿与读者服务：010-62776969，c-service@tup.tsinghua.edu.cn
　　质量反馈：010-62772015，zhiliang@tup.tsinghua.edu.cn
　　课件下载：https://www.tup.com.cn，010-83470236

印 装 者：河北鹏润印刷有限公司
经　　销：全国新华书店
开　　本：185mm×260mm　　印　张：22.75　　字　数：565千字
版　　次：2005年9月第1版　　2020年11月第4版　　印　次：2024年1月第6次印刷
印　　数：9001～11000
定　　价：59.80元

产品编号：083666-01

出版说明

随着我国改革开放的进一步深化，高等教育也得到了快速发展，各地高校紧密结合地方经济建设发展需要，科学运用市场调节机制，加大了使用信息科学等现代科学技术提升、改造传统学科专业的投入力度，通过教育改革合理调整和配置了教育资源，优化了传统学科专业，积极为地方经济建设输送人才，为我国经济社会的快速、健康和可持续发展以及高等教育自身的改革发展做出了巨大贡献。但是，高等教育质量还需要进一步提高以适应经济社会发展的需要，不少高校的专业设置和结构不尽合理，教师队伍整体素质亟待提高，人才培养模式、教学内容和方法需要进一步转变，学生的实践能力和创新精神亟待加强。

教育部一直十分重视高等教育质量工作。2007 年 1 月，教育部下发了《关于实施高等学校本科教学质量与教学改革工程的意见》，计划实施"高等学校本科教学质量与教学改革工程"（简称"质量工程"），通过专业结构调整、课程教材建设、实践教学改革、教学团队建设等多项内容，进一步深化高等学校教学改革，提高人才培养的能力和水平，更好地满足经济社会发展对高素质人才的需要。在贯彻和落实教育部"质量工程"的过程中，各地高校发挥师资力量强、办学经验丰富、教学资源充裕等优势，对其特色专业及特色课程（群）加以规划、整理和总结，更新教学内容、改革课程体系，建设了一大批内容新、体系新、方法新、手段新的特色课程。在此基础上，经教育部相关教学指导委员会专家的指导和建议，清华大学出版社在多个领域精选各高校的特色课程，分别规划出版系列教材，以配合"质量工程"的实施，满足各高校教学质量和教学改革的需要。

为了深入贯彻落实教育部《关于加强高等学校本科教学工作，提高教学质量的若干意见》精神，紧密配合教育部已经启动的"高等学校教学质量与教学改革工程精品课程建设工作"，在有关专家、教授的倡议和有关部门的大力支持下，我们组织并成立了"清华大学出版社教材编审委员会"（以下简称"编委会"），旨在配合教育部制定精品课程教材的出版规划，讨论并实施精品课程教材的编写与出版工作。"编委会"成员皆来自全国各类高等学校教学与科研第一线的骨干教师，其中许多教师为各校相关院、系主管教学的院长或系主任。

按照教育部的要求，"编委会"一致认为，精品课程的建设工作从开始就要坚持高标准、严要求，处于一个比较高的起点上。精品课程教材应该能够反映各高校教学改革与课程建设的需要，要有特色风格、有创新性（新体系、新内容、新手段、新思路，教材的内容体系有较高的科学创新、技术创新和理念创新的含量）、先进性（对原有的学科体系有实质性的改革和发展，顺应并符合 21 世纪教学发展的规律，代表并引领课程发展的趋势和方向）、示范性（教材所体现的课程体系具有较广泛的辐射性和示范性）和一定的前瞻性。教材由个人申报或各校推荐（通过所在高校的"编委会"成员推荐），经"编委会"认真评审，最后由清华大学出版社审定出版。

目前，针对计算机类和电子信息类相关专业成立了两个"编委会"，即"清华大学出版社计算机教材编审委员会"和"清华大学出版社电子信息教材编审委员会"。推出的特色精品教材包括：

(1) 21世纪高等学校规划教材·计算机应用——高等学校各类专业，特别是非计算机专业的计算机应用类教材。

(2) 21世纪高等学校规划教材·计算机科学与技术——高等学校计算机相关专业的教材。

(3) 21世纪高等学校规划教材·电子信息——高等学校电子信息相关专业的教材。

(4) 21世纪高等学校规划教材·软件工程——高等学校软件工程相关专业的教材。

(5) 21世纪高等学校规划教材·信息管理与信息系统。

(6) 21世纪高等学校规划教材·财经管理与应用。

(7) 21世纪高等学校规划教材·电子商务。

(8) 21世纪高等学校规划教材·物联网。

清华大学出版社经过三十多年的努力，在教材尤其是计算机和电子信息类专业教材出版方面树立了权威品牌，为我国的高等教育事业做出了重要贡献。清华版教材形成了技术准确、内容严谨的独特风格，这种风格将延续并反映在特色精品教材的建设中。

清华大学出版社教材编审委员会

联系人：魏江江

E-mail：weijj@tup.tsinghua.edu.cn

第四版前言

从 2005 年第一版开始,本书得到了广大师生的认可,发行量不断增加。尽管第三版也更新了不少内容,但第三版已经出版了 7 年。为感谢读者的厚爱,现决定出版第四版。

这次改版的原则也是基本结构不动,补充新的内容,修改过时的数据,适度调整局部结构。这次全书的改版工作由主编张凯独立完成,原书其他作者均未参与。

第四版修改的内容涉及以下几个章节。

第 1 章的 1.3.1 节和 1.3.3 节重写,1.4.2 节补充了新的内容。

第 3 章的 3.1.2 节重写,3.1.3 节删除。

第 4 章的标题改为"网络信息与大数据资源及配置",4.1~4.3 节未做大的改动。4.4 节改为"大数据资源",涉及大数据资源的采集、预处理、分析与挖掘、可视化、平台资源和应用。4.5 节改为"网络信息与大数据资源的安全",涉及网络信息资源的安全和大数据资源的安全与保护。

第 5 章重写。因为技术变化很快,这章的结构和内容调整很大,几乎全部更新。主要内容包括信息资源采集技术、信息资源存储技术、信息资源传输技术、信息资源处理技术、信息资源输出技术和信息资源安全技术。

第 7 章也做了较大调整。7.1~7.3 节的结构和内容改动较大。7.4 节删除。7.5 节改为 7.4 节,并在内容上有所调整。

第 8 章是本次修改的重点,其中大量历史数据都做了更新,相应的内容也做了调整。

第 9 章的 9.2.1 节进行了内容更新。

第 10 章的 10.1.4 节进行了内容更新。

第 11 章的 11.2 节删除了一些过时的内容,同时增加了一些新内容。

另外,对其他章节的错别字或遗漏进行了修改和补缺。

本书第四版面世后,敬请读者提宝贵意见。

本书的教学课件可以从清华大学出版社数字化教学资源平台(www.tup.com.cn)下载。

编　者

2020 年 7 月 1 日

第三版前言

时间很快,第二版已经出版了整整 5 年。从 2005 年第一版开始,本书得到了广大师生的认可,发行量不断增加。为感谢读者的厚爱,我们决定修订出版第三版。

这次修订的原则:基本结构不动,补充新的内容,修改过时的数据,删除多余的信息,局部结构调整。原书的其他作者(丁亚兰、张爱菊、阮新新、宋克振、肖慎勇、周巍、周朴雄、尹兰)这次未参加第三版的修改。由主编独立完成全书的修改工作。

第三版修改的内容:第 4 章增加了 4.5 节网络信息资源安全和保护,包括 4.5.1 节网络信息资源安全和 4.5.2 节网络信息资源保护。第 5 章信息资源管理技术手段的 5.4.1 节因特网变成为互联网及新技术,同时第 5 章增加了 5.5 节信息资源输出技术,涉及 5.5.1 节打印机、5.5.2 节数字复印件、5.5.3 节数码印刷技术和 5.5.4 节新型显示技术。第 8 章信息产业的组织结构管理,是本次修改的重点,其中大量历史数据都做了更新,部分观点也有了变化。第 9 章政府信息资源管理 9.2 节的结构做了微调,9.2.1 节政府信息化与行政管理改革和 9.2.3 节我国政府信息化的发展历程对换了,同时增加了 9.2.4 节政府信息公开与管理。第 10 章市场信息资源管理的 10.1.4 节网络市场信息资源增加了一些内容。第 12 章经济信息资源管理案例增加了 12.4 节企业竞争情报和 12.5 节企业市场。

再次请读者对本书第三版提出宝贵意见。

本书的教学课件可以从清华大学出版社网站(www.tup.com.cn)下载。如果读者还有什么特殊需要(包括课件、部分章节和图形表格的电子资料、教学计划、教学大纲、考试题、教学体会等),可以直接与我们联系,我们将尽量满足您的愿望。

编 者
2012 年 5 月 15 日

第二版前言

弹指间第一版已经推出整整两年，时间使我们认识到再版的迫切性。其理由有三：一是信息技术发展飞速，很多内容必须更新；二是读者的要求不断提高，上万读者的青睐使我们倍感肩上的压力巨大；三是清华大学出版社正在进行全方位多层次的品牌建设，其中一项重要内容就是数字化教学资源平台，它包括主教材、教师参考书、学习指导书、电子教案素材、CAI课件、数字课程资源等方面的内容。老实说，目前我们在许多方面距离客观要求还甚远。

为感谢读者的厚爱，这次改版的内容包括三个方面：一是部分章节内容的修改，主要是与时间有关的部分；二是增加了大量练习题以及参考答案，其形式包括：填空题、判断题、名词解释、简答题和论述题。所有的练习题都给出了参考答案，供学生学习和老师教学使用；三是提供了可在Word软件中随意修改内容的CAI课件和PowerPoint课件各一套，以方便老师的教学，这两套课件可以从清华大学出版社网站上下载，也可以与主编联系索取。

最后感谢多位合作者（丁亚兰、张爱菊、阮新新、宋克振、肖慎勇、周巍、周朴雄、尹兰）的再次努力，特别是周朴雄博士，他调往华南理工大学电子商务学院后依然克服困难参与了本次改版。另外，彭虎锋也参加了部分章节的修改和课件制作。感谢清华大学出版社为改版提出的具体要求和指导。

非常欢迎读者对本书的不足提出宝贵意见。

另外，为不断适应读者和经济发展的要求，我们将在第二版出版后，根据需要及时更新清华大学出版社数字化教学资源平台的内容。如果读者还有什么特殊需要（包括课件、试卷、背景资料、有关信息和教学体会等），请不要介意，可直接与我们联系，我们将尽量满足您的愿望。

编 者

2007年5月15日

第一版前言

2004年秋,清华大学出版社经过长时间策划,希望出版一套面向财经商贸类院校"信息管理与信息系统"专业的本科生教材,这种想法与编者不谋而合。作为财经商贸类院校的教师,我们深感目前市面上的教材与教育目标及现状存在一定的差距。财经商贸类院校的本科生毕业后将可能到财经商贸领域的企事业单位工作,如果能在本科阶段的课程学习中,有意识地让他们接触到一些这方面的信息资源管理知识,那对他们未来的工作将是非常有益的。

在与清华大学出版社编辑的沟通中,编者介绍了这本书在构思方面的三大特色,一是信息资源管理的基本理论的介绍,包括情报学、现代信息资源管理的基本理论;二是突出计算机理论和技术方面的特色;三是经济内容方面的特色。这种构思源于目前从事这个方面研究的人员结构特点决定的。据编者了解,目前,从事信息资源管理研究的人员大致分为三个派系,一是以前从事情报学研究的学者,代表人物如武汉大学的马费成教授;二是以前从事计算机方面的学者,代表人物如北京理工大学的甘仞初;三是以前和现在从事某个专业信息资源管理的学者。编者的想法得到了清华大学出版社的认同。

根据以上想法,这本书的内容共分3篇。第1篇为信息资源管理的基本概述,第2篇为信息资源管理的技术,第3篇为经济信息资源管理。

第1篇包括第1章信息资源管理概述、第2章信息资源过程管理、第3章信息资源管理法规、第4章网络信息资源配置与评价。

第2篇包括第5章信息资源管理技术、第6章信息资源标准化管理,第7章信息系统资源管理。

第3篇包括第8章信息产业的组织管理、第9章政府信息资源管理、第10章市场信息资源管理、第11章企业信息资源管理、第12章经济信息资源管理案例。

本书在编写中,由张凯编写出全书的大纲,周朴雄对大纲的修改提出了建设性的意见。本书大纲多次修改,它是全体编写人员集体智慧的结晶。本书由中南财经政法大学计算机系的张凯任主编,中南财经政法大学经济信息管理系的宋克振和周朴雄任副主编。各章的分工如下:张凯编写第4章、第6章和第10章;丁亚兰编写第1章和第2章;张爱菊编写第3章;阮新新编写第5章;宋克振编写第7章;肖慎勇编写第8章;周巍编写第9章;周朴雄编写第11章;尹兰编写第12章。最后,张凯对全书进行了审核、修改和定稿。宋克振、刘爱芳完成了全书的审校工作。部分本校2001级本科生参加了本书的试读,并提出一些宝贵意见。刘腾红教授也对本书给予了很多的关心并提出了宝贵的指导性意见。在此,对所有参加本书工作的人员和关心本书的学者表示衷心的感谢。

本书在编写过程中,参考和引用了大量国内外的著作、论文和研究报告。由于篇幅有限,本书各章节仅仅列举了主要文献。我们向所有被参考和引用论著的作者表示由衷的感谢,他们的辛勤劳动成果为本书提供了丰富的资料。

由于这本书是对"信息管理与信息系统"专业的本科生教材的一种探索,望读者对本书的不足提出宝贵意见。

编 者

2005 年 3 月 31 日

目 录

第1篇 信息资源管理的基本概述

第1章 信息资源管理概述 ····· 3
- 1.1 信息概述 ····· 3
  - 1.1.1 信息的定义 ····· 3
  - 1.1.2 信息的特性 ····· 3
  - 1.1.3 信息的类型 ····· 5
  - 1.1.4 信息的功能 ····· 6
- 1.2 信息资源 ····· 8
  - 1.2.1 信息资源的概念 ····· 8
  - 1.2.2 信息资源的特征 ····· 8
  - 1.2.3 信息资源的类型 ····· 10
- 1.3 信息资源管理 ····· 11
  - 1.3.1 信息资源管理发展阶段划分 ····· 11
  - 1.3.2 信息资源管理学的对象 ····· 12
  - 1.3.3 信息资源管理学的内容 ····· 14
- 1.4 国内外信息资源管理 ····· 15
  - 1.4.1 国外信息资源管理 ····· 15
  - 1.4.2 国内信息资源管理 ····· 17
- 1.5 信息科学与管理科学 ····· 18
  - 1.5.1 信息科学 ····· 18
  - 1.5.2 管理科学 ····· 19
  - 1.5.3 传播科学 ····· 21
- 练习题 ····· 22
- 参考文献 ····· 22

第2章 信息资源过程管理 ····· 24
- 2.1 信息采集 ····· 24
  - 2.1.1 采集的任务 ····· 24
  - 2.1.2 采集的原则 ····· 24
  - 2.1.3 采集的对象 ····· 26

2.1.4 采集的过程 …………………………………………………… 28
　2.2 信息组织加工 …………………………………………………………… 29
　　　2.2.1 信息的筛选 …………………………………………………… 30
　　　2.2.2 信息的分类 …………………………………………………… 31
　　　2.2.3 信息的评价 …………………………………………………… 32
　2.3 信息存储与检索 ………………………………………………………… 38
　　　2.3.1 信息存储 ……………………………………………………… 38
　　　2.3.2 信息检索 ……………………………………………………… 39
　2.4 信息服务 ………………………………………………………………… 43
　　　2.4.1 信息服务原则 ………………………………………………… 43
　　　2.4.2 信息服务类型 ………………………………………………… 44
　　　2.4.3 信息服务对象 ………………………………………………… 44
　　　2.4.4 信息服务评价 ………………………………………………… 45
　练习题 ……………………………………………………………………………… 47
　参考文献 …………………………………………………………………………… 48

第3章 信息资源管理法规 …………………………………………………… 49

　3.1 信息资源管理政策法规概述 …………………………………………… 49
　　　3.1.1 基本概念 ……………………………………………………… 49
　　　3.1.2 国内信息政策法规的发展历史 ……………………………… 50
　3.2 信息政策法规体系结构 ………………………………………………… 52
　　　3.2.1 信息政策法规体系的设计 …………………………………… 52
　　　3.2.2 信息政策体系结构 …………………………………………… 55
　　　3.2.3 信息法规体系结构 …………………………………………… 57
　3.3 知识产权 ………………………………………………………………… 61
　　　3.3.1 知识产权概述 ………………………………………………… 61
　　　3.3.2 专利权、商标权和著作权 …………………………………… 62
　　　3.3.3 现代知识产权的特征 ………………………………………… 66
　练习题 ……………………………………………………………………………… 67
　参考文献 …………………………………………………………………………… 67

第4章 网络信息与大数据资源及配置 …………………………………… 69

　4.1 信息资源配置 …………………………………………………………… 69
　　　4.1.1 信息资源配置的概念与原理 ………………………………… 69
　　　4.1.2 信息资源配置效益 …………………………………………… 71
　　　4.1.3 信息资源配置 ………………………………………………… 71
　　　4.1.4 信息资源配置的市场失灵 …………………………………… 73
　　　4.1.5 信息资源配置与共享 ………………………………………… 74
　4.2 网络信息资源配置 ……………………………………………………… 75

4.2.1　网络信息资源的特点与发展趋势 ·· 75
　　　4.2.2　网络信息资源配置环境与分布 ·· 76
　　　4.2.3　网络信息资源配置的原则 ·· 78
　　　4.2.4　网络信息资源配置的方法 ·· 80
　　　4.2.5　网络信息资源配置的结构模式 ·· 80
　4.3　网络信息资源的利用 ·· 81
　　　4.3.1　网络信息资源的利用形式 ·· 81
　　　4.3.2　网络信息资源的利用模式 ·· 82
　　　4.3.3　网络信息资源服务模式的变革 ·· 83
　4.4　大数据资源 ··· 85
　　　4.4.1　大数据资源的采集 ··· 85
　　　4.4.2　大数据资源的预处理 ·· 86
　　　4.4.3　大数据分析与挖掘 ··· 89
　　　4.4.4　大数据资源的可视化 ·· 90
　　　4.4.5　大数据平台资源 ·· 92
　　　4.4.6　大数据资源的应用 ··· 93
　4.5　网络信息与大数据资源的安全 ··· 95
　　　4.5.1　网络信息资源的安全 ·· 95
　　　4.5.2　大数据资源的安全与保护 ·· 96
练习题 ·· 100
参考文献 ··· 100

第 2 篇　信息资源管理的技术

第 5 章　信息资源管理技术 ·· 105

　5.1　信息资源采集技术 ··· 105
　　　5.1.1　文本生成 ··· 105
　　　5.1.2　图像、音频和视频采集 ··· 105
　　　5.1.3　自动识别技术 ··· 106
　　　5.1.4　数据采集系统 ··· 108
　5.2　信息资源存储技术 ··· 109
　　　5.2.1　存储器 ·· 109
　　　5.2.2　数据库 ·· 110
　5.3　信息资源传输技术 ··· 111
　　　5.3.1　计算机网络概述 ·· 111
　　　5.3.2　万兆以太网 ·· 113
　　　5.3.3　无线网 ·· 113
　5.4　信息资源处理技术 ··· 116

　　　　5.4.1　分布式计算 ……………………………………………… 116
　　　　5.4.2　并行计算 …………………………………………………… 117
　　　　5.4.3　服务器刀片化 ……………………………………………… 118
　　　　5.4.4　虚拟化技术 ………………………………………………… 119
　　　　5.4.5　云计算 ……………………………………………………… 121
　　5.5　信息资源输出技术 ………………………………………………… 122
　　　　5.5.1　打印机 ……………………………………………………… 122
　　　　5.5.2　数码复印机与数码印刷机 ………………………………… 124
　　　　5.5.3　显示技术 …………………………………………………… 126
　　5.6　信息资源安全技术 ………………………………………………… 128
　　　　5.6.1　硬件安全技术 ……………………………………………… 128
　　　　5.6.2　传输安全技术 ……………………………………………… 129
　　　　5.6.3　信息资源安全技术 ………………………………………… 130
　　　　5.6.4　信息资源安全标准 ………………………………………… 132
　　练习题 …………………………………………………………………… 134
　　参考文献 ………………………………………………………………… 134

第 6 章　信息资源标准化管理 ……………………………………………… 135
　　6.1　标准化概述 ………………………………………………………… 135
　　　　6.1.1　标准与标准化 ……………………………………………… 135
　　　　6.1.2　标准化的必要性与重要性 ………………………………… 136
　　　　6.1.3　标准化空间 ………………………………………………… 136
　　　　6.1.4　标准化分类 ………………………………………………… 137
　　　　6.1.5　标准化分级 ………………………………………………… 139
　　6.2　标准化实施 ………………………………………………………… 141
　　　　6.2.1　标准化原则与方法 ………………………………………… 141
　　　　6.2.2　标准化的管理原理 ………………………………………… 142
　　　　6.2.3　标准化的过程 ……………………………………………… 143
　　6.3　信息资源的标准化 ………………………………………………… 145
　　　　6.3.1　信息资源标准化概述 ……………………………………… 145
　　　　6.3.2　信息资源标准化 …………………………………………… 147
　　练习题 …………………………………………………………………… 152
　　参考文献 ………………………………………………………………… 152

第 7 章　信息系统资源管理 ………………………………………………… 154
　　7.1　信息系统概述 ……………………………………………………… 154
　　　　7.1.1　信息系统和管理信息系统 ………………………………… 154
　　　　7.1.2　信息系统演化模型 ………………………………………… 155
　　　　7.1.3　智能信息系统 ……………………………………………… 157

7.1.4　信息系统的作用 ………………………………………………………… 159
　7.2　信息系统实施管理 …………………………………………………………… 160
　　　7.2.1　信息系统战略规划 ………………………………………………………… 160
　　　7.2.2　招标与投标管理 …………………………………………………………… 162
　　　7.2.3　管理信息系统的采购 ……………………………………………………… 162
　　　7.2.4　信息系统实施策略 ………………………………………………………… 163
　7.3　信息系统开发阶段的管理 …………………………………………………… 165
　　　7.3.1　组织管理 …………………………………………………………………… 165
　　　7.3.2　进度管理 …………………………………………………………………… 167
　　　7.3.3　质量管理 …………………………………………………………………… 168
　　　7.3.4　文档管理 …………………………………………………………………… 168
　7.4　信息系统的评价、监理和审计 ……………………………………………… 169
　　　7.4.1　信息系统的评价 …………………………………………………………… 170
　　　7.4.2　信息系统监理 ……………………………………………………………… 171
　　　7.4.3　信息系统审计 ……………………………………………………………… 173
　练习题 ………………………………………………………………………………… 174
　参考文献 ……………………………………………………………………………… 175

第 3 篇　经济信息资源管理

第 8 章　信息产业的组织管理 …………………………………………………… 179
　8.1　信息产业的构成 ……………………………………………………………… 179
　　　8.1.1　信息产业概述 ……………………………………………………………… 179
　　　8.1.2　信息产业的组成 …………………………………………………………… 180
　8.2　信息产业的特征和作用 ……………………………………………………… 182
　　　8.2.1　信息产业发展的动因与信息技术发展过程 ……………………………… 182
　　　8.2.2　信息产业的特征 …………………………………………………………… 184
　　　8.2.3　信息产业的地位和作用 …………………………………………………… 186
　8.3　信息产业运行与管理模式 …………………………………………………… 188
　　　8.3.1　信息产业的企业和市场运行特点 ………………………………………… 188
　　　8.3.2　信息产业管理模式 ………………………………………………………… 192
　8.4　信息产业政策与产业发展趋势 ……………………………………………… 195
　　　8.4.1　我国信息产业的基本情况 ………………………………………………… 195
　　　8.4.2　信息产业政策 ……………………………………………………………… 202
　　　8.4.3　信息产业的发展趋势 ……………………………………………………… 209
　练习题 ………………………………………………………………………………… 213
　参考文献 ……………………………………………………………………………… 213

第 9 章 政府信息资源管理 ... 215

9.1 政府信息资源管理概述 ... 215
9.1.1 政府信息资源管理的内容 ... 215
9.1.2 政府信息资源管理的职能与作用 ... 217
9.1.3 政府信息资源管理的框架 ... 218

9.2 政府信息资源管理的实施 ... 223
9.2.1 我国政府信息化的进展情况 ... 223
9.2.2 政府信息资源管理的立法及标准化 ... 224
9.2.3 政府信息化与行政管理改革 ... 226
9.2.4 政府信息发布与管理 ... 228
9.2.5 政府信息资源管理的人才培养 ... 230

练习题 ... 233
参考文献 ... 233

第 10 章 市场信息资源管理 ... 235

10.1 市场信息资源管理概述 ... 235
10.1.1 市场信息资源的含义 ... 235
10.1.2 市场信息资源的特点 ... 237
10.1.3 市场信息资源的发展趋势 ... 238
10.1.4 网络市场信息资源 ... 239

10.2 市场信息资源形式 ... 244
10.2.1 市场信息对称与不对称 ... 244
10.2.2 市场信息不对称的结果 ... 246
10.2.3 激励机制与市场信号 ... 247

10.3 市场信息资源搜寻与选择 ... 248
10.3.1 市场信息资源搜寻与选择介绍 ... 248
10.3.2 市场信息资源利用 ... 249

10.4 市场信息系统建设 ... 250
10.4.1 市场信息系统发展原则 ... 250
10.4.2 国家市场信息网络系统 ... 251
10.4.3 市场信息数据库的建设 ... 253

练习题 ... 254
参考文献 ... 255

第 11 章 企业信息资源管理 ... 256

11.1 企业信息资源管理概述 ... 256
11.1.1 企业信息的资源观 ... 256
11.1.2 企业信息资源管理的特点 ... 257

11.2 典型企业信息资源管理系统 258
11.2.1 企业资源计划系统 258
11.2.2 客户关系管理系统 259
11.2.3 供应链管理系统 260
11.2.4 电子商务系统 260
11.2.5 办公自动化系统 261
11.2.6 战略信息系统 262
11.2.7 人力资源管理信息系统 263
11.2.8 财务管理信息系统 263

11.3 企业信息资源管理的组织框架 264
11.3.1 信息资源管理与组织结构的相关性 264
11.3.2 企业信息资源管理的组织机构 264
11.3.3 信息管理体制 266

11.4 企业知识管理 268
11.4.1 企业信息资源管理的知识化演进 268
11.4.2 企业知识的存在形式 270
11.4.3 企业知识管理的模型 272
11.4.4 企业知识管理的机制体系 274
11.4.5 企业知识资源管理的技术平台构建 276
11.4.6 企业知识资源管理的资源平台构建 278

练习题 283
参考文献 283

第 12 章 经济信息资源管理案例 284

12.1 银行 284
12.1.1 银行信息的基本概念 284
12.1.2 银行信息系统 287
12.1.3 银行信息化 291

12.2 证券 295
12.2.1 证券信息的基本特征 295
12.2.2 证券信息化实施 298

12.3 商业 303
12.3.1 商业信息的基本特征 303
12.3.2 商业信息系统 306
12.3.3 商业信息管理的实施 310

12.4 企业竞争情报 317
12.4.1 企业竞争情报系统概述 317
12.4.2 企业竞争情报系统 317
12.4.3 企业竞争情报系统的实施 319

12.5 企业市场信息系统 ································· 322
　　12.5.1 支持系统 ································· 322
　　12.5.2 功能系统 ································· 322
练习题 ··· 324
参考文献 ·· 324

附录 A　模拟试题 ······································ 326

信息资源管理期末考试模拟试卷(一) ······················ 326
信息资源管理期末考试模拟试卷(二) ······················ 328
信息资源管理期末考试模拟试卷(三) ······················ 331
信息资源管理期末考试模拟试卷(四) ······················ 334
信息资源管理期末考试模拟试卷(五) ······················ 336

第 1 篇　信息资源管理的基本概述

- 第1章　信息资源管理概述
- 第2章　信息资源过程管理
- 第3章　信息资源管理法规
- 第4章　网络信息与大数据资源及配置

第 1 章 信息资源管理概述

1.1 信息概述

当我们每天早上一睁眼,眼中看到的、耳边听到的、口中说的都是报纸、电视、电台、因特网等登载或播出的形形色色的信息。无怪乎,我们称当今时代是信息时代。那么,什么是信息呢?

1.1.1 信息的定义

在当今的一切社会活动中,人们首先想到的是如何利用信息。生活中需要信息,科学研究中需要信息,一切金融和工商业活动中更离不开信息。信息起着关键性、决定性的作用。信息、物质与能源成为人类社会的三大资源,是推进人类社会发展的三大要素。其中,物质为社会提供所需的物质基础;能源为社会提供能量和动力;而信息则为社会提供思维、知识和决策。三者的有机结合和相辅相成,才使人类社会如江河奔腾,不断地向前发展。然而,目前学术界对信息仍无统一的定义。

1928 年,哈特莱(L. R. V. Hartley)在《贝尔系统电话》杂志上发表一篇题为"信息传输"(*Transmission of Information*)的论文,区分了消息和信息。他认为"信息是指有新内容、新知识的消息",将信息理解为选择通信符号的方式,并用选择的自由度来计算这种信息的大小。

1975 年,意大利学者郎高(G. Longo)出版了专著《信息论:新的趋势与未决问题》,并在序言中指出:"信息是反映事物的形成、关系和差别的东西,它包含在事物的差异之中,而不是在事物本身。"

1996 年,中国学者钟义信在《信息科学原理》中详尽阐述信息概念。他指出,在信息概念的诸多层次中,最重要的两个层次:一个是没有任何约束条件的本体论层次;另一个是受主体约束的认识论层次。从本体论的层次上考察,信息可被定义为"事物运动的状态以及它的状态改变的方式"。

1.1.2 信息的特性

所谓信息的特性,是指信息区别于其他事物的本质属性。信息的基本特性主要有普遍性、时效性、相对性、与物质不可分割性、可传递和干扰性、可加工性和可共享性等。

1. 普遍性

信息是事物运动的状态和方式。只要有事物存在，就会有其运动的状态和方式，就存在着信息。因此，信息是普遍存在着的。

2. 时效性

客观事物本身都在不停地运动变化，信息是事物运动的状态和方式，因此，信息也在不断发展更新。因此，信息的存在有一定的时效性，在获取与利用信息时必须树立时效观念。

3. 相对性

客观上信息是无限的，但相对于认知主体来说，人们实际获得的信息总是有限的。由于不同认知主体有着不同的感知能力，因此对同一事物获得的信息是因人而异的。

4. 与物质不可分割性

信息本身是看不见、摸不着的，它必须依附于一定的物质形式（如纸张、声波、电磁波、化学材料、磁性材料等）之上，不可能脱离物质单独存在。这些以承载信息为主要任务的物质形式称为信息的载体。信息没有语言、文字、图形图像、符号等记录手段便不能表述，没有物质载体便不能存储和传播，但其内容并不因记录手段或物质载体的改变而发生变化。

5. 可传递和干扰性

信息能够通过多种渠道、采用多种方式进行传递。信息从时间或空间上的某一点向其他点移动的过程称为信息传递。信息传递要借助于一定的物质载体。一个完整的信息传递过程必须具备信源（信息发送方）、信宿（信息接收方）、信道（信息媒介，实现信息传递功能的载体）和信息4个基本要素。信道对信息传递有干扰和阻碍作用。我们把任何不属于信源原意而加之与其信号上的附加物都称为信息干扰。例如，噪声就是一种典型的干扰。产生噪声的因素很多，有传输设备发热引起的热噪声、不同频率的信号相互干扰产生的调制间噪声等。

6. 可加工性

信息可以被分析或综合，扩充或浓缩，也就是说人们可以对信息进行加工处理。所谓信息加工，是把信息从一种形式变换成另一种形式。如果在信息加工过程中没有任何信息量的增加或损失，并且信息内容保持不变，那么意味着这个信息加工过程是可逆的，反之则是不可逆的。实际上信息加工由于人的因素，很少有信息内容保持不变，因此都是不可逆的过程。例如，通过声卡记录声音，不论声卡是16位的还是32位的，记录的结果都会因为数模转换的精度而存在损失，不可能百分之百保留原声，这也是不可逆的过程。

7. 可共享性

信息区别于物质、能源的一个重要特征是它可以被共同占有，共同享用，也就是说信息在传递过程中不但可以被信源和信宿共同拥有，而且还可以被众多的信宿同时接收利用。根据物能转化定理和物与物交换原则：得到一物或一种形式的能源，必失去另一物或另一种形式的能源；信息交换的双方不仅不会失去原有信息，而且还会增加新的信息，信息还可以广泛地被传播扩散，供全体接收者共享。

1.1.3 信息的类型

信息存在的范围极其广泛,内容非常丰富。为了科学研究活动的需要,不同科学领域的研究人员往往依据不同的分类标准,对信息进行不同的划分。

1. 按照信息的产生和作用机制划分

按照信息的产生和作用机制划分,分为自然信息和社会信息。

自然信息指自然界中的各种信息以及人类所生产的物质所产生的信息,包括生命信息、非生命物质存在与运动信息、生命物质和非生命物质之间的作用信息等。根据运动主体的特征,自然信息分为生物信息与非生物信息。生物信息是指生命世界的信息。有关实验研究表明,植物能够感知到信息,并传递给其他植物个体。各类动物都有自己交换信息的"语言",如肢体语言与叫声。非生物信息是指无生命世界的信息。形形色色的天气变化、地壳运动、天体演化、物质的物理运动和物质的化学变化等都是物理信息。

社会信息是指人类各种活动所产生、传递与利用的信息,包括一切人类运动变化状态的描述。按照人类活动领域的不同,社会信息又可分为科技信息、经济信息、政治信息、军事信息、文化艺术信息和生活信息等。社会信息是人类社会活动的重要资源,是社会中构成要素和演化动力的重要部分。因此,社会信息是信息管理的主要对象。

2. 按照信息的表现形式划分

按照信息的表现形式划分,将信息划分为消息、资料和知识。

消息是关于客观事物发展变化情况的最新报道。因此,强调的是事物当前的动态信息,有较强的时间性,主要用于了解情况。

资料是客观事物的静态描述与社会现象的原始记录。因此,强调的是客观现实的真实记载,有较强的累积性,主要用作论证的依据。

知识是人类社会实践经验的总结,是人类发现、发明与创造的成果。因此,强调的是人类对客观事物的普遍认识和科学评价。

3. 按照主体的认识层次划分

按照主体的认识层次划分,将信息划分为语法信息、语义信息和语用信息。

前面已经介绍,全信息是语法信息、语义信息和语用信息三位一体的总和,它们共同构成认识论层次上的全部信息。

4. 按照信息的加工处理程度划分

按照信息的加工处理程度划分,分为一次信息、二次信息、三次信息。

一次信息是指未经加工或略微加工的原始信息,如会议记录、论文、专著、统计报表等。二次信息是指在原始信息的基础上加工整理而成的供检索用的信息,如文摘、书目、索引等。三次信息是指根据二次信息提供的线索,查找和使用一次信息以及其他材料,进行浓缩、整合后产生的信息,如研究报告、综述、述评等。

5. 按照事物从产生、成长直至结束的发展过程进行划分

按照事物从产生、成长直至结束的发展过程进行划分,将信息分为预测性信息、动态性信息、反馈信息。

预测性信息是指事物的酝酿、萌芽等阶段产生的信息,它对管理人员把握事物的发展、及时采取有效决策至关重要。动态性信息一般是指在事物的发展、成长阶段产生的信息,为决策者及时掌握决策实施情况起到及时修正决策的作用。反馈信息是在事物结束阶段或者某一阶段完成后产生的信息。

6. 按照动静状态划分

按照动静状态划分,分为动态信息和静态信息。

动态信息是指时间性较强、瞬息万变的新闻和情报(如军事情报、新闻信息、市场信息、股票信息、金融信息等)等信息。静态信息是指历史文献、档案资料等相对稳定、固化的信息。

7. 按照传递的范围划分

按照传递的范围划分,分为公开信息、内部信息、机密信息。

公开信息是指传递和使用的范围没有限制、可在国内外公开发表的信息。以各种形式公开发表的一次信息、二次信息、三次信息都属于公开信息。内部信息是指不能公开传播、只供内部掌握和使用的信息。机密信息是指必须严格限定使用范围的信息。

8. 按照信息反映的事物状态划分

按照信息反映的事物状态划分,将信息分为常规性信息和偶然性信息。

常规性信息是指反映在正常条件下的常规事件的信息,如统计月报信息、天气预报信息等都属于常规性信息。偶然性信息是指反映偶然的非常规事件的信息,如某地发生地震、飞机失事、火车脱轨、大面积森林火灾等都属于偶然性信息。

9. 按照信息的稳定程度划分

按照信息的稳定程度划分,分为固定信息和流动信息。

固定信息是指通过对不断变化的大量信息进行长期观察和分析,揭示客观事物发展过程的内在联系和必然趋势所形成的各项原则、制度、标准、定额、系数等内容。流动信息是指反映事物发展过程中每一时刻变化的信息,如市场价格信息、商品供求信息等都属于流动信息。

10. 按照信息发布的渠道划分

按照信息发布的渠道划分,分为正式渠道信息和非正式渠道信息。

正式渠道信息是指由正式组织发布并通过正式组织向外传播的各类信息,如官方新闻发布会、正式报告、国家统计部门发布的统计信息等属于正式渠道信息。非正式渠道信息是指从正式渠道以外获取的各类信息。

11. 按照信息的范围划分

按照信息的范围划分,分为内部信息和外部信息。

内部信息是指反映事物内部状态的信息。外部信息是指与特定系统有关联的信息。

正如对其他事物的认识一样,对信息的认识从不同角度、以不同标准、按不同方式来进行分类,是符合辩证法原理的。在不同研究领域,人们可以对信息做出更恰当、更具体、更详细的分类。

1.1.4 信息的功能

根据信息在社会经济中的利用过程和发挥作用的特点,我们可以把信息的主要功能归纳为以下几项。

1. 经济功能

信息作为重要的经济资源,本身就具有经济功能。信息的经济功能表现在多个方面,其中最重要的是它对社会生产力的作用功能。

现代理论认为,除了劳动者、劳动工具和劳动对象这三要素外,信息也是社会生产力的重要构成要素。信息的生产力功能是在信息要素和信息技术要素有机结合的条件下实现的。在信息技术支持下,信息可以有效改善其对生产力各个要素施加影响的条件。如农民在科技人员的指导下种田、植树,收益倍增。因此,信息资源开发利用的程度是衡量现代国家信息化和社会生产力水平高低的重要标志。一般说来,一个国家信息资源开发和利用的水平越高,生产力水平就越高;反之亦然。

信息还具有直接创造财富、实现经济效益放大的功能。信息不但本身就是财富的象征,而且可以通过流通和利用直接创造财富。其主要途径可以归纳为:运用信息可以使非资源转化为资源创造财富;使用信息取代劳动力、资金、材料等资源创造财富,实现经济效益倍增;直接让信息作为商品在市场流通中创造财富;通过信息进行科学决策,减少失误,创造财富。

2. 管理与协调功能

在人类社会中,物质和能源不断从生产者"流"向消费者,这种客观存在的物质流和能源流的运动表现为相应的信息的运动,即信息流的运动。信息流反映物质和能源的运动,社会正是借助信息流来控制和管理物质能源流的运动,左右其运动方向,进行合理配置,发挥其最大效益。

具体到一个企业,信息的管理与协调功能主要表现为协调和控制企业的 5 种基本资源以实现企业的目标。这 5 种资源包括人、财、物、设备和管理方法(即所谓的 5M),它们都是通过有关这些资源的信息(如记录在图纸、账单、订货单、统计表等上的数据)来协调和控制的。例如,在企业活动中,伴随着物质和能源的输入,反映上述 5M 资源的信息流就会以相互联系的方式扩散和活动,并最终作用于物质流和能源流的协调并控制其活动,从而导致优质、高产的产品或服务输出。由此可见,信息的管理与协调功能在企业活动中的作用主要体现在以下三个方面:传递整个企业系统的运行目的,有效管理 5M 资源;调节和控制物质流和能源流的数量、方向和速度;传递外界对系统的作用,保持企业系统的内部环境稳定。

3. 选择与决策功能

选择与决策是人类最基本、最普遍的活动。信息的这种功能广泛作用于人类选择与决策活动的各个环节,并优化其选择与决策行为,实现预期目标。信息的选择与决策功能体现在两个方面:没有信息就无任何选择和决策可言;没有信息的反馈,选择和决策就无优化可言。一个典型的选择(或决策)遵循这样的程序:针对某一目标,考虑所受的条件限制和其他约束,从几种可能的方案中做出一种选择。选择单元中的目标、限制条件、多种方案都必须依赖信息的支持。而当一次选择成功之后,还必须依赖反馈信息不断修正,才能达到选择和决策结果的优化。

4. 研究与开发功能

信息的这种功能实际上是信息的科学功能的具体体现,即在人类科学研究和技术创新活动中,信息具有激活知识、生产知识的功能。

科学研究和技术开发是在前人已经取得成果的基础上进行的，因此，在人类从事科学研究和技术开发的各个阶段，都需要获取和利用相关信息，掌握方向，开阔视野，启迪思维，生产出新知识、新技术和新产品。发挥这一功能的信息基本上是科学技术信息。

以上只是在一般意义上讨论了信息的基本功能。在不同的场合，这些功能有不同的表现形式和实现方式，并发挥不同的作用，因此信息给人的印象是其功能千差万别、变化无常。其实，它们都是信息的基本功能在不同情况下的具体表现形式，致使人们从不同角度采用了不同的提法而已。

1.2 信息资源

目前的研究表明，物质、能源和信息是人类社会的三大资源。

从资源的角度来认识，严格地讲，并非所有的信息都是资源。只有经过人类开发、组织与利用的信息才能称为信息资源。

1.2.1 信息资源的概念

学术界迄今尚未就信息资源的定义达成一致。这里挑选几位国内学者的观点以供参考。

乌家培认为"对信息资源有两种理解：一种是狭义的理解，即仅指信息内容本身；另一种是广义的理解，指的是除信息内容本身外，还包括与其紧密相连的信息设备、信息人员、信息系统、信息网络等"。

武汉大学马大川认为"广义的信息资源是指信息和它的生产者及信息技术的集合，即广义的信息资源由三部分组成：一是人类社会经济活动中的各类有用信息；二是为某种目的而生产有用信息的信息生产者；三是加工、处理和传递有用信息的技术。狭义的信息资源则仅仅指人类社会经济活动中经过加工、有序化处理并大量积累后的有用信息的集合，它包括科学技术信息、政策法规信息、社会发展信息、经济信息、市场信息、金融信息等多方面内容"。

湖北农学院杨绍武认为"信息资源是将信息通过在生产、流通、加工、储存、转换、分配等过程中，作用于信宿（用户）进行开发利用，为人类社会创造出一定财富而成的一种社会资源"。

从以上几个观点来看，大体上信息资源的定义可以分为两类：对信息资源的狭义理解和对信息资源的广义理解。对信息资源的狭义理解认为，信息资源是指人类社会经济活动中经过加工处理有序化并大量积累起来的有用信息的集合，如市场信息、财经信息、科技信息、气象信息、地理信息、社会发展信息、政策法规信息等。对信息资源的广义理解认为，信息资源是人类社会信息活动中积累起来的信息及其信息生产者和信息技术等信息活动要素的集合。

这里，我们认为信息资源是人类社会活动中经过开发、组织与利用并大量积累起来的信息及其信息工作者和信息技术等信息活动要素的集合。

1.2.2 信息资源的特征

1. 信息资源的一般特征

信息资源作为经济资源，与物质资源和能源资源一样，具有经济资源的一般特征。这些特征包括：

1) 作为生产要素的人类需求性

人类从事经济活动离不开必要的生产要素的投入。传统的人类经济活动主要依赖于物质原料、劳动工具、劳动力等物质资源和能源资源的投入。在信息时代，信息不仅本身就是一种重要的生产要素，而且是一种重要的非信息生产要素的"促进剂"，可以通过与这些非信息生产要素的互相作用，使其价值倍增。例如，人们可以根据有关的信息使荒漠变为"绿洲"；不太熟练的劳动力通过接受教育，可以变成熟练的、工作效率较高的社会劳动者；闲置的资本加上信息变成有用的投资等。

2) 稀缺性

稀缺性是经济资源最基本的特征。在既定的技术和资源条件下，物质资源和能源资源都是有限的，不能自由取得，某人利用多了，其他人就只能少利用甚至不利用。信息资源同样具有稀缺性，其原因主要有两个方面。原因之一，信息资源的开发需要相应的成本（包括各种稀缺性的经济资源）投入，经济活动行为者要拥有信息资源，就必须付出相应的代价。因此，在既定的时间、空间及其他条件约束下，某一特定的经济活动行为者由于人力、物力、财力等方面的限制，其信息资源拥有量总是有限的。原因之二，在既定的技术和资源条件下，任何信息资源都有一固定不变的总效用，但它每次被投入到经济活动中去时，资源使用者总可以得到总效用中的一部分（也可能是全部）并获得一定的利益，随着被使用次数的增多，这个总效用会减少。当减少到零时，该信息资源就会被"磨损"掉，不再具有经济意义。这一点与物质资源和能源资源因资源总量随着利用次数的增多而减少所表现出来的资源稀缺性相比，虽然在表现形态上有所不同，但在本质上确实非常相似。

3) 使用方向的可选择性

信息资源与经济活动相结合，使信息资源具有很强的渗透性，它可以渗透到经济活动的方方面面。同一信息资源可以作用于不同的作用对象上，并产生多种不同的作用效果。经济活动行为者可以根据这些不同的作用对象所产生的不同作用效果对信息资源的使用方面做出选择。信息资源的有效配置问题就是由此特征导致的。

2. 信息资源的特殊性

信息资源与物质资源和能源资源相比，又有诸多的特殊性。正是这些特殊性，使信息资源具有许多其他经济资源无法替代的经济功能。这些特殊性包括以下几个方面。

1) 共享性

物质资源和能源资源的利用表现为占有和消耗。当物质资源或能源资源量一定时，在资源利用上总是存在着明显的竞争关系，即"你多我就少"，或者说，在对某一数量的物质资源或能源资源加以利用时，一部分人利用多了，其他人就只得少利用或不利用。信息资源的利用不存在上述的竞争关系。

2) 时效性

信息资源比其他任何资源都更具有时效性。一条及时的信息可能价值连城，使濒临倒闭的企业扭亏为盈，成为行业巨头；一条过时的信息则可能分文不值，甚至使企业丧失难得的发展机遇，酿成灾难性的后果。

3) 不同一性

作为一种资源的信息必定是完全不同的。这一点最早由美国的经济学家保尔丁格教授在1996年提出。因此，对于既定的信息资源而言，它必定是不同内容的信息的集合，集合中的每一信息都具有独特的性质。

4）驾驭性

信息资源具有开发和驾驭其他资源的能力，不论是物质资源还是能源资源，其开发和利用都有赖于信息资源的支持。

5）累积性与再生性

物质资源和能源资源是可消耗的，在消费中最终消灭其独立的物体形式和使用价值，因此物质资源和能源资源具有不可再生性和不可累积性。

信息资源具有非消耗性，信息资源一旦产生，不仅可以满足同时期人类的需要，而且可以通过信息的保存、积累、传递达到时间点上的延续，满足后代的需要。后人在继承前人成果的基础上工作，形成自己的成果，这就是信息资源的累积性。

信息资源在满足社会需求和利用的同时，还会生产出新的信息资源，这就是信息资源的再生性。

1.2.3 信息资源的类型

信息资源的内容十分广泛。人们根据自己对信息资源的不同认识和理解，可将信息资源划分为不同的类型。

1. 信息资源的定义划分

前面提到，信息资源的定义有狭义信息资源和广义信息资源之分。狭义信息资源仅指信息内容本身。广义信息资源不仅包括信息内容本身，而且包括与信息相关的技术设施、技术软件、机构、网络、人员、资金等。如果没有特别声明，信息资源就指广义信息资源。

2. 信息资源的组成关系划分

按信息资源的组成关系划分，可分为元信息资源、本信息资源、表信息资源。

元信息资源是信息生产者的集合。它是信息产生的源泉，是信息资源的基础。信息生产者是指能够创造并生产出知识信息的人或者机构。信息产生者包括大自然，它总在无意识地向人类社会发出各种信息（如气候信息、地形信息、矿产信息等）。

本信息资源是指信息内容本身，是信息的集合。它是构成信息资源的核心部分，是信息资源的根本，也是信息资源管理的重要内容。

表信息资源是指为信息的收集、存储、加工、处理、传递、开发、利用而运用的一切技术和设备的集合。表信息资源是非物质形态存在的信息得以显现的重要基础，也是信息得以充分开发利用的必要条件。表信息资源既包括以计算机技术和通信技术为核心的信息技术、网络技术，也包括计算机与通信设备以及纸张、光盘、胶片、磁盘、磁带、闪存等各种介质，甚至还包括人脑。

3. 信息资源的具体形态划分

按信息资源的具体形态划分，可分为有形信息资源和无形信息资源。

1）有形信息资源

有形信息资源包括：

（1）人，包括信息的生产者、消费者、开发者等。

（2）信息的存储介质，包括光盘、纸张、软盘、录音带、录像带、胶片等。

（3）自然物质的生产与存储者。

（4）人工产品，如汽车、机械、电器等。
（5）信息设备设施。
（6）信息机构。

2）无形信息资源

无形信息资源包括信息内容本身、信息处理技术软件、网络技术软件、信息系统管理软件以及信息系统或者信息机构的运行机制等。

4. 信息资源所处的空间区域划分

按信息资源所处的空间区域划分，可分为国际信息资源、国家信息资源、地区信息资源、单位信息资源等。

（1）国际信息资源是指通过网络将部分在世界各国的信息资源（包括各种数据库、计算机、信息用户、信息生产者等）连接起来的一个全球信息共享联合体。例如，目前世界上最大的国际信息资源是因特网。

（2）国家信息资源是指某一个国家信息资源的总和。例如，世界各国正在建设的"信息高速公路"的总体目标都是一致的，即都以现代通信技术、多媒体技术为基础，建立一个高速智能的通信网络，将全国的信息资源（包括各种数据库、计算机、信息用户、信息生产者等）有机连接在一起，在全国范围内实现信息共享。

（3）地区信息资源是指某个省、市、部门或系统的信息资源的总和。

（4）单位信息资源是指某一企业、院校或机关信息资源的总和。它是实现国家信息资源地区信息资源、专业系统信息资源共享的最基本的条件。

1.3 信息资源管理

信息资源管理（Information Resources Management，IRM）是指管理者为达到预定的目标，运用现代化的管理手段和管理方法来研究信息资源在经济活动和其他活动中的利用规律，并依据这些规律对信息资源进行组织、规划、协调、配置和控制的活动。

1.3.1 信息资源管理发展阶段划分

1. 观点一

霍顿和马钱德在20世纪80年代中期（1986年）合著了《信息趋势：如何从你的信息资源中获利》一书，书中把信息管理过程划分为五个阶段：

第一阶段：文本管理，即信息的物理控制阶段（19世纪晚期—20世纪50年代）。
第二阶段：公司自动化技术管理阶段（20世纪60年代—20世纪70年代）。
第三阶段：信息资源管理阶段（20世纪70年代末—20世纪80年代初）。
第四阶段：竞争者分析和竞争情报阶段（始于20世纪80年代中期）。
第五阶段：战略信息管理阶段（未来）。该阶段也称为知识管理阶段。

2. 观点二

马尔香和克雷斯莱因认为信息资源管理始于19世纪末期，从那时起到20世纪90年

代,信息资源管理的发展大约可分为四个阶段:

第一阶段:信息的物理控制(19世纪末期—20世纪50年代末期)。

第二阶段:自动化技术的管理(20世纪60年代—20世纪70年代中期)。

第三阶段:信息资源管理(20世纪70年代中期—20世纪80年代)。

第四阶段:知识管理(90年代)。

3. 观点三

史密斯和梅德利则认为信息资源管理始于20世纪30年代,其标志是穿孔卡片会计系统的广泛使用。从20世纪30年代起,信息资源管理的发展大致经历了五个阶段:

第一阶段:数据处理。

第二阶段:信息系统。

第三阶段:管理信息系统。

第四阶段:终端用户及其战略影响。

第五阶段:信息资源管理。

4. 观点四

国内学者霍国庆认为,信息资源管理是一种集成的管理活动,在各种信息活动或信息系统完成整合过程之前实质上并不存在所谓的信息资源管理,为此,可以将信息资源管理的发展过程划分为三个阶段:

第一阶段:信息资源管理的萌芽时期(20世纪40年代中期—20世纪70年代中期)。

第二阶段:信息资源管理的形成时期(20世纪70年代中期—20世纪80年代末期)。

第三阶段:信息资源管理的发展时期(20世纪90年代)。

5. 观点五

国内学者夏蓓丽认为,根据样本文献的数量分布和主题分布情况,国外信息资源管理研究可分为三个发展阶段:

第一阶段:萌芽和兴起阶段(20世纪70年代—20世纪80年代中期)。

第二阶段:稳定繁荣阶段(20世纪80年代中期—20世纪90年代中期)。

第三阶段:回落再起阶段(20世纪90年代后期—至今(2010年文献))。

我们比较认同前两个观点,与此同时还认为,随之大数据时代的到来,超高速网络5G和6G以及人工智能技术的飞速发展,加上各类感知器(物联网前置设备)的广泛应用,在21世纪前20~30年间,信息资源管理的发展将进入一个数据、信息、知识资源的多样化,资源处理手段的便捷化,资源存储的海量化,资源管理的智能化,应用领域不断细化的时期,即第六阶段:数据、信息、知识资源的智能管理时期。

1.3.2 信息资源管理学的对象

信息资源管理学是围绕人类的信息资源管理活动而形成的认识体系。它的形成有两个基本前提:

(1) 20世纪70年代后期以来的信息资源管理研究为其提供了理论前提;

(2) 迅速发展的信息资源管理类学科之间的集成或整合进程提供了现实前提。信息资源管理学具有明确的独特的研究对象、研究内容。

任何学科都有自己的研究对象。自然科学以自然界作为研究对象,社会科学以人类社会作为研究对象,即使是高度抽象的哲学,它的产生也是以现实世界的存在为前提的,是研究现实世界的形式与数量之间关系的科学。信息资源管理学无疑也有自己独特的研究对象。

我们认为,信息资源管理学的研究对象是人类的信息资源管理活动。主要依据有两个方面:

(1) 信息资源管理活动是人类最基本的活动之一,信息资源管理活动的职业化和产业化又是当代社会的主要特征之一,它作为一种客观存在,是我们认识和研究的客体。

(2) 信息资源管理活动作为研究对象能够使信息资源管理学区别于其他学科,也就是说,迄今为止其他学科没有将信息资源管理活动作为主要的研究对象。信息资源管理活动作为信息资源管理学的研究对象兼具客观性和独特性两方面的特征,因此是可以成立的。

信息资源管理活动作为一种普遍的人类活动,主要是在三个层面展开的:在社会组织的微观层面,信息资源管理活动主要体现为一种过程管理;在社会组织体系的中观层面,信息资源管理活动主要体现为一种网络管理;在国家政府的宏观层面,信息资源管理活动主要体现为一种政策法规主导的调节管理。

1. 信息资源管理活动首先是一个过程

作为过程,它是由若干相关而有序的环节组成的。由于任何信息资源管理活动的终极目的都是向作为消费者的用户提供信息资源,所以分析用户的信息需求及其决定因素、表现形式、转化机制和满足方式等就构成了信息资源管理过程的第一个环节。信息资源管理过程的第二个环节是寻找和确定信息源,信息源的含义很广,在此主要是指作为信息资源生产者的个人或组织机构以及信息资源本身。信息资源管理过程的第三个环节是信息采集和转换,信息采集是指以某种方式从已确定的信息源中收集信息资源,信息转换主要包括符号转换(如口头语言到书面语言的转换)、载体的转换(如印刷文本到电子出版物的转换)和所有权的转换(信息资源所有权从生产者到出版者再到管理者和用户的转换),信息转换通常也意味着信息资源的批量制作和销售。信息资源管理过程的第四个环节是信息组织,信息组织是对所采集的信息资源实施序化的过程,它根据信息的内在结构要素又可分为语法信息的组织、语义信息的组织和语用信息的组织,信息组织从逻辑上还包括信息的存储,存储也称信道组织。信息资源管理的第五个环节是信息检索,信息检索可近似地看作是信息组织的反变换过程,信息组织将许多具体的信息依据一定的规则组成体系以利于人们查询,信息检索则破译上述规则从信息体系中寻找特定信息以满足用户的需求。信息资源管理的第六个环节是信息资源的开发,信息资源开发以检索和采集到的信息资源为原材料,以开发人员的大脑和计算机为工具,以用户的信息需求为导向,对信息资源进行再生产,其结果是信息产品。信息资源管理的第七个环节是信息资源的传播与利用,通过各种信息传播渠道和服务方式,信息资源管理人员将经过组织和开发的信息资源传递给作为消费者的用户,至此完成了信息资源管理活动的一个循环。然而,用户消费掉信息资源管理机构提供的信息资源后还会产生新的需求,如此周而复始,信息资源管理活动在螺旋式运动中不断将用户和信息资源管理机构自身推向新的水平。

2. 信息资源管理活动也是一种网络活动

作为网络活动,信息资源管理的目标是实现资源共享。由于单个信息系统的输入、存储和输出能力总是有限的,用户的信息需求却总是全面的和近乎无限的,所以单个信息系统必须同其他信息系统进行协调与合作,而现代通信技术的发展又提供了这种现实可行性,因此,真正的信息网络就逐渐形成了。信息网络是两个或两个以上的信息系统通过现代通信技术手段联结在一起的集成化系统,它的出现改变了长达数千年的信息资源分散管理的格局,从而使资源共享不再是一种理想。信息网络的出现也改变了作为其细胞的信息系统或管理信息系统。网络环境下的信息系统不再采用大而全的模式,其设计、建立和运行只求满足特定用户的主要需求,更多的用户需求则通过信息网络内信息系统之间的互通有无来满足。信息网络本身是信息资源、技术设备、通信网络、用户群体和信息资源管理人员的统一体,其中信息资源和用户需求构成了网络管理的主要矛盾,技术设备、通信网络和信息资源管理人员都是为解决这些矛盾服务的。从网络设计、运行和维护的全过程来看,管理是网络的灵魂,正是管理使众多的信息系统真正集成为一个整体,使网络内部信息系统能够根据变化了的用户需求提供高质量的网络信息服务。

3. 信息资源管理活动还是一种宏观调控行为

从宏观的角度考虑,无论是协调信息资源管理活动与其他社会活动的关系,还是对所有信息资源管理活动实施集中统一的管理,都需要国家有关部门统一规划和组织落实。一般而言,宏观层面的信息资源管理活动包括以下几方面的内容:

(1) 通过信息政策和信息法规对信息资源的生产、交换、分配和消费实施宏观调控;

(2) 通过培育和完善信息市场来加速信息商品化和信息生产的社会化,从而进一步发展信息生产力;

(3) 通过建立集中统一的管理组织来协调信息资源管理行业内部和信息资源管理行业与其他行业的关系,为信息资源管理的发展提供组织保证;

(4) 通过基础设施建设和信息资源管理教育等途径支持信息资源管理行业的发展。

1.3.3　信息资源管理学的内容

1. 研究的内容

我们认为,信息资源管理学的主要研究内容包括以下几方面:

(1) 信息资源管理学学科理论研究。主要研究信息资源管理学的研究对象、研究内容、体系结构、学科性质、相关学科、研究方法、学科史与未来发展问题、学科理论基础和技术基础等。当前,信息资源管理学学科理论研究还应重点探讨现有信息资源管理类学科的范围、关系与整合的可行性,整合中可能出现的问题与对策,如何减少相关学科之间的交叉重复和如何保持各学科的相对独立性等问题。

(2) 信息资源管理的基本理论研究。主要研究信息、信息资源和信息资源管理的基本概念、构成要素、类型、特征、功能与相互关系,信息资源管理活动的本质结构、一般规律和发展趋势,信息资源管理活动同其他社会活动之间的联系与制约等问题。

(3) 信息资源管理的一般过程研究。主要研究信息流的形成、运动与发展规律,信息资源管理过程的构成环节及其内容、方法与衔接,信息资源有序运行的条件、机制与障碍,围绕信息资源管理的计划、预算、组织、指挥、协调、控制和培训等活动。

(4) 信息用户研究。主要研究信息用户的分类、分析和教育,用户信息需求的决定因素、表现形式与满足方式,用户利用信息资源的行为与心理,用户潜在信息资源的开发等问题。

(5) 信息组织与信息检索。主要研究信息的序化和优化、信息组织方法与工具、信息检索方法与工具、新技术在信息组织与检索中的应用、网络环境下的信息组织与检索、咨询理论与方法等。

(6) 信息资源开发与利用研究。主要研究信息资源开发的原理、手段、程序与技术,信息产品的类型、结构、功能与编纂,信息服务的形式、内容与方法,潜在信息资源开发的新方法,信息资源的利用规律等。

(7) 信息系统与信息网络研究。主要研究信息系统的分析、设计、运行、检测、维护与更新过程,现有信息系统的评价与改造,网络环境下信息系统的运行与发展,网上信息资源的共享与开发,数据库的建设,信息技术的应用与发展,网络管理体制的优化等。

(8) 信息产业与信息市场研究。主要研究信息的价值、价格、商品化、产业化与社会化,信息经济的一般理论,信息产业的形成、分类、发展、测度与管理,信息市场的培育、构成、运行、管理与发展走向,信息企业的内涵、类型、经营机制与市场竞争等。

(9) 信息资源管理的政策法规研究。主要研究战略信息资源的规划与布局,信息资源管理各大系统之间的分工与合作,信息政策、信息法规的制定与实施,国家级信息资源管理领导机构的建立和信息资源管理活动的集中统一管理等。

(10) 信息资源管理教育研究。主要研究信息资源管理实践对信息资源管理人才的新要求,信息资源管理人才的培养目标与教学计划,信息资源管理教育领域相关专业基础教学内容的统一,专业教学模式与特色的探索,信息资源管理人员的继续教育等。

信息资源管理学的研究内容非常广泛,除上述几个主要方面外,与信息资源管理活动相关的学科知识、文化背景、技术进展和实践活动等也可列入其研究范围。当然,无论研究范围多么宽泛,信息资源管理学的研究核心是不变的,其核心是过程管理、网络管理和宏观政策管理的研究。

2. 研究热点和趋势

除以上研究内容外,近年信息系统管理、知识管理、信息安全管理、IT 投资管理、信息人员研究、信息技术、战略信息管理、大数据对信息资源管理的影响、政府信息资源管理、企业信息资源管理、网络信息资源管理、档案信息资源管理、图书馆信息资源管理、公共信息资源管理、信息资源管理专业教育等成为近年的研究热点。

1.4 国内外信息资源管理

从 20 世纪 70 年代开始,国内外从事信息资源管理理论研究的专家、学者开始探讨信息资源管理的理论问题。本节简要介绍国内外较具代表性的观点和人物。

1.4.1 国外信息资源管理

国外从事信息资源管理理论的研究人员对信息资源管理有着不同的理解。1997 年,中国科学院的霍国庆博士在其论文《信息资源管理的起源与发展》中详细介绍了国外学者对信息资源管理的主要观点,并将其归纳成四种类型,即管理哲学说、系统方法说、管理过程说和管理活动说。

1. 管理哲学说

该派将信息资源管理看作是一种哲学或者思想。其代表人物主要有马奇安德、克雷斯林、史密斯、梅德利等。

1988 年,美国信息资源管理学家马奇安德和克雷斯林(J. C. Kresslein)认为"信息资源管理是一种改进机构的生产率和效率有独特人事的管理哲学"。而美国学者史密斯(A. N. Smith)和梅德利也认为"信息资源管理比管理信息系统复杂得多,它可能被认为是整合所有学科、电子通信和商业过程的一种管理哲学"。

2. 系统方法说

该派将信息资源管理看作是一种方法或者技术。其代表人物主要有里克斯、西瓦兹、赫龙、戴维斯和奥尔森等。

1984 年,美国里克斯和高(K. F. Grow)在他们合作发表的"信息资源管理"一文中系统分析了信息资源管理的含义,认为"信息资源管理是为了有效地利用信息资源这一重要的组织资源而实施规划、组织、用人、指挥、控制的系统方法"。

西瓦兹(C. Schwartz)和赫龙(P. Hernon)认为"信息资源管理是一种管理组织机构内部生产出的信息的生命周期的综合化、协调化方法。广义地说,它包括获取、保留和利用那些为了完成组织的使命、实现组织的目标所需的各种资源"。

1985 年,美国联邦政府管理与预算局(Office of Management and Budget,OMB)在其颁布的 A-130 号通报中,则从政府部门的角度来定义:"信息资源管理是指涉及政府信息的有关规划、预算、组织、指导、培训和控制等。信息资源管理既包含信息本身,也包含与信息相关的各种资源,如人员、设备、经费和技术等。"

3. 管理过程说

该派将信息资源管理看作是一种管理过程。其代表人物主要有怀特、霍顿等。

1982 年,怀特的着眼点是信息资源管理过程,他认为"信息资源管理是有效地确定、获取、综合和利用各种信息资源,以满足当前和未来的信息需求的过程"。

美国著名信息资源管理专家霍顿认为"信息资源管理是对信息内容及其支持工具的管理,是对信息资源实施规划、组织、预算、审计和评估的过程"。

4. 管理活动说

该学说将信息资源管理看作是一种管理活动(management activities)。持"管理活动说"的代表人物主要有比思、博蒙特、萨瑟兰(E. Surtherland)、沃森(B. Watson)和小麦可劳德等。

比思(C. M. Beath)认为"信息资源管理是指把合理的信息、在合适的时间提供给决策或协调工作的活动"。他还指出:"信息资源的管理,可视为一种生命周期或价值链活动,包括识别、存取信息,保证信息的质量、时效性和相关性,为未来存储信息以及处理信息。"

1992 年,博蒙特和萨瑟兰从管理活动的角度阐述了他们对信息资源管理的认识,认为"信息资源管理是一个集合词,它包括为确保在开展业务和进行决策时所有能够确保信息利用的管理活动"。

沃森认为"信息资源管理是一个术语，它被用于描述和公司信息资源的管理和利用有关的全部活动，以及为那些有权方便地利用和控制这类信息的人提供便利的活动"。沃森将信息资源管理分成数据行政管理、数据词典管理、数据库行政管理、信息存取服务等四类活动。

由上文可知，国外学者对信息资源管理的研究是从20世纪70年代末开始起步并深化的。他们多从管理学和计算机应用相结合的角度来研究信息资源管理，他们在自己的论著中对定义往往采取非常实用的做法，即不做烦琐的论证，而只是简洁地规定某个术语在该论著中的含义与范围。

1.4.2 国内信息资源管理

自20世纪80年代以来，中国学者开始涉及信息资源管理研究领域，不仅积极引进和传播国外信息资源管理研究成果，而且在此基础上提出了许多自己的见解。

1992年，中国科学院的孟广均教授在论述信息资源、信息资源中心时，提到了信息资源管理的内涵，他认为："概括地说，信息资源管理就是利用全部信息资源实现自己的战略目标。"

1993年，中山大学的卢泰宏教授在其所著的《国家信息政策》一书中指出："尽管关于信息资源管理的阐释不尽相同，但至少有一点是一致的，即信息资源管理是信息管理的综合，是一种集约化管理。"他还在书中指出："'集约化'有两方面的含义：一方面是指信息管理对象的集约化，即信息资源管理意味着对信息活动中的信息、人、机器、技术、资金等各种资源的集约化管理；另一方面是指管理手段和方式的集约化，即信息资源管理是多种管理手段的综合。"

1995年，武汉大学胡昌平教授在《信息管理科学导论》一书中指出："信息管理科学是一门以普遍存在的社会信息现象为研究对象，在揭示其基本规律的基础上，围绕社会的信息服务从社会的运行机制、信息需求与利用形态分析出发，研究信息资源与技术开发、信息的序化组织以及社会信息活动控制的一门新兴学科。"

1998年，霍国庆博士在论文中指出："信息资源管理是为了确保信息资源的有效利用，以现代信息技术为手段，对信息资源实施计划、预算、组织、指挥、控制、协调的一种人类管理活动。"

2003年，孟广均在其所著的《信息资源管理（第2版）》中指出："信息资源管理是一个集成领域，是由多种人类信息活动做整合而成的特殊形式的管理活动。"

2003年，孙建军教授在其所著的《信息资源管理概论》一书中先介绍了信息与信息资源管理的基本内容，然后分别扼要介绍了信息资源管理的理论基础与技术基础，进而阐述了信息资源的内容管理、系统管理以及网络信息资源管理，最后分析了信息资源管理实践，从而体现了全书理论与实践相结合的特色。

2006年，赖茂生在其所著的《信息资源管理教程》中指出："信息资源管理就是综合运用各种方法和手段进行信息资源规划、组织、利用和控制的过程。"

2009年，马费成在其所著的《信息资源开发与管理》一书中介绍了信息资源的概念、特征、作用和功能，系统分析了信息资源管理的目标、任务、内容、历史变革和发展过程，以及信息资源开发与管理的理论、原理、原则、工具和方法。其主要内容包括信息资源分布、信息资源采集、信息资源组织与存储、信息资源检索与挖掘、信息资源质量评估、信息资源规划、信息资源开发、信息资源利用、信息资源安全、信息资源配置、信息政策与法规、信息资源管理的绩效评价等方面。

综上所说,国内学者对信息资源管理的认识过程基本上与国外学者相仿,大多数是从各自专业的角度来研究信息资源管理。总之,信息资源管理(IRM,Information Resources Management),是指管理者为达到预定的目标、运用现代化的管理手段和管理方法来研究信息资源在经济活动和其他活动中的利用规律,并依据这些规律对信息资源进行组织、规划、协调、配置和控制的活动。

1.5 信息科学与管理科学

信息资源管理是一门跨学科研究的产物,涉及面极广。信息资源管理的理论基础主要来自于信息科学、管理科学和传播科学,这些学科互相作用,共同推进信息资源管理的发展。

1.5.1 信息科学

信息科学是以信息为基本的研究对象,以信息的运动规律和应用方法为主要研究内容,以计算机技术为主要研究工具,以扩展人类的信息功能为主要研究目标的一门新兴的、横断性综合学科。

1. 信息论

20世纪40年代,香农完成"通信的数学理论"的研究,将人类对信息现象的认识推进到一个新的发展阶段。至此,人类对信息现象(包括属于自然信息的电信号处理、生物遗传信息以及社会信息的交流等)进行了多方面研究,从而形成了具有普遍意义的信息论。从总体上看,信息论是一门利用数学方法研究信息的传输、变换、存储和处理的科学。

2. 系统论

系统论是以一般系统为研究对象的理论,其创始人是美籍奥地利生物学家贝塔朗菲。系统论的主要观点包括系统观点、层次观点、功能观点、动态观点等。其中,系统观点是整个系统论的核心观点。系统论根据系统不同的背景和角度可分为生物学为背景的系统论(如一般系统论、一般生命系统论、超循环论等)、物理学为背景的系统论(如耗散结构理论、协同学、资源物理学等)、数学为背景的系统论(如突变论、动力系统理论等)、控制论和信息论为背景的系统论(如系统动力学理论、模糊系统理论、灰色系统理论等)、社会科学为背景的系统论(如经济控制论、经济系统论等)、哲学为背景的系统论(如系统哲学、系统主义理论等)。

3. 控制论

1948年,维纳正式出版《控制论》一书,标志着控制论这一新兴学科的正式诞生。控制论是研究生物系统和非生物系统内部通信、控制和调整及不同系统之间共同控制规律的一门科学。

信息论与控制论、系统论的结合构成了相对完整的信息理论体系。这一理论体系形成后,首先在通信、自动控制、电子信息处理及计算机领域得到应用和发展,进而成为现代信息科学的基础。

电子信息学是在无线电电子学和信息技术基础上发展起来的一门学科,旨在研究信息传递、处理和控制中的电子材料、器件、设施的工作原理、制造技术和应用中的各种理论与实际问题,为通信、信息处理、计算机等技术提供"硬件"支持。现代通信和计算机科学利用电子信息学原理研究各种形式的通信方式与实现技术、计算机硬件等,同时利用多学科方法研究通信组织的计算机软件等问题。

1.5.2 管理科学

信息资源管理源于管理领域,它从诞生之日起就大量汲取了管理科学的理论和方法来充实自己。管理科学是指有关管理的科学,包括古往今来的所有管理理论(如科学理论、管理科学理论、系统管理理论、人际关系学说等)。

由于管理理论和实践的发展,作为组织资源之一的信息资源日益成为影响组织管理效果和效率的重要因素。因此,如何更加合理地管理和利用信息资源,使其发挥更大的作用就成为管理学研究的新领域,由此促进了信息资源管理学科的形成和发展。

古今中外的管理科学理论极其丰富,下面主要介绍作为信息资源管理理论先导的重要管理科学流派及其管理思想,我们可以根据管理科学的发展阶段进一步将其细分为古典管理理论、行为科学理论和现代管理理论等三个阶段。

1. 古典管理理论

古典管理理论阶段是管理理论的最初形成阶段。其间,在美、法、德等国分别活跃着具有奠基人地位的管理大师,即"科学管理之父"泰罗、"管理理论之父"法约尔以及"组织理论之父"韦伯。

科学管理理论诞生的主要标志是1911年泰罗出版的《科学管理原理》。泰罗的科学管理理论要点是:科学管理的中心问题是提高劳动生产率,为此必须配备优秀的工人,并使他们掌握标准化的操作方法;对工人的激励采取"有差别的计件工资制";工人和雇主互相信任,共同提高劳动生产率;把计划职能同执行职能分开,变原来的经验工作方法为科学工作方法;在管理控制上实行例外原则。泰罗的追随者们依其理论进行劳动与工时等效率问题的研究。

法约尔的理论贡献体现在1916年他出版的《工业管理与一般管理》。法约尔的理论内容主要有:企业职能不同于管理职能,管理职能只是企业职能的一部分;指出管理教育的必要性与可能性;提出劳动分工、权利与责任、纪律、统一指挥、统一领导、个别利益服从整体利益、人员的报酬、集中、等级系列、秩序、公平、人员的稳定、首创精神、团结精神等14条管理原则;提出管理五大要素,即计划、组织、指挥、协调和控制。

"组织理论之父"韦伯通过对官僚制度的研究,提出和建立官僚模型的组织理论,出版了著作《社会和经济理论》。韦伯的主要理论观点是:理性-法律的权力是行政组织的基础,必须建立一种高度结构化的、正式的、非人格化的"理想的行政组织体系"。他认为这是对个人进行强制控制的最合理手段,是达到目标、提高劳动生产率的最有效形式,而且在精确性、稳定性、纪律性和可靠性方面要优于其他组织。

古典管理理论阶段的研究侧重于从管理职能、组织方式等方面研究效率问题,对人的心理因素考虑很少或根本不考虑。

2. 行为科学理论

行为科学理论阶段重视人的心理、行为等对高效率的实现组织目标的影响作用。该行为科学理论主要研究个体行为、团体行为与组织行为。该时期具有代表性的理论成果主要包括需求层次理论、双因素理论、全面质量管理理论等。

需求层次理论认为：人的需求分为生理的需求、安全的需求、社交和爱情的需求、自尊与受人尊重的需求以及自我实现的需求五个层次，当某一层次的需求满足之后，该需求就不再具有激励作用。在任何时候，主管人员都必须因地制宜地对待人们的各种需求。

双因素理论把影响人员行为绩效的因素分为"保健因素"和"激励因素"。前者指"得到后则没有不满，得不到则不满"的因素，后者指"得到后则感到满意，得不到则没有不满"的因素。主管人员必须抓住能使职工满意的因素。

全面质量管理指"始于顾客，终于顾客"，即先从顾客了解顾客需要，然后实施内部质量控制，最后让顾客满意。

3. 现代管理理论

现代管理理论是在传统组织理论和行为组织理论的基础上，注重组织的系统性和开放性，认识到组织环境对组织结构和管理的影响，强调信息资源、信息技术以及知识对组织管理的重要性，将组织理论提高到一个新的高度。该时期比较具有代表性的理论有现代战略管理理论、企业文化理论、企业再造理论等。

1975年安索夫(Ansoff)出版了《战略规划到战略管理》，标志着现代战略管理理论体系的形成。书中指出，战略管理是"企业高层管理者为保证企业的持续生存和发展，通过对企业外部环境与内部条件的分析，对企业全部经营活动所进行的根本性和长远性的规划与指导"。他同时还指出，战略管理与以往经营管理不同，它面向未来，能够动态、连续地完成从决策到实现的过程。1980年波特(M. E. Porter)出版了《竞争战略》，意味着战略管理理论鼎盛时期的到来。书中的许多理论被视为战略管理理论的经典，在全球范围产生了深远的影响。他的主要理论包括五种竞争力，即进入威胁、替代威胁、买方砍价能力、供方砍价能力、现有竞争对手的竞争威胁等；三种基本战略，即成本领先、标新立异和目标集聚等；价值链的分析等。《竞争战略》《竞争优势》(1985年版)和《国家竞争优势》成为著名的"波特三部曲"。

企业文化理论是美国学习日本企业管理思想后在管理理论上的一次升华。这种理论提倡以人为本，强调员工既是管理对象，也是管理主体，企业的每一位员工都是劳动者和管理者。企业文化的核心是企业价值观，即企业的最高目标和宗旨。这种共有的价值观能极大地激发员工的积极性，增强企业的凝聚力。企业文化理论始于美国和日本企业管理的比较研究，进而形成企业文化研究热潮，并出版一系列的著作。大内(W. G. Ouchi)出版的《Z理论：美国企业界如何迎接日本的挑战》被誉为管理思想发展历程中的里程碑之一。如今，在信息资源管理的影响下，企业文化理论提出新的文化要素：信息文化。所谓信息文化，是指信息和通信技术在组织中的应用程度以及组织内部各级管理者对其认识和掌握程度的总和。

企业再造理论缘起美国企业20世纪80年代的"企业重组革命"，完成于海默(M. Hammer)与昌佩(J. Champy)合著的《再造企业：管理革命的宣言书》(1993年版)。书中指出：现代企业普遍存在"大企业病"，要生存就必须改革；企业再造的首要任务是BPR(业务流程重组)，它是企业重新获得竞争优势与生存活力的有效途径；BPR的实施需要两大基础,即现代信息技术与高素质人才。

20世纪90年代后期,知识管理的兴起给组织管理带来新的活力。知识管理中的知识分为显性知识和隐性知识两种类型,在组织内部应将这两类知识实现最大范围的共享。同时,知识管理强调员工要贡献个人的隐性知识,实现隐性知识向显性知识转化,并运用所有的知识实现组织的知识创新。知识管理思想已经在美国和日本等经济发达国家引起广泛的关注,一些公司已付之实践,以适应知识经济发展的需要。

1.5.3 传播科学

信息资源的利用、存储等离不开传播科学。传播科学包括图书馆学、档案学、情报学、传播学等。

1. 图书馆学

图书馆学是以图书馆实体作为研究对象的一门科学,可以进一步细分为微观图书馆学、中观图书馆学、宏观图书馆学三个层次。

微观图书馆学的研究对象是经过抽象形成的科学概念的图书馆,其研究内容主要包括图书采购、图书分类、目录学、读者服务、文献检索、参考咨询等。

中观图书馆学的研究对象是中观层次的图书馆网络系统,该系统是指一定数量的图书馆依据某种共同的标准相互联系而形成的图书馆统一体。

宏观图书馆学的研究对象是宏观层次的图书馆系统,该系统通常是针对一个国家的所有图书馆而言的,不仅包括各种类型的图书馆,而且包括图书馆事业的宏观调控与管理、图书馆学教育、图书馆社会学等。

2. 档案学

档案学是研究档案和档案事业发展规律的一门科学,可以进一步细分为微观档案学、中观档案学和宏观档案学三个层次。微观档案学研究档案和档案管理过程,包括档案的收集、整理、价值鉴定、保管、统计、检索、编纂和提供利用等。

中观档案学的研究对象是档案系统以及组织,主要包括档案馆学和档案类型学。其中,档案馆学主要研究档案馆及其发展规律、档案馆的布局与资源共享、档案馆管理体制、档案馆网络建设等内容;档案类型学主要研究不同类型的档案及其组织体系,包括科技档案管理学、家庭档案学、会计档案学、人事档案学、诉讼档案学等。

宏观档案学研究国家档案事业的组织、管理和发展规律,主要包括国家档案管理体制、档案政策与法规、档案的开发与研究、档案现代化、档案教育学等内容。

3. 情报学

情报学是研究有关情报的生产、收集、整理、存储、检索、报道服务和分析研究的原理原则与方式方法的科学,可以进一步细分为微观情报学、中观情报学和宏观情报学三个层次。

微观情报学主要研究情报过程,包括情报的产生、传播、收集、组织、存储、检索、解释和利用等内容。

中观情报学的研究对象是情报系统,研究重点包括计算机情报系统的分析、设计、实施和评价;情报系统资源的布局、开发、利用与管理;情报网络的建设与管理;国家情报系统的建设与管理。

宏观情报学的研究对象是国家情报事业,主要包括国家情报管理体制、国家情报政策与法规、情报产业与情报经济、情报教育。

4. 传播学

传播学是研究人类信息传播活动的学科,可以进一步细分为微观传播学、中观传播学和宏观传播学三个层次。

微观传播学的研究对象是传播和传播过程,主要包括传播现象、传播模式、传播者、传播内容、传播工具和方法、受传者、传播效果等内容。

中观传播学的研究对象是传播类型,主要包括舆论学、广告学、民意测验和公共关系等内容。舆论学研究舆论的产生和形成过程、构成因素、类别与特性等内容;广告学研究广告的产生和发挥效用的基本规律;民意测验主要研究民意测验的起源与发展、特点与功能、主观态度的测量等内容;公共关系主要研究公共关系的性质、功能、模式、传播和公共人员的素质等内容。

宏观传播学从战略高度来研究传播活动与事业,主要包括传播与国家发展、传播与现代化、传播与国际信息新秩序、传播的社会作用与社会责任等内容。

练习题

一、名词解释
1. 语义信息
2. 全信息
3. 信息资源
4. 信息资源管理

二、简答题
1. 信息的特性主要有哪些?
2. 简述信息的功能。
3. 简述信息资源的特征。
4. 什么叫认识论?
5. 什么叫本体论?

三、论述题
1. 论述国内外信息资源管理研究的异同性和相应的主要观点。
2. 论述信息科学、管理科学和传播科学在信息资源管理研究与发展中各自的影响。
3. 论述信息在社会经济中发挥的作用。
4. 论述信息资源管理学主要研究内容。

参考文献

[1] 肖明.信息资源管理[M].北京:电子工业出版社,2002.
[2] 马费成,胡翠华,陈亮.信息管理学基础[M].武汉:武汉大学出版社,2002.

[3] 胡昌平.信息管理科学导论[M].北京：高等教育出版社,2001.
[4] 岳剑波.信息管理基础[M].北京：清华大学出版社,1999.
[5] 霍国庆.信息资源管理的起源与发展[J].图书馆,1997(06)：4-10.
[6] 周九常.霍顿信息管理思想简论[J].情报科学,2006(08)：1137-1140,1168.
[7] 夏蓓丽.国外信息资源管理研究的发展状况及启示[J].情报杂志,2010(29)：312-315.
[8] 范桂红.我国信息资源管理研究进展简述[J].云南档案,2012(11)：57-58.

第 2 章 信息资源过程管理

从原始的信息到有价值的信息资源,需要一系列过程,需要对信息资源的处理过程进行管理来达到获取更有价值的信息资源的目的。

信息资源的过程管理包括信息采集、信息组织加工、信息存储与检索、信息服务等。

2.1 信息采集

信息不仅呈爆炸式增长,而且种类繁多,分布复杂,给信息资源的利用带来了极大困难。信息采集正是根据用户的特定需求或管理工作规划的需要,用科学方法收集、检索和获取特定信息的活动过程。信息采集是信息资源管理的首要环节,是开展信息服务的物质基础和保障。本节着重讨论信息采集的任务、原则、对象与过程。

2.1.1 采集的任务

要向信息用户传递有价值的信息,必须有丰富的信息作为保证。信息从哪里来?全靠信息采集。因此,信息的收集和获取是信息服务工作的首要环节,是信息交流传递的物质基础。各信息服务机构只有通过各种渠道有计划地广泛收集与系统地积累一定数量的有关的信息,才能有效地提供服务。信息组织加工、信息存储与检索和信息服务也只有在掌握必要的信息基础上,才能顺利进行。

信息采集的任务是根据信息服务的需要,有计划地广泛收集一定数量的相关的信息。

2.1.2 采集的原则

信息采集是一项耗费人力、物力、财力和时间的工作。为了提高信息采集的效率,在采集信息时,必须注意掌握以下几个原则。

1. 针对性

任何信息服务机构采集信息的目的都是使人们能够利用这些资源,因此,必须根据本机构的性质、任务和服务对象有针对性地确定信息采集的范围和重点。

为了准确地收集信息,必须仔细调查信息需求和信息来源。首先要弄清楚信息机构服务对象的范围以及它们经济、科技、文化和其他方面的历史、现状、趋向及其对信息的需求和利用状况;其次要弄清楚它们所需要的信息的分布状况;最后弄清楚通过什么渠道、何时能提取获得这些信息。这样就能在采集信息时做到心中有数,加强针对性,避免盲目性。

不同的信息服务系统承担的任务不同,服务对象不同,信息采集的范围、规模和重点也就各不相同。同时综合性信息服务机构,由于它们所在的地区不同、层次不同,信息采集的侧重点和范围也有很大差别。至于专业信息中心,则因其行业不同、学科不同、层次不同,信息采集的范围和重点差别更大。即使是相同的专业中心,差别也是必然的。例如,同一行业中的两个企业,尽管它们的专业相同、产品相近,但也会因其市场定位不同而导致信息采集的重点各异。因此,只有针对性地采集信息,才能满足用户的特定需求。

2．系统性

信息服务系统要卓有成效地开展信息服务,满足用户的信息需求,需要追踪科学技术和国民经济发展进程,了解和掌握信息源的动态变化,系统和连续地采集和积累有关的信息。信息的连续性和系统性是信息发挥其效用的前提条件,系统可分为纵向系统和横向系统。纵向系统按产品、工艺、学科、专业或专题进行积累,横向系统则按信息的载体(期刊、专利、样品等)进行积累。一般来说,专业性信息系统可偏重纵向系统,综合性信息系统可偏重横向系统,同时可以将纵向系统和横向系统结合采用。

只有连续、系统地采集和积累信息,才能充分发挥信息服务的效用。尤其是重点信息的收集,更应力求保持连续性、系统性和完整性。如果一个信息服务系统采集和积累的信息缺乏连续性、系统性和完整性,就不能满足用户的需求,从而使信息服务丧失良好的信誉。

3．预见性

当代信息的增长和老化不断加速,因此在信息的采集过程中不仅要充分关注现存的信息源和信息渠道,还要着眼未来,预见可能产生的新的信息源和信息渠道。只有这样,才能既满足当前的信息需求,又适应未来发展所带来的信息需求。为此,应密切注视科学技术和经济的发展水平、动向和趋势,随时留意新信息源和信息渠道的产生及发展,预测信息源的集中与分散、增长与老化趋势,充分估计用户未来的信息需求,有预见性地采集信息,提高信息服务的主动性。

4．科学性

当代信息数量庞大、形式多样、内容重复分散、品种繁杂,给信息的选择和收集带来了极大的困难。因此,需要经常采用科学方法研究信息的分布规律,选择和确定信息密度大、信息含量多的信息源。

5．计划性

任何一个信息机构要用有限的人力、物力和经费获取最有效的信息源,就必须事先制订比较周密详尽的信息采集计划,以便按计划有目的、有步骤地收集信息。

制订信息采集计划比较复杂。因为信息采集既要满足当前任务的需要,又要考虑今后的发展;既要广辟信息源,扩大国内外收集渠道,又要节约资金,少花钱,多办事;既要突出重点信息,又要照顾一般性资料;既要保证信息的质量,又要注重数量。这些都需要通过大量调查研究和反复斟酌才能确定。

信息采集计划从时间的角度可分为长期、中期和短期计划或年度和季度计划;从内容的角度可分为综合计划、专题计划、补配计划。采集计划的项目一般包括收藏信息的内容范围、重点信息和一般信息的划分及其比例、补缺配套的信息种类及起讫时间、采购标准、经费预算、完成计划的主要措施和保证等方面。

"采集什么"的问题在制订信息采集计划时需要仔细考虑。除了通过正式渠道采集信息外，还要着重考虑采集那些在非正式渠道中流通的信息。在内容上，要着重考察采集新成果、新苗头、新动向和计划、展望、预测等方面的信息。除文献信息之外，当前要特别注意采集网上信息，还要考虑收集国内外对口企业、科研单位、设计单位、学术团体和知名人士的有关资料，而且有必要建立信息追踪档案。

信息采集计划要留有充分的余地，保持计划的动态性。要能够根据形势的发展变化、需求的发展变化做出相应的调整和修改，使计划尽量符合客观实际。以此为据，信息机构就能够争取主动，在浩瀚的信息海洋中，把握和获取自己所需要的各类信息。

6．及时性

我们知道，信息具有很强的时效性。在一般情况下，生产时间越长，信息的效用就越小；生产时间越短，信息的效用就越长。因此，我们对信息的采集应当坚持及时的原则。换句话说，我们应该在信息产生之后，在最短的时间内把信息收集到手。只有这样，信息的使用价值才能最大。特别是在今后瞬息万变的市场上，如果不能以最快的速度采集信息并采取相应的对策，那么难免会处于不利地位。

另外，有些信息属于瞬时信息，例如战时军事信息、金融证券信息。如果对此类信息做不到采集的主动和及时，很可能会使很多机会失之交臂，甚至一败涂地。

2.1.3 采集的对象

在实行信息收集和加工之前，先介绍收集的对象——信息源。

人们在科研活动、生产经营活动、文化活动和其他一切活动中所产生的成果和各种原始记录，以及对这些成果和原始记录加工整理所得的成品都是信息源。信息源种类繁多、形势复杂，可以从不同的角度进行分类。这里主要从便于对信息进行收集的角度将信息源划分为记录型、实物型、智力型和零次型。

1．记录型信息源

记录型信息源包括由传统介质（如龟甲、兽骨、青铜器皿、竹简、帛等）和各种现代介质（如磁盘、光盘、缩微胶卷、胶片等）记录和存储的知识信息，如各种书籍、期刊、数据库、计算机网络等。记录型信息源的特点是传播信息系统，便于保存，便于积累，便于利用，也便于收集。

记录型信息源可以按不同的角度进行划分。按不同的物质载体，通常分为下面6种类型。

1）刻写型

它包括龟甲、兽骨、青铜器皿、竹简、丝帛等。这是古代遗留下来的，具有很大的收藏价值。现代几乎不用此方法。

2）印刷型

它包括铅印、油印、胶印、木版印刷等。这是一种有着悠久历史的传统形式，由于阅读、利用方便，至今也是传播信息的主要形式。其缺点是体积大，分量重，收藏要占很大空间，管理较为困难。

3）感光型

它指以感光材料为载体,利用光学记录技术,使印刷型文献按比例缩小的文献资料,包括缩微胶卷、缩微胶片和缩微卡片等缩微品。

4）计算机外存储器

它是将文字和图像转换成二进制数字代码,记录在磁带、磁盘或光盘等载体上。阅读时,再由计算机将它输出,转换成文字或图像。它能存储大量信息,并以极快的速度从中取出所需信息。

5）计算机网络

此类信息源直接在网上产生、发布、存储和传播,如各类网络书刊、网络新闻、网站信息等。

6）视听资料

它是运用录音、录像和摄影技术直接记录声音与图像的文献形式,包括唱片、录音带、录像带、电影、幻灯片等。这类文献不同于一般文字形式的资料,它能直接记录声音与图像,给人直观的感觉,对于传播信息有独特作用。

上述6种形态的记录型信息虽各具特色,但从国内外许多图书馆、信息中心和企事业机构的收藏、使用情况来看,不仅在目前,而且在今后相当长时期内,印刷型仍然是最基本的信息源,同时,计算机外存储器和计算机网络异军突起。

2. 实物型信息源

它是由实物携带和存储的知识信息,如某种生物的样品、产品样机、工艺品等。实物信息源直观生动,含有丰富的信息,易于理解和吸收。许多技术信息是通过实物来保存和传递的,在技术引进、技术开发和产品开发中发挥着重要作用,是反向工程的基础。例如通过对样机的材质、造型、规格、色彩、传动原理、运动规律等方面的分析研究,利用反向工程,人们可以猜度出研制、加工者原先的构思和加工制作方法,达到仿制或在其基础上进一步改进的目的。这类信息源不能直接进入信息系统,要对其进行管理,必须先将它转换成记录型信息。

3. 智力型信息源

它主要表现为人脑存储未编码的知识信息,包括人们掌握的诀窍、技能和经验,又称为隐性知识。它难以记录和保存,甚至无法言传。对智力型信息的管理、开发和利用可以通过政策、法规进行组织、协调,也可以借鉴和吸收人力资源管理的理论方法和实践成果,调动人的积极性,发掘人的潜能,最大限度地贡献自己的聪明才智,同时也可采用信息技术,将隐性知识数字化,复制到机器和其他物质载体上。

4. 零次型信息源

它是指各种渠道中由人的口头传播的信息。零次型信息是人们通过直接交流获得的信息,是信息客体的内容直接作用于人的感官而获得的感觉(包括听、视、嗅、味、触觉)的结果。因此,零次型信息具有直接性、及时性、新颖性、随机性、非存储性等典型特征。

零次型信息对于科技活动和经济活动具有不可忽视的作用。第一,科学技术新知识、新概念、新术语、新数据层出不穷,而且常常通过非正式渠道以零次型信息的形式传播,获取零次型信息可以补充记录信息和正规渠道的不足。第二,如果组织机构信息系统不健全,信息工作者水平低,不能提供有价值的信息,或者信息渠道不畅,也可以通过捕捉零次型信息加以弥补。第三,在市场环境中,零次型信息占有较大比例,它们反映市场供求、价格、竞争状态的变化,是市场调整和分析的重要依据。第四,在现代咨询服务中,零次型信息具有特殊意义,用户的需求通过零次型信息反映出来。第五,随着网络的兴起和普及,零次型信息的传递超越了时空限制,传播量、传播速度和影响面越来越大。

零次型信息的存在形式、传播渠道具有较大的随机性,难以存储和系统积累,给这类信息的管理带来了很大困难,需要采用特殊的方法收集、记录、整理和存储。

以上四类不同的信息源,大体上涵盖了各种类型和各个层次的信息,它们各具有不同的特点,分布于不同的部门,流通于不同的渠道。可以根据本次信息收集的需求,选择不同的信息源。

2.1.4 采集的过程

信息采集的过程一般可以分为以下几个步骤:需求分析、确定采集途径和策略、采集实施、结果评价、整理数据和编写报告等。这几个步骤不是一成不变的,在实际生活中,根据实际情况可以有所取舍。

1. 需求分析

在进行信息采集之前要进行需求分析,明确采集目标。需求分析是整个信息采集的出发点,也是整个信息采集工作效率高低和成败的关键。信息采集的需求分析主要包括以下4个方面的内容。

1) 确定信息服务的对象

进行信息采集必须首先明确服务的对象,根据服务对象的不同,信息采集的内容也不同。国家、企业、个人对信息的需求是不相同的。

2) 确定信息采集的内容

在确定了信息采集服务对象的基础上,进一步确定采集的内容。采集的信息不可能完全满足客户的要求,要兼顾重点原则和全面原则,合理确定采集的内容。

3) 确定信息的采集的范围和量

明确信息采集范围,才能使采集工作有的放矢;确定采集量,才能合理分配采集工作所需的人员、时间和费用。

4) 其他因素

除了上述因素外,在需求分析阶段还要根据需要确定其他一些因素。例如,信息的语种要求,著者要求,对查准、查全的要求等。

2. 确定采集途径

根据信息采集需求的不同,要采用不同的采集途径。不同类型、不同内容的信息流通的渠道不同,获取的途径和方法也不一样,目前常常采用下述方法收集信息。

1) 采购

根据国内外公开发行的各种书目购买。采购包括订购、现购、邮购、委托代购、网上购物等具体方式。

2) 交换

即利用本单位的出版物与其他单位的出版物进行交换,互相补充,以扩大信息来源。交换的信息资料多数为内部刊物、非卖品,不能通过采购获得,只有通过交换获得。

3）现场收集

现场收集不仅可以获得文献信息元,而且可以获得非文献信息元。现场收集是获取非文献信息源的重要方法和途径。

深入基层参观访问,可以直接获得第一手材料。对有价值的新实验、新产品、新设备或新工艺、新方法,除用文字记录外,还可拍摄照片或电影。参观的范围除了厂矿企业、科研单位之外,还可以是各种现场会、展览会、博览会和展销会。

通过参加各种学术报告会、经验交流会、专业讨论会和来华讲学、来华技术座谈、技术贸易以及出国考察、国际学术会议都可以收集到所需要的信息。

现场收集虽不如其他方法收集信息那样系统、连续,数量也不够多,但其速度快、质量高、准确性好、针对性强,是获得信息的有效方法。

4）索取

对于尚未发表的信息资料、少数不公开发表的信息资料,以及已经发表、但不够详细和全面的信息资料,根据需要可直接通信联系或直接去人联系取得,称之为索取。

5）检索

通过各种数据库、联机和脱机检索系统获得所需要的信息。

6）复制

到一些收藏单位(如图书馆等)复制所需的资料。

3．确定采集策略

采集途径确定之后,要确定采集策略。采集策略就是具体的执行方案。根据选择的系统不同,选择适当的执行方案。例如,对于信息检索中的计算机检索,采集策略具体表现为检索式。

4．采集实施和结果评价

确定了采集系统、采集途径和策略,接下来要进行采集实施。采集实施过程要注意监控,采集实施所得到的初步结果要及时进行评价。这些信息都可作为采集途径和策略,甚至是采集系统修改和调整的依据。要不断地对采集途径、策略以及采集系统进行调整,直至得到比较满意的结果。

5．整理数据和编写报告

得到采集信息之后,还要进行数据的整理、原始文献的获取、检索报告的编写等,以便将综合性报告呈给信息决策者。

2.2 信息组织加工

由于现代信息技术的发展,特别是因特网的迅速发展,信息的生产和传输空前便捷,出现信息量海量、信息更新快、信息严重冗余、信息质量参差不齐等特点。这一现象给人们提出了相当尖锐的问题:一是信息的海量性、无限性和人的精力、时间的有限性形成了尖锐的矛盾;二是信息的无序性、严重污染性与人类使用的选择性形成尖锐的对立。解决这些矛盾的根本途径是对信息进行组织加工。从各种渠道收集到的信息需要经过筛选、描述揭示、加工、序化、存储,才能够形成信息供人们使用。

所谓信息加工,是指将采集来的大量原始信息进行筛选和判别、分类和排序、计算和研究、著录和标引、编目和组织而使之成为二次信息的活动。

2.2.1 信息的筛选

1．筛选步骤

信息筛选是指对原始信息有无作用的检查和挑选。信息筛选的基本程序包括信息整理、浏览审阅、再次审核三个步骤。

1) 信息整理

信息整理是信息筛选的前提,信息整理要求将杂乱的信息进行有规则的整理,以方便今后进一步开展工作。

2) 浏览审阅

浏览审阅的目的是将错误明显或者无用的信息清除掉,而保留真正有用的信息,对一时无法确定其去留的信息则暂时放置一边,留待进一步处理。

3) 再次审核

对于一时拿不准的信息必须采取会诊或者其他科学方法,再一次对其分析研究,以便确定其取舍,提高信息筛选的准确性。

2．筛选类型

在信息筛选过程中,应该着重关注以下内容,防止这类信息混入其中,造成错误信息、错误的判断与决策。这类不良信息包括以下几种:虚构信息、添加信息、拼凑信息、变形信息、偏颇信息、残缺信息、模糊信息和走样信息。

1) 虚构信息

有些信息完全是虚构、杜撰的,没有一点事实根据,这主要是出自于信息采集者的某些不良动机。

2) 添加信息

添加信息虽有一定根据,但其中某些情节和内容是信息采集者、传递者通过想象添加进去的。

3) 拼凑信息

拼凑信息是指将不同时空、不同条件、不同性质的信息人为地组合成同一时空、同一条件、同一性质的同一信息。

4) 变形信息

变形信息指把事实夸大或者缩小,或者将个别说成普遍,将偶然说成是必然,或者反之,其实质是对事实的一种扭曲,会严重影响信息的真实程度和可信度。

5) 偏颇信息

偏颇信息是指为突出或抹杀某一个因素,而片面强调某一起作用的原因或者扼杀某一作用的要素。如果不对这类信息进行校验和纠偏,不仅会影响信息的使用价值,而且会给信息使用者造成重大经济损失。

6) 残缺信息

在收集信息过程中,如果不对相关要素进行综合分析,仅看到个别现象就妄加推断,就会导致信息的失真。

7) 模糊信息

模糊信息是因信息收集者道听途说、捕风捉影而来,其可信度较差,所以必须对其重新采集和验证。

8) 走样信息

走样信息是指信息采集者已经准确反映客观事实,但在信息记录或传递过程中出现走样,谬误百出。

3. 筛选方法

信息筛选时,如何判断信息的可信度,并最终筛选有用的信息呢？主要通过一些基本方法来进行信息筛选,如感官判断法、分析比较法、现场核实法等,这里简单介绍几种信息筛选的基本方法。

1) 感官判断法

感官判断法是指信息加工人员在浏览审阅原始信息过程中依靠自己的学识和经验,凭直觉判断信息的真伪和可信度。该方法的优点是简单可行,费用低廉,节约时间；其缺点是对某些信息难以做出准确判断,而且与信息加工人员的素质有着较密切的联系。

2) 分析比较法

分析比较法是指信息加工人员在筛选信息过程中,采用前后信息、左右信息、不同渠道收集的同一信息进行对比分析,以便确定信息的真伪和可信度。该方法准确性较高,但较费时费力。

3) 集体讨论法

集体讨论法是指对某些个人无法下结论的信息采用集体会诊方法来确定其取舍。该方法充分发挥了集体的智慧,获得的信息准确性较高。

4) 专家裁决法

专家裁决法是指对一时无法确定取舍的信息交由专家裁决的方法。该方法的科学性取决于专家的个人素质。

5) 数学核算法

数学核算法是指对原始信息有疑虑而由信息加工人员重新予以核算的方法。该方法可以及时纠正那些因信息采集、计算错误、笔误或者传递错误等造成的信息失真现象。

6) 现场核实法

现场核实法是指对有疑虑的信息,再责成信息采集人员或加工人员深入现场核实真伪。该方法准确性较高,但较费时费力。

2.2.2 信息的分类

信息的分类是指根据选定的分类表,对杂乱无章的原始信息进行分门别类。信息分类有助于对信息的科学研究。

信息分类的基本程序和方法包括:

1) 确定分类方法

确定信息分类方法是实施信息分拣的基础或者前提。信息分类的主要方法有地区分类法、时间分类法、内容分类法、主题分类法以及综合分类法等。其中，地区分类法是指依据地区的不同而进行的信息划分方法；时间分类法是指依据时间顺序对信息进行划分的方法；内容分类法是指根据信息内容划分信息类别的一种方法；主题分类法是指以主题作为划分信息的一种方法；综合分类法是指以时间、地区、内容、主题为依据综合划分信息的一种方法，也就是对上述四种分类法的综合应用。综合分类法还可以进一步细分为时间地区分类法、内容地区分类法等。

2) 实施信息分拣

根据确定信息分类方法的要求对信息资料进行分拣。

3) 进行信息排序

通过信息排序可以使之成为井然有序的信息体系。

2.2.3 信息的评价

现代社会信息量急剧增大，信息载体多种多样，信息传播渠道十分复杂，并且每天新的信息不断产生，更主要的是这些信息质量参差不齐。无计划地采集信息不仅不能满足用户需求，还浪费大量人力、物力和财力。因此，如何对信息进行评价，掌握和利用适合的信息源，收集、选择对用户有价值的信息是信息管理活动急需解决的问题。

然而，对信息价值的评价是个复杂的课题，它在很多情况下取决于信息利用者的工作范围、性质、目的和个人素质。例如，从事理论研究的科技人员对期刊评价很高，决策管理人员钟情于综合性调研报告，等等。这就给信息的评价增加难度，使得我们不可能制定一个统一的标准。但是，可以通过信息的一般特性指标对信息的价值进行判断。

有价值的信息是在特定的问题和状态中被利用并有效发挥其功能的信息，是实现某种目标所需要的知识，是进行决策和选择所必需的资料。有价值的信息必须具备及时性、准确性、综合性、获取简易性、经济性等特性。具体地说，有价值的信息应具备如下条件：能够及时地以适当的方式提供解决问题所需要的依据；信息符合用户需求的内容；信息的可信赖程度高；信息具有综合性；信息容易获取（即不是用特殊的手段或极少数人才能获取）；信息的费用与目标吻合。

人类在社会、经济、科技、文化及其他各种活动中所用的信息极其广泛，其意义各种各样，我们可以通过对信息源、信息准确度、信息费用三方面的评价来判断信息是否有价值，价值有多大。

1. 信息源的评价

目前，对信息源的评价一般采取两种方法：一种方法是信息工作者根据对信息源的一般要求对信息源进行评分评定，称为直接法；另一种方法是调查信息利用者对各种信息源的利用情况，或由信息利用者根据自己的实践需要来评价信息源，称为间接法。

1) 直接评价法

直接评价法就是按照对信息源的一般要求制定一些标准或者指标，从不同的角度和侧面对信息源的价值给予评分评定。这种方法的特点是简单易行，带有主观色彩。直接评价法一般使用下列指标。

（1）报道及时性：能在尽可能短时间内将新生产的信息报道和传播出去。对文献信息源而言,就是指出版发行周期短,报道速度快。

(2) 信息完整性:含有各种重要的信息,从不同的侧面描述信息对象。

(3) 技术新颖性:含有大量的最新信息。

(4) 科学可靠性:含有的信息同实际成果或实践最为接近而极少偏差,数据准确可靠。

(5) 叙述简明性:内容简明扼要,易于理解。

用上述五项指标,采用 10 分制,对各种信息源进行评分评定后,得分相加,便是该信息源所得的总分。按总分多少可对信息源进行排序。

如果考虑信息利用者的工作性质对上述五项指标的不同要求,还可按重要性程度给各指标一个权值。这样,每个指标的得分分别乘以权值后再相加所得的总分将更能说明信息源实际被利用的情况和价值。

总的说来,这种评价方法比较粗浅,不能准确地揭示信息源的真正价值。这是因为:第一,对各指标的评分带有极大的主观性,完全取决于信息工作者个人对信息源的认识和了解。第二,信息源的价值只有在实际利用中才得到真正体现,这种评价方法完全不考虑信息源在实际利用中的真正动态,因而不能正确反映信息源的价值。第三,上述五项指标也还是不够完备的。

尽管如此,我们还是可以用这种方法对信息源做出评价,作为收集和传递信息的一个参考依据。

2) 间接评价法

间接评价法是通过信息用户来评价信息源。以调查表的方式调查用户对信息源的需求和利用情况,然后由信息工作者对调查所得到的数据进行统计分析和对比,对信息源的价值做出评价。这种方法的特点是需要信息用户密切配合,工作量较大,但评价结果较为客观。

利用间接法评价信息源,可以把调查和评分结合起来使用。在调查表中要求用户根据自己利用信息源的情况对所要评价的信息源评分,根据需要可采用 10 分制或其他评分制。每个用户的评分虽是主观的,但最后由信息工作者对大量用户的评分进行统计分析将会得出较为客观的结论。

下面介绍这种方法的具体程序。

设信息人员将有 n 个项目的 m 张调查表收回后汇总成表 2-1 的形式。

表 2-1 信息源间接评分评定表

被调查人	信 息 源					
	F_1	F_2	...	F_j	...	F_n
1	a_{11}	a_{12}	...	a_{1j}	...	a_{1n}
2	a_{21}	a_{22}	...	a_{2j}	...	a_{2n}
...	...	...	...	...	...	...
i	a_{i1}	a_{i2}	...	a_{ij}	...	a_{in}
...	...	...	...	...	...	...
m	a_{m1}	a_{m2}	...	a_{mj}	...	a_{mn}
总计	R_1	R_2	...	R_j	...	R_n

表中 a_{ij} 是被调查者 i 对第 j 个信息源的评分，信息价值较高的信息源其评分相应较高。例如，如果采用 10 分制，价值最高的信息源用户可评 10 分，价值最低的信息源可评 1 分。

为了确定被调查者对所需评价的信息源认识的重要性次序，可以采用下述四种相对重要性指标进行比较，指标较大者则较重要。

(1) 评分平均值：用被调查者(指有效的被调查人)的人数去除这些被调查者给某一信息源的评分之和，便是该信息源的评分平均值。

$$\overline{R_j} = \frac{\sum_{i=1}^{m} a_{ij}}{m} \tag{2-1}$$

式中：$\overline{R_j}$——信息源 j 的平均评分；

m——被调查人数；

a_{ij}——被调查者 i 给信息源 j 的评分。

(2) 评分比重：某一信息源所得全体被调查者的评分和，在全体被调查者给所有信息源的评分总和中所占的比重，便是该信息源的评分比重。

$$P_j = \frac{\sum_{i=1}^{m} a_{ij}}{\sum_{j=1}^{n} \sum_{i=1}^{m} a_{ij}} \tag{2-2}$$

式中：P_j——信息源 j 的评分比重；

n——信息源数；

a_{ij}，m 与式(2-1)中的相同。

(3) 最高评分频度：全体被调查者给某一信息源的全部评分中评最高分数的人数所占的比例，称为最高评分频度。

$$P_{\max} = \frac{m'}{m} \tag{2-3}$$

式中：$P_{\max}$——最高评分频度；

m'——给最高评分的被调查者数；

m——同前。

(4) 平均名次指标：首先将全部信息源分别就各个被调查者的评分排队，列出名次，这样每个信息源就得到与被调查者数量相同的名次数目，然后用被调查者总数去除名次的数值和，便是相应项目的平均名次，数字最低者为佳。

$$M_j = \frac{\sum_{i=1}^{m} C_{ij}}{m} \tag{2-4}$$

式中：M_j——信息源 j 的平均名次；

C_{ij}——被调查者 i 给信息源 j 的评分排队名次；

m——同前。

上述四种指标，可单独采用，也可以同时使用其中几种，然后取名次平均值，便可确定信息源的重要性次序。

下面用一个简单的实例说明上述方法的应用。

设有 5 名被调查者对 4 种信息源的评价如表 2-2 所示(评分采用 10 分制)。

表 2-2　信息源间接评价实例

被调查者	信息源			
	文摘(F_1)	快报(F_2)	期刊(F_3)	图书(F_4)
1	2	3	7	10
2	2	4	10	5
3	2	10	6	4
4	10	6	5	1
5	3	10	4	7
总计	19	33	32	27

根据式(2-1),各信息源的平均评分为:

$$\overline{R_1} = \frac{19}{5} = 3.8$$

$$\overline{R_2} = \frac{33}{5} = 6.6$$

$$\overline{R_3} = \frac{32}{5} = 6.4$$

$$\overline{R_4} = \frac{27}{5} = 5.4$$

根据式(2-2),各信息源的评分比重为:

$$P_1 = \frac{19}{19+33+32+27} \approx 0.17$$

$$P_2 = \frac{33}{19+33+32+27} \approx 0.30$$

$$P_3 = \frac{32}{19+33+32+27} \approx 0.29$$

$$P_4 = \frac{27}{19+33+32+27} \approx 0.24$$

根据式(2-3),各信息源的最高评分频度为:

$$P_{max1} = \frac{1}{5} = 0.2$$

$$P_{max2} = \frac{2}{5} = 0.4$$

$$P_{max3} = \frac{1}{5} = 0.2$$

$$P_{max4} = \frac{1}{5} = 0.2$$

要计算平均名次指标,将全部信息源分别就各被调查者的评分排队,列出名次,即可将表 2-2 转换为表 2-3。

表 2-3　平均名次表

信息源	被调查者				
	1	2	3	4	5
文摘(F_1)	4	4	4	1	4
快报(F_2)	3	3	1	2	1
期刊(F_3)	2	1	2	3	3
图书(F_4)	1	2	3	4	2

根据式(2-4)和表 2-3,各信息源的平均名次为:

$$M_1 = \frac{4+4+4+1+4}{5} = 3.4$$

$$M_2 = \frac{3+3+1+2+1}{5} = 2$$

$$M_3 = \frac{2+1+2+3+3}{5} = 2.2$$

$$M_4 = \frac{1+2+3+4+2}{5} = 2.4$$

从上述各评价指标值可知,所调查的 5 个用户对所列 4 种信息源的评价结果是,快报最为重要,依次是期刊、图书、文摘。

利用间接法对信息源进行评价,除按上述要求用户对信息源总体进行评分外,还可以从不同的侧面和角度对信息源进行评分。虽然这样会使得信息人员的统计分析工作量大大增加,但是评价结果将更准确。

2. 信息准确度的比较评价

信息评价的另一方面是比较评价信息的准确度,可以从两种角度来进行。

第一种角度包括下面三种方法:

(1) 从不同的信息源获得同一信息,对这些信息进行比较;

(2) 定期地、系统地收集信息,调查过去同种信息是否出现并和新获取的信息进行比较评价;

(3) 从多种信息源收集、分析同种信息和相关信息,与切题的信息进行比较评价。

把从各个方面获得同一信息进行比较评价的方法叫作"交叉检验"。这三种方法中,信息的比较实际上是相应的信息源的比较,所以经常注意各种信息源的获取渠道、特点及提供信息的可信度等方面的评价数据,是非常有益的。

第二种角度是从信息所含的六个要素出发评价信息的准确度。

任何信息都包含六个要素:内容(What),原因(Why),时间(When),地点(Where),人(Who),方法、途径、状况(How),即国外常说的"5W1H"。对信息进行比较评价时,要把信息分解成上述六个方面,其步骤大致如下:

(1) 把信息分成六个要素,按要素分成不同的组;

(2) 分析各组中有无共同点,把具有共同点的信息抽出来;

(3) 只有被抽出来的、具有共同点的信息要素构成信息形态;

(4) 把组成信息形态的要素分别同原信息进行比较;

（5）根据比较结果，对被认为最有共同点的原信息做进一步调查检验，分析它与其他信息的相关程度、相关的交接点等。

按照上述步骤对信息进行比较评价，即使评价者不同，也照样可以得到可靠性较高的信息。

此外在评价信息时，还应指出信息是零次信息、一次信息、二次信息还是三次信息。因为二次信息、三次信息是对零次信息加工而得到的，其中有一部分由于信息加工者的意图或强调某一方面而改变了原信息的实质内容。因此，利用这类信息时，必须加以分析。

3. 信息的经济性评价

信息的收集、分析、加工、利用需要人力、财力、时间。由于信息分布的广泛性和信息利用的时效性之间的矛盾，信息收集受到一定的约束和限制。一般都要求迅速、准确、廉价地获取所需信息。但是对于迫切需要的信息，有时也不惜高价获取。利用信息时，信息的经济性是一个重要的影响因素。

为了经济而有效地收集信息，可以从下述要点出发来评价信息。

（1）所需信息存在率的评价：首先要调查有关的信息源、载体、实物是否存在，假如存在，要用什么方法从哪儿获得，评价获取的难易程度。

（2）所需信息适合率的评价：评价获取的信息与所需信息的内容吻合程度。例如，解决问题的有效程度、利用该信息而需要加工处理的必要程度等都是评价的尺度。

（3）所需信息可信性的评价：对于二次信息和三次信息，应评价其性质、加工深度、是否能获得证明性信息以确认其可信性。此外，由于信息既可以传递某一事物或课题的全部内容，也可以传递部分内容，因此，根据其所处的位置便可评价信息的可信性。

在按照上述方法进行信息评价之后，还可以按以下六个标准对信息进行综合评价，分出等级，以便于识别：从其他信息源得到确认；通过检索相关信息等措施大致被认为是确切的信息；从过去同种信息的可靠性来看，虽不能说绝对确切，但确切的可能性很大；似乎不是错误信息，但很值得怀疑；不太真实；不能评价其可靠性。

值得注意的是，信息的提供、评价和利用等环节都是由人来进行的，所以不可避免地会产生无意识或有意识的错误。必须认识到这种错误出现的可能性是经常存在的。表2-4列举了可能发生信息利用和评价错误的原因及其内容。在所列出的各种原因导致的信息错误中，有些是不可避免的，只要稍有疏忽就可能发生。信息提供者与利用者要认识到这一点，从而力求不犯或少犯错误。

表 2-4 出现信息错误的原因及内容

原　　因	原　因　简　述
缺乏客观性	没有客观的理解获取的信息，而是掺杂了一些主观因素
取材不足	只用片面的素材、片面的信息来完成报道工作
理解不足	判断问题受潮流、情绪影响，没有深究其真实的本质
调查、分析不充分	过于追求信息提供的速度，而没有进行充分的调查和分析
思考能力不足	没有足够的对新问题的思考能力，而是墨守成规，不能抓住事物的本质
不可信性太大	对于信息不明确之处置之不理，而将自己的主观臆断注入信息
凭兴趣评价信息	有时对自己感兴趣的信息过分强调，对自己不感兴趣的信息则熟视无睹，歪曲了信息的真正价值

2.3 信息存储与检索

2.3.1 信息存储

1. 意义和作用

信息存储是指将经过科学加工处理后的信息资源(包括文件、图像、数据、报表、档案等),按照一定的规定记录在相应的信息载体上,并将这些载体按照一定特征和内容性质组织成系统化的检索体系。

1) 意义

信息资源存储对以后信息的开发和利用有着重要意义。其重要意义主要体现在以下几个方面:有利于增大信息资源的拥有量;有利于集中管理信息资源;有利于开发高层次的信息资源;有利于充分利用信息资源,提高管理工作效率。

2) 作用

信息资源存储的作用也很重要,主要表现在以下四个方面:

(1) 方便检索。将加工处理后的信息资源存储起来,形成信息资源库,就为用户从中检索所需信息提供了极大的方便。

(2) 利于共享。将信息资源集中存储到信息资源库中,为用户共享使用其中的信息内容提供了便利,人们还可以反复使用,提高了信息资源的利用率。

(3) 延长寿命。信息资源存储还可以有效地延长信息资源的使用寿命,提高信息资源的使用效益。

(4) 方便管理。将信息资源集中存储到信息资源库中,就可以采用先进的数据库管理技术定期对其中的信息内容进行更新和删除,剔除其中已经失效、老化的信息内容。

2. 原则和基本要求

信息资源的存储形式多种多样。而信息资源的存储是待以后信息利用的,选择合适的存储形式很重要。因此,信息资源存储时需要遵守以下基本原则:

(1) 统一性。统一性原则是指信息资源的存储形式应该在全国甚至全世界范围内保持一致,这就要求信息资源存储时需要遵守相关的国家标准或者国际标准。

(2) 便利性。便利性原则是指信息资源的存储形式要以方便用户检索为前提,否则会影响用户使用该信息资源。

(3) 有序性。有序性原则是指信息资源存储时要按一定规律进行排列,以方便用户检索。

(4) 先进性。先进性原则是指信息资源的存储形式应该尽量采用计算机以及其他新兴材料作为信息资源存储的载体。

除了遵循以上原则外,信息资源存储时需要遵守的基本要求包括:

(1) 求全。所谓"全"是指信息资源存储要尽可能做到全面系统,应有尽有。

(2) 求新。所谓"新"是指存储的信息资源要新颖。越是新颖的信息资源,其使用价值越大。

(3) 求省。所谓"省"是指信息存储过程中要尽量降低费用,以便最大限度地提高效益。

(4) 求好。所谓"好"是指要建设和管理好与信息资源存储相关的设备和设施。

3. 信息存储的类型

为研究的需要,科学研究人员将信息存储根据不同的角度分成不同的类型。

信息存储按载体的形式划分为以下七种类型:

(1) 人脑载体存储。在文字产生之前,人类只能依靠人脑的记忆功能来存储信息,所以说人脑是一种初始的载体存储形式,但人的记忆力毕竟有限,时间一长就会忘记。

(2) 语言载体存储。语言是人们交流思想的工具,也是人类最早的信息资源存储形式之一,人们将自己的思想加到语言中,并通过语言的方式表达出来,传递给对方,以实现信息交流、沟通思想的预期目的。

(3) 文字载体存储。文字既是一种信息表现方式,也起着存储信息资源的作用,记录文字信息的材料由最初的石头、龟甲、兽骨发展到后来的简牍、丝帛、纸张等。

(4) 书刊载体存储。书刊的出现要晚于文字,但它是一种更有效的信息资源存储方式,其特点是:信息存储容量大,并且高度集中。

(5) 电磁波载体存储。电磁波是一种通信的手段,也是一种信息的载体,其形式包括电报、电话、电传等。

(6) 计算机载体存储。计算机载体存储的特点是:传递速度快,存储容量大,联网后处理信息的范围极大。

(7) 新材料载体存储。随着科学技术的发展,人类发明了许多可以用作信息记录载体的新兴材料载体,包括磁性载体(如磁带、磁盘等)、晶体载体(如集成电路等)、光电载体(如光盘等)、生物载体(如蛋白质等)。这些新兴材料载体的共同特点是:体积小、容量大、效率高,可以更有效地用来存储各种信息资源。

4. 信息存储技术

传统的信息资源存储技术主要是纸张印刷存储技术,现代信息资源存储技术主要包括缩微存储技术、声像存储技术、计算机存储技术以及光盘存储技术,它们具有存储容量大、密度高、成本低、存取迅速等优点,所以获得广泛应用。

2.3.2 信息检索

1. 信息检索的含义

信息检索是最重要的一种信息采集方法。信息检索根据特定用户在特定时间特定条件下的特定需求,运用某种检索工具,按照一定的检索过程、方法和技术,从各种各样的信息系统中查出所需的信息,生成用户所需要的信息资源的过程。

信息检索对于个人、社会和国家都有着重要的意义。这主要表现在以下三个方面。

1) 信息检索有利于充分利用信息资源,避免重复劳动

科学研究具有继承和创造两重性,这两个特性要求科研人员在探索未知或从事研究工作之前,应该知道这个内容是否有人研究、研究的进展如何以及研究的方向等,只有这样才可以使自己的工作有的放矢,避免重复劳动。

2) 信息检索有利于缩短获取信息的时间,提高工作效率

信息检索系统的利用,特别是计算机在信息检索系统中的应用大大提高了获取信息的

速度。获取单位信息时间的缩短使得人们可以利用更多的时间来进行开拓性的工作。同时由于获取单位信息时间的缩短,也可以使人们获取更多的信息,从这些信息中获得启迪,改变认识和思维方法,提高工作效率。

3) 信息检索有利于决策者进行决策

科学的决策源于对信息的充分占有。信息检索是国家、部门、单位、企业和个人等决策者获得信息的重要途径。通过信息检索,可以使得这些决策者尽可能把握全局,将决策建立在科学基础之上,大大增加决策的正确性。随着科学技术的不断发展,人们已经在信息检索的基础上研制出很多决策支持系统。

2. 信息检索的基本原则

信息检索主要指对信息的寻找和获取工作。信息资源检索的基本原则包括:

1) 目的性

目的性是指信息资源检索一定要以所要达到的目的为原则,绝对不要盲目行事。

2) 时间性

信息资源检索要有一个时间概念。

3) 全面性

全面性是指信息资源检索中心应该尽量全面系统地提供用户所需要的一切信息。

4) 准确性

准确性要求信息资源检索的结果应该尽可能做到准确无误。

5) 规范性

信息资源检索应该遵循信息资源检索规律,按检索规则办事。

3. 信息检索的类型

可以依据不同的划分标准,对信息资源检索进一步细分。

1) 按检索内容划分

(1) 书目检索。书目检索是从存储有标题项、作者项、出版项、文摘项等书目(著录)信息的检索系统中获取标题、作者、摘要、出处、专利号、收藏处等相关信息线索的一种检索类型。检索结果不直接解答用户提出的技术问题本身,而是提供与之相关的线索,供用户参考。

(2) 全文检索。全文检索是从存储整篇论文、专利说明书至整本著作的检索系统中获取全文信息的一种检索类型。它是在书目检索基础上的更深层次的内容检索,是一种直接检索。通过对全文的阅读,可进行技术内容及技术路线的对比分析,掌握与研究现状,为研究的创新点提供参考和借鉴。可以利用各种论文全文数据库和专利说明书全文系统来进行检索。

(3) 多媒体检索。多媒体检索是从存储有多媒体文件的检索系统中获取多媒体信息的一种检索方式。它是随着计算机技术的发展而产生的新的检索类型。检索结果是以多媒体形式反映特定信息的文字、图像、音频、视频等。目前可以在因特网上利用特定的检索引擎来进行检索。

(4) 数据检索。数据检索是从存储有大量数据、图表的检索系统中获取数值型信息的一种检索类型。检索的结果是经过评测、评价过的各种数据,可直接用于比较分析和定量分析。可以利用各种手册、年鉴、图谱等进行检索。

(5) 事实检索。事实检索是从存储有大量知识信息、实时信息和数据信息的检索系统中获取某一事物发生的时间、地点及过程的检索。我们可以利用各种百科全书、年鉴、名录等进行检索。文献检索是指根据检索的要求,利用检索工具查找出符合需要的文献或论文。事实检索是指查找有关某一事物的发生与发展情况及相关资料。数据检索是指查找某种数据、公式、图表或化学式等。

2) 按检索方式划分

(1) 手工检索。手工检索是指人们利用卡片目录、文摘、索引等检索工具,通过人工查找所需信息资源的行为。可以采用多种方法,如常用法、分段法等。

(2) 机器检索。机器检索是指人们借助机器查找信息资源库中所存信息的行为。机器检索主要包括穿孔卡片检索、缩微检索和计算机检索。机器检索的服务方式有两种:一是回溯查找服务,是指从提出需要时算起回溯到过去某个时候为止而提供的一次性检索服务;二是定题服务,是指信息服务机构根据用户对于某一专题的特定需求,输入计算机建立需求档案,定期对最新资料进行检索,然后将检索随时提供给用户。

3) 按系统连接情况划分

(1) 成批检索服务。成批检索服务是指将用户的提问积累起来,成批进行检索处理。这种方式适用于提问量大,不需立即回答的检索服务项目。早期的计算机检索多采用这种方式。

(2) 联机检索服务。联机检索服务是指检索者使用终端设备,通过通信线路,运用特定的指令和检索策略与有关数据直接联系的一种检索方式。目前,联机检索服务随着计算机技术和通信技术的发展,已成为极有发展前途的一种检索服务方式。

4. 信息检索的特征

无论是哪一种检索类型,都满足如下特征:

1) 信息检索的相关性

所谓相关性,著名信息学家切内尔认为是指信息检索时规定的一篇正文与表示信息提问的另一篇正文的符合程度。我们一般可以认为相关性表明某一文献和某一提问的吻合程度。在信息检索中广泛存在着相关性问题。

2) 信息检索的不确定性

我们知道信息检索的实质并没有直接处理原始信息和原始用户需求,它提供的只是信息表示和查询表示的关系,这就涉及标引和检索词选用的准确度问题。而实际上在标引和检索词选用中都存在不确定性。所谓不确定性是指标引词和检索词的选用可能会因人而异。这两种不确定性使得信息检索具有不确定性。

3) 信息检索的逻辑性

信息检索具有非常强的逻辑性。在检索语言方面,检索词表作为检索语言的核心,自身编排具有很强的逻辑性。在检索策略方面,检索策略要遵从处理检索提问的逻辑与查找步骤的科学安排,正确的检索策略优化了检索过程,有助于取得最佳的检索效果。在检索系统的用户界面上,系统要根据实际情况选择特定的逻辑进行动态的控制,减弱检索的不确定性。

5. 信息检索的基本程序

无论哪种类型的信息检索,原理相同,基本程序大致相同。

信息资源检索的基本程序主要分为确定检索的范围和深度、选择检索工具、选择检索途径、选择检索方法、实施信息查找、调取信息资料六大步骤。

1）确定检索的范围和深度

信息资源检索的范围是指检索信息内容的宽度。例如，某电子企业所需要的信息是仅包括计算机价格形成信息，还是包括计算机价格形成信息、计算机价格体系信息、计算机价格体制信息等。只有明确了信息检索内容的宽度，才能在信息资源检索过程中做到有的放矢，以最短的检索时间达到最好的信息资源检索效果。信息资源检索的深度有两个含义：一是指信息资源检索的长度。例如，如果已确定检索硬盘价格信息，但硬盘价格信息又包括很多年份，需要哪些年份的价格信息呢？过去的所有硬盘价格信息是否都需要？未来的硬盘价格预测信息是否也需要？所有这些就是信息的深度问题。二是指是否需要索取信息的根源。在上面，如果已检索到所需要的硬盘价格信息，还要不要索取信息原件？这也属于信息的深度问题。确定了信息资源检索的深度，才能使信息资源检索一步到位，避免重复劳动。

2）选择检索工具

信息资源检索的工具很多，在检索过程中，根据需要科学地选择合适的信息检索工具。

3）选择检索途径

信息检索总是根据信息的某种外表特征和内容特征来查找并获取信息资料的，这些特征被称为信息的检索途径，包括分类途径、主题途径等，可以根据需要选择适合的检索途径。如果检索途径选择不当，往往会造成漏检和误检，影响信息资源检索的效果。

4）选择检索方法

选择检索方法的目的在于寻求花费时间少、查获信息资料全的有效方法。信息资源检索的主要方法有常用法、回溯法和循环法。

5）实施信息查找

实施信息查找是检索的实质性阶段。在信息查找过程中，如果是手工检索，则可根据检索者所提供的索取信息的标识进行查找，到某一具体收藏地点去查询所需的信息资料。

6）调取信息资料

调取信息资料既可能是指将信息资料调取出来，也可能是指为信息需求者提供复印、打印服务，还可能是指将信息资料直接提供给需求者使用。

6．信息检索工具

信息检索工具是人们为了充分、准确、有效地利用已有的信息资源而加工编制的用来报道、揭示、存储和查找信息资源的卡片、表册、特定出版物和计算机系统等。它有利于用户从不同的角度方便快捷地查找到大量有用的信息资源或线索。

检索工具多种多样，种类繁多。但一般说来，检索工具都具有存储和检索的职能，同时还具有如下特征：

1）包含信息资源的外部特征和内部特征

外部特征是指信息资源的篇名、著者姓名、文献出版等，内部特征是指信息资源的内容提要或文章摘要等。

2）每条描述记录都标明有可供检索用的标识

这是指存入检索工具的每篇文献需要经过索引，取得检索标识，如主题词、分类号、著者姓名等。

3) 全部标识必须系统地、科学地排列,成为一个有机的整体

科学地组织标识,系统地进行编排,利于标识记录有序存放,易于存取。

4) 具有多种检索手段或检索途径

这使得检索工具能够满足用户以多种角度查找所需信息资源的要求。

检索工具是随着信息检索技术的不断发展而发展的。随着时间的推移,有些检索工具已经不再使用了,但是它们确实为信息检索的发展做出了重要文献。

对所有出现过的检索工具按不同的标准或方法进行划分,可以得到多种结果。按照处理信息资源的手段可分为手工检索工具、机械检索工具、计算机检索工具等;按照载体形式可分为书本式检索工具、卡片式检索工具、缩微式检索工具、胶卷式检索工具、磁带式检索工具等;按记录格式可分为目录型检索工具、题录型检索工具、索引型检索工具、文摘型检索工具、全文型检索工具等。

2.4 信息服务

信息服务是信息机构向用户按一定方式提供信息的过程。信息服务以用户为中心,与信息需求和信息提问有密切的关系。

2.4.1 信息服务原则

由于用户的信息需求千差万别,并且随时间的变化而动态地变化,因而要向用户提供满意的信息服务是一件很不容易的事。为此,在信息服务活动中需要遵循以下原则:

1. 针对性原则

满足特定用户在特定时间的特定需求是信息服务的基本出发点。信息服务机构要认真研究用户的信息需求和需求的变化,掌握用户利用信息的习惯和特征,选择符合用户需求的信息内容、信息载体、信息渠道,向用户提供针对性很强的信息服务。

2. 及时性原则

信息具有时效性,即在特定的时间范围内才能发挥其效用。这个时间一般是在用户做出决策和选择需求信息之前。信息提供过早,用户没有需求,信息效用不能实现;提供过晚,信息毫无价值。

3. 易用性原则

实践表明,用户利用信息受到可获得性和易用性的影响。在决定是否选择和利用信息时,可获得性和易用性往往超过信息本身的价值。因此,信息服务机构应为用户获取利用信息提供最大的便利条件。

4. 成本/效益原则

信息服务既要讲究社会效益,又要讲究经济效益。虽然信息服务的效益具有潜在性和延迟性,很难做出确定的评价,但不论是对信息服务机构还是用户都需要花费一定的成本(时间成本和资金成本),应当确保以最小的花费来获得信息服务的最大效益。

2.4.2 信息服务类型

从信息用户和社会信息源与信息流的综合利用角度看,社会化信息服务包括以下内容:信息资源开发服务;信息传递与交流服务;信息加工与发布服务;信息提供与利用服务;用户信息活动组织与信息保障服务等。

信息服务作为一种基本的社会服务,为了更好地实现信息服务,对信息服务按多种方式进行分类。

(1) 按信息服务传递、处理和提供信息客体类可分为:实物信息服务(包括材料、样品、样机信息服务);交往信息服务(包括信息发布服务等);文献信息服务(包括传统文献服务和电子文献服务);数据服务。

(2) 按信息加工深度,信息服务分为:一次服务,提供具体的一次信息,传统的信息是书刊类出版物和收录原始信息的文本全文、数值信息和全文-数值混合信息的源数据库;二次服务,提供获取信息的线索,如题录、索引和文摘服务等;三次服务,在原始信息基础上的研究、综述与评介服务等,提供软件开发和系统技术服务。

(3) 按信息的内容和所属领域,信息服务分为:科技信息服务;经济信息服务;技术经济信息服务;法律信息服务;流通信息服务;军事信息服务等。

(4) 按信息服务的业务形式,信息服务分为:信息传输服务(通信服务);宣传报道服务;信息发布服务;新闻出版服务;信息提供服务;信息检索服务;信息资源开发服务;信息分析与预测服务;信息咨询服务;信息系统开发服务;信息代理服务等。

(5) 按服务手段,信息服务分为:传统信息服务;电子信息服务等。

(6) 按信息服务的指向范围,信息服务分为:单向信息服务(指向单一用户的服务);多向信息服务(指向众多用户的服务)。

(7) 按信息服务对象的范围,信息服务分为:内部服务(面向内部用户的服务);外部服务(面向外部用户的服务)。

(8) 按服务的主动性,信息服务分为:被动信息服务(由用户先提出服务要求,然后按需组织的信息服务);主动信息服务(主动面向用户的信息服务)。

(9) 按信息服务是否收费,信息服务分为:有偿信息服务;无偿信息服务。

对于信息服务,还有其他一些划分方法。

2.4.3 信息服务对象

信息服务是以提供信息为内容的服务业务,其服务对象是对服务具有客观需求的社会主体(包括社会组织和社会成员)。在服务中,这些主体称为用户,也称为信息用户。

信息用户是指在科研、生产、管理、商业、贸易、军事、外交以及日常生活中需要利用信息的个人或团体,前者称为个人用户,后者称为团体用户。研究信息用户,更有利于信息服务行业的发展,在此简单了解一下信息用户研究的内容。

信息用户研究的内容可分为以下几项。

1. 用户类型研究

用户类型研究是用户研究中的一项基本内容,是开展用户信息需求分析的基础。这项基本研究主要包括用户分类的原则与方式、用户的基本类型与特征,以及各类用户之间的联系等。

2. 用户信息心理研究

用户信息心理研究利用心理学的理论研究用户需求和吸收信息的心理过程和状态,分析其中的各种因素,探索用户的心理与行为规律。其研究成果直接为改进信息服务工作和实现信息系统的科学管理服务。

3. 社会因素对用户的影响

研究用户所处的社会环境及其对用户吸收与利用信息的影响,探讨其中的规律。此研究的重点是分析各种社会因素(包括社会制度、经济体制、教育与科技水平、地理资源、人口、民族等)对用户心理和行为的影响,分析这些因素与信息使用价值的关系等。其研究成果直接为信息化社会的建设所用。

4. 用户信息需求的调查分析

调查和分析用户的信息需求是设计和建立新的信息机构和信息系统的依据,也是开展高水平的信息服务于咨询活动的需要。开展信息需求调查是信息部门的一项日常工作,通常的调查内容包括用户对信息的需求、对索取信息工具的需求,以及对信息服务的需求。

5. 用户获取信息的研究

研究用户获取信息的途径和方式,从社会交流的高度对各种渠道加以比较和分析,是信息交流适应科学技术和人类社会发展的需要,是这一研究工作的目的。

6. 用户吸收信息的机理研究

用户吸收信息的机理研究主要包括用户对信息的评价、信息的使用价值及其测量、用户吸收信息的机理和创造过程研究。

7. 用户信息保证研究

用户信息保证研究主要探讨信息保证的一般原理与方式,研究各类用户信息保证的特点、途径与手段,评价信息保证工作的质量,分析其效益等。

8. 用户信息培训研究

用户信息培训研究主要研究用户信息培训工作的组织原则、方式和内容,从提高用户的信息素质出发,探讨解决信息系统与信息用户之间的某些不协调问题的方法。

9. 用户研究方法论

信息用户研究作为一个专门的领域,与包括数学、信息科学、控制论、系统论、管理科学、社会学、经济学、心理学等学科在内的自然科学和社会科学的许多分支都有着十分密切的联系。这种联系主要表现在用户研究已越来越多地利用上述学科的理论和方法,因而开展用户研究方法论的探讨非常关键。

2.4.4 信息服务评价

目前我国学术上对信息服务评价的研究多集中在图书馆读者服务评价的研究方向上。其实其他信息服务评价与图书馆读者服务评价类似。我们在这里主要从信息服务评价的概念、类型、步骤和方法及标准等方面来说明信息服务评价。

1. 信息服务评价

信息服务评价是指在一定的价值观指导下,用一定的技术和方法收集整个服务系统或某个侧面的信息,并基于所获得的信息,以服务目标为依据对服务过程和服务效果做出客观的衡量和价值判断,从而为不断完善自我和服务决策提供依据的过程。

信息服务评价依据不同的分类标准,其类型也各有不同。这里主要介绍两种分类标准。

按涉及评价内容的多少,信息服务评价分为单项服务评价和综合性服务评价。

按评价目的的不同,信息服务评价分为形成性评价与总结性评价。形成性评价是通过诊断服务方案或计划、服务过程与活动中存在的问题,为正在进行的服务活动提供反馈信息,以此提高服务质量的评价。总结性评价是在服务活动发生后关于服务效果的判断。

信息服务评价是一项专业性和技术性都很强的工作,为了保证服务评价的质量,达到评价的预期目的,应按照科学的程序组织服务评价。一般来说,信息服务评价可以按照评价的准备、实施、分析和决策三大步骤进行。

1) 评价的准备

即确定评价对象、评价目标(指标体系和标准)和评价方案,建立一定的评价组织。评价的准备是整个评价过程的基础。

2) 评价的实施

即相互沟通、收集信息、处理和分析信息资料等。评价的实施是整个评价过程中影响最大的一个阶段。

3) 评价的分析和决策

即做出评价结论、交流评价信息(分析评价结果和评价本身的质量)和做出新的决策。它是评价实施阶段的延续。评价的分析不仅仅是对被评者存在问题的分析,它还包括对评价本身的分析。对评价活动本身质量的分析,在实践中往往被人们所忽视,但它是服务评价的一项重要工作。能否根据一次评价活动的结论来制定政策,在很大程度上取决于评价活动本身的质量是否得到了保证。同时,对评价本身质量的分析,又为我们研究评价的准备和评价实施阶段的质量提供了必要的保证。因此,评价活动的这三个阶段事实上是紧密相连的。

2. 信息服务质量

信息服务质量是指信息服务能够满足信息用户明确和隐含需求的能力的特性的总和。评价信息服务质量优劣的标准也必须建立在读者认知的基础上,它依据可以观察到的或用户可以感受到的要求做出定量的或定性规定。一般可以从以下几个方面来评价信息服务质量。

1) 用户满意度

用户的评价是检验信息服务水平的重要标准。其内容有:

(1) 服务环境:信息服务场所(如图书馆)环境清洁、安静、整齐、舒适。

(2) 人员:信息服务人员有专业能力和敬业精神,对用户热情、大方、主动。

(3) 信息设备:信息设施能满足功能需要。

(4) 信息产品:提高用户所需的信息产品。我们可分为很满意、满意、一般、不满意、很不满意五个等级,发放读者调查表,让用户对信息服务做出评价。

2）吸引用户率

吸引用户率是指在一定时期内,实际用户人数除以理想用户人数的比率。根据信息服务机构不同的性质和规模、历史和现实条件,分为优秀、合格、不合格三个等级,评价信息服务机构的吸引用户的状况。

3）信息利用率

信息利用率包括下面两项:①信息流通率。一般情况下,每个信息产品流通的次数越多,其使用价值就越大。这里所说的"信息产品",不仅指纸质资料,也包括电子数据、网上信息资源,也包括信息服务机构收集信息后加工成的内部资料。②信息使用率是指在一定时间内用户实际使用的信息产品总数除以信息服务机构拥有信息产品总数的比率。根据信息服务机构不同性质和规模,以及历史和现实条件,确定优秀、合格、不合格的等级来评定。

4）主观努力度

由于各种因素,同样条件的信息服务机构服务质量和产量不同,这与发挥主观能动性有很大的关系。因此,评价努力程度是必要的。可以分为优秀、合格和不合格三个等级。优秀指充分发挥主观能动性,克服了职责范围内难以克服的困难,超额完成任务。合格指发挥主观能动性,通过努力按时完成任务。不合格指没有发挥主观能动性,努力不够,工作没有起色,没有完成任务。

在对某一信息服务机构进行综合评价时,可以从用户满意度、吸引用户率、信息利用率、主观努力度四个方面综合考虑,考虑到这四个方面不一定是等值的,建议根据实际情况确定权重。

练习题

一、名词解释

1. 信息采集
2. 信息加工
3. 信息存储
4. 信息检索
5. 信息服务

二、简答题

1. 简述信息采集的原则。
2. 简述信息采集的过程。
3. 简述如何进行信息筛选。
4. 简述信息检索的基本程序。
5. 简述信息服务原则。
6. 如何信息服务评价?请简单表述之。

三、论述题

1. 举例说明如何进行信息服务评价。
2. 论述信息检索对个人、社会和国家的意义。
3. 举例说明如何评价信息的经济性。
4. 举例说明如何用间接评价法评价信息源。

参考文献

[1] 张霞,彭程,胡玉华,等.公共图书馆服务质量评价标准体系构建研究[J].质量探索,2018,15(02):52-58.
[2] 张红亚.论高校图书馆读者服务评价[J].图书馆建设,2003(02):60-61.
[3] 汪永福,王华伟.论图书馆服务的评价标准[J].高校图书馆工作,2002(03):51-53.
[4] 张莲萍,王庆元,李云娣.图书馆阅览服务水平评价标准探讨[J].上海高校图书情报学刊,2001(04):40-41.
[5] 谭祥金.图书馆服务评价标准初探[J].中国图书馆学报,2001(01):8-10.
[6] 马费成,宋恩梅,赵一鸣.信息管理学基础[M].3版.武汉:武汉大学出版社,2018.
[7] 胡昌平,胡潜,邓胜利.信息服务与用户[M].4版.武汉:武汉大学出版社,2015.
[8] 张基温,叶继元,滕颖等.大学信息检索[M].北京:中国水利水电出版社,2004.
[9] 马费成.信息资源开发与管理[M].2版.北京:电子工业出版社,2014.
[10] 胡昌平著,信息管理科学导论[M].北京:高等教育出版社,2001.
[11] 董源.信息检索学[M].北京:中国林业出版社,2000.
[12] 岳剑波.信息管理基础[M].北京:清华大学出版社,1999年.

第 3 章 信息资源管理法规

随着信息技术特别是网络技术的发展,人们越来越深刻地意识到资源共享所带来的好处,信息资源共享得到了各个层面的共识,但是从目前来说,信息资源共享和交换仍然面临着一系列的问题。其中之一就是信息资源共享所引起的政策法规问题。

信息资源管理政策法规是信息资源管理的一个重要组成部分。如今,信息化已成为社会经济、文化和生活领域的重要内容,它对经济的发展产生了重大影响。信息化的发展在给人们带来新资源和新推动力的同时,也使得人们在信息交流活动中的经济关系和社会关系日益复杂,这些关系常因人为的不当作用而产生不良影响,如信息网络和资源安全问题、信息技术的不正当使用、信息侵权和网络犯罪等,这些问题的解决除借助于教育、道德约束等方法外,有时还需要利用政策和法律的手段进行干预。而如何有效地处理好信息领域的各种经济社会关系,则是信息政策和法规所要解决的核心问题。

3.1 信息资源管理政策法规概述

3.1.1 基本概念

1. 相关概念

信息政策法规是用来调整信息在生产、收集、处理、累积、存储、检索、传递和消费活动中发生的各种经济关系和社会关系的规则的总和,它以信息领域的各种经济关系和社会关系为调整对象。

信息政策法规包括信息政策、信息法以及调整信息领域经济关系和社会关系的行政法规、地方性法规、自治条例、单行条例、部门规章和地方政府规章等。

信息政策是国家用于调控信息产业的发展和信息活动的行为规范和准则,它涉及信息产品的生产、分配、交换和消费等环节,以及信息行业的发展规划、组织与管理等综合性的问题;信息法规是由国家立法机关批准制定,并由国家执法机关的强制力保证实施的,调节信息领域经济关系和社会关系的法律规范的总称。

2. 政策与法规的区别

尽管信息政策和信息法规调整的都是信息领域的各种经济和社会关系,但它们却有着不同的调节内容和方向,侧重点并不相同。其区别主要表现在以下几个方面:

(1) 信息政策运用行政手段,制定一定的政策,对信息领域的各种活动起到宏观导向作用；而信息法规则采用法律手段,运用法律手段对具体的行为起制约作用。

(2) 作为信息活动的指导原则,信息政策会随着社会的发展和现实情况灵活变化；而信息法规在制定后相对稳定,有较长的时效性。

(3) 在制定过程上,信息政策比较简单,并且很多机构都可以根据所在的辖区制定相应的信息政策,在执行时,由于宏观性的特点,解释空间很大,可操作性和强制执行性很差；而信息法规则依据严格的程序,由专门的立法机构制定,由于其调整的是具体的经济社会关系,因此可操作性很好,具有强制执行特性。

(4) 在调整范围上,信息政策从信息领域的整体出发,具有很大的调整范围；而信息法并不能对信息领域的所有经济关系和社会关系进行调整,它所调整的对象是在信息活动中对国家、社会造成较大影响的各种事件,也即只有构成法律行为的关系才是信息法调整的对象。

从以上信息政策和信息法规的区别可以看出,这两种调节手段在一定程度上起到了互相弥补、相辅相成的作用,二者缺一不可。信息政策对整个信息领域起宏观调控作用,对信息法规的制定和执行具有指导作用；而信息法规则是对信息政策的具体实现,对各种经济社会关系进行实际性的调节。

3.1.2 国内信息政策法规的发展历史

1. 信息资源开发专项工作的开展

20世纪80年代初,以国家科技信息政策为中心的信息政策研究开始在我国兴起,信息资源建设作为科技信息的重要工作也被提出。1984年,邓小平同志就发出"开发信息资源,服务四化建设"的号召。1985年以来,国家科委(即国家科学技术委员会,1998年改名为科学技术部)科技情报司提出了制定国家科技情报政策的任务,组织了一系列会议和活动。1986年召开了国际科技情报政策研讨会；1988年举办了我国情报政策与发展战略学术研讨会。

20世纪90年代,信息机构改革、信息产业成长和信息化推进三大政策环境的融合促进了信息资源开发专项工作的深入。1990年召开了中国国家科技情报政策专家咨询会；同年,国家科委发布《中国科学技术蓝皮书第4号》,即信息技术发展政策；1991年出台了《国家科学技术情报发展政策》。1992年,《国家科委加快发展科技信息服务业的规划纲要和政策要点》发布,就信息产业的分支,如通信技术、数据库业、软件业、信息市场和科技咨询等方面,要求各个部门根据实际情况制定相应的产业政策。1993年,国家推动信息机构改革,主张部分信息机构从事业机构体系独立,实行自负盈亏的经营,提出信息资源开发作为信息机构的重要服务手段,第一次提出信息资源产业的发展,尤其是数据库开发。1994年6月,国务院颁布了《90年代国家产业政策纲要》,提出在基础产业中有重点、分层次地推进信息高速公路网络建设,并在同期启动了部分国家重点信息化项目。1997年,《国家信息化"九五"规划和2010年远景目标(纲要)》,将信息资源建设列为国民经济、社会发展和国家信息化的必要条件、核心内容和关键环节。1997年,国家科委还专门出台了《国家科委关于加强信息资源建设的若干意见》,正式将信息资源开发利用作为政府专项工作开展。这一阶段,信息资源开发利用已经作为信息化的重要工作得到政府和学者的共识,某些部门已经尝试开展独立专项信息资源开发工作。

2. 信息资源开发利用政策体系的构建

进入 21 世纪以后,信息政策与法律问题逐渐细化。国家信息中心通过对全国信息化情况的统计发现,信息资源建设正是我国信息化建设的"短板"。因此,2001 年《国民经济和社会发展第十个五年计划信息化重点专项规划》提出了政府引导和市场机制相互协调,促进信息资源的开发、利用和共享的政策主张。2004 年 12 月,《中共中央办公厅、国务院办公厅关于加强信息资源开发利用工作的若干意见(中办发[2004]34 号)》明确指出"加强信息资源开发利用,统筹规划,分类指导;面向需求,立足应用;突出重点,有序发展"。以此作为政策标杆,《"十一五"信息化建设专项规划》和《2006—2020 国家信息化发展战略》相继出台,包括国务院信息化工作办公室(简称国信办)发布的《2006 年信息化白皮书》都不同程度地对信息资源开发利用给予政策倾斜,提出政府信息资源、公益信息资源和市场信息资源综合发展的战略规划体系。围绕信息资源开发利用的政策实践,国内在政策法规上出现一个快速发展阶段:《中华人民共和国数字签名法》(2005 年 4 月 1 日起实施,2019 年 4 月 23 日修正)、《中华人民共和国政府信息公开条例》(2008 年 5 月 1 日起施行,2019 年 5 月 15 日修订)、《中华人民共和国网络安全法》(2017 年 6 月 1 日起施行)、《中华人民共和国电子商务法》(2019 年 1 月 1 日起实施)。《中华人民共和国电子政务法》专家建议稿 2016 年启动,相关的法律也陆续立项中。

3. 信息资源政策与法律的研究

1999 年 2 月,国家信息中心高纯德研究员主持的《政府信息资源的管理与立法研究》是最早对信息资源法律问题专门组织的研究课题之一,其研究内容集中在政府信息资源管理的特征、发达国家政府信息资源管理的发展历史和现状、加强我国政府信息资源管理的背景和紧迫性、政府信息资源管理的对策以及开发利用政府信息资源要解决的难点问题等方面,形成了《加强政府信息资源管理与立法的十条建议》报告等成果。

2000 年,武汉大学信息资源研究中心马费成教授主持了教育部人文社会科学重点研究基地重大项目"国家信息政策与法规体系研究"。该课题对国家信息政策法规体系的结构、我国信息政策法规制定与执行的保障机制、我国信息政策法规的国际兼容性以及建立中国信息政策法规数据库等问题展开了深入的研究,取得了一系列重要成果。

2004 年查先进出版了《信息政策与法规》一书,书中系统分析了信息政策与法规的特点、作用、地位和体系结构,阐述了信息政策法规制定、实施、评估、监控和终结的基本过程与内容。同时,以我国信息政策法规实践为主要背景,介绍了信息技术、信息网络、知识产权、信息保密与公开、电子商务等领域中信息政策法规的具体内容。

2009 年马海群出版了《信息资源管理政策与法规》一书,书中从多个维度对信息资源管理的政策法规问题进行论述。其中,信息技术管理的政策法规涉及信息网络管理、信息安全管理、信息技术标准等;信息产业管理的政策法规涉及信息市场管理、信息机构管理、信息从业人员管理等;信息资源利用与保护的政策法规涉及信息资源公开、信息资源共享、信息资源知识产权保护、信息犯罪制裁等。

4. 政策法规方面存在的问题

学者黄先蓉 2002 年在《情报学报》上发表的论文《试论国家信息政策与法规体系》中指出,我国信息政策法规的建设还处于起步阶段,在信息政策与法规的研究与制定方面仍存在很多问题,特别是我国信息政策法规制度不健全、体系不完善;没有相应的政策法规的信息反馈渠道;信息政策法规的研究基础薄弱,缺乏指导性;与国际衔接不够,缺乏兼容性等。

学者马费成 2007 年在《图书馆论坛》上发表的论文《我国信息资源政策与法律研究进展评析》中指出,"我国国家信息政策法规建设还处于起步阶段,存在许多不足",其中较突出的问题包括:我国国家信息政策建设是从科技信息政策入手、局限于科技信息领域的"小信息政策观",难以在整体上指导和协调;政府部门的行政指令往往缺乏法律上的依据,彼此间相互冲突,缺乏连续性和稳定性;我国已有信息法规制定者与执行者大多相同,不可避免地带有片面性,无法保障信息法规的公正性和科学性;我国信息法规建设未能与国际惯例很好衔接;国家信息政策法规建设相对滞后,存在许多空白领域;国家信息政策法规建设缺乏总体规划和全面、科学的前期研究支持,零乱分散。

学者梅雪 2009 年在《才智》上发表的论文《试论国家信息政策与法规制定中应注意的问题》中指出,在制定国家信息政策和法规的过程中,应注意如下几方面的问题:加强信息政策思想和方法研究;加强信息政策评估研究,完善信息政策反馈系统;加强信息政策与现实改革协调的研究;加强信息政策运行的保障机制研究;加强信息政策法制化研究,尤其是网络信息政策法制化;加强信息政策的评估研究。

3.2 信息政策法规体系结构

3.2.1 信息政策法规体系的设计

1. 分类

信息领域涵盖面很广,按照国立莫斯科法学院 B. A. 科佩洛甫博士的分类,信息领域可以分为如下几类:实现信息检索、获取、传递和应用的领域;原生和派生信息的生产与传递的领域;信息资源形成、信息产品制造、信息服务提供的领域;信息系统(自动化信息系统、数据库、知识库)及其他信息遥传技术建立和应用的领域;信息安全手段和软件制造与应用的领域。

这里,信息政策法规是一个尽可能地覆盖其理应涉及的这些信息领域,单一化的且标准统一的信息政策法规是不可取的,在设计信息法规体系的时候,应当遵循一些基本的准则和方法,这些准则和方法应该和各国、各行业部门的情况相适应,应该是国家、行业、部门信息化工作的根本任务和工作重心的具体体现,并且随着时代的发展、技术的进步而不断变化。具体表现如图 3-1 所示,信息政策法规体系包括信息领域信息化、区域信息化、企业信息化、社会信息化、教育信息化等几个方面,涉及信息技术应用、信息资源、信息网络、信息技术和产业、信息化人才、信息化政策法规和标准 6 个紧密关联的要素。

2. 信息政策法规的制定原则

信息政策法规的制定需要按照一定的原则来实现,主要的原则介绍如下:

1) 系统性、科学性原则

在当今人类的社会生活当中,人类的活动与信息活动密切相关,信息资源的开发利用、信息产业的发展、信息市场的建立和管理以及信息化应用日益普遍,并使得信息领域的经济关系和社会关系日益复杂和多样化,这强烈的要求我们在设计信息政策法规的时候从系统

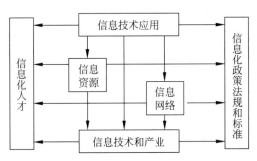

图 3-1 信息化要素及相互关系

性原则出发,综合考虑问题,制定出尽可能全面的信息政策法规,而不是单一的政策或法规。在该政策法规体系中,横向上的信息政策法规联系着各类政策法规,与它们相辅相成,相互补充;纵向上的信息政策法规含有各种层次政策法规,上下兼顾、相互嵌套,并逐级具体化,使各种信息活动在该政策法规体系中有法可依。

另外,信息政策法规体系是人类认识理性化的体现,要求其具有导向力和约束力,能够主持公道,伸张正义,实现社会公平和公正。在信息政策法规设计的时候,既要体现国家和政党的意志,又要与实际情况相符合。为了减少失误,应该采用科学的方法,实事求是,一切从实际出发,并注意信息法规体系层次分明、边界确切、内容设置恰当,系统地、科学地制定好信息政策法规。

2) 经济性原则

该原则有两层含义,它既针对国家信息政策法规的制定过程,也针对国家信息政策法规的具体内容。国家信息政策法规本身在社会信息化的发展过程中是能够发挥出经济效益的。然而有得也就必然有失,得与失总是统一的。国家信息政策法规作为"制度"的一种具体表现,它的制定或者说一种制度的供给也是符合适用于普通经济物品的成本——收益分析这一经济学基本原则的。具体地讲,国家的发展、社会的进步在从所制定出来的信息政策法规获得收益的同时,也要相应地付出代价,因为信息政策法规的制定要花费相应的人力、物力与财力,因而是要付出成本的。当制定成本超过了所获得的收益时,这个政策法规是缺乏经济效率和效益的。因此,从经济性原则出发,在制定国家信息政策法规时要使其整个制定成本小于社会从它所获得的收益,否则该政策法规需不需要加以制定很值得慎重考虑。另外,国家信息政策法规本身也应该具有像经济法律一样的经济功能,即能够起到降低交易费用、提高经济效益、提供激励机制、减少不确定性、将外部性予以内部化以及促成合作等经济作用。国家信息政策法规在社会信息化进程中的出现,要能够有助于信息资源与信息技术本身的效益的发挥。

3) 协调性原则

信息政策法规体系是整个社会大系统中的一个子系统,它是国家政策法规体系的一个有机组成部分。因此在设计信息政策法规体系时,应当立足于全社会,顺应时代,从信息、经济、科技、社会发展的共同需要出发,要与经济建设、科学建设、科学技术和社会发展同步。

一方面,在信息政策法规体系的内部,各具体的政策法规之间要相互促进、相互补充而不能出现相互抵触的现象;另一方面,国家信息政策法规是国家对信息活动进行宏观管理的重要手段,信息政策法规各有不同的类型,例如,信息政策可以划分为科技信息政策、经济信息政策、文化信息政策等,可以划分为国际信息政策、国家信息政策、地方信息政策等,也可以划分为政府信息政策、企业信息政策、个人信息政策等,还可以划分为信息产业政策、信息市场政策、信息技术政策、信息服务政策、信息传播政策等;信息法律则包括知识产权法、邮电法、电信法、新闻法等;这些信息政策法规的功能各不一样,因此,我们在制定信息政策法规时,应充分注意政策法规的分工与协调,注意信息政策法规与现行社会有关法律的协调一致。

为了全面、深入地反映信息领域各种经济关系和社会关系,信息政策法规体系结构的设计要遵循可持续发展的思想,以原有政策法规为基础,相互协调,保持两者内容上的连贯和效力上的衔接。

4) 稳定性原则

信息政策法规一旦制定,就要保持其相对稳定性,否则,随意更改就会损害政策法规的威信,产生不良的影响。但是在适当的时候,需要按照国情和各行业部门的情况适当进行更改,这时政策法规呈现出一定的阶段性,但总体上,还是不能脱离其工作的实质,要保持一定的连贯性。

5) 导向性原则

政策法规要在导向上有所侧重,在政策导向上有所侧重是世界各国通行的做法。任何国家信息政策的制定都以信息环境为依据,国家一般根据本国某一时期社会经济发展的状况、需要发展的重点领域来制定信息政策。信息政策法规体系应该旨在促进信息技术和信息网络的应用,推动信息产业的发展和信息资源的管理及开发利用,促进信息人才的培养,提高信息化在国民经济和社会发展中主导作用的效果等方面加以引导。

6) 周期性、弹性原则

每一项政策法规都有其生命周期,一般一项政策法规要经历政策法规需求、分析、制定、公布和实施、评价五个阶段。信息政策法规也同样有其生命周期,信息政策法规不是一成不变的,它仅在其生命周期内保持相对稳定性,当情况发生变化时,新的信息政策法规将制定出来,同时原有的就需要废止或重新修订,这就是信息政策法规的周期性和弹性。

周期性原则要求我们认清信息政策法规的发展规律,在分析、制定、公布和实施、评价的时候按照规律办事,不能脱离实际来想问题、办事情。弹性原则要求国家信息政策法规不仅仅是作为当前已存在的信息活动的总结、概括与提炼,还要具有导向、预示的功能,能够对信息技术的前沿发展和信息社会日新月异的变化趋向有所预见,以便当前已有的国家信息政策法规能够根据环境的变化和事态的发展而及时地进行补充和修改。总之,弹性原则要求制定国家信息政策法规时能够克服政策法规的滞后性通病,对未来发展具有前瞻性与容纳性,对新的情况留有余地,做到适度超前,以便随时根据新变化、新发展进行局部乃至全局的自我调整,从而做到实事求是,与时俱进。

总之,信息政策法规体系的建立除了需要遵循上述原则以外,制定的时候还需要充分考虑各相关权利主体的利益和地位,通过立法规范主体行为,创建一个适于各行为主体发展的政策法律环境;必须考虑到信息技术和信息产业的未来发展,具有前瞻性,要立足现实并与长远发展相结合;必须考虑到信息活动的跨行业、跨地域的特性,将信息政策法规置于社会结构、产业结构、技术结构以及国际关系的大背景之下通盘考虑,加强信息产业与其他产业、国内法与国际法的协调。

3.2.2 信息政策体系结构

1. 信息政策的分析模型

1）莫尔矩阵模型

1993年,莫尔在面向21世纪的中国的信息政策和战略国际研讨会上提出了一个分析信息政策的二维矩阵模型,用以确定信息政策的主要范围和问题以及不同信息政策之间的联系,勾画了信息政策设计和评价的基本框架(见表3-1)。

表3-1 莫尔的信息政策矩阵

层次	要素				
	信息技术	信息市场	信息工程	人力资源	法律法规
产业层次					
组织层次					
社会层次					

莫尔矩阵模型包括三个层次(产业层次、组织层次、社会层次)和五个信息政策的要素(信息技术、信息市场、信息管理、人力资源、法律法规),认为信息政策在产业、组织和社会三个不同的层面上共同发挥作用。

(1) 产业政策层面。

主要考虑本国经济中信息部门的发展问题,研究信息政策如何规范信息服务部门的发展,使信息产业、信息产品和服务市场健康发展。产业政策层次应该主要考虑如下问题:如何满足个人、企事业单位和其他利益阶层对各种信息的需求;如何制定合理的信息产业政策使用户能从中受益;如何促进信息的服务,特别是科学、技术和商业信息服务,使国家的产业发展更加顺利。

(2) 组织政策层面。

信息组织政策的目标是让组织对信息资源进行管理和处理来确保组织机构能够有效地利用信息资源,提高生产力、效力和竞争地位。主要内容是开发使用信息工具和标准,促进组织机构间及组织内部的开发和研究;促进信息传输和利用,并通过信息技术和工具实现资源共享,以此来提高效率和竞争力。

(3) 社会政策层面。

该层面考虑与个人和社会团体相关联的信息需求与信息供给,研究人们利用信息的方式,确保公民能够有效地利用社会、政治和经济信息,并获取社会所提供的利益。该层面主要内容包括发展信息网络,满足社会团体对信息的需求;开发服务于公民的公共信息服务系统,详细说明公民权利的范围和国家信息提供的责任;确保通信技术和其他技术障碍不再危及某些信息获取所应有的公平性原则等。

这三个层次是相互依赖、相互影响、相互促进,即相辅相成的关系。我们在构建国家信息政策体系时,应该从最大限度地发挥政策的不同作用出发,把国家信息政策体系建成一个有中国特色的,具有开放性、层次性、兼容性的科学体系,即建设国家信息政策体系应"立足于我国国情,立足于为建设有中国特色的社会主义服务"。

2) 模型的应用

在制定政策的过程中,还应发展一些更具体的目标,如抵制信息垄断、政府的信息公开、保障公民方便和平等地获得信息的权利、发展信息网络以满足社会的信息需求等。而在每一个层次上,都要研究决定信息利用方式的信息技术、信息市场、信息工程、人力资源和法律法规五个方面的因素。

(1) 信息技术因素。信息技术是影响社会信息化发展的重要因素,几乎所有的信息政策都涉及技术标准的问题。信息技术政策的目标概括为"3R1L"——通过信息技术的利用,确保信息在正确(right)的时间,以最低(lowest)的成本,通过正确的渠道传递给正确的用户。这样,具体的内容就是,一方面积极发展远程通信基础设施,使所有的组织机构能方便地利用信息服务和工具;另一方面建立法规机制,鼓励组织机构采用各种信息处理系统。

(2) 信息市场因素。信息市场不仅仅局限于商业信息的交换,而应面向所有的信息交换。信息市场因素涵盖相互作用的供求双方所有的信息交换过程,其目标是建立有效的市场机制,刺激信息的供给和需求。具体来说包括如下内容:制定合适的价格战略,最大限度地促进信息的利用;领会和把握信息服务市场的经济特征;促进组织机构内部信息的市场化;确认免费利用信息的类型;充分利用国际信息市场开展信息服务。

(3) 信息工程因素。信息工程涵盖了信息的获取、生产、传输、存取直至表达和综合的各个方面,是促进信息的管理和利用的所有活动和过程。信息工程政策的目标是确保国家在信息工程领域的研究与开发中居于领导角色,确保国家信息系统从最新的技术中受益。内容有如下几种:促进信息产业领域的信息工程创新;促进各团体、个人与信息产业之间的交流;促进信息领域之间的相互联系;发展信息工程能力,鼓励信息产业领域的工程开发与应用。

(4) 人力资源因素。人力资源政策目标是通过教育和培训,提高公民的信息意识,促使人们拥有信息处理和利用的技能,把握信息密集型社会所带来的各种机会。其内容首先是培训管理人员和其他各类人员,使之能将信息作为组织机构的一种资源来加以有效利用;其次是确保国家拥有一定量的训练有素的信息专家,以满足信息产业的需求,再者,要求具有基本的信息文化水平的大众,这样才能很好地利用信息资源。

(5) 法律法规因素。在信息交换和利用领域中构建法规框架,保护知识产权和其他相关利益,非常重要。通过法律法规,可以在权利和责任之间达成一种平衡,以此适应由于信息技术的迅猛发展而导致的需求的变化,并能够在保护知识产权和其他相关利益的同时,鼓励信息资源的开发和利用。通过法律法规,可以确保信息产业从全球性的协议(如GATT)中获取最大的利益,也可以确保个人信息和数据达到适度的保护。通过提供全球可接受的知识产权框架,可以促进信息产业的发展。

2. 信息政策的体系结构

体系结构是国家信息政策法规的"躯干"和"骨架",体系结构问题是国家信息政策法规研究的基础理论问题。只有将国家信息政策法规体系的框架结构搭建起来后,才能有的放矢地进行国家信息政策法规体系的建设,明确国家信息政策法规体系的内容范围。

对于信息政策(不论是科技信息政策还是社科信息政策)的体系结构问题,我国很多学者从不同角度予以了阐释,有的认为可分为纵向和横向两个层次;有的认为可分为宏观、中观和微观三个层次；也有的直接将信息政策分为总体情报政策、文献工作发展政策、情报研究工作发展政策和情报工作科学管理发展政策等。这些研究大多偏重于从各个局部的问题或视角出发来理解信息政策问题，把信息政策限制在某一个单一的政策领域进行局部透视。由于缺乏高屋建瓴式的整体性俯视，结果使信息政策体系变成了一个支离破碎、任意解释的政策组合，甚至不能形成首尾一贯的体系。

1991年，我国发布的《国家科技技术情报发展政策》以科技领域为背景，提出了12个需要加以规范的领域：完善和发展国家科技情报系统；积极采用现代化信息技术；积极开展情报理论和方法研究；健全检索系统；扩大国际情报交流与合作；促进情报的传递和流通；加强文献支持系统建设；加强情报研究；增强经营观念；加强情报用户研究和培训；加强科技情报队伍建设；加强情报管理工作。

随着科技的进步和全球信息化的发展，信息政策的体系范围正在日益扩大，并与国家的经济和政治利益联系日益紧密，从信息的生产、处理、存储和传递方面的政策，扩大到国家主权、国家安全等领域。根据专家的经验（如莫尔的分析框架）和我国的实际情况，我国的信息政策体系应该包括如下十条内容：政策目标体系；信息市场政策；信息产业政策；信息技术政策；信息人才政策；信息资源政策；信息系统和信息网络政策；信息投资政策；信息标准化政策；国际信息政策。

3.2.3 信息法规体系结构

1. 信息法规的相关概念

任何法律规范都是以调整一定的法律关系为内容的。信息法调整的是信息化进程中各组织和个人的信息行为以及相互间形成的信息法律关系。它是由国家立法机关批准制定，并由国家执法机关的强制力保证实施的，调节信息领域经济关系和社会关系的法律规范的总称。要认识信息法规，我们有必要搞清楚信息法规的主体、客体及其调整的对象和范围。

信息法律关系的主体，即权利义务主体是指在信息法律关系中依法享有权利承担义务的个人或组织。信息法律关系是各权利主体在参与信息活动过程中相互间形成的一种具有权利、义务内容的社会关系。信息活动内容广泛，是涉及了从信息生产、采集、发布到处理、传输、交换、利用等全过程的一系列行为的总和。因而，信息法律关系所涉及的主体范围十分广泛，包括了社会生活中存在的能够和有资格享有权利和承担义务的全部主体形式，内容包括政府部门，包括各政府机构和代行部分政府职能的相关组织；经济组织；非盈利性组织，包括学校、社会团体和事业机构；个人。

1）信息法律客体

法律规范的客体是指一定的行为以及在特定环境中的物化的和非物化的财产。信息法律规范的客体包括三个部分：

（1）信息资源。信息是一种资产，其本身具有资源性以及由此而衍生出的价值性和明显的权利、利益属性，这些特性在法律规范的调整下便成为各权利主体在以信息资源为核心的活动中的具体的权利、义务内容。

（2）信息技术。信息技术是信息传播、处理、应用和收集等环节中的手段，也是现代信息产业的基石和社会信息化的主要推动力量,信息技术的每一次突破,都必将引起信息的内涵、外延、信息活动方面的变化,围绕着信息技术的开发、应用、管理而发生的一系列活动,是信息法律规范不可缺少的内容。

(3) 各相关主体的信息行为。主体行为是构成信息活动多样性的基础,离开了相关主体的积极参与,信息活动便不复存在。在不同的信息业务领域内,各权利主体所处的地位不同,相互间形成的权利、义务内容不同,从而成为不同信息法律规范的对象。

另外,信息法律规范的内容是由信息产业内容决定的,信息产业中不同业务领域的划分,是形成各主体间权利、义务内容多样性的重要因素,这种差异性构成不同法律规范的内容,这些不同的法律规范组成了信息法律体系。

2) 信息法的调整对象

它包括两个方面:

(1) 信息技术与信息产业发展过程中产生的一系列社会关系和社会问题。其目的在于发挥法律的政策导向功能,促进信息技术的发展。

(2) 信息在生产、传播、处理、存储、应用、交换等环节中所产生的各种社会关系,包括垄断与竞争、利益与冲突、信息自由与个人隐私等。其目的在于规范主体资格和主体行为,确立在信息活动中不同的信息主体之间所形成的各种权利、义务关系。

因此,信息法调整的不仅仅是信息活动领域的社会关系,而且包括信息技术活动领域的社会关系。信息法律体系是部门法律体系,它的具体应用不能脱离国家已有的大的法律环境,它的制定和实施必须受现行法律原则、法律规范的制约,必须与国家已有的现行法律规范协调一致。

2. 信息法规体系结构及内容

同样,我们可以利用莫尔矩阵来研究信息法规框架。根据莫尔矩阵和我国的实际情况,可将信息法规体系的基本框架组成如图 3-2 所示。它包含了两个层次:一方面是涉及产业、组织和社会层次的信息技术、信息人才、信息市场、信息资源等法律制度;另一方面是由上述法律制度分解出来的调整范围较狭窄、目标较明确的各种信息法规(包括带有法律性质的其他文件,如实施细则、条例和补充规范等)。信息基本法调整的不仅是整个信息活动领域的社会关系,还包括信息技术活动领域的社会关系。信息基本法从全局的角度,导向性地规定了整个信息政策法规体系的立法宗旨、原则、调整对象及范围,涵盖了信息活动的主要问题,对其他信息政策法规起到了宏观上的指导作用。信息基本法凌驾于各法律制度和法律规范之上,是立法的基础和准则,它侧重于对整个信息法规体系的构造、修改和补充起指导作用。

信息法规的内容按照上面的框架,主要包括如下:

1) 信息安全法律制度

为了保证信息活动各领域的正常发展,保障信息生产者、信息利用者的合法权益,对信息安全立法进行保护是必不可少的。范围包括对国家秘密、商业秘密、技术秘密等需要保密的信息进行信息加密、信息保密,保护通信安全、网络安全、计算机系统的安全及隐私权保护等。具体例子有《商用密码管理条例》《电信通信保密暂行规定》《中华人民共和国计算机信息系统安全保护条例》《中华人民共和国计算机信息网络国际联网安全保护管理办法》《中华人民共和国国家安全法》等。

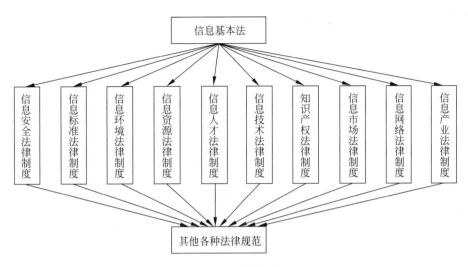

图 3-2 信息法规体系框架

2) 信息标准法律制度

对信息活动各方面进行标准化的调控，规范信息活动，有利于信息活动更好地发展。信息标准法律制度包括一些技术标准、行业标准等方面的政策法规，具体例子有《劳务信息工作规范》等。

3) 信息环境法律制度

信息环境是指与信息的制作、加工、传递、转换等环节相关的活动环境，包括国家重大信息工程建设、信息法规与政策等方面。对信息活动存在和发展的环境提供指导性的政策和管理规定，从宏观上调控信息活动的各个领域，保障信息活动的健康发展。例如说包括关于社会经济、生活各方面全面信息化的政策法规，信息产业发展的产业政策，信息机构的改革政策等。具体例子有《邮电部关于鼓励发展电信新业务的通知》《关于加强发展科技咨询、科技信息和技术服务业的意见》等。

4) 信息资源法律制度

信息资源是国民经济和社会发展的战略资源，是国家信息化建设取得实效的关键，涉及信息资源搜索、管理、开发利用、配置、共享等问题，可以分为两部分：第一，调控信息资源本身的政策法规，包括对诸如政府信息、市场信息、网络信息、档案、合同、出版物等信息资源的利用进行调整的政策法规。具体例子有《中华人民共和国档案法》《新闻出版署关于加强电子出版物管理的通知》等。第二，调控对信息资源进行的各种信息行为的政策法规，包括对信息活动的各个环节，即信息检索、信息传递、信息披露、信息公开、信息共享、信息处理、信息分析等方面进行调整的政策法规。具体例子有《航空工业部科学技术情报工作条例》《关于加强上市公司信息网上披露有关工作的通知》《中华人民共和国政府信息公开条例》《中华人民共和国保守国家秘密法》等。

5) 信息人才法律制度

信息人才法律制度是对生产和提供信息产品、服务的人才进行的培养、考核、认证进行调控，以保证信息活动的发展有着强大的人力资源支持。调整范围包括从事信息管理与信息系统专业、情报专业、图书馆专业、档案专业、编辑出版专业等行业人员的培养教育、资格认证和考核制度等。具体例子有《图书、档案、资料专业干部业务职称暂行规定》《出版专业人员职务试行条例》等。

6) 信息技术法律制度

信息技术法律制度是对涉及信息产品、服务生产和利用的信息技术的应用、发展状况进行调控，包括信息技术的引进与改造、配置与应用、发展战略等问题。调整范围有计算机、信息系统、通信系统、软件、检索系统、数据库系统等领域。具体例子有《劳动管理信息系统管理办法》《国家税务总局关于涉外税收计算机应用工作的通知》等。

7) 知识产权法律制度

由于信息产品、服务具有非物质性、非消耗性、非排他性等特殊属性，使得信息产品易于复制、传播，信息服务易于模仿，导致信息产品生产者的利益容易受到非法复制、非法传播等不法行为的损害。因此，为了保护信息生产者的积极性，保障信息活动的健康发展，有必要对知识产权专门立法进行保护。知识产权法律制度调整范围包括著作权、专利、商标、集成电路、植物品种保护及域名等方面。具体例子有《中华人民共和国专利法》《中华人民共和国著作权法》《集成电路布图设计保护条例》《中华人民共和国商标法》《商标法实施条件》《中华人民共和国反不正当竞争法》及《关于禁止侵犯商业秘密行为的若干规定》等。

8) 信息市场法律制度

信息市场法律制度的目标是对信息产品、服务的提供、流通等市场行为进行调控，对信息市场进行管理，以提高信息市场的效率。调整范围包括电信市场、邮政市场、广播电视市场、电影市场、广告市场、出版市场、发行市场、咨询市场等。具体例子有《关于加强对电信服务和信息咨询服务监督管理的通知》《国务院办公厅关于认真做好音像市场集中治理工作的通知》《网吧安全管理软件检测规范》《互联网信息服务管理办法》《中华人民共和国电子签名法》《互联网上网服务营业场所管理条例》等。

9) 信息网络法律制度

网络越来越成为信息传播、信息产品及服务提供的重要途径，有必要对其建设、管理和利用进行调控。调整范围包括互联网、电信网络、通信网络、企业内部网等信息网络的网络建设、网络管理。具体例子有《互联网信息服务管理办法》《中华人民共和国计算机信息网络国际联网管理暂行规定》《中华人民共和国网络安全法》《计算机信息网络国际联网安全保护管理办法》《全国人民代表大会常务委员会关于加强网络信息保护的决定》《信息网络传播权保护条例》等。

10) 信息产业法律制度

信息产业法律制度是对属于信息产业的各个行业的生存及发展进行调控，调整信息产品、服务的生产活动，范围包括电信业、邮政业、广播电视业、电影业、编辑出版业、发行业、咨询业、广告业、软件业、信息报道业等行业。具体例子有《中华人民共和国广告法》《中华人民共和国电信条例》《非经营性互联网信息服务备案管理办法》《电子认证服务管理办法》《互联网IP地址备案管理办法》《互联网安全保护技术措施规定》《信息安全等级保护管理办法》《中华人民共和国计算机信息系统安全保护条例》《计算机软件保护条例》等。

3.3 知识产权

知识产权是科技、经济和法律相结合的典型形式，是促进和保障科技进步和经济发展的基本法律机制，其内容和作用形式主要表现为激励机制、调节机制以及规范与保障机制。知识产权随着社会关系的复杂化和经济的发展而出现。

知识产权是无形资产，一方面它有鼓励发明创造，促进生产力发展等积极作用；另一方面，知识产权制度是获得最大利润的工具，这对个人、企业、国家都是如此。从1474年威尼斯共和国颁布的第一部专利法起，该作用就从来没有改变过。纵观整个世界，到处充满着竞争——商品竞争、市场竞争、人才竞争、技术竞争。目前知识产权的竞争又被提到日程上来，很多西方国家已经把知识产权作为立国的国策。

知识产权法在我国是一个新的法律领域，涉及有关智力创造活动的各项民事权利，有别于传统的财产权制度。伴随着知识经济的来临，知识产权法在保护我国智力成果创造者合法权益，促进科学技术和文化事业发展方面正发挥着重要作用。

3.3.1 知识产权概述

1. 知识产权的概念

知识产权是指自然人或法人通过脑力劳动，对科学技术、文化艺术等领域从事智力活动所创造的精神财富在一定地域、一定时间内对其依法确认并享有的权利。这种权利具有专有性、排他性、地域性、时间性和公开性等特征。

知识产权，英文为Intellectual Property，我国香港、台湾地区多译为"智慧财产权"。知识产权的主要功能是保护知识拥有者和创新者的利益，它是法律赋予知识产品所有人对其智力创造成果所享有的某种专有权利。知识产权是一种无形财产权，包括人身权利和财产权利，也可称为精神权利和经济权利。1967年签订的《成立世界知识产权组织公约》规定知识产权包括以下各项智力创造成果的权利：

(1) 与文学、艺术及科学作品有关的权利(指版权或著作权)；
(2) 表演艺术家的表演活动、录音制品和广播有关的权利(指版权的邻接权)；
(3) 在一切领域创造性活动产生的发明有关的权利(指专利权)；
(4) 与科学发现有关的权利；
(5) 与工业品外观设计有关的权利；
(6) 与商品商标、服务商标、商号及其他商业标记有关的权利；
(7) 与防止不正当竞争有关的权利；
(8) 一切来自工业、科学及文学艺术领域的智力创作活动所产生的权利。

作为世界贸易组织三大支柱之一的《与贸易有关的知识产权协定》从七个方面规定了对其成员保护各类知识产权的最低要求：版权及其邻接权、商标权、地理标志权、工业品外观设计、专利权、集成电路的布图设计、未经披露的信息(商业秘密)。

2. 知识产权分类

国际上通常将知识产权分为工业产权和版权(即著作权)两大类。工业产权也称"工业所有权",包括专利权、商标权、反不正当竞争权。《保护工业产权巴黎公约》第一条第二款规定：工业产权的保护以发明专利权、实用新型、工业品式样、商标、服务商标、厂商名称、产地标记或原产地名称，以及制止不正当竞争作为对象。第三款规定：工业产权应作广义的解释，不仅适用于工业和商业本身，也适用于农业和采掘业以及一切制造品或天然产品，例如谷物、水果、矿泉水和牲畜等。

版权（著作权）的内容包括作者权与著作邻接权——发表权、署名权、修改权、保护作品完整权、使用权和获得报酬权。《世界版权公约》第一条规定：缔约各国承允对文学、科学、艺术作品（包括文字、音乐、戏剧和电影作品，以及绘画、雕刻和雕塑）的作者及其他版权所有者的权利，提供充分有效的保护。图3-3为传统意义上的知识产权分类。

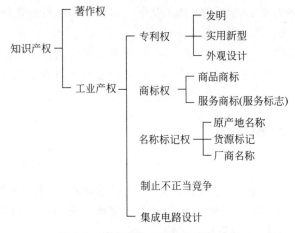

图3-3　传统意义上的知识产权分类

3. 知识产权的特征

目前，一般认为知识产权具有专有性、地域性和时间性三个主要的特征，其专有性表现为在一定时间内的独占排他权，即知识产权所有人的智力劳动成果未经其本人许可，任何人都不得使用和占有，知识产权只能授予一次。在知识产权法中赋予知识产品以专用性，是由知识产品的易复制和扩散性所决定的。知识产权的地域性是指某一国法律所确认和保护的知识产权，只在该国领域内发生法律效力。法律对知识产权的保护规定一定保护期限，知识产权只在法定期限内有效，超过保护期限的知识产权就进入公共领域，为人类共享。

3.3.2　专利权、商标权和著作权

知识产权包括专利权、商标权和著作权，分别叙述如下：

1. 专利权

专利即专利权人依法获得的一种排他性专有权利。专利权除了具有专有性、地域性和时间性三个主要特征外，还具备国家授予性、客体内容的公开性等特征。发明人或者设计者到专利行政部门提出专利申请要求，专利部门依法对其进行审查，审查合格后，向专利申请人授予一定时期和范围内对该专利的享有权。专利权的取得必须以公开发明创造的成果内容为代价，即在专利申请文件中，必须完整地公开发明创造的内容。通过客体内容的公开，

有利于社会智力成果的传播和交流,推动经济发展,也可以避免重复研究,保护专利人的合法权益。

专利法是知识产权法的一个重要组成部分,是各种社会关系和法律规范的总称。一项发明创造出现后,就会产生各种复杂的关系,最主要的就是发明创造的权利归属和成果的利用问题。专利法的核心内容以立法的方式解决发明创造领域内存在的各种复杂关系和问题。专利制度是以立法的方式保护和鼓励发明创造,促进发明创造成果推广,以推动科技进步和经济发展的法律制度。专利法是专利制度的核心。

专利人在享有专利权和行使专利义务的时候,有主体和客体之分。专利权的主体是指依法获得专利权,并承担与此相关义务的人。专利权的客体即可以取得专利权,可以享受专利法保护的发明创造,客体是专利法保护的对象。

专利权的内容是专利法律关系的构成要素之一,是指专利权人依法享有的权利和应承担的义务。

(1) 专利权利。专利权人的权利包括独占实施权、许可实施权、转让权、标记权和放弃权等。

(2) 专利义务。专利权人在享受权利的同时,也必须承担一定的义务。专利义务主要为:缴纳专利年费、接受专利的推广应用、充分公开专利内容和不滥用专利权等。缴纳专利年费是各国专利法普遍规定的义务。我国《专利法》第 43 条规定:"专利权人应当自被授予专利权的当年开始缴纳专利年费。"不滥用专利权是指专利权人不得超越法律范围行使权力,不得利用专利权损害社会和他人的合法权益,即权利是一定范围内的权利。

一项发明创造在获得专利后,有一定的使用期限。专利权期限的长短各国不一,专利权期限的确定,应当考虑科学技术发展的速度、水平和实际情况,并认真权衡专利权人的利益和社会公众的利益,在两者间找到一个最佳的结合点。专利权在规定期限内有效,超过期限则自然中止。

(3) 专利权存在保护范围。专利权的保护范围是指法律效力所涉及的发明创造的范围。一般情况下,专利权的保护范围大小与发明或者实用新型专利申请文件中的权利要求书的撰写以及外观申请书中提交的图片或者照片具有十分密切的联系。

2. 商标权

商标是商品和商业服务的标记,它一般用文字、图形、符号或者用文字和图形的组合来表示,并且将其置于商品表面、商品的包装或者服务的场所中。经商标局核准注册的商标为注册商标,包括商品商标、服务商标和集体商标、证明商标。我国商标实行自愿注册原则,未注册商标可以使用但不受法律保护。为了加强与国计民生休戚相关的少数商品商标的管理,我国对这些商品商标实行强制注册。《中华人民共和国商标法》(简称商标法)第六条规定:"国家规定必须使用注册商标的商品,必须申请商标注册。未经核准注册的,不得在市场销售。"根据《商标法》实施细则的规定,目前,人用药品和烟草制品必须使用注册商标,对必须注册的商标,未注册就生产销售的,工商行政管理机关有权禁止其商品销售和广告宣传,封存或者收缴其商标标识,并可根据情节处以非法经营额 10% 以下的罚款。

商标权是指商标所有人在法律规定的有效期内,对其经商标主管机关核准注册的商标享有的独占的、排他的使用和处分的权利。只有经商标局核准注册的商标,才享有商标权并依法予以保护。对商标权的取得,我国实行统一注册原则和申请在先原则。注册商标的有效期限为10年,自核准注册之日起计算。注册商标有效期满,需要继续使用的,应当在期满前6个月内申请续展注册;在此期间未能提出申请的,可以给予6个月的宽展期,宽展期满仍未提出申请的,注销其注册商标。每次继展注册的有效期为10年。

《商标法》是调整在确认、保护商标权和商标使用过程中发生的社会关系的法律规范的总称。《商标法》由第五届全国人民代表大会常务委员会第二十四次会议于1982年8月23日通过,自1983年3月1日起施行。1993年2月22日第七届全国人民代表大会常务委员会第三十次会议和2001年10月27日第九届全国人民代表大会常务委员会第二十四次会议二次对《商标法》进行了修订。2019年11月《商标注》再次被修正。

商标权的主体即商标权人,是指可以申请商标注册并享有商标权的人。在我国,商标注册申请者必须是依法登记并能独立承担经济责任的自然人、法人或其他组织,以及符合规定的外国人或者外国企业。商标权的客体是指注册商标,注册商标必须具备法定的条件,即商标必须是由文字、图形、字母、数字、三维标志和颜色组合而成,或者由上述要素组合形成。商标在设计时必须具备显著标志,便于识别,并不得与他人先取得的合法权利相冲突,商标使用的不是法律禁用的文字、图形。

商标所有者的权利范围主要包括独占使用权、转让权、许可权、商标投资权。商标所有者在享受权利的同时,也必须履行一定的义务,商标权人的义务主要指确保使用商标的商品的质量并缴纳规定的各项费用。

国家工商行政管理局商标局为我国商标权的申请主管单位。生产者要取得商标权,须向商标局提出申请,由商标局初步审定,予以公告。两个或者两个以上的商标注册申请人,在同一种商品或者类似商品上,以相同或者近似的商标申请注册的,初步审定并公告申请在先的商标;同一天申请的,初步审定并公告使用在先的商标,驳回其他人的申请,不予公告。对初步审定的商标,自公告之日起三个月内,任何人均可以提出异议。公告期满无异议的,予以核准注册,发给商标注册证,并予以公告。

目前,在商标的使用中,经常存在侵权行为。商标侵权行为是指损害他人注册商标专用权的行为。根据《商标法》及其实施细则的规定,商标侵权行为包括:

(1) 未经商标注册人许可,在同一种商品或者类似商品上使用与其注册商标相同或者近似的商标;

(2) 销售侵犯注册商标专用权的商品;

(3) 伪造、擅自制造他人注册商标标识或者销售伪造、擅自制造的注册商标标识;

(4) 未经商标注册人同意,更换其注册商标并将该更换商标的商品又投入市场;

(5) 给他人的注册商标专用权造成其他损害。

对有上述商标侵权行为的,被侵权人可以向县级以上工商行政管理部门要求处理,也可以直接向人民法院起诉。工商行政管理部门有权责令侵权人立即停止侵权行为,赔偿被侵权人的损失,并可处以罚款。构成犯罪的,除赔偿损失外,由司法机关依法追究刑事责任。我国刑法对未经注册商标所有人许可而使用他人的注册商标,销售明知是假冒注册商标的商品,伪造、擅自制造或者销售他人注册商标标识等情节严重、违法所得数额较大、数额巨大的行为,都规定了应当承担的刑事责任和应受的刑罚处罚。

3. 著作权

著作权过去称为版权。版权最初的含义是copyright(版权),也就是复制权。它源自印刷出版的权力，后扩展到《表演权法》和《作者权法》。随着时间的推移，"版权"一词已渐渐不能包括所有著作物相关的权利内容。19世纪后半叶日本制定了《著作权法》，采用了"著作权"的称呼。《中华人民共和国著作权法》于1990年9月7日颁布，于2001年10月27日和2010年2月26日共进行两次修正。在我国，著作权与版权没有区别，都是指对计算机程序、文学著作、音乐作品、照片、游戏，电影等复制权利的合法所有权。

1) 著作权简介

著作权是指作品作者或者著作权人依法对文学、艺术和科学作品所享有的人身权利和财产权利的总称。其目的是保护文学、艺术和科学作品作者的著作权，以及与著作权有关的权益，鼓励有益于社会主义精神文明、物质文明建设的作品的创作和传播，促进社会主义文化和科学事业的发展与繁荣。

《著作权法》是指有关著作权以及相关权益的取得、行使和保护的法律规范的总称。它调整的对象是作者、传播者、使用者和社会公众因文学、艺术和科学作品的创作、传播和使用而发生的各种社会关系。我国的《著作权法》分为"总则""著作权""著作权人及其权利""著作权归属""权利的保护期""权利的限制""著作权许可使用和转让合同"和"法律责任和执法措施"等共6章60条。

著作权法律关系的主体是著作权人，是指依法对文学、艺术和科学作品享有著作权的人。著作权法律关系的主题可以是作者，也可以是除作者外的其他公民、法人、组织或者国家。对于作品作者的界定有以下几种规定：

（1）创作作品的公民是作者。

（2）由法人或者其他组织主持，代表法人或者其他组织意志创作，并由法人或者其他组织承担责任的作品，法人或者其他组织视为作者。

（3）如无相反证明，在作品上署名的公民、法人或者其他组织为作者。

著作权法律关系的客体是指著作权法律关系的主体间权利和义务所指向的对象。具体来讲，著作权法律关系的客体是指由作者的脑力劳动所创造的，为著作权法所确认，并受著作权法保护的一定形态的知识产品，即作品。我国《著作权法实施条例》第2条对作品进行了专门的规定，即"著作权法所称作品是指文学、艺术和科学领域内具有独创性并能以某种有形形式复制的智力成果"。

著作权的内容包括著作人身权和财产权两方面。人身权是指作品作者所享有的各种与人身相联系而无直接财产内容的权利，主要包括发表权、署名权、修改权和保护作品完整权等；财产权指著作权人以某种方式使用作品而获取的物质利益，主要为复制权、发行权、出租权、展览权和表演权等。

著作权的取得方式有两种：自动取得和注册取得。自动取得是指当作品创作完成时，作者因进行了创作而自动取得该作品的著作权。注册取得是指作品只有在登记注册后才能取得著作权，登记注册是取得著作权的必要条件。

著作权的保护期限分为两个方面，即人身权期限和财产权期限。人身权，除发表权外，一般可以得到永久性的保护。而财产权保护期限的长短各国有所不同。对于公民著作权的保护，《伯尔尼公约》规定最低期限为作者终生及其死后50年，而《世界版权公约》则规定最低期限为作者终生及其死后25年。我国采用《伯尔尼公约》的规定。

2) 计算机软件保护条例

随着计算机软件产业的不断发展,软件作为一种新的科学成果得到了著作权的保护,我国自 2002 年 1 月 1 日起开始实施《计算机软件保护条例》,旨在保护计算机软件著作权人的权益,调整计算机软件在开发、传播和使用中发生的利益关系,鼓励计算机软件的开发与应用,促进软件产业和国民经济信息化的发展。2013 年 1 月该条例被修订。

条例规定,软件著作权人享有发表权、署名权、修改权、复制权、发行权、出租权、信息网络传播权、翻译权及应当由软件著作权人享有的其他权利。软件著作权属于软件开发者,软件著作权自软件开发完成之日起产生。自然人的软件著作权,保护期为自然人终生及其死后 50 年,法人或者其他组织的软件著作权,保护期为 50 年。

条例还规定,对于侵犯软件著作权的行为,要根据情况,承担停止侵害、消除影响、赔礼道歉、赔偿损失等民事责任;同时损害社会公共利益的,由著作权行政管理部门责令停止侵权行为,没收违法所得,没收、销毁侵权复制品,可以并处罚款;情节严重的,著作权行政管理部门并可以没收主要用于制作侵权复制品的材料、工具、设备等;触犯刑律的,依法追究刑事责任。

目前,我国的信息网络业蓬勃发展,为我国经济的发展做出了巨大贡献,促进了各类作品的广泛传播。但信息网络在促进作品广泛传播的同时,也滋生了大量的侵权盗版活动,且呈愈演愈烈之势,网络环境下的著作权保护问题逐渐成为热点。

针对此问题,我国在 2001 年对《著作权法》进行了修改,增加了作者、表演者和录音录像制作者享有信息网络传播权的规定,《著作权法》同时规定,关于信息网络传播权的保护办法将由国务院另行制定。《信息网络传播权保护条例》是国务院制定的关于信息网络传播权保护的一部行政法规。2006 年 5 月 10 日,由国务院审议通过,自 2006 年 7 月 1 日起施行。2013 年 1 月该条例被修订。

3.3.3 现代知识产权的特征

当代科学技术的迅猛发展,不断涌现的高新技术等智力成果又给知识产权带来了一系列新的保护客体,知识产权保护的内容也在不断变化中,现代知识产权的特征主要体现在以下几个方面:

1. 现代知识产权法是一个综合性的法律规范体系

知识产权制度从其产生之初,即是以综合性法律规范、多样性法律制裁措施为其主要特征的专门法律,它与作为民法典的民事基本法有着显著的差别。

知识产权制度本为保护创造者权利之实体法,但在立法中一般规定有权利取得程序、权利变动程序、权利管理程序、权利救济程序等,即在实体法中规定了程序法的内容,程序法依附实体法而存在。知识产权制度本为规范个人知识财产权利之私法,但在立法中多设有行政管理、行政处罚及刑事制裁等公法规范,在立法技术上具有私法与公法规范相结合的特点。

2. 现代知识产权法是一个开放式的法律规范体系

与近代法所涵盖的著作权、专利权、商标权相比,现代知识产权法已是一个十分庞大的法律体系,借用《成立世界知识产权组织公约》的规定来表述,它是一切在工业、科学、文学或艺术领域由于智力活动所产生的权利制度的总和。

自新技术革命从 20 世纪中叶兴起,知识经济不仅孕育了"知识＝财富"的新的财产观,而且促生了新的知识财产制度。这主要表现在两个方面：一是"边缘保护法",即采用专利权和著作权的若干规则,创设了一种新的制度即"工业版权",集成电路布图设计专有权即属此类；二是"单独保护法",即为特殊的知识产品设定"准专利"或类似其他知识产权的保护。新植物品种权、域名权,即属此类。在新的知识产权制度继续出现的同时,旧的相关制度也逐渐演变成为知识产权法律体系的新成员,其中最具意义的就是商业秘密与反不正当竞争。

3．现代知识产权法是一个不断创新的法律规范体系

现代化、一体化是知识产权立法的两大趋势,前者动因于现代科学技术的发展,后者受制于新国际经济秩序的形成。

知识产权法不仅要通过制度创新实现立法现代化,而且要在全球范围建立新的知识产权保护机制,即通过制度改革实现立法的一体化。在国际社会里,知识产权保护与国际经济、贸易有着密切的联系,在世界贸易组织框架内,形成了《货物贸易协议》《服务贸易协议》与《与贸易有关的知识产权协议》三大主体制度。由于世界贸易组织与上述公约的有效运作,知识产权保护现已成为国际经贸体制的组成部分。从国际上看,知识产权制度进入了一个统一标准的新阶段。

练习题

一、名词解释

1. 信息政策法规
2. 知识产权
3. 专利权
4. 商标权
5. 著作权

二、简答题

1. 简述政策与法规的区别。
2. 什么是信息法律规范的客体？
3. 知识产权分为哪几类？
4. 知识产权有哪些特征？
5. 简述现代知识产权的特征。

三、论述题

1. 试论述信息政策法规的制定原则。
2. 试论述信息法规体系结构及内容。

参考文献

[1] 马费成,赖茂生.信息资源管理[M].3 版.北京：高等教育出版社,2018.
[2] 孟广均,等.信息资源管理[M].3 版.北京：科学出版社,2014.

[3] 薛华成,等.信息资源管理[M].2版.北京：高等教育出版社,2008.
[4] 王宇,等.信息资源管理[M].北京：清华大学出版社,2012.
[5] 裴成发.信息资源管理[M].北京：科学出版社,2008.
[6] 钟守真,李培.信息资源管理概论[M].天津：南开大学出版社,2000.
[7] 马费成,李纲,查先进.信息资源管理[M].武汉：武汉大学出版社,2001.
[8] 周庆山.信息法教程[M].北京：科技出版社,2002.
[9] 查先进.信息政策与法规[M].北京：科学出版社,2004.
[10] http://www.manager.cn.
[11] http://www.gdiid.gd.gov.cn/Menu/index.asp.
[12] http://www.ceic.gov.cn.
[13] http://www.shanghaiit.gov.cn/.
[14] http://www.bnii.gov.cn/bnii/default.htm.
[15] http://industry.ccidnet.com/index.htm.
[16] http://center.digitalbeijing.gov.cn/main.jsp.
[17] http://www.mii.gov.cn/mii/zcfg.html.

第4章 网络信息与大数据资源及配置

信息资源配置是信息资源管理中一个重要的内容。信息资源能否做到配置优化,对国民经济建设和人民生活有很大的影响。近年网络和大数据信息资源飞速发展,出现了不少新的理论和观点,作者认为有必要向读者介绍,故引注了大量学术论文和研究报告的内容。本章在首先介绍了信息资源配置后,将重点讨论网络信息资源配置、网络信息资源的利用、网络信息与大数据资源的安全。

4.1 信息资源配置

本节将介绍信息资源配置的概念与基本原理、信息资源配置效益、信息资源配置、信息资源配置的市场失灵、信息资源配置与共享。

4.1.1 信息资源配置的概念与原理

一个国家、一个企业、一个家庭的收入是有限的。对于有限的资金,必须合理安排。信息资源也是有限的,因此,也有个合理配置的问题。

1. 信息资源配置的含义

信息资源配置是指信息资源在时间、空间和数量三个方面的合理配置。时间上的配置是指信息资源在过去、现在和将来三种时态上的配置;信息资源的空间配置是指信息资源在不同部门(产业部门、行为部门以及行政部门等)和不同地区之间的分布;信息资源数量上的配置包括存量配置与增量配置两个方面。信息资源在时间、空间和数量上相互结合后配置的结果,就形成各种各样的结构,信息资源结构合理与否取决于信息资源的配置是否合理,而这又最终影响着信息资源的共享状况。

学者李纲认为,如果我们把信息产业(行业)看作一个"黑箱",信息资源配置所考虑的应当是信息产业的投入(包括投入的数量、方式和结构)和产出(包括产出的数量、质量、形式和品种),因此信息资源有效配置的含义即为在整个社会资源有效配置条件下对信息业投入与产出的安排。

2. 信息资源配置的特性

在分析信息资源配置的特性时,罗曼认为它应该包括层次性、动态性和渐进性三个特性。

（1）层次性。它包括内容上和载体上的层次性两个方面。内容上的层次性是指信息资源开发的程度有深有浅；载体上的层次性也就是指不同性质的载体形式，例如，印刷、网络、光盘等。

（2）动态性。动态性是指信息资源配置可能是不断发展变化的。这种动态性受信息资源供给能力的动态性、信息资源本身的动态性、信息资源需求的动态性、信息资源价格的动态性以及信息资源购买者经济实力的动态性等因素的影响。

（3）渐进性。信息资源配置是一个从不合理逐步趋向合理的过程。这里的合理性指经济上的合理性，即用一定的配置成本取得最大的配置效益，或用最小的配置成本取得一定的配置效益。合理配置是信息资源配置追求的目标。

3. 帕累托最优

在给定的资源条件下，如果没有替代的资源配置方案使得一部分人比在原有配置下得到更多的福利，而又不减少其他人的福利，则原有的资源配置即为帕累托最优配置。

帕累托最优为评价一个经济制度的效率提供了一个基本标准，或作为检验经济总体运行效率与社会福利的一种准则。如果一种资源配置方案不是帕累托最优，就存在着某种方法来改进现有的资源配置，使得一些人的利益增加而不损害其他人的利益。

4. 福利经济学第一定理

福利经济学第一定理与资源有效配置的条件在完全竞争市场条件下，价格是一种能够真实反映资源稀缺程度的信号，通过价格机制的作用，能够自动导致资源的有效配置，即一般均衡是帕累托最优的。在完全竞争的市场上，单个行为者追求个人效用最大化将导致社会资源的有效配置，即一般竞争均衡点都是帕累托最优的。这在经济学中被称为福利经济学第一定理。

根据美国经济学家斯蒂格利茨的分析，要使经济是帕累托最优的，必须满足三个条件：①交换效率，即市场中不存在交易障碍，产品的分配与交换是充分的；②生产效率，经济必须处于生产可能性边界上；③产品组合效率，经济必须生产反映消费者偏好的商品组合。

5. 市场经济下资源配置与政府调节

市场是实现帕累托最优的一种有效途径。在完全竞争的市场上，价格作为一种能够真实反映资源稀缺程度的信号，可以调节经济主体的行为，最后实现市场的一般均衡，这种一般均衡是帕累托最优的。

然而，一般均衡理论所描述的状态只是一种理想化的状态，而现实中的市场往往是不完全的。由于市场中垄断性、外部性、公共物品以及不完全信息的存在，使得价格信号发生扭曲，从而使市场偏离均衡，无法自动实现资源的最优配置。在这种情况下，就需要通过政府的作用来干预经济活动的进程，以促使资源配置恢复到帕累托最优状态。

完全市场调节或完全政府调节都有其无法克服的弊病，因而，应该采用混合经济制度，即将市场调节与政府调节结合起来。在一般情况下和大部分领域实行市场调节，而在特殊的情况下和特殊的领域中辅以政府调节。通过二者的有机结合，共同来实现社会资源配置的效率和社会福利的最大化。

4.1.2 信息资源配置效益

信息资源配置效益的优化是信息资源合理化配置追求的目标之一。学者周毅认为应从用户效益、信息机构效益、国家效益和社会效益几个方面去考虑信息资源配置效益。

1. 用户效益

用户效益对应于用户信息资源消费需求的满足。由于用户的工作背景、知识背景、经济能力等存在很大的差别,这就使用户的信息消费需求类型和信息消费层次也各不相同。

2. 信息机构效益

信息机构追求目标的任何程度的实现,称为信息机构效益。信息机构的目标是二元目标,即信息机构价值增值目标与满足用户信息需要目标。两者并不对立,是一种协调一致的关系。信息机构追求价值增值目标的实现,必须建立在以科学配置信息资源并满足用户信息需要的基础上;而满足用户的信息需要,也必须考虑信息机构的经济参数,信息资源配置的费用消耗指标(即经济参数)也是评价信息机构的重要依据。

3. 国家效益

国家信息系统对全社会的信息资源配置进行规划、干预或引导的时候,其所追求的效益目标也是多方面、多层次的。首先是通过信息资源配置,最大限度地满足用户日益增长与经常变化的信息消费需要;其次是通过信息资源科学合理化配置,努力减少国家信息系统在各类信息资源要素配置中可能出现的重复和系统内耗,使有限的信息资源在使用中获得最大的经济效益。

4. 社会效益

社会效益是信息资源配置所表征的公平效应和导向效应。在信息资源配置中要兼顾信息资源配置的经济效益与社会效益,要兼顾效率与公平的原则,从而实现信息资源在全社会范围内的相对均衡配置。具体是指:①经济社会效益,如不同地区间的信息资源分布是否协调,社会是否出现信息资源地区分布上的严重的信息资源富余与信息资源贫乏和信息资源流动中的"马太效应";②信息环境社会效益,信息资源的配置不能以牺牲信息环境作为代价;③文化社会效益,信息资源的重要功能之一是陶冶人的情操并推动社会科技水平与文明程度的提高,同时,信息资源对改变人的观念也有潜在的影响。

4.1.3 信息资源配置

研究信息资源配置,对于有效、合理、科学地利用信息资源,促使信息资源效用最大化,进而促进信息产业可持续发展都有着非常重要的意义。学者刘志洲认为优化信息资源配置是市场经济的基本要求。信息资源配置的问题应从信息资源配置的基本原则、信息资源配置的目标模式和信息资源优化配置目标实施的对策三个方面进行考虑。

1. 信息资源配置的基本原则

1) 科学指导原则

信息资源要根据国家产业结构特点,在国家有关产业政策指导下,科学地实施全国信息资源的有效配置管理。要本着合理有效配置信息资源、减少信息资源浪费的精神,统筹规划,科学管理和有效配置信息资源。具体到配置手段则要求通过制定行业目标和发展战略,颁布统一法规与制度,发布统一技术体系和标准,来确保信息资源配置效率最大化。

2) 市场开放原则

在市场经济条件下,信息资源的配置要强调运用市场机制来自动配置资源。要学会善于利用国内国际两个市场,允许跨行业和地区进行兼并和联合,来促进信息资源合理流动和优化重组。而政府的干预总是有限的。

3) 充分利用原则

信息资源不管采用何种方式和手段进行配置,其最终的目的都是要使信息资源被充分利用,发挥最大效用。否则,信息资源配置就不合理。

4) 合理分布原则

信息资源分布要按照一定时期我国经济发展水平和社会经济发展战略目标,来进行全面协调。既要突出发展重点又要兼顾,合理分布信息资源,最终使信息资源的分布维系地区平衡、产业平衡、组织平衡。

5) 有效使用原则

这一原则要求根据市场竞争状况和地区、专业、组织需求适量投入资源,避免出现信息资源缺乏和信息资源过剩现象。同时还要从投资和效益角度以及提高信息业自身竞争力角度,把相对紧缺的信息资源投放到产出效益最大和能提高市场占有率的地方。

2. 信息资源配置的目标模式

1) 观念思维全新化

信息资源配置要按照市场经济的基本要求,从传统感性思维走向现代理性思维,强化信息资源配置的竞争观念、开放观念、可持续发展观念、科学决策观念和效益最大化观念。

2) 组织专业集团化

信息资源配置主体要走企业化、专业化和公司集团化的路子,以专业集团化的规模优势形成竞争实力和优势,扩大市场占有率,实现优势信息资源的优势配置。

3) 配置手段多元化

要根据市场情况和国家有关产业政策的要求,既吸收市场机制配置手段的自动性,又借鉴政府计划配置手段的自觉性,实现二者的最佳结合。

4) 运行机制灵活化

信息资源配置要依据市场机制的特点和规律,改革传统的供求机制、分配机制和奖惩机制,建立灵活高效的商业化运作机制。

5) 运作目标高效化

通过专业化集团化要求重组资源,依据两种手段来自动和自觉配置资源,实行灵活高效的运作机制,最终促使信息资源的运作目标高效化。

3. 信息资源优化配置目标实施的对策

1) 体制创新

体制创新是实施信息资源优化的前提条件。只有进一步解放思想,转变观念,不断改进传统的体制,通过深化改革来推动政企分开,建立现代企业制度,才能真正实现信息资源优化配置。

2) 机制创新

机制创新是实施信息资源优化配置的关键。市场机制不完善将导致信息资源配置不合理，特别是价格机制、竞争机制、激励机制和人才机制不健全。只有建立适应社会主义市场经济的灵活高效的机制，才能真正做到公平竞争，减少浪费，节约资源，最终实现优化配置的目标。

3) 组织创新

组织创新是优化配置资源的基础。组织创新要根据信息业的特点，按照市场经济规律组建适应于市场竞争的专业化集团公司，还可利用其他社会力量，进行联合和兼并，形成具有竞争力的规模产业，参与国际竞争。

4) 经营创新

经营创新是实现信息资源优化配置的有效途径。经营创新主要是经营手段的不断变化，实现对市场变化的应对，达到自动调节和配置的作用。

5) 管理创新

管理创新是实现信息资源有效配置的手段。通过科学管理，在调查和预测的基础上，在信息行业或地区设立信息资源优化配置示范点，创新或推广管理模式和经验，来推动信息资源优化配置。

6) 法规创新

法规创新是实现信息资源优化配置的保证。根据国家有关法规，制定市场的行业标准和相关政策，鼓励竞争和制止垄断，实现整体的资源配置优化和健康发展。

4.1.4 信息资源配置的市场失灵

在网络经济条件下，信息作为经济发展的主导资源，同样也需要进行合理的配置，以使信息能得到充分利用，产生出最大的效用。然而，由于信息资源的特殊性，如果单纯依赖于市场的调节作用，并不能使信息资源的配置自动达到均衡，实现帕累托最优。这就是"信息市场失灵"。韩耀在研究了网络经济条件下的信息资源配置后认为，信息资源配置的市场失灵主要有垄断、外部效应、公共物品和不完全信息四种原因，并就解决信息资源配置市场失灵的问题提出了自己的看法，例如，政府的法律、行政、税收等手段的干预。

1. 信息资源配置的市场失灵的原因

根据经济学的定义，市场失灵是指市场上存在着不能用需求和供给曲线来表示的成本与收益，因而也就无法自动达到所谓的竞争市场均衡。当产出的社会效率水平偏离竞争市场均衡时，市场失灵就出现了。现代经济学将市场失灵的原因归结为四个方面：

1) 垄断

完全竞争是实现帕累托最优的必要条件，而现实中的市场竞争却是不完全的。垄断的存在削弱了市场的竞争性，使价格机制无法有效地产生作用，其结果将直接导致市场失灵。

2) 外部效应

某种经济活动对当事人以外的其他人可能产生影响，使他人产生额外的成本或收益，这种现象称为外部效应。由于外部效应的存在，私人的成本或收益与社会成本或收益出现偏差,有可能导致市场失灵。

3) 公共物品

公共物品是供公众消费的物品,由于公共物品的消费具有非竞争性和非排他性,因此无法将成本与收益落实到每个消费者身上,它也可能导致市场失灵。

4) 不完全信息

完全的信息是生产者或消费者做出正确决策的条件。在信息不完全的情况下,生产者或消费者有可能对商品或服务的价值做出不恰当的判断,使产出不能达到社会效率水平,进而导致市场失灵。

2. 改善信息资源配置效率的政策选择

信息市场失灵将导致信息资源配置的无效率,为对信息市场失灵进行矫正,则需要政府调节,通过政府干预实现信息资源的有效配置。

1) 法律途径

法律是市场"游戏规则",它可以规范经济主体的行为,保障市场的公平竞争和有效运行。政府可以通过法律,间接地干预信息资源的有效配置。

2) 行政途径

行政途径是政府实施行政的直接干预手段。政府通过强制手段来规范经济活动主体的行为,以保障社会及公众利益,实现社会整体目标。例如,实行信息、网络市场准入制度;对信息、网络的内容及行为实行管制;国家制定信息产业规划。

3) 市场途径

市场途径不是政府直接干预经济活动主体的行为,而是通过经济手段来改变微观主体的成本与收益结构,进而达到改变其行为的目的。例如,税收和补贴等。

但是,政府调节也有缺陷和不足。如果市场过分依赖政府调节,也可能导致"政府失灵"。因此,在绝大多数情况下,信息资源配置应以市场配置为主,以政府调节为辅。

4.1.5　信息资源配置与共享

信息资源共享的目的在于每个使用者都能在一定的范围内最大限度地利用信息资源。罗曼在研究中发现,共享的概念早在文献资料时期就有,网络时代出现后,共享的概念有了扩展。为此,不仅要正视信息共享可能出现的问题,更重要的是如何处理好信息共享可能出现的问题。

1. 存在的问题

1) 信息安全问题

目前,网络信息安全是比较严重的问题之一。信息安全涉及网络信息系统的安全、数据库的安全、信息的安全、个人隐私、商用信息安全、国家机密等问题。而信息网络传播、数据共享程序、计算机病毒、计算机犯罪等,使得这个问题变得更为严重。

2) 国家主权问题

信息资源交流可能发生在国与国间,就会出现国家网络主权的问题。Internet 已延伸至世界各个角落,跨国数据流与日俱增。美国等少数国家控制着大部分网络市场资源,其结果是信息弱国受制于其他国家。

3) 知识产权问题

在网络化、数字化的今天,全球信息资源共享更便利,知识产权更易受到侵害。这是各国信息政策和信息法律面临的一个新的问题。

4) 语言障碍问题

世界是一个多民族的世界,因此,信息网络上的信息资源共享必然存在着语言交流的障碍问题。如何克服语言障碍,是共享网上信息资源的一个关键所在。

2. 正确处理共享可能出现的问题

1) 共享与过境数据流间的关系

通过政策和法律促进全球信息资源共享,与此同时,又能有效限制日益增长的跨国数据流问题,尽量减小它对我国的不利影响。

2) 共享与知识产权保护的关系

根据别国经验,结合我国实际,制定一系列保护知识产权的政策和法律,以保证信息资源共享得以实现。

3) 共享与信息资源开发的关系

除了充分利用网络上的信息资源外,也要积极开发自己的信息资源,通过建立上网数据库,为别人提供网上服务。

4) 共享与传统文献资料的关系

在相当长的历史时期内,传统文献资料还不会消失,因此,要搞好数字化信息资源共存工作,特别是传统文献资料与数字化信息资源并存问题。

4.2 网络信息资源配置

本节将介绍网络信息资源配置,其中涉及网络信息资源的特点与发展趋势、网络信息资源配置环境分析与分布状况、网络信息资源配置应该遵循的原则、网络信息资源配置的方法和信息资源配置应该采取的结构模式。

4.2.1 网络信息资源的特点与发展趋势

1. 网络信息资源的特点

网络信息资源是一种全新的资源,它与传统信息资源相比有一些特殊性。

1) 来源广泛与发布自由

在网络环境下,信息来源愈来愈广泛,不再局限于传统意义上的某些传媒或特定机构,任何机构或个人都可能成为网络上的信息源、发布点。

2) 信息量大,传播广

由于信息源的增多,信息发布没有限制,网上信息量呈爆炸性增长。因特网上的数据库已逾万个。随着网络的普及,传播范围还将扩大。

3) 内容丰富,形式多样

信息来源的广泛与形式各异决定了网络信息资源具有丰富的内容,涵盖了不同学科、不同领域、不同语言的信息,可谓包罗万象。而且其形式有文本、声音、图像等多种媒体的综合。

4）交互性与参与性

与传统的媒介相比,交互性与参与性是网络信息传播的一个特点,这体现在它的主动性、参与性、交谈性和操作性等方面。网络信息资源要求人们主动到网上数据库、电子图书馆中查找自己所需的信息,向信息高速公路输送信息或通过电子信箱交流信息。

2. 网络信息资源的发展趋势

在网络环境下,信息资源呈现出一种新的特征。华中师范大学的娄策群教授通过研究发现,在信息技术环境下,信息资源配置可能会出现一些新的变化和趋势。

1）载体形式与传递方式的增加

随着信息技术的不断发展,印刷型文献信息一统天下的局面被打破,出现了各种形式的电子出版物,因此,信息以纸张为载体、用邮寄方式传递的局面也随之被打破,增加了磁盘、光盘等载体形式和电话、传真、网络等传递方式。目前,以印刷型信息资源、光盘型信息资源、网络型信息资源为主且这三种信息资源并存的格局已经形成,而且,印刷型信息资源的比例逐渐减少,而光盘型信息资源和网络型信息资源的数量日益扩大。

2）内容的拓展与数量的增大

由于信息技术的应用,信息生产周期缩短,信息资源数量迅速增长;以前难以生产的信息内容现在能容易地生产出来,以前无用的信息现在能成为有用的信息,以前无法利用的信息现在可成为能够方便地利用的信息,从而使信息资源的内容更加丰富。例如,网络型信息资源包括网络上的非正式信息交流,如电子邮件、电子布告牌、网络专题小组讨论、网络会议,其信息内容涉及科学技术、经济管理、文化教育、政策法规、求职求学、房产物价、股市利率、娱乐消遣、医疗保健、旅游观光等方面。

3）分布的分散且不均衡

如今,信息资源的社会分布异常分散,数量众多的信息资源广泛地分布在各类社会机构、社会组织以及大部分家庭中。信息服务部门的信息除了来源于出版社、报刊编辑部、新华书店和图书进出口公司外,还可以来自于计算机硬件和软件公司、数据库开发公司、科研机构、高等学校、专业学会、行业协会、政府部门、各类企业和其他信息服务机构,甚至某些个人也利用信息网络传播自己的研究成果和其他信息,成为信息服务机构的信息来源之一。信息资源在不同国家之间分布的不均衡性也随之加大。

4.2.2 网络信息资源配置环境与分布

1. 网络信息资源配置的环境问题

网络信息资源有效配置所涉及的因素和范围都比较广泛,就目前的网络环境现状来看,依然存在很多问题。这些问题不仅影响着网络信息资源分布的合理性,更重要的是对网络信息资源的充分利用,产生了巨大的障碍。以下是网络信息资源配置的环境存在的问题。

1）信息基础结构问题

由于网络信息资源严重不均衡,使其在行业、地理区域的信息量分布和网络技术水平上存在着很大差距,因而不能通过网络按需求和使用方向合理配置信息资源。今天,这一问题已经成为网络信息优化配置的瓶颈。

2）需求与供给的问题

网络信息资源的配置是否达到最适度，与资源使用者的偏好倾向有很大关系。偏好模式不同，资源配置的效率一般是不同的。由于信息资源分布的分散性和科技发展水平的不平衡，人们对信息资源的获得出现了巨大的差异。有人说，不想要的信息资源好像到处都是，想要的信息资源却很难得到。这就是信息不虞现象。

3）市场竞争和价格体系问题

市场是资源配置的主要手段。信息资源的配置，必须通过市场竞争和价格体系来协调配置，把有限的信息资源投入到效益最好的经济活动中去。价格是信息资源供需变化的指示器，价格体系给每个生产者、资源所有者或消费者带来了关于生产可能性、资源可获得性及所有其他决策者偏好的"信息摘要"。市场上信息资源供需热点的变化往往以价格信号反馈的方式表现出来，并通过价格体系对资源配置进行优化。由于我国的市场经济才刚刚起步，价格体系还很不健全，既无完备的理论做指导，又无完善的政策法规作保障。

4）技术条件问题

信息资源的获取与技术条件密不可分。然而，各种信息技术的合理选择与正确组合，已成为摆在我们面前的一项艰巨复杂和刻不容缓的重大任务。在现实条件下，我们无法实现随心所欲地获得所需要的信息资源。

5）信息政策与法规问题

从政策角度看，信息标准统一、信息交易规则制定、信息行为规范、信息产业规划、信息安全和保密、地区间信息差距等，都需要政府研究、制定和实施信息政策。从法规角度看，信息资源方面的立法与执法还有很多工作去做。

6）管理体制

与完全的市场经济体制相比，传统的计划经济体制在我国依然根深蒂固，这非常不利于信息资源的有效配置。信息资源要商品化，市场要引入竞争机制，通过信息市场的发育和完善，再加上政府宏观经济调控，信息资源合理配置才会发挥作用，才能更好地满足国民经济和社会发展的需要。

2. 网络信息资源的结构与分布

我国的社会化共享网络信息资源主要包括九大网络体系，它们是中国教育和科研计算机网、中国科技网、中国共用计算机互联网、中国联通互联网、中国网通互联网、中国国际经济贸易互联网、中国移动互联网、中国长城互联网和中国卫星集团互联网。

以上中国九大网络体系的信息资源涉及生产、生活、娱乐以及其他社会活动的各个方面。按信息内容，可划分为新闻、科技、政治与法律、商业与经济、文化教育、保健等多种类型。九大网络的信息资源在内容结构、行业结构、地域分布上各不相同，各有特色。通过对中国九大网络信息资源结构的分析，可以明确中国网络信息资源的分布情况。

1）网络信息资源的地区分布

国家的网络信息资源存在着地区分布的不平衡性。根据不完全统计（不包括港澳台在内）可知，我国网络信息资源最丰富的地区是北京、上海、广东，其比例之和占40%以上；网络信息资源最贫乏的地区包括青海、西藏、宁夏、贵州、内蒙古、甘肃、江西，其比例之和不足4%。这说明，我国网络信息资源分布呈现集中与分散分布的特征。

2) 网络信息资源的内容分布

网络信息资源分布于不同网络和网站上的某一领域或学科的专业信息,同样呈现出集中与分散分布规律,其信息来源既相对集中,又相对分散。究其原因:其一,专业领域或学科的网络信息就其来源而言,与非数字化的网络信息无异。这是因为,知识信息产生不仅是科学生产力的反映,而且是一种重要的生产产品。根据洛特卡(A. J. Lotka)公式 $f(n) = C/n^2$(其中,$f(n)$ 为发表 n 篇文献作者总数的比例;n 为其发表文数;C 为常数,与知识领域和学科性质有关)可知,知识资源生产的计划总与分散决定了信息在网上发布的集中与分散性。其二,科学研究中网络信息资源的组织和网站形成,在很大范围内是以传统信息的数字化和网络化为组织基础的,其传统文献信息的集中与分散决定了数字化网络信息资源的分布。

3) 信息网络中的网站分布

在信息网络中,域名是网站的标识,网站是收集、整理、传播信息的基地,其网站数量在很大程度上体现了网络信息资源的分布状况。根据中国互联网信息中心的统计,截至 2019 年 4 月 12 日,我国网站类型与比例如表 4-1 所示。

表 4-1 我国网站类型与比例

网 站 类 型	占所有网站的比例	网 站 类 型	占所有网站的比例
.cn 网站	80.68%	net.cn 网站	1.3%
com.cn 网站	9.81%	org.cn 网站	0.6%
adm.cn 网站	7.11%	gov.cn 网站	0.5%

资料来源:中国互联信息中心,http://www.cnnic.net.cn/sjzscnnic/CNymtj/。

从表 4-1 中可以看出,.cn 网站有绝对优势,而 com.cn 网站、adm.cn 网站、net.cn 网站、org.cn 网站、gov.cn 网站比例较小,由此决定了网络信息资源的来源机构。值得指出的是,随着社会发展,其来源机构在变化中仍会保持集中分布的特点。这一特征决定了网络信息资源组织的集中化管理策略。

4.2.3 网络信息资源配置的原则

为实现网络信息资源配置最优化的目标,应遵循一些基本的原则。对此,一些学者提出自己的观点,下面是他们观点的综合。

1. 社会经济福利最大化原则

资源有效配置强调整个社会经济福利最大化。根据帕累托最优原理,信息网络要使信息配置最为有效,就必然涉及高速信息网络中经济利益主体之间以及网络系统和系统环境之间的经济利益分配关系。因此对信息网络进行配置时,不能仅从某一方面或某一个体入手,而必须从全局出发,综合考虑网络系统中各经济主体间的关系,以社会经济福利最大化为原则,将信息资源的生产、传输、消费等过程有效结合,使"最优生产,最优消费"。

2. 需求导向原则

信息网络有效配置的目的是最大程度地满足用户的需要。只有尽可能地使用户都满意,才有可能达到社会福利最大化。网络中用户人数众多,而受教育程度、个人偏好、自身上网水平、收入高低等都不尽相同。因此,个人需求的方式、方法、习惯、要求也各有不同。信息服务机构及其主管部门必须根据用户的需求,确定信息资源配置的内容、载体形式与配置模式,并根据用户的需求变化,不断调整信息资源配置的结构与模式。

3. 公平原则

信息网络在地区间和国家间发展不平衡,资源配置模式的不同,都会对用户需求满足度产生很大的影响。因而,有必要强调公平原则。公平是指在资源配置时能否公平地对待不同的国家和地区、不同组织、不同行业,能否合理地均衡分配资源(不是平均),做到真正满足每一个用户的需要,实现社会经济福利最大化。

4. 市场主导与政府辅助原则

市场是资源配置的主要调节手段。价格变化反映了市场信息资源的供求变化,也引导市场信息资源配置变化。尽管市场是资源配置调节的有效手段,但市场不是万能的,因此市场的运作过程离不开政府的宏观调控。政府手段是为了规范高速信息网络的社会行为,最终实现社会经济福利最大化。

5. 系统性原则

信息资源配置是一项复杂的系统工程,并非单个信息服务机构的独立活动。既然是一个系统,就应该从系统的角度考虑问题。一般需要从时间、空间、数量三个方面,尽可能保持整个网络中信息资源的全面性、完整性,以满足用户多方面的信息需求。

6. 一致性原则

信息资源的开发、加工、存储、服务的过程中,统一化和标准化是非常重要的,这是信息资源最终能得以共享的根本保证。如果不能在网络信息资源配置中实现自始至终的一致和统一,人与人的交流将会遇到障碍。

7. 合作与协调共享观

以前我国的信息资源配置中普遍存在着"大而全""小而全"的思想,信息主管部门重信息的拥有权、轻信息的使用权。传统思想观念的束缚和条块分割、各自为政的管理体制的制约,限制了信息资源共享和信息资源配置的分工协作。信息技术的发展为信息的远距离传递、大范围协调共享提供了条件,目前急需解决的主要问题就是改革信息管理体制,转变思想观念,建立全国统一的信息行政管理体系,改变条块分割、各自为政的现象,对信息资源的配置进行宏观调控,实现全国范围内信息资源配置的协调和共享。

8. 虚实结合观

以前,图书馆、情报所、档案馆在配置信息资源时,基本上都是采用现实配置方式。信息技术的发展与应用使信息资源虚拟配置成为可能,通过信息网络,不仅网络型信息资源可以实行虚拟配置,光盘型信息资源也可以采用虚拟配置方式。各信息服务机构可将信息资源的现实配置与虚拟配置结合起来,根据机构的性质和任务以及用户的结构、需求与利用信息的习惯等,确定现实配置与虚拟配置的主次。

9. 动态发展观

信息技术是不断发展的,用户的信息需求具有动态性。随着光盘型、网络型信息资源的数量不断增加,信息网络不断扩大和完善,用户信息需求会出现新的内容,用户获取和利用信息也会出现新的方式。因此,信息资源配置应树立动态发展的观念,在信息资源配置中,立足当前,兼顾未来,合理规划,分步到位。

4.2.4　网络信息资源配置的方法

网络信息资源配置的方法很多,可以从不同的角度来考虑。有些学者认为应该从时间、空间和数量三方面考虑。

1. 时间配置

网络信息资源种类繁多,各类信息资源自身的特点决定了其时效性差别较大,而不同的使用者对信息资源的时间要求又各有不同。目前对网上信息的更新周期并没有明确的规定,更没有完整的体系结构,大部分是由各信息源自行操作。这就必然带来信息老化、质量不高等问题,与网络化之后资源实现有效、即时共享的初衷还有较大距离。因此,有必要对网上不同种类的信息按不同的时间段进行合理的配置,这样才能保证网络资源结构合理,最大程度地满足用户的需要。

2. 空间配置

世界上不同国家、不同地区、不同行业间高速信息网络的发展极不平衡,使不同地区用户无法公平地利用信息。网络信息资源空间有效配置就是找出一种较为合理的排列组合方式。它取决于许多因素,如信息源的自身素质、网络系统的技术条件、地区的网络发展情况、用户的个人素质及收入、行业的信息效用、市场成熟程度等。这些因素会在很大程度上影响信息资源的开发和利用。只有在基础设施和上层建筑上双管齐下,建设出高效的高速信息网络,使网络结构合理化、用户整体水平提高,才能有助于信息资源确立最佳的空间配置模式,使网络按需求和使用方向合理配置信息资源。

3. 数量配置

由于高速信息网络开放性极强,任何人都可以在网上自由地发布信息,因此网上的信息数量和种类非常多。如此使用户的选择余地大大增加,但同时却造成信息冗余,形成网上信息污染。网络用户千差万别,但对于某一用户而言,他在特定时间、特定条件下的信息需求却是有限的。怎样快速查询到他所需要的信息对网络信息资源数量配置是一个考验。如果将庞大的信息量堆放在用户面前只可能造成用户的选择困难和不便。这就是所谓的信息冗余。当这种冗余大到用户不能容忍的程度时,这样的网络信息资源将根本没有意义。因此,网络信息资源需要在数量上进行合理配置。

4.2.5　网络信息资源配置的结构模式

在信息技术环境下,信息资源在一定区域范围内的宏观配置与信息资源在一个信息服务机构内的微观配置有机地结合起来,因此,娄策群教授提出应合理确定信息资源配置的微观结构和宏观模式。

1. 信息资源配置的微观结构

信息资源配置的微观结构应包括一个信息服务机构信息资源的内容结构、文种结构、载体形式结构、时间结构等,但讨论得更多的是载体形式结构。

在信息技术环境下,印刷型文献信息一统天下的局面应被打破,但是,电子出版物完全取代纸质文献,电子型图书馆完全取代现有图书馆也是不可能的,因为印刷型文献所具有的便于携带、可随时随地阅读、不需要专门的阅读设备、符合人们的阅读习惯等优点是电子出版物无法比拟的。21世纪,印刷型出版物与电子出版物将同时并存。印刷型、光盘型、网络型信息资源在一个信息服务机构同时并存是十分必要的。所以,信息资源微观配置应合理确定印刷型、光盘型、网络型信息资源的结构。

从信息内容和使用方式来看,利用率较高且一般是系统阅读的一次和三次信息资源,如内容新颖的学术论著、教学参考资料、文学艺术作品等,宜以印刷型为主;利用率较低的一次和三次信息资源可以光盘型收藏备用;知识教育、文化娱乐类知识及文摘、索引等二次信息资源,宜以光盘型为主;现实性、时效性强的市场行情、求职求学、房产物价、股市利率、医疗保健、旅游观光等信息资源宜以网络型为主。

2. 信息资源配置的宏观模式

我国信息资源布局的模式应采取集中型与分散型相结合的模式,应该是以国家大型综合信息机构为骨干,以专业部门信息中心和大行政区综合信息中心为基础,组成由中央宏观调控、地理分布均衡的三级信息资源保障系统。并且应做如下调整:一是将"地区协调式"变为"全国协调式";二是将"印刷型信息资源协调式"变为"电子型信息资源协调式";三是将"综合中心式"变为"特色中心式";四是将"等级中心式"变为"网状中心式"。

4.3 网络信息资源的利用

网络信息资源的利用发展很快,包括利用资源优势开展服务,如综合资源、专题资源、前沿资源、最新动态、商品价格信息、娱乐信息的信息内容层面的信息服务。有按服务对象开展信息服务,如个人用户、集体用户、青少年用户、成人用户、老年用户;有按利用形式划分的信息服务,如信息查询、实时咨询、跟踪服务、推荐服务、公共信息利用场地等等信息服务。针对网络信息资源的利用问题,武汉大学信息资源研究中心在教育部重大研究报告《网络信息资源组织与开发模式》中对这方面的问题进行了研究,取得了不少新的成果,本节将简要介绍他们的成果。内容包括网络信息资源的利用形式、网络信息资源的利用模式和网络信息资源服务模式的变革。

4.3.1 网络信息资源的利用形式

网络信息资源利用形式多样、类型复杂,主要分为以下方面:

1. 专题数字信息利用

例如美国高等学校图书馆,不仅免费展示一些罕见的数字化专业书刊,同时也把一些特色原生资料数字化。专题数字信息服务一方面充分体现了馆藏的特色化,另一方面使数字化资源具备了为深入的创新性科学研究提供素材的特性。

2. 数字参考利用

数字参考服务是信息提供和信息需求者双方之间以互联网为基础,按一定的协议或标准进行的信息交流活动。自20世纪90年代以来,数字参考服务由于受到读者欢迎,很快在图书馆流行起来,出现多种数字参考服务方式,如电子邮件、Web咨询、聊天参考、远程会议参考等服务形式。

3. 网络出版物利用

美国各高等学校图书馆都将出版放在了一个相当的战略高度,并积极和出版机构合作,探索新型学术信息出版和交流形式。如美国麻省理工学院的DSpace,每年收录约一万篇论文。而斯坦福大学图书馆的High Wire Press,则与一些科学和专业的社团联合,将这些社团出版的优秀的科学和医学期刊放在网络上。

4. 网络指南利用

美国高等学校图书馆对指南服务的设计相当周密、醒目,甚至图书馆的地理位置及其周围的停车场地图都一应俱全。如美国哥伦比亚大学的EPIC(The Electronic Publishing Initiative at Columbia)即提供指导作者怎样将他的打印论文创造成在线出版物的服务。

5. 学习和教学资料利用

该类服务的主要服务内容有两方面。一个是教程支持。美国几乎每一个高等学校图书馆均有电子教材储备库网站,提供帮助教员和学生链接网络课件或教学资料网页的服务,为教授们提供教学资料提供了各种渠道。还有一些高等学校图书馆正致力于各种课程资料(包括课程录音在的流媒体)的网络访问。另一个是学习资料支持。如美国哥伦比亚大学的"虚拟阅览室",提供核心课程的有关教材版本,这些教材版本均与教育支持软件集成,以便学生进行注解和讨论。而美国布朗大学的Reading For Your Students则成为了教师和学生之间的桥梁,帮助教师提供学生需要阅读的资料目录,既为教员提供了教学支持,又有利于学生更有效地利用资料进行学习。

6. 个性化定制服务及主动服务中的信息提供利用

个性化服务及主动服务在美国高等学校图书馆中已相当普遍,其中典型的如美国康奈尔大学图书馆,该馆为学校新生必须阅读的著作提供指导,并主动联系新生,包括为此建立了一个网页进行专门辅导。

7. 网络工具利用

美国高等学校图书馆提供信息资源的一个显著特征是,注重集成各种对校园学术研究和教学有价值的信息资源,如美国哥伦比亚大学的"电子文本服务",帮助教师和学生将基于计算机的文本和注解的信息整合进他们的研究、学习和教学,其中有用于文本分析和重点编辑的软件程序、超媒体和数据库研究工具、数据库管理程序等。类似的是美国西北大学的学者工作站集合了各种研究工具,以支持信息用户在收集信息过程中组织和解释信息的工作。另有美国约翰霍普金斯大学的"网络科学新闻"等,也注意到研究信息环境对高校科研的价值。

4.3.2 网络信息资源的利用模式

1. 利用模式分类

网络信息资源的利用手段按技术平台划分,包括Web访问、电子邮件、网上聊天、公告板、呼叫中心、远程会议、协同平台。根据《中国互联网络发展状况统计报告：用户经常使用的网络服务》可以观察到多种网络信息资源利用方法，同时分析到公众最喜欢的信息利用手段；电子邮件方式已经很普及，应该是每种信息服务必选的交流服务手段。搜索引擎和信息查询方式是公众常用的方式，需要公共信息服务部门进一步完善搜索引擎利用功能，需要学术信息服务部门尽快加入公共信息服务的行列，吸引更多的专家和学者利用学术信息，迫使公众的知识结构有所改变。充分利用网上聊天、BBS 论坛、社区、讨论组、新闻组等强化网上面对面的信息需求和信息利用的互动。当然其他利用手段也需要在信息服务过程中平衡利用。

2. 网络信息资源的利用模式

1）重点信息资源保障利用模式

信息资源生产和服务部门存在多种组织结构，在传统的分割信息服务中，这种信息利用模式很有优势。但在网络环境下，这种信息利用模式是极大的资源浪费。曾有人评价图书馆、信息中心从事的是重复劳动。为了避免重复劳动，一个部门需要有重点信息保障的要求，一个地区也需要有信息保障规定，一个国家也要有重点信息保障的规划。可设计一种分工合作的公共服务体系，规划网站服务商建立以公共资源为中心的利用模式；公共图书馆、档案馆、博物馆建立以文化教育知识服务为中心的利用模式；大学图书馆、研究所图书馆、信息中心建立以学术信息资源为中心的利用模式；企业信息中心和咨询信息中心建立以竞争信息为中心的利用模式。各种信息利用模式合作或联合协议虚拟形成公共服务基础设施。

2）学科信息资源利用模式

随着知识时代的来临，知识管理广泛应用，构建知识服务网络显得格外重要。可以在国家范围内设立虚拟学科信息服务中心，附设在相关的信息服务部门，使该部门的自身事业发展和社会服务发展紧密结合，形成信息利用的双赢或多赢。据中国科学院的组织改革信息，科学院图书馆各分馆已按学科分工，进行信息资源建设和信息服务工作。

3）互动信息利用模式

互动信息利用模式展现出知识时代的特征。任何信息需求是不确定的，任何信息资源不是先组式，而是后组式。任何一种服务方式都是随着需求、利益而改变的，服务的主体和客体是互相影响和互相转换的。

4.3.3　网络信息资源服务模式的变革

基于网络信息资源需求的信息服务模式正处于新的变革之中，以下趋势值得注意。

1. 从分散向集成环境协调转变

虽然任何一个国家都不能全包信息工程，任何一个部门也不敢保证信息的畅通无阻和信息的全面性，因此，从分散到集成，从孤立和合作是一种必然趋势。这种趋势包括纵向的和横向的。纵向的是国家信息基础设施建设，它可从纵向覆盖全国；横向的是跨行业的各个部门，它和各单位的信息基础系统建设与互联。

2. 从信息服务向知识服务转变

单一的信息服务随着网络的发展将不能满足社会用户的需求。用户需要的是复合型的服务和转换型的服务，复合型服务是指网上和网下信息服务相组合、印刷信息和电子信息相结合、信息服务与知识服务相结合,只要能满足用户的需求,可以灵活地应用各种服务方式。转换型的服务是指在信息服务过程中,将可以看到的信息服务向知识服务转换、印刷资源向数字资源转换、单一服务方式向综合利用服务方式的过渡。

知识服务平台是以用户为中心,以信息需求为服务出发点,形成动态信息网络或"信息空间"。美国数字图书馆二期工程中有许多针对人的研究项目,其重点为"软件机器人""智能代理"等,它以信息需求、查询请求的智能化为中心。用户提出"需要什么",然后"软件机器人"在尽可能不需要用户干预的情况下,决定"怎么样"和"在什么地方"找到用户所需要的信息满足用户需求。例如,纽约的一位教授绕道德国开会,"合成人"会根据他的经济状况和喜好,安排其行程。

3. 从静态服务向动态服务转变

这种转变表现在两个方面:一是初期网络信息很长时间没有变化。造成这种现象的原因是企业对网上发布的信息重视不够,一个网页几个月没有变化。随着网络的普及,人们开始更多地关注网上的内容,于是企业和政府网站不得不改进信息服务工作。二是信息资源提供方式的改变。以前是等用户上门,如今很多网站主动出击,具体表现为"推"与"拉"技术的实施,"推"就是将根据用户的需求,通过软件主动给用户提供他可能需要的信息资源,"拉"是利用软件的功能主动出击"拉"客户。

4. 从常规服务向竞争服务转变

网络信息资源服务的常规项目是收集、加工、转化、发布、利用。设计战略服务是从竞争、效益、需求、服务、加工出发,在每个不同的信息服务阶段,设计突破的效益目标、当服务流行时,马上要设计新的服务战略目标、新的信息市场,使信息服务总是处于效益、市场、竞争的良性循环中。现在开展信息服务的机构大都是信息机构和图书馆,由于长期的积累和加工提炼,汇集了古今中外人类文明的精华,加之现代信息服务网络的建成,使资源共享变成了现实,丰富的网络信息资源为信息服务提供了取之不尽、用之不竭的信息源。网络信息服务能及时迅速地捕捉到新的信息,并能够随时进行加工、整理和传送,使战略服务得以实现。

5. 从本行业服务向跨行业转变

利用网络优势,突破信息服务行业的边界,形成覆盖满足社会需求的虚拟信息群体。从信息服务行业来看,单位、网站、地区、系统虽然从事的都是信息服务工作,都在网络环境中,却有许多无形的壁垒。如图书馆系列中,由于信息管理体制的弊端,造成公共图书馆、大学图书馆、研究所图书馆基本上是各自为政、层层隶属服务的局面。各行业、各部门本着自我服务,自己构建信息服务系统,使网络信息服务失去了社会化特性,成为行政的附属。加之行业垄断,组织机构之间利益分配冲突,造成网络资费居高不下。如果想发挥网络信息服务优势就需要从本行业向跨行业服务转变,开展覆盖社会需求的信息服务。首先是信息服务机构联网变单体为组合,多种多样的信息服务机构上下左右共同建网连接,从而构成四通八达的信息服务网络。其次是信息资源上网,变独享为共享。各信息服务机构致力于开发各种各样的专业数据库,并将它们提供到网上,从而汇合成信息十分丰富的网络信息资源。其三是信息服务入网,变手工为网络服务。不仅是信息服务人员进网,利用丰富的网络信息资源来完成用户咨询报告,而且还提供网上服务,让用户进网培训,参与信息收集与研究。

6. 链接服务协作团队模式的形成

网络环境下的信息服务实质上是一种创造性的科学劳动,其服务过程是科学知识的物化过程,是一种社会知识的继承、发展、传递、利用和扩大的再生产过程。信息服务需要信息服务人员具有渊博的知识、创新精神、科学组合以及必要的社会劳动时间,因而需要信息专家向知识专家转变。面对众多的社会信息需求,需要有一种虚拟协作服务的团队支撑。团队是一种柔性组织,具有不断适应和调整的能力,组织的开放性使得其可以通过运作过程中的知识积累对环境变化进行组织战略目标和行为规范之间的重新选择与整合,从而使组织与环境不断平衡。这种团队又是一种松散灵活的、具有高度适应性的组织形式,适应于不稳定的信息活动,上下之间通过协商解决。信息的传播是自下而上后又自上而下的循环过程,各部分之间相互依赖,整体发展。组织形式可以是联盟、竞争合作或虚拟组织。需要有协同工作的环境,团队可以共享信息、共享知识、协同工作。

4.4 大数据资源

2008年《自然》(Nature)杂志推出大数据(Big Data)专刊,2011年2月又推出处理数据(Dealing with Data)专刊。2012年3月美国政府发布《大数据研究和发展倡议》。2015年8月31日国务院印发《促进大数据发展行动纲要》。一时间,大数据资源成为各国战略竞争的制高点。然而,大数据的规模性(Volume)、多样性(Variety)、快速性(Velocity)和价值性(Value)等特点,使其在进行采集、预处理、分析和应用时比较麻烦。

4.4.1 大数据资源的采集

大数据资源的新特点,加大了信息资源采集的难度,但与此同时,大数据技术的应用将推动大数据采集方法的发展。

1. 大数据资源的采集特点

1) 数据结构的多样性

大数据具有多样性的特点,即包含多种数据结构,有结构化的、半结构化的,也有非结构化的。而传统数据则是结构化的。有统计显示,大数据中,非结构化数据占比高达85%。

2) 大数据来源的多元化

大数据除传统数据源外,还增加了一些新的数据源,例如,卫星影像数据,社交网络中的微博、微信、论坛、QQ聊天数据,股市数据,监控探头的视频数据,网络舆情监测数据等。

3) 采集方式的智能化

与传统数据人工采集相比,大数据采集以智能化为主、人工为辅。一般情况下,大数据由智能设备、仪器、传感器、摄像头等产生,其过程无须人工干预。

2. 大数据资源的采集方法

1) 按需求采集数据

大数据资源的应用需要经过采集、存储、分析、处理等过程,而大数据的应用决定了其初始的目标性。大数据的采集需要根据目标需求采集。采集是源头,也是关键。没有采集就没有后面的过程。

2)使用新的技术

大数据是普通软件和技术所不能处理的数据。因此,必须采用新的技术。无论是采集、存储、分析、处理,还是具体应用,大数据新技术的应用是前提条件。已经有的新技术包括云计算技术、海量异构数据存储、分布式集群计算、深度学习和挖掘技术、个性推荐技术等。

3)可采取"众包"模式

大数据资源的采集可采用"众包"模式。"众包"是一种新的生产组织模式,通过"众包",将大数据资源的采集工作分配出去,一方面可降低成本,另一方面可以集思广益,并组织大规模生产。

4.4.2 大数据资源的预处理

大数据的质量及其价值的稀疏性决定了它必须进行预处理,原始采集到的大数据不能直接使用而必须进行数据的清洗和 ETL(Extract-Transform-Load,抽取、转换和加载)处理。

1. 数据清洗

1)数据清洗的概念

数据清洗(Data Cleaning)指发现并纠正数据文件中可识别错误的过程,是对数据进行重新审查和校验的过程,目的在于删除重复信息、纠正存在的错误、处理无效值和缺失值等,并提供数据一致性。数据清洗是一个反反复复的过程,不可能一次完成。

数据清洗从名词上解释就是把"脏数据""洗掉"。因为数据仓库中的数据是面向某一主题的数据集合,这些数据从多个业务系统中抽取出来而且包含历史数据,这就难免有的数据是错误数据,有的数据相互之间有冲突。这些错误的或有冲突的数据显然就是"脏数据"。按照一定的规则把"脏数据""洗掉"就是数据清洗。而数据清洗的任务是过滤那些不符合要求的数据,将过滤的结果交给业务主管部门,确认是否过滤掉还是由业务单位修正之后再进行抽取。

2)待清洗的数据

不符合要求的数据主要是不完整数据、错误数据和重复数据三大类。

(1)不完整数据。这类数据主要是一些应该有的但实际缺失的信息,如供应商的名称、分公司的名称、客户信息缺失。应将这类数据过滤出来,按缺失的内容提交给客户,要求在规定的时间内补全。

(2)错误数据。这类错误产生的原因是业务系统不够健全,在接收输入后没有进行判断直接写入后台数据库,例如数值数据输成全角数字字符、字符串数据后面有一个回车操作、日期格式不正确、日期越界等。

(3)重复数据。这类数据是因为重复操作导致的。待确认是重复的数据后,可将其去除,以保证数据的唯一性。

3）数据清洗方法

一般来说，数据清洗是将数据精简以除去重复记录，并使剩余部分转换为标准的、可接收格式的过程。数据清洗标准模型是将数据输入到数据清洗处理器，通过一系列步骤"清洗"数据，然后以期望的格式输出清洗过的数据。数据清洗从数据的准确性、完整性、一致性、唯一性、适时性、有效性几个方面来处理数据的丢失值、越界值、不一致代码、重复数据等问题。数据清洗一般针对具体应用，因而难以归纳统一的方法和步骤，但是根据数据不同可以给出相应的数据清洗方法。

（1）解决不完整数据的方法。大多数情况下，缺失的值必须手工填入（即手工清洗）。当然，某些缺失值可以从本数据源或其他数据源推导出来，这就可以用平均值、最大值、最小值或更为复杂的概率估计代替缺失的值，从而达到清洗的目的。

（2）错误值的检测及解决方法。用统计分析的方法识别可能的错误值或异常值，如偏差分析、识别不遵守分布或回归方程的值，也可以用简单规则库检查数据值，或使用不同属性间的约束、外部的数据来检测和清洗数据。

（3）重复记录的检测及消除方法。数据库中属性值相同的记录被认为是重复记录，通过判断记录间的属性值是否相等来检测记录是否相等，相等的记录合并为一条记录。

（4）不一致性的检测及解决方法。从多数据源集成的数据可能有语义冲突，可定义完整性约束用于检测不一致性，也可通过分析数据发现联系，从而使得数据保持一致。

2. ETL 技术

ETL 是用来描述将数据从来源端经过抽取（extract）、转换（transform）、加载（load）至目的端的过程。ETL 是构建数据仓库的重要一环，用户从数据源抽取出所需的数据，经过数据清洗，最终按照预先定义好的数据仓库模型，将数据加载到数据仓库中去。

ETL 结果的质量表现为正确性、完整性、一致性、完备性、有效性、时效性和可获取性等几个特性。而影响其质量的原因有很多，主要取决于系统集成和历史数据，包括以下几个方面：业务系统不同时期系统之间数据模型不一致；业务系统不同时期业务过程有变化；旧系统模块在运营、人事、财务、办公系统等相关信息的不一致；遗留系统和新业务、管理系统数据集成不完备带来的不一致性。

ETL 的核心是 ETL 转换过程，主要包括以下几个方面：①空值处理，可捕获字段空值，进行加载或替换为其他含义数据，并可根据字段空值实现分流加载到不同目标库。②规范化数据格式，可实现字段格式约束定义，对于数据源中时间、数值、字符等数据，可自定义加载格式。③拆分数据，依据业务需求对字段可进行分解。如主叫号 8610825853 13-8148，可进行区域码和电话号码分解。④验证数据正确性，可利用 Lookup 及拆分功能进行数据验证。针对该主叫号，进行区域码和电话号码分解后，可利用 Lookup 返回主叫网关或交换机记载的主叫地区，进行数据验证。⑤数据替换，对于因业务因素，可实现无效数据、缺失数据的替换。⑥Lookup，查获丢失数据，Lookup 实现子查询，并返回用其他手段获取的缺失字段，保证字段完整性。⑦建立 ETL 过程的主外键约束，对无依赖性的非法数据，可替换或导出到错误数据文件中，保证主键唯一记录的加载。

很多情况下，数据清洗工具与 ETL 工具是合二为一的平台。常见的工具包括：①Datastage，一种数据集成软件平台，能够帮助企业从分散在各个系统中的复杂异构信息中获得更多价值。②Informatica 数据集成平台，可以在改进数据质量的同时，访问、发现、清洗、集成并交付数据。③Kettle,开源 ETL 工具,用 Java 编写,可以在 Windows、Linux、UNIX 上运行,数据抽取高效稳定。④ODI(Oracle Data Integrator),Oracle 数据库厂商提供的数据集成类工具,开放数据链路接口,受 Oracle 数据库的影响,有局限性。⑤OWB(Oracle Warehouse Builder),Oracle 的一个综合工具,提供对 ETL、完全集成的关系和维度建模、数据质量、数据审计,以及数据和元数据的整个生命周期的管理。⑥Cognos,BI 核心平台上以服务为导向进行架构的一种数据模型,是唯一可以通过单一产品和在单一可靠架构上提供完整业务智能功能的解决方案。⑦Beeload,国产 ETL 工具,集数据抽取、清洗、转换及装载于一体,通过标准化企业各个业务系统产生的数据,向数据仓库提供高质量的数据。

3. 大数据资源的整合

数据整合就是把从不同数据源收集、整理、清洗、转换后的数据加载到一个新的数据集合,为数据消费者提供统一数据视图的数据集成方式。

1) 数据整合的必要性

(1) 数据和信息系统相对分散。我国信息化经过多年的发展,已开发了很多信息系统,积累了大量的基础数据。然而,丰富的数据资源由于建设时期不同、开发部门不同、使用设备不同、技术发展阶段不同和能力水平的不同等,数据存储管理极为分散,造成了过量的数据冗余和数据不一致性,使得数据资源难以查询访问,管理层无法获得有效的决策数据支持。管理者要想了解所管辖不同部门的信息,需要进入多个不同的系统,而且数据不能直接比较分析。

(2) 信息资源利用程度较低。一些信息系统集成度低、互联性差、信息管理分散,数据的完整性、准确性、及时性等方面存在较大差距。有些单位已建立了内部网和互联网,但多年来分散开发或引进的信息系统,对于大量的数据不能提供统一的数据接口,不能采用一种通用的标准和规范,无法获得共享、通用的数据源,这使不同应用系统之间必然会形成彼此隔离和信息孤岛现象,其结果是信息资源利用程度较低。

(3) 支持管理决策能力较弱。随着计算机业务数量的增加,管理人员的操作也越来越多,越来越复杂,许多日趋复杂的中间业务处理环节依然靠手工处理进行流转;信息加工分析手段差,无法直接从各级各类业务信息系统采集数据并加以综合利用,无法对外部信息进行及时、准确的收集反馈,业务系统产生的大量数据无法提炼升华为有用的信息,并及时提供给管理决策部门;已有的业务信息系统平台及开发工具互不兼容,无法在大范围内应用等。

2) 数据整合方案

(1) 多个数据库整合。通过对各个数据源的数据交换格式进行一一映射,从而实现数据的流通与共享。对于有全局统一模式的多数据库系统,用户可以通过局部外模式访问本地库,通过建立局部概念模式、全局概念模式、全局外模式,用户可以访问集成系统中的其他数据库;对于联邦式数据库系统,各局部数据库通过定义输入、输出模式,进行各联邦式数据库系统之间的数据访问。基于异构数据源系统的数据整合有多种方式,所采用的体系结构也各不相同,但其最终目的是相同的,即实现数据的流通、共享。

(2) 数据仓库整合。数据仓库是一个面向主题的、集成的、相对稳定的、反映历史变化的数据集合,用于支持管理决策。从数据仓库的建立过程来看,数据仓库是一种面向主题的整合方案,因此首先应该根据具体的主题进行建模,然后根据数据模型和需求从多个数据源加载数据。由于不同数据源的数据结构可能不同,因而在加载数据之前要进行数据转换和数据整合,使得加载的数据统一到需要的数据模型下,即根据匹配、留存等规则,实现多种数据类型的关联。

(3) 中间件整合。中间件是位于用户与服务器之间的中介接口软件,是异构系统集成所需的黏结剂。现有的数据库中间件允许用户在异构数据库上调用 SQL 服务,解决异构数据库的互操作性问题。功能完善的数据库中间件,可以对用户屏蔽数据的分布地点、数据库管理平台、特殊的本地应用程序编程接口等差异。

(4) Web 服务整合。Web 服务可理解为自包含的、模块化的应用程序,它可以在网络中被描述、发布、查找及调用;也可以把 Web 服务理解为是基于网络的、分布式的模块化组件,它执行特定的任务,遵守具体的技术规范,这些规范使得 Web 服务能与其他兼容的组件进行互操作。

(5) 主数据管理整合。主数据管理通过一组规则、流程、技术和解决方案,实现对企业数据一致性、完整性、相关性和精确性的有效管理,从而为所有企业相关用户提供准确一致的数据。主数据管理提供了一种方法,通过该方法可以从现有系统中获取最新信息,并结合各类先进的技术和流程,使得用户可以准确、及时地分发和分析整个企业中的数据,并对数据进行有效性验证。

4.4.3 大数据分析与挖掘

大数据分析与挖掘的目的是获得更有价值的数据或结果,它也是知识发现的过程。

1. 大数据分析与挖掘概述

数据分析是指对海量类型多样、增长快速、内容真实的数据进行分析,从中找出可以帮助决策的隐藏模式、未知的相关关系以及其他有用信息的过程。在这一过程中,有两个关键技术:一个是文本分析;另一个是机器学习。因此,大数据分析是根据数据生成机制,对数据进行广泛的采集与存储,并对数据进行格式化清洗,以大数据分析模型为依据,在集成化大数据分析平台的支撑下,运用云计算技术调度计算分析资源,最终挖掘出大数据背后的模式或规律的数据分析过程。

数据挖掘是知识发现的一个步骤,指从大数据中通过算法挖掘隐藏于其中有价值信息的过程。通过统计、在线分析处理、情报检索、机器学习、专家系统和模式识别等诸多方法和手段来实现数据挖掘的目标。数据挖掘是多学科和技术的应用,涉及的学科方法包括:统计学的抽样、估计和假设检验;人工智能、模式识别和机器学习的搜索算法、建模技术和学习理论。涉及的学科包括运筹学、进化计算、信息论、信号处理、可视化和信息检索等。近年来,数据挖掘引起了信息产业界的极大关注,其主要原因是从大数据获取的信息和知识可以广泛用于商务管理、生产控制、市场分析、工程设计和科学探索等领域。

2. 大数据分析与挖掘方法

1) 事物分类

分类是指按照种类、等级或性质分别归类,把无规律的事物分为有规律的,按照不同的特点划分事物,使事物更有规律。可建立分类模型,对于没有分类的数据进行分类。

2) 变量估值

估值与分类类似,不同之处在于:分类描述的是离散型变量的输出,而估值处理连续值的输出;分类的类别是确定数目的,估值的量是不确定的。一般来说,估值可以作为分类的前一步工作。给定一些输入数据,通过估值,得到未知的连续变量的值,然后根据预先设定的阈值进行分类。

3) 未知预测

预测指在掌握现有信息的基础上,依照一定的方法和规律对未来的事情进行测算,以预先了解事情发展的过程与结果。预言其目的是对未来未知变量的预测,这种预测是需要时间来验证的,即必须经过一定时间后,才知道预言的准确性是多少。

4) 关联分析

关联分析又称关联挖掘,是一种简单、实用的分析技术,其目的是发现数据集中数据的关联性,从而描述一个事物中某些属性、某种规律和模式。关联分析是从大量数据中发现项集之间的关联。关联分析的一个典型例子是购物篮分析。该过程通过发现顾客放入其购物篮中的不同商品之间的联系,了解哪些商品频繁地被顾客同时购买,分析顾客的购买习惯。这种关联的发现可以帮助零售商制定营销策略。其他的应用还包括价目表设计、商品促销、商品的摆放和基于购买模式的顾客划分。

5) 对象聚类

聚类是对记录分组,把相似的记录放在一个集合里。将物理或抽象对象的集合分成由类似的对象组成的多个类的过程被称为聚类。由聚类所生成的簇是一组数据对象的集合,这些对象与同一个簇中的对象彼此相似,与其他簇中的对象相异。聚类分析又称群分析,它是研究(样品或指标)分类问题的一种统计分析方法。聚类分析有很多方法,例如系统聚类法、有序样品聚类法、动态聚类法、模糊聚类法、图论聚类法、聚类预报法等。

6) 数据的可视化

可视化是对数据挖掘结果进行直观表示的方式。在数据挖掘时,可以通过软件工具进行数据的展现、分析、提取,将数据挖掘的分析结果形象地显示出来。

4.4.4 大数据资源的可视化

可视化分析是大数据分析的重要方法。大数据可视化分析在利用计算机自动化分析能力的同时,充分挖掘人对于可视化信息的认知能力优势,将人、机的各自强项进行有机融合,借助人机交互式分析方法和交互技术,辅助人们更为直观和高效地洞悉大数据背后的信息、知识与智慧。

"可视化"一词正式出现在 1987 年 2 月美国国家科学基金会(National Science Foundation,NSF)的一个专题研讨会上。1995 年前后网络信息技术的发展使可视化技术有了比较大的突破。近年来,大数据的出现使之有了更为广泛的用途。

1. 可视化的基本概念

可视化就是将科学计算的中间数据或结果数据,转换为人们容易理解的图形图像形式。有学者将信息可视化(information visualization)定义为:对抽象数据使用计算机支持的、交互的、可视化的表示形式以增强认知能力。与传统计算机图形学以及科学可视化研究不同,信息可视化的研究重点更加侧重于通过可视化图形呈现数据中隐含的信息和规律,所研究的创新性可视化表征旨在建立符合人的认知规律的心理映像(mental image)。

经过 30 多年的发展,信息可视化已成为分析复杂问题强有力的工具。随着计算机、图形图像技术的发展,现在已经可以用丰富的色彩、动画技术、三维立体显示及仿真(虚拟现实)等手段,表现各种现实和虚拟的场景。科学计算可视化已广泛应用于流体计算力学、有限元分析、医学图像处理、分子结构模型、天体物理、空间探测、地球科学、数学等领域。

2. 面向大数据应用的可视化技术

大数据的出现刺激了可视化技术的快速发展。大数据可视化技术涉及传统的科学可视化和信息可视化,其目的是掘取信息和洞悉知识。信息的可视化分为文本、网络图及多维数据等。

1) 文本可视化

文本信息是典型的非结构化数据,是互联网中最主要的信息类型,也是物联网各种传感器采集后生成的主要信息类型,人们日常工作和生活中接触最多的文档多以文本形式存在。文本可视化的意义在于,能够将文本中蕴含的语义特征(例如词频与重要度、逻辑结构、主题聚类、动态演化规律等)直观展示出来。典型的文本可视化技术是标签云,将关键词根据词频或其他规则进行排序,按照一定规律进行布局排列,用大小、颜色、字体等图形属性对关键词进行可视化,如图 4-1 所示。

2) 网络图可视化

网络关联关系是大数据中最常见的关系,例如互联网与社交网络。网络图可视化基于网络结点和连接的拓扑关系,直观地展示网络中潜在的模式关系。例如,结点或边的聚集性,是网络可视化的主要内容之一,它可以用于具有海量结点和边的大规模网络,如图 4-2 所示。

图 4-1 标签云

图 4-2 网络图可视化

3) 多维数据可视化

多维数据分析的目标是探索多维数据项的分布规律和模式,并揭示小同维度属性之间的隐含关系。二维散点图(scatter plot)将两个维度属性值集合映射至两条轴,在二维轴确定的平面内通过图形标记的小同视觉元素来反映其他维度属性值,如图 4-3 所示。平行坐标(parallel coordinates)是可视化高维几何和分析多元数据的常用方法。为了在 n 维空间中显示一组点,绘制由 n 条平行线组成的背景,通常是垂直且等距的。所述的点 n 维空间被表示为折线与顶点在平行的轴线；第 i 轴上顶点的位置对应于该点的第 i 个坐标。此可视化与时间序列可视化密切相关，如图4-4所示。

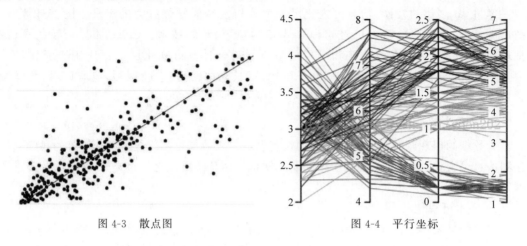

图 4-3　散点图　　　　　　　　图 4-4　平行坐标

4.4.5　大数据平台资源

1. 大数据平台总体框架概述

国家大数据战略，不仅要将大数据作为战略资源，也要将其作为国家治理的创新手段。在统筹布局建设国家大数据平台的基础上，逐渐推动数据的统一、整合、开放和共享机制。

大数据管理总体架构应该是"一个机制、两个体系和三个平台"的结构。大数据管理工作机制应包括数据共享与开放、工作协同、大数据科学决策、精准监管和公共服务机制等。两个体系指大数据的交换、共享、一致、整合和应用的安全保障和标准化工作。三个平台担负大数据集约化基础设施、网络资源、计算资源、存储资源、安全资源、集中管理、系统运维、大数据采集、处理、分析和应用。大数据平台总体框架见图4-5。

大数据云平台是国家大数据战略的基础设施。从技术上看，大数据与云计算就像硬币的正反两面。因为单台计算机无法处理大数据，因此必须采用分布式架构；对海量数据进行分布式数据挖掘，必须依托云计算的分布式处理、分布式数据库、云存储和虚拟化技术。云计算的核心是对被用网络连接的计算资源统一管理和调度，构成一个计算资源池向用户提供按需分配的服务。

图 4-5　大数据平台总体框架

大数据管理平台是云平台之上的数据交换、存储、共享和开放的平台，它为大数据应用提供统一的数据支持。其具体工作包括破除信息孤岛、整合与集中数据资源、建立数据资源目录、构建数据中心、分布式数据管理、数据互联互通等。

大数据应用平台侧重数据（关联、趋势和空间）分析模型的构建，利用可视化、仿真技术和数据挖掘工具，通过数学统计、在线分析、情报检索、机器学习、专家系统、知识推理和模式识别等,提升治国理政的能力,使决策过程科学化。

2. 大数据统一平台

大数据统一平台核心部分的框架如图 4-6 所示,其软件部分可分为数据服务组件和运维管理系统,其中数据服务组件部分可分为三层:数据归集层、存储计算层和应用开发层。

应用开发层	应用开发接口和工具					运维管理系统
存储计算层	流处理 Storm、 Spark-Streaming	批量处理 Spark、Map Reduce				
		多样化数据存储和实时查询 HBase、Hive、 Impala、SparkSQL、ES、Soir、Kylin				
		Hadoop 分布式文件/资源管理(HDFS/YARN)				
数据归集层	探针	数据路由 Nifi	日志收集 Flume	消息分发 Kafka	文件加载 Loader	数据库导入 Sqoop

图 4-6 大数据统一平台框架

(1)数据归集层。提供网络爬虫、Nifi、Flume、Kafka、Loader、Sqoop 等常用数据采集和处理组件,可从多种数据源获取多种格式的数据;具体实施可以根据数据的来源和特点选用或增加新的数据采集组件。

(2)存储计算层。负责数据的存储和计算任务的执行,集成了丰富的开源组件,如 Spark、Map Reduce、HBase、Hive、Impala、Elastic Search(ES)、Hadoop、Storm 等,为大数据平台提供强大的分布式数据存储和计算能力,应用开发者可通过上层应用开发接口和工具,访问存储计算资源,开发出相应的大数据应用。

(3)应用开发层。在大数据存储计算层之上架设统一的应用开发环境,提供统一的数据开放服务,可以调用开发环境中的组件接口或开发工具进行应用开发。

(4)运维管理系统。为大数据平台提供统一的安装部署和管理维护能力,包括自动化安装、安全管理、告警管理、平台监控、服务管理、主机管理、巡检、资源调度策略管理等。运维管理系统是商用大数据平台的核心组件,它把零散的大数据技术软件有机地融合在一起,形成一个统一整体对外提供服务,大大地降低了学习、使用和建设成本,同时提供很多生产环境下必须的运维功能,保证平台可用性、可靠性、安全性、易用性。

4.4.6 大数据资源的应用

1. 大数据资源的共享

随着信息时代的不断发展,不同部门、不同地区间的信息交流逐步增加,计算机网络技术的发展为信息传输提供了保障。大数据的出现使数据共享问题提上了议事日程。

数据共享就是让在不同地方使用不同计算机、不同软件的用户能够读取他人的数据并进行各种操作运算和分析。数据共享可使更多人充分地使用已有的数据资源,以减少资料收集、数据采集等重复劳动和相应费用,把精力放在开发新的应用程序及系统上。由于数据来自不同的途径,其内容、格式和质量千差万别,因而给数据共享带来了很大困难,有时甚至会遇到数据格式不能转换或数据格式转换后信息丢失的问题,这阻碍了数据在各部门和各系统中的流动与共享。

数据共享的程度反映了一个地区、一个国家的信息发展水平,数据共享程度越高,信息发展水平越高。要实现数据共享,首先应建立一套统一的、法定的数据交换标准,规范数据格式,使用户尽可能采用规定的数据标准。如美国、加拿大等国家都有自己的空间数据交换标准,目前我国正在抓紧研究制定国家的空间数据交换标准,包括矢量数据交换格式、栅格影像数据交换格式、数字高程模型的数据交换格式及元数据格式。该标准建立后,将对我国大数据产业的发展产生积极影响。另外,要建立相应的数据使用管理办法,制定相应的数据版权保护、产权保护规定,各部门间签定数据使用协议,这样才能打破部门、地区间的信息保护,做到真正的信息共享。

2. 大数据资源的开放

数据开放没有统一的定义,一般指把个体、部门和单位掌握的数据提供给社会公众或他人使用。政府数据开放就是要创造一个可持续发展机制发挥数据的社会、经济和政治价值,通过开放数据推动社会和经济发展。政府作为最大的数据拥有者,应当成为开放数据和鼓励其合理使用的主体。

1) 数据开放的问题

(1) 数据公开制度不完善。在实际工作中,很难确定数据有没有涉及个人隐私、商业机密等问题。开放是相互的,很多部门没有真正意识到数据开放的重要性和作用,往往以"保密"或者"不宜公开"为理由不愿开放数据。海量数据分散在各个部门或者层级,潜在的价值被忽略。数据的开放要经过存储、清洗、分析、挖掘、处理、利用等多个环节才能形成有价值的数据集,在每一个实施环节都需要有相应的制度法规和技术标准作为依据。

(2) 数据开放程度不高。首先,各地平台提供的数据总量较小,无法满足经济发展与社会创新领域的需求。很多利用价值较高的数据只在部门内部共享,并未对社会开放。其次,数据质量参差不齐。由于对数据的质量没有严格的要求,而容易造成数据失真。另外,开放数据平台门槛较高,很多数据只开放不更新,不提供下载服务,无法形成有价值的数据源。

(3) 数据安全隐患。大数据开放是双刃剑,在给人们生活带来便利的同时,构成了巨大隐患。传统方法是采用划分边界、隔离内外网等来控制风险。但是随着移动互联网、云计算、5G、WiFi技术的广泛使用,网络边界已经消失,木马、漏洞和攻击都可能威胁数据安全。

2) 数据开放保障机制的建议

(1) 法律保障机制。完善法律体系是促进政府数据开放的必经之路,加快制定大数据管理制度、法规和标准规范是当务之急。数据开放原则、使用权限、开放领域、分级标准及安全隐私等问题都需细化。通过制度保障保证数据安全。

(2) 数据共享机制。首先,要加快国家数据库的建设,消除部门信息壁垒;其次,统筹数据管理,引导各部门发布社会公众所需的相关数据;第三,制定统一的数据开放标准和格式,方便数据上传和下载,满足不同群体的数据需求。

(3) 技术保障机制。数据的有效性和正确性直接影响数据汇聚和处理的成果,因此必须保障数据的质量。一旦数据来源不纯、不可信或无法使用,就会影响科学决策。针对数据体量大、种类多的数据集,需要先进技术和人才的支撑,因此,要加强培养既懂统计学也懂计算机的分析型和复合型人才。

4.5 网络信息与大数据资源的安全

4.5.1 网络信息资源的安全

1. 安全问题

1) 个人隐私与信息泄露

个人隐私是指公民个人生活中不愿为他人公开或知悉的秘密。隐私权是自然人享有的对其个人的、与公共利益无关的个人信息、私人活动和私有领域进行支配的一种人格权。我国公民依法享有不愿公开或不愿让他人知悉的不危害社会的个人秘密的权利。随着网络化、信息化的普及，社会的透明度越来越高，个人隐私信息泄露的情况也越来越严重。

我国著名的法学学者张新宝教授把侵犯隐私权的行为总结为以下十类：①未经公民许可，公开其姓名、肖像、住址和电话号码；②非法侵入、搜查他人住宅，或以其他方式破坏他人居住安宁；③非法跟踪他人，监视他人住所，安装窃听设备，私拍他人私生活镜头，窥探他人室内情况；④非法刺探他人财产状况或未经本人允许公布其财产状况；⑤私拆他人信件，偷看他人日记，刺探他人私人文件内容，以及将它们公开；⑥调查、刺探他人社会关系并非法公诸于众；⑦干扰他人夫妻性生活或对其进行调查、公布；⑧将他人婚外性生活向社会公布；⑨泄露公民的个人材料或公诸于众或扩大公开范围；⑩收集公民不愿向社会公开的纯属个人的情况。

2) 域名被抢注

互联网域名被抢注是前些年比较严重的一个问题。域名被抢注可划分为两种：①从未被注册过的域名被抢注。这种情况是域名注册者预见到某个域名潜在的价值，在其他人想到之前把该域名注册下来。此范围内包含一些知名品牌、知名团体或个人的名称、知识产权等。②对一个曾经被注册过的域名的抢注。一个被注册过的域名，如果未能够在有效期结束前及时续费，则会在一段时间后被删除。在被删除后的第一时间内，抢先注册到该域名的行为，视作另一种抢注。

域名抢注的原因：①域名与商标等在管理制度及法律保护方面存在差异，为抢注人提供了可乘之机；②域名的唯一性、排他性特征决定了域名空间竞争的激烈性远远高于商标等传统标识；③市场经济条件下域名的潜在商业价值与"搭便车"等利益驱动心理的存在构成了抢注行为发生的基本动因。

3) 网络作品侵权

近年来我国网络版权案件数量正呈现急剧上升的态势。其中，谷歌数字图书馆至少收录了 570 位中国权利人的 17 922 种作品。中国作家协会于 2009 年 11 月向谷歌发出维权通告，使其陷入"版权门"事件。网络作品是指在计算机网络上出现的作品。计算机网络是集报纸邮件、电话传真、影视广播等传统媒介优点的新媒体，具有交互平等、覆盖面广泛、快捷方便、信息量大的特点。法律上，作品是指构成著作权法规定的满足条件的文学、艺术和科学等智力成果。根据著作权法第三条的规定，文字作品、计算机软件本身就属于法律保护的作品的范围，多媒体作品涉及的文字、美术、摄影、音乐等作品也应当属受保护的范围。

4) 网页著作权

网页作为多形态、多媒体网络信息传播媒介,实际上是一种多媒体电子出版物。而多媒体电子出版物则指内容为多媒体形式的电子出版物,其创作是技术和艺术的结合。因而可用著作权法对网页加以保护。当然,利用现有著作权法来保护网页这一类多媒体作品有一定局限性,因为这一类作品著作权法未单独为其立类,实际操作中法律依据并不充分。因此著作权法要不断修订和完善,可增设多媒体作品类、网络信息传播媒介类作品,加强新型作品的法律保护。最高人民法院《关于审理涉及计算机网络著作权纠纷案件适用法律若干问题的解释》(法释[2004]1号)第二条规定:受著作权法保护的作品,包括著作权法第三条规定的各类作品的数字化形式。

2. 法律保护

1) 个人隐私权的保护

《中华人民共和国宪法》第38条规定:中华人民共和国公民的人格尊严不受侵犯,禁止用任何方法对公民进行侮辱、诽谤和诬告陷害,本条规定可以说是个人隐私权利的直接来源。2017年3月15日颁布的《中华人民共和国民法典》对填补我国对隐私权立法的直接规定的空白做出了努力,该草案规定了自然人享有的隐私权。

2) 域名抢注保护

2002年中国互联网络信息中心制定了《中国互联网络信息中心域名争议解决办法》。域名注册机构有权认定某域名的注册是否属于抢注,并有权撤销、变更和转让域名注册。法院对域名争议拥有最终的司法管辖权。

3) 网络作品的保护

2006年7月我国颁布施行的《信息网络传播权保护条例》明确提出保护网络信息品的版权,对网站的责任、义务有相关规定。网站转载文章,可能当时著作权人没有注意到,未追究其法律责任,或根本就不愿追究,但这并不意味随意转载是合法的。根据规定,任何权利都必须正当使用,知识产权也不例外。当版权归属转移以后,作者已经不再是著作权所有人,其新"东家"(如版权代理公司)可能会出来维权。但如果转载信息用于教学科研等目的,属于正常使用,不构成侵权。

4) 数据库版权保护

数据库是一种软件技术,是对信息的收集、整理、存储和传播的技术,目前国际上对数据库的定义缺乏一个统一的表述。《伯尔尼公约》议定书专家委员会对数据库的理解为"所有的信息(数据、事实等)的编纂物,不论其是以印刷形式、计算机存储单元形式,还是其他形式存在,都应视为'数据库'"。这种对数据库的定义范围则比较广泛,依据这个定义,电话号码簿、火车时刻表、电视节目表等,也属于数据库的范畴。在《中华人民共和国著作权法实施条例》第5条、第11项中对编辑作品的定义为:"根据特定要求选择若干作品或者作品的片断汇集编排成为一部作品。"因此,数据库可以作为一种编辑作品来加以保护,版权归数据库制作者。

4.5.2 大数据资源的安全与保护

1. 大数据安全风险与挑战

大数据时代,传统信息安全手段已经不能满足此时的信息安全要求,对大数据进行安全防护变得更加困难,数据的分布式处理加大了数据泄露的风险。

(1) 云计算设施为数据窃密创造了上佳条件,安全威胁将持续加大。随着大数据、云计算技术的发展和应用,越来越多的大数据出现在云端,而大数据在云端的集中存储处理,使得安全保密风险向云端集中,一旦云端服务器违规外联或被攻击,海量信息可在瞬间被集中窃取。

(2) 大数据成为网络攻击的重点目标,加大了信息泄露风险。大数据的"大",体现在数据被不断地处理和利用后,其价值会越来越大,因此,大数据更易成为攻击者重点关注的大目标。美国"棱镜门"事件显示,美国通过云计算和大数据技术,利用收集的公开数据并进行分析所获得的开源情报占其情报总量的 80%～90%,这凸显了大数据时代信息泄露风险不断加剧。

(3) 大数据成为高级可持续威胁(APT)的攻击载体和网络攻击手段。数据挖掘和数据分析之类的大数据技术可以被攻击者用来发起高级可持续威胁攻击。攻击者将 APT 攻击代码隐藏在大数据中,利用大数据发起僵尸网络攻击,能够同时控制大量傀儡机并发起攻击,使得攻击更加精准,从而严重威胁网络安全。

(4) 增加了隐私泄露的风险。在电子邮件、记录存档、社交网络等方面每天都有大量数据产生,其中包含了大量的个人隐私。大数据的产生也增加了个人隐私泄露的风险,这些用户的数据中不仅有企业运营的数据,也有用户个人的隐私以及用户网络浏览等行为,一旦用户个人的这些信息被泄露,若被不法分子利用,则可能会造成用户个人的财产损失,甚至威胁到用户的人身安全。

2. 数据备份

1) 数据备份的概念

数据备份就是将数据以某种方式加以保留以便在系统遭受破坏或其他特定情况下,重新加以利用的过程。数据备份不仅保证数据的一致性和完整性,防范意外事件的破坏,消除系统使用者和操作者的后顾之忧,而且还是历史数据保存归档的最佳方式。换言之,即便系统正常工作没有任何数据丢失或破坏发生,备份工作仍然具有非常大的意义。

2) 网络数据存储管理

网络数据存储管理系统是指在分布式网络环境下,通过专业的数据存储管理软件,结合相应的硬件和存储设备,对全网络的数据备份进行集中管理,从而实现自动化的备份、文件归档、数据分级存储及灾难恢复等。

3) 数据备份方案

全备份就是用磁带对整个系统进行完全备份,包括系统和数据;增通备份就是每次备份的数据只是相当于上一次备份后增加的和修改过的数据;差分备份就是每次备份的数据相对于上一次全备份之后新增加的和修改过的数据。全备份所需时间最长,但恢复时间最短,操作最方便,当系统中数据量不大时,采用全备份最可靠;差分备份在避免了另外两种策略缺陷的同时,又具有了它们的所有优点。首先,它无须每天都做系统完全备份,因此备份所需时间短,并节省磁带空间;其次,它的灾难恢复也很方便,系统管理员只需两盘磁带,即星期一的磁带与发生前一天的磁带,就可以将系统完全恢复。

3. 数据擦除

近年来,企事业单位在享受数据中心带来巨大生产力的同时,其内在的数据中心安全漏洞也让人担忧,越来越多的企事业单位投入大量资金着手数据中心安全建设。数据泄密事件的频繁发生让企业数据中心安全笼罩在阴影中,而对涉密数据进行硬盘数据擦除,以达到硬盘数据销毁,成为当下保障数据中心安全的有效方式之一。硬盘数据擦除技术旨在通过相关的硬盘数据擦除技术及硬盘数据擦除工具,将硬盘上的数据彻底删除,使之无法恢复。

4. 数据保护

数据保护分为三部分:数据加密、数据传输安全和身份认证。

1) 数据加密

数据加密被公认为是保护数据传输安全唯一实用的方法和保护存储数据安全的有效方法。它通过变换和置换等方法将被保护信息置换成密文,然后进行信息的存储或传输,即使加密信息在存储或者传输过程被非授权人员所获得,也可以保证这些信息不为其认知,从而达到保护信息的目的。

2) 数据传输安全

数据传输安全是指数据在传输过程中必须确保数据的安全性、完整性和不可篡改性。数据传输的安全通常通过数字签名的方式来实现。

3) 身份认证

身份认证的目的是确定系统和网络的访问者是否是合法用户。它主要采用登录密码、代表用户身份的物品(如智能卡、IC 卡等)或反映用户生理特征的标识鉴别访问者的身份。身份认证要求参与安全通信的双方在进行安全通信前,必须互相鉴别对方的身份。

5. 数据容灾

1) 数据容灾的概念

数据级容灾指通过建立异地容灾中心,做数据的远程备份,在灾难发生之后确保原有的数据不会丢失或者遭到破坏。但在数据级容灾这个级别,发生灾难时应用是会中断的。在数据级容灾方式下,所建立的异地容灾中心可以简单地把它理解成一个远程的数据备份中心。数据级容灾的恢复时间比较长,但是相比其他容灾级别来讲它的费用比较低,而且构建实施也相对简单。而应用级容灾更注意数据的异地接管,服务不能中断,如何将数据备份到异地等。

数据容灾指建立一个异地的数据系统,该系统是本地关键应用数据的一个可用复制。在本地数据及整个应用系统出现灾难时,系统至少在异地保存有一份可用的关键业务的数据。该数据可以是与本地生产数据的完全实时复制,也可以比本地数据略微落后,但一定是可用的。采用的主要技术是数据备份和数据复制技术。

数据容灾技术又称为异地数据复制技术,按照其实现的技术方式可分为同步传输方式和异步传输方式,另外,也有如"半同步"这样的方式。半同步传输方式基本与同步传输方式相同,只是在读占 I/O 比例比较大时,相对同步传输方式,可以略微提高 I/O 的速度。根据容灾的距离,数据容灾又可以分成远程数据容灾和近程数据容灾方式。

2) 数据容灾备份的等级

通常可将数据容灾备份分为四个等级。

第 0 级:没有备援中心。这一级容灾备份,实际上没有灾难恢复能力,它只在本地进行数据备份,并且被备份的数据只在本地保存,没有送往异地。

第1级：本地磁带备份，异地保存。在本地将关键数据备份，然后送到异地保存。灾难发生后，按预定数据恢复程序恢复系统和数据。这种方案成本低、易于配置。但当数据量增大时，存在存储介质难管理的问题，并且当灾难发生时存在大量数据难以及时恢复的问题。为了解决此问题，灾难发生时，先恢复关键数据，后恢复非关键数据。

第2级：热备份站点备份。在异地建立一个热备份站点，通过网络进行数据备份。即通过网络以同步或异步方式，把主站点的数据备份到备份站点，备份站点一般只备份数据，不承担业务。当出现灾难时，备份站点接替主站点的业务，从而维护业务运行的连续性。

第3级：活动备援中心。在相隔较远的地方分别建立两个数据中心，它们都处于工作状态，并进行相互数据备份。当某个数据中心发生灾难时，另一个数据中心接替其工作任务。

3）容灾备份的关键技术

在建立容灾备份系统时会涉及多种技术，它们是：

(1) 远程镜像技术。它是在主数据中心和备援中心之间的数据备份时用到。镜像是在两个或多个磁盘或磁盘子系统上产生同一个数据的镜像视图的信息存储过程，一个叫作主镜像系统，另一个叫作从镜像系统。按主从镜像存储系统所处的位置可分为本地镜像和远程镜像。远程镜像又叫远程复制，是容灾备份的核心技术，同时也是保持远程数据同步和实现灾难恢复的基础。远程镜像按请求镜像的主机是否需要远程镜像站点的确认信息，又可分为同步远程镜像和异步远程镜像。

(2) 快照技术。快照是通过软件对要备份的磁盘子系统的数据快速扫描，建立一个要备份数据的快照逻辑单元号 LUN 和快照 Cache。在快速扫描时，把备份过程中即将要修改的数据块同时快速复制到快照 Cache 中。快照 LUN 是一组指针，它指向快照 Cache 和磁盘子系统中不变的数据块（在备份过程中）。在正常业务进行的同时，利用快照 LUN 实现对原数据的一个完全的备份。它可使用户在正常业务不受影响的情况下（主要指容灾备份系统），实时提取当前在线业务数据。其"备份窗口"接近于零，可大大增加系统业务的连续性，为实现系统真正的7天24小时运转提供了保证。

(3) 互连技术。主数据中心和备援数据中心之间的数据备份是基于 SAN(Storage Area Network,存储局域网络)的远程复制(镜像)，即通过光纤通道(FC)，把两个 SAN 连接起来，进行远程镜像。当灾难发生时，由备援数据中心替代主数据中心保证系统工作的连续性。

(4) 高效数据备份恢复。数据备份恢复速率是容灾系统的一个重要指标，基于缓存的高效数据备份恢复技术可以有效提高其效率。衡量容灾备份的两个技术指标：第一，RPO(Recovery Point Objective)，即数据恢复点目标，主要指的是业务系统所能容忍的数据丢失量。第二，RTO(Recovery Time Objective)，即恢复时间目标，主要指的是所能容忍的业务停止服务的最长时间，也就是从灾难发生到业务系统恢复服务功能所需要的最短时间周期。RPO 针对的是数据丢失，而 RTO 针对的是服务丢失，二者没有必然的关联性。RTO 和 RPO 必须在进行风险分析和业务影响分析后根据不同的业务需求确定。对于不同企业的同一种业务，RTO 和 RPO 的需求也会有所不同。

练习题

一、名词解释

1. 信息资源配置
2. 信息资源有效配置
3. 帕累托最优
4. 市场失灵
5. 福利经济学第一定理
6. 大数据的特性

二、问答题

1. 信息资源配置有哪些特性？
2. 一般从哪几个方面来考虑信息资源配置的效益？
3. 信息资源配置的基本原则有哪些？
4. 信息资源配置有哪些目标模式？
5. 网络信息资源有哪些特点？
6. 信息共享可能存在哪些问题？
7. 网络信息资源配置一般遵循哪些原则？
8. 网络信息资源有哪些利用形式？
9. 网络信息资源有哪些利用模式？
10. 信息服务模式的变革趋势是什么？
11. 网络信息资源评价采用的主要指标有哪些？
12. 网络信息资源评价一般有哪些方法？
13. 面向大数据主流应用的信息可视化技术有哪些？

三、论述题

1. 试述信息资源优化配置目标实施的对策。
2. 试述评价网络信息资源的必要性。

参考文献

[1] 陈萍.网络经济视域下信息资源的配置与整合研究[J].信息通信,2014(05)：137-138.
[2] 林芳胜.浅议评价网络信息资源的标准问题[J].企业导报,2012(21)：250-251.
[3] 林莹.浅议图书馆网络信息资源评价[J].太原城市职业技术学院学报,2009(06)：110-111.
[4] 沈光宝,符雄.高校图书馆信息资源配置质量问题探讨[J].图书馆论坛,2009,29(02)：61-64.
[5] 袁静.网络信息资源评价指标研究的回顾及相关问题的思考[J].图书馆论坛,2006(05)：280-282.
[6] 徐恩元,李澜楠.市场经济条件下信息资源有效配置问题初探[J].情报杂志,2005(11)：130-132.
[7] 韩耀,张春法.网络经济下信息资源配置研究[J].情报杂志,2004(10)：7-9.
[8] 杨剑.网络信息资源评价浅议[J].图书馆论坛,2004(04)：109-110＋113.
[9] 赵俊玲,陈兰杰.国外网络信息资源评价研究综述[J].图书馆工作与研究,2004(03)：24-26.

[10] 王玮.网络信息资源评价研究的现状、问题与发展趋势[J].四川图书馆学报,2003(06):24-31.
[11] 刘传和,王志萍,何玮.因特网信息资源评价研究进展[J].情报理论与实践,2003(03):264-266.
[12] 洪颖.网上学术资源评价指标研究[J].津图学刊,2003(02):16-19.
[13] 李爱国.Internet信息资源的评价[J].东南大学学报(哲学社会科学版),2002(S1):24-26.
[14] 周毅.信息资源配置效益问题研究[J].情报理论与实践,2002(05):324-328.
[15] 张咏.网络信息资源评价相关问题[J].情报理论与实践,2002(05):375-378.
[16] 明海,杨小龙.因特网信息资源评价研究[J].现代情报,2002(09):51-52.
[17] 吴永臻.信息资源有效配置中帕累托最优理论的适用性问题[J].中国图书馆学报,2002(05):28-30.
[18] 洪颖,李培.网上学术资源评价方法的研究[J].图书馆工作与研究,2002(04):9-12.
[19] 粟慧.网络资源评价:评价标准及元数据和CORC系统的应用[J].情报学报,2002(03):295-300.
[20] 肖珑,张宇红.电子资源评价指标体系的建立初探[J].大学图书馆学报,2002(03):35-42+91.
[21] 陆宝益.网络信息资源的评价[J].情报学报,2002(01):71-76.
[22] 张咏.网络信息资源评价的方法及指标[J].图书情报工作,2001(12):25-29.
[23] 刘雁书.链接关系在网络信息评价中的应用研究[J].图书情报工作,2001(12):80.
[24] 苏广利.因特网信息资源评价研究[J].情报资料工作,2001(06):26-28.
[25] 查先进,严亚兰.再论信息市场失灵与政府干预[J].中国图书馆学报,2001(04):8-10.
[26] 冯仿娅.网络信息资源配置的环境要素初探[J].广东社会科学,2001(03):49-53.
[27] 邱燕燕.基于层次分析法的网络信息资源评价[J].情报科学,2001(06):599-602.
[28] 田菁.网络信息与网络信息的评价标准[J].图书馆工作与研究,2001(03):29-30.
[29] 罗春荣,曹树金.因特网的信息资源评价[J].中国图书馆学报,2001(03):45-47+52.
[30] 黄奇,李伟.基于链接分析的学术性WWW网络资源评价与分类方法[J].情报学报,2001(02):186-192.
[31] 刘志洲.市场经济条件下的信息资源配置[J].湖北财经高等专科学校学报,2001(01):9-10.
[32] 任大山.网络资源评价之浅析[J].河南图书馆学刊,2000(04):54-56.
[33] 朱苏.网络资源集评价标准初探[J].情报科学,2000(10):913-914.
[34] 孙建军,戴咏梅.高速信息网络的信息资源配置[J].情报杂志,2000(05):40-43.
[35] 查先进.论信息市场失灵与政府干预[J].中国图书馆学报,2000(04):27-29+40.
[36] 黄奇,郭晓苗.Internet上网站资源的评价[J].情报科学,2000(04):350-352+354.
[37] 林蓉.信息市场的失灵问题探讨[J].经济问题探索,2000(04):74-75.
[38] 李纲.信息资源配置的理论问题探讨[J].情报学报,1999(04):333-339.
[39] 孙兰,李刚.试论网络信息资源评价[J].图书馆建设,1999(04):65-67.
[40] 蒋颖.因特网学术资源评价:标准和方法[J].图书情报工作,1998(11):29-33.
[41] 周毅.信息资源配置的质量问题探讨[J].情报理论与实践,1998(01):18-20.
[42] 罗曼.网络环境中的信息资源配置与共享问题[J].图书馆,1997(03):18-20.
[43] 周毅.信息商品质量问题初论[J].情报理论与实践,1996(04):8+12+9-11.
[44] 张建钢.论情报系统的内耗问题[J].情报学刊,1988(02):2-4.
[45] 朝乐门,邢春晓,张勇.数据科学研究的现状与趋势[J].计算机科学,2018,45(01):1-13.
[46] 朝乐门,卢小宾.数据科学及其对信息科学的影响[J].情报学报,2017,36(08):761-771.
[47] 朝乐门,杨灿军,王盛杰,等.全球数据科学课程建设现状的实证分析[J].数据分析与知识发现,2017,1(06):12-21.
[48] 程学旗,靳小龙,杨婧,等.大数据技术进展与发展趋势[J].科技导报,2016,34(14):49-59.
[49] 关东,苗放.数据科学研究一般模式的初步探讨[J].科技管理研究,2017,37(24):260-266.
[50] 秦小燕,初景利.国外数据科学家能力体系研究现状与启示[J].图书情报工作,2017,61(23):40-50.

[51] 覃雄派,陈跃国,杜小勇,等."数据科学概论"课程设计[J].大数据,2017,3(06):102-111.
[52] 赵蓉英,魏明坤.国际数据科学演进研究:基于时间维度的分析[J].图书情报知识,2017(04):71-79.
[53] 王曰芬,谢清楠,宋小康.国外数据科学研究的回顾与展望[J].图书情报工作,2016,60(14):5-14.
[54] 李腊生,刘磊,刘文文.大数据与数据工程学[J].统计研究,2015,32(09):3-10.
[55] 解华国,王源.大数据统一平台在银行业的应用实践[J].信息技术与标准化,2018(Z1):28-32.
[56] 刘凌,罗戎.大数据视角下政府数据开放与个人隐私保护研究[J].情报科学,2017,35(02):112-118.
[57] 汪雷,邓凌云.基于大数据视角的政府数据开放保障机制初探[J].情报理论与实践,2017,40(02):77-79.
[58] 朝乐门.数据科学[M].北京:清华大学出版社,2016.
[59] 朝乐门.数据科学理论与实践[M].北京:清华大学出版社,2017.
[60] 马费成,李纲,查先进.信息资源管理[M].武汉:武汉大学出版社,2001.
[61] 杨小平.市场信息学[M].北京:中国财政经济出版社,2001.
[62] 李纲.市场信息学[M].武汉:武汉大学出版社,1996.
[63] 马费成.信息经济学[M].武汉:武汉大学出版社,1997.
[64] 尚志明,等.文献资源网络建设[M].上海:上海科技文献出版社,1999.
[65] 武汉大学信息资源研究中心.网络信息资源组织与开发模式[R].教育部重大研究报告,2004.

第 2 篇　信息资源管理的技术

- 第5章　信息资源管理技术
- 第6章　信息资源标准化管理
- 第7章　信息系统资源管理

第 5 章 信息资源管理技术

5.1 信息资源采集技术

5.1.1 文本生成

1. 键盘输入

人工键盘输入是指用手工击键方式按照一定的规则把汉字输入到计算机,目前已有数百种输入法。

2. 语音识别

目前主流的语音识别技术是基于统计模式识别的基本理论。语音识别过程实际上是一种认识过程。就像人们听语音时,并不把语音和语言的语法结构、语义结构分开,因为当语音发音模糊时,人们可以用这些知识来指导对语言的理解过程。对机器来说,识别系统也要利用这些方面的知识。

3. 手写输入

手写输入方法,就是把要输入的汉字写在一块书写板的设备(如手机屏)上。这种设备将笔尖、手指走过的轨迹按时间采样后发送到计算机中,由计算机软件自动完成识别,并用机器内部的方式保存、显示。

4. OCR

OCR 是 Optical Character Recognition 的简称,指光学字符识别。OCR 技术在个人信息管理、办公自动化、电子出版物、网络资源以及各种大型文献资料管理数据库、数字化图书馆等领域应用广泛。

5.1.2 图像、音频和视频采集

1. 图像获取

计算机中的图像是由特殊的数字化设备,将光信号量化为数值,并按一定的格式组织而得到的。这些数字化设备常用的有扫描仪、图像采集卡、数码相机等。扫描仪对已有的照片、图片等进行扫描,将图像数字化为一组数据存储。图像采集卡可以对录像带、电视上的

信号进行"抓图(capture)"，对其中选定的帧进行捕获并数字化。数码相机是一种与计算机配套使用的、新型的数码影像设备，它将被摄景物以数字信号方式直接记录在存储介质(存储器、存储卡)中，可以很方便地在计算机中进行处理。

2. 音频采集

音频是一种典型的连续时间信号。话筒把声音的机械振动转换为电信号，模拟音频技术中以模拟电压的幅度表示声音的强弱。这种模拟信号是一个在时间轴上的连续平滑的波形，对这样一个在时间上连续的信号，计算机每隔固定的时间对波形的幅值进行采样，用得到的一系列数字化量来表示声音。在某一个特定的时刻对音频信号的测量叫作采样。计算机必须有相应的输入输出设备才能进行声音信号的处理。波形声音的获取是通过声音数字化接口进行的，输入的声音经过数字化后进入计算机中。输出的过程正好与输入相反，声音数字流经解码、逆压扩变换后，通过数模转换电路把离散的数字序列转换为模拟电压波形送到扬声器中播放。

3. 视频采集

视频采集是将模拟摄像机、录像机、LD视盘机、电视机输出的视频信号等输出的视频数据或者视频音频的混合数据输入计算机，并转换成计算机可辨别的数字数据，存储在计算机中，使其成为可编辑处理的视频数据文件。视频采集卡，又称视频捕捉卡，英文名为 video capture card，其功能是将视频信号采集到计算机中，以数据文件的形式保存在硬盘上。它是进行视频处理必不可少的硬件设备，通过它，就可以把摄像机拍摄的视频信号从摄像带转存到计算机中，利用相关的视频编辑软件，对数字化的视频信号进行后期编辑处理，如剪切画面，添加滤镜、字幕和音效，设置转场效果以及加入各种视频特效等，最后将编辑完成的视频信号转换成标准的 VCD、DVD 以及网上流媒体等格式，方便传播和保存。

5.1.3 自动识别技术

自动识别技术是一种高度自动化的信息或者数据采集技术。已经形成了一个包括条码技术、磁条磁(卡)技术、IC卡技术、光学字符识别、射频技术、声音识别及视觉识别等集计算机、光、磁、物理、机电、通信技术为一体的技术。

1. 自动识别技术的种类

自动识别系统根据识别对象的特征可以分为两大类，分别是数据采集技术和特征提取技术。这两大类自动识别技术的基本功能都是完成物品的自动识别和数据的自动采集。数据采集技术的基本特征是需要被识别物体具有特定的识别特征载体(如标签等，仅光学字符识别例外)，而特征提取技术则根据被识别物体的本身的行为特征(包括静态、动态和属性特征)来完成数据的自动采集。

1) 数据采集技术

光存储器包括条码(一维、二维)、矩阵码、光标阅读器、光学字符识别(OCR)。

磁存储器包括磁条、非接触磁卡、磁光存储、微波。

电存储器包括触摸式存储、RFID射频识别(无芯片、有芯片)、存储卡(智能卡、非接触式智能卡)、视觉识别、能量扰动识别。

2) 特征提取技术

动态特征包括声音(语音)、键盘敲击、其他感觉特征。

属性特征包括化学感觉特征、物理感觉特征、生物抗体病毒特征、联合感觉系统。

2. 条码技术

条码由一组规则排列的条、空以及相应的数字组成。这种用条、空以及相应的数字组成的数据编码可以供条码阅读器识读,而且很容易转换成二进制数和十进制数。这些条、空以及相应的数字可以有各种不同的组合方法,构成不同的图形符号,即各种符号体系(也称码制),适用于不同的场合。目前使用频率最高的几种码制是 EAN、UPC、39 码、交叉 25 码和 EAN128 码,其中 UPC 条码主要用于北美地区,EAN 条码是国际通用符号体系,EAN128 条码是由国际物品编码协会(EAN International)和美国统一代码委员会(UCC)联合开发、共同采用的一种特定的条码符号。上述条码都是一维条码。为了提高一定面积上的条码信息密度和信息量又发展了一种新的条码编码形式——二维条码。从结构上讲,二维条码分为两类:一类由矩阵代码和点代码组成,其数据是以二维空间的形态编码的;另一类是包含重叠的或多行条码符号,其数据以成串的数据行显示。重叠的符号标记法有 CODE 49、CODE 16K 和 PDF417。

3. 磁条(卡)技术

磁条技术应用了物理学和磁力学的基本原理。对自动识别设备制造商来说,磁条就是一层薄薄的由定向排列的铁性氧化粒子组成的材料(也称为涂料),用树脂黏合在一起并粘在诸如纸或者塑料这样的非磁性基片上。

磁条技术的优点是数据可读写,即具有现场改写数据的能力;数据存储量能满足大多数需求,便于使用,成本低廉,还具有一定的数据安全性;能黏附于许多不同规格和形式的基材上。这些优点,使之在很多领域得到了广泛应用,如信用卡、银行 ATM 卡、机票、公共汽车票、自动售货卡、会员卡、现金卡(如电话磁卡)、地铁 AFC 等。

4. IC 识别技术

IC(Integrated Card)是 1970 年由法国人 Roland Moreno 发明的。其优点是安全,存储容量大,便于应用,方便保管;防磁、防一定强度的静电,抗干扰能力强,可靠性比磁卡高,使用寿命长,一般可重复读写 10 万次以上。由于它的触点暴露在外面,有可能因人为的原因或静电而遭到损坏。在我们的生活中,IC 的应用比较广,如电话 IC、购电(气)卡、手机 SIM 卡、交通卡以及智能水表、智能气表等。

5. 声音识别技术

声音识别技术是对基于生理学和行为特征的说话者嗓音和语言学模式的运用。声音识别技术的迅速发展以及高效可靠的应用软件的开发,使声音识别系统在很多方面得到了应用,如汉字的语音输入系统就是典型的声音识别技术。

6. 视觉识别技术

视觉识别系统可以看作是这样的系统:它能获取视觉图像,而且通过一个特征抽取和分析的过程,能自动识别限定的标志、字符、编码结构或可作为确切识别的基础呈现在图像内的其他特征。

7. 射频识别技术

射频技术（RFID）是利用无线电波来进行通信的一种自动识别技术。其基本原理是通过读头和黏附在物体上的标签之间的电磁耦合或者电感耦合来进行数据通信以达到对标签物品的自动识别。射频系统的优点是不局限于视线，识别距离比光学系统远。射频识别卡具有读写能力，可携带大量数据，难以伪造，智能性较高等。射频识别和条码一样是非接触式识别技术，由于无线电波能"扫描"数据，射频标签最大的优点就在于非接触，因此完成识别工作时无须人工干预，适用于实现自动化且不易损坏，可识别高速运动物体并可同时识别多个射频标签，操作快捷方便。长距离的产品多用于交通上，可达几十米，如自动收费或识别车辆身份。

5.1.4 数据采集系统

1. 数据采集的概念

数据采集指从传感器和其他待测设备等模拟和数字被测单元中自动采集非电量或者电量信号，送到上位机中进行分析和处理。数据采集的目的是测量电压、电流、温度、压力或声音等物理现象。基于计算机的数据采集，通过模块化硬件、应用软件和计算机的结合进行测量。

被采集数据是已被转换为电信号的各种物理量，如温度、水位、风速、压力等，可以是模拟量，也可以是数字量。采集一般用采样方式，即每隔一定时间（称采样周期）对同一数据重复采集。采集的数据大多是瞬时值，也可以是某段时间内的一个特征值。准确的数据量测是数据采集的基础。数据量测方法有接触式和非接触式，检测元件多种多样。无论用哪种方法和元件，均以不影响被测对象状态、测量环境和保证数据的正确性为前提。数据采集含义很广，包括对面状连续物理量的采集。在计算机辅助制图、测图、设计中，对图形或图像的数字化过程也可称为数据采集，此时被采集的是几何量数据。

数据采集是计算机与外部物理世界连接的桥梁。利用串行通信方式，实现对移动数据采集器的应用软件升级，通过制定上位机与移动数据采集器的通信协议，实现两者之间阻塞式通信交互过程。

2. 数据采集系统组成

数据采集系统由硬件和软件两部分组成。从硬件来看，数据采集系统的结构形式主要有两种：第一种是微型计算机数据采集系统，由传感器、模拟多路开关、程控放大器、采样持器、A/D 转换器、计算机及外设等部分组成；第二种是集散型数据采集系统，由若干个数据采集站和一台上位机及通信线路组成。数据采集站由单片机数据采集装置组成，位于生产设备附近，可独立完成数据采集和预处理任务，还可将数据以数字信号的形式传送给上位机。上位机用来将各个数据采集站传送来的数据集中显示在显示器上或用打印机打印成各种报表，或以文件形式存储在磁盘上。

数据采集系统整合了信号、传感器、激励器、信号调理、数据采集设备和应用软件。数据采集系统包括了可视化的报表定义、审核关系的定义、报表的审批和发布、数据填报、数据预处理、数据评审、综合查询统计等功能模块。通过信息采集网络化和数字化，扩大了数据采集的覆盖范围,提高审核工作的全面性、及时性和准确性,最终实现相关业务工作管理现代化、程序规范化、决策科学化和服务网络化。

5.2 信息资源存储技术

5.2.1 存储器

1. 存储器概述

存储器是计算机系统中的记忆设备,用来存放程序和数据。计算机中的全部信息,包括输入的原始数据、计算机程序、中间运行结果和最终运行结果,都保存在存储器中。它根据控制器指定的位置存入和取出信息。按用途划分,存储器可分为主存储器(内存)和辅助存储器(外存);也有外部存储器和内部存储器的分类方法。外存通常是磁性介质或光盘等,能长期保存信息。内存指主板上的存储部件,用来存放当前正在执行的数据和程序,但仅用于暂时存放程序和数据,关闭电源或断电后,数据会丢失。

2. 存储器的构成

构成存储器的存储介质主要采用半导体器件和磁性材料。存储器中最小的存储单位就是一个双稳态半导体电路、一个 CMOS 晶体管或磁性材料的存储元,它可存储一个二进制代码。由若干个存储元组成一个存储单元,然后由许多存储单元组成一个存储器。一个存储器包含许多存储单元,每个存储单元可存放一个字节(按字节编址)。每个存储单元的位置都有一个编号,即地址,一般用十六进制表示。一个存储器中所有存储单元可存放数据的总和,称为存储容量。假设一个存储器的地址码由 20 位二进制数(即 5 位十六进制数)组成,则可表示为 2^{20},即 1MB 个存储单元地址。每个存储单元存放一个字节,则该存储器的存储容量为 1MB。

存储器的主要功能是存储程序和各种数据,并能在计算机运行过程中高速、自动地完成程序或数据的存取。由于在计算机中采用只有两个数字"0"和"1"的二进制来表示数据,记忆元件的两种稳定状态分别表示为"0"和"1"。因此,日常使用的十进制数必须转换成二进制数才能存入存储器中;计算机中处理的各种字符,例如英文字母、运算符号等,也要转换成二进制代码才能存储和操作。

3. 存储器的用途

根据在计算机系统中所起的作用,存储器可分为主存储器、辅助存储器、高速缓冲存储器、控制存储器等。为了解决对存储器要求容量大、速度快、成本低三者之间的矛盾,通常采用多级存储器体系结构,即使用高速缓冲存储器、主存储器和外存储器。

(1) 高速缓冲存储器:用于高速存取指令和数据,存取速度快,但存储容量小。

(2) 主存储器:用于内存存放计算机运行期间的大量程序和数据,存取速度较快,存储容量不大。

(3) 外存储器:用于外存存放系统程序和大型数据文件及数据库,存储容量大,成本低。

4．常用存储器

（1）硬盘是计算机主要的存储设备，由一个或多个铝制（或者玻璃制）的碟片组成。这些碟片外覆盖有铁磁性材料。绝大多数硬盘都是固定硬盘，被永久性地密封并固定在硬盘驱动器中。物理结构：①磁头，是读写合一的电磁感应式磁头；②磁道，当磁盘旋转时，磁头若保持在一个位置上，则每个磁头都会在磁盘表面划出一个圆形轨迹，这些圆形轨迹就称为磁道；③扇区，磁盘上的每个磁道被等分为若干个弧段，这些弧段便是磁盘的扇区，每个扇区可以存放 512 字节的信息，磁盘驱动器在从磁盘读取或向磁盘写入数据时，要以扇区为单位；④柱面，硬盘通常由重叠的一组盘片构成，每个盘面都被划分为数目相等的磁道，并从外缘的"0"开始编号，具有相同编号的磁道形成一个圆柱，称为磁盘的柱面。

（2）光盘以光信息作为存储载体，用来存储数据，采用聚焦的氢离子激光束处理记录介质的方法存储和再生信息。激光光盘分为不可擦写光盘和可擦写光盘。高密度光盘是近代发展起来的不同于磁性载体的光学存储介质。常见光盘非常薄，只有 1.2mm 厚，分为 5 层，包括基板、记录层、反射层、保护层和印刷层等。

（3）U 盘的全称"USB 闪存盘"，英文名为 USB flash disk。它是一种拥有 USB 接口的、无须物理驱动器的微型高容量移动存储产品，可以通过 USB 接口与计算机连接，实现即插即用。U 盘的优点是体积小巧、便于携带、存储容量大、性能可靠、价格便宜。

5.2.2 数据库

1．数据库的定义

数据库（database）是一个长期存储在计算机内的、有组织的、有共享的、统一管理的数据集合。它是一个按数据结构来存储和管理数据的计算机软件系统。数据库的概念实际包括两层意思：①数据库是一个实体，它是能够合理保管数据的仓库，用户在该仓库中存放要管理的事务数据，数据和库两个概念结合成为数据库。②数据库是数据管理的新方法和技术，它能更合适地组织数据、更方便地维护数据、更严密地控制数据和更有效地利用数据。

2．技术发展

数据库发展大致划分为人工管理阶段、文件系统阶段、数据库系统阶段、高级数据库阶段。

（1）人工管理阶段。20 世纪 50 年代之前，计算机主要用于科学计算，程序员在程序中不仅要规定数据结构，还要设计物理结构，包括存储结构、存取方法、输入输出方式等。

（2）文件系统阶段。操作系统的出现使文件管理成为可能。这时，数据管理步入文件系统阶段。数据以文件为单位存储在外存，且由操作系统统一管理。

（3）数据库系统阶段。20 世纪 60 年代后，随着计算机在数据管理领域的普遍应用，人们对数据管理技术提出了更高的要求：希望面向企业或部门，以数据为中心组织数据，减少数据的冗余，提供更高的数据共享能力，同时要求程序和数据具有较高的独立性，当数据的逻辑结构改变时，不涉及数据的物理结构，也不影响应用程序，以降低应用程序研制与维护的费用。数据库技术正是在这样一个应用需求的基础上发展起来的。

（4）高级数据库阶段。随着信息管理内容的不断扩展，出现了丰富多样的数据模型（层次模型、网状模型、关系模型、面向对象模型、半结构化模型等),新技术也层出不穷(数据流、Web 数据管理、数据挖掘等)。

3. 数据结构模型

数据模型有三种,即层次结构模型、网状结构模型和关系结构模型。

(1) 层次结构模型。按照层次模型建立的数据库系统称为层次模型数据库系统。

(2) 网状结构模型。按照网状数据结构建立的数据库系统称为网状数据库系统。

(3) 关系结构模型。由关系数据结构组成的数据库系统称为关系数据库系统。在关系数据库中,对数据的操作几乎全部建立在一个或多个关系表格上,通过对这些关系表格的分类、合并、连接或选取等运算来实现数据的管理。

4. 联邦数据库

联邦数据库系统(FDBS)是一个彼此协作又相互独立的单元数据库(CDBS)集合,它将单元数据库系统按不同程度进行集成,对该系统整体提供控制和协同操作的软件叫作联邦数据库管理系统(FDBMS)。一个单元数据库可以加入若干个联邦系统,每个单元数据库系统的数据可以是集中式的,也可以是分布式的。联邦数据库技术可以实现对相互独立运行的多个数据库的互操作。相互独立运行的数据库系统为单元数据库系统。

5. 数据仓库

数据仓库是一个面向主题的、集成的、相对稳定的、反映历史变化的数据集合,用于支持管理决策。面向主题指用户使用数据仓库进行决策时所关心的重点方面,如收入、客户、销售渠道等;所谓面向主题,是指数据仓库内的信息是按主题进行组织的,而不是像业务支撑系统那样是按照业务功能进行组织的。这里的集成指数据仓库中的信息不是从各个业务系统中简单抽取出来的,而是经过一系列加工、整理和汇总的过程,因此数据仓库中的信息是关于整个企业的一致的全局信息。这里的随时间变化指数据仓库内的信息并不只是反映企业当前的状态,而是记录了从过去某一时点到当前各个阶段的信息。通过这些信息,可以对企业的发展历程和未来趋势做出定量分析和预测。

5.3 信息资源传输技术

5.3.1 计算机网络概述

1. 定义

计算机网络指将地理位置不同的具有独立功能的多台计算机及其外部设备,通过通信线路连接起来,在网络操作系统、网络管理软件及网络通信协议的管理和协调下,实现资源共享和信息传递的计算机系统。

计算机网络的简单定义是一些相互连接的以共享资源为目的的自治的计算机的集合。广义上,计算机网络是以传输信息为基础目的,用通信线路将多个计算机连接起来的计算机系统的集合。从用户角度看,计算机网络是可以调用用户所需资源的系统。

2．功能

计算机网络的主要功能是硬件资源共享、软件资源共享和用户间信息交换。

（1）硬件资源共享。可以在全网范围内提供对处理资源、存储资源、输入输出资源等昂贵设备的共享，使用户节省投资，也便于集中管理和均衡分担负荷。

（2）软件资源共享。允许互联网上的用户远程访问各类大型数据库，可以得到网络文件传送服务、远程进程管理服务和远程文件访问服务，从而避免软件研制上的重复劳动及数据资源的重复存储，也便于集中管理。

（3）用户间信息交换。计算机网络为分布在各地的用户提供了强有力的通信手段。用户可以通过计算机网络传送电子邮件、发布新闻消息和进行电子商务活动。

3．网络硬件

1）网络硬件

（1）服务器。提供网络资源服务的设备，一般为高性能计算机。

（2）终端。可以是工作站、微机、笔记本、平板电脑、手机等固定或移动设备。

（3）连网部件。包括网卡、适配器、调制解调器、连接器、收发器、终端匹配器、FAX 卡、中继器、集线器、网桥、路由器、桥由器、网关、集线器、交换机等。

（4）通信介质。包括双绞线、同轴电缆和光纤等有线介质，以及短波、卫星等无线介质。

2）网络互连设备

常用的网络互连设备包括中继器、集线器、网桥、交换器、路由器、网关等。

（1）中继器。工作在物理层上的连接设备。适用于完全相同的两类网络的互连，主要功能是通过对数据信号的重新发送或者转发，来扩大网络传输的距离。

（2）集线器。其主要功能是对接收到的信号进行再生整形放大，以扩大网络的传输距离，同时把所有节点集中在以它为中心的节点上。

（3）网桥。一个局域网与另一个局域网之间建立连接的桥梁。属于网络层设备。

（4）交换器。可以为接入交换机的任意两个网络节点提供独享的电信号通路。

（5）路由器。工作在网络层，可以在多个网络上交换数据和路由数据包。

（6）网关。当连接不同类型而协议差别又较大的网络时，则要选用网关设备。网关工作在应用层。

4．互联网和第二代互联网

20 世纪 60 年代美国开始互联网的研究，到 80 年代中后期建成第一代互联网。由互联网兴起的新经济，引起了世界经济的飞速发展。1996 年 10 月，美国政府宣布启动"下一代互联网 NGI"研究计划，其核心是互联网协议和路由器。它的主要目标是：建设高性能的边缘网络，为科研提供基础设施；开发具有革命性的 Internet 应用技术；促进新的网络服务及应用在 Internet 上的推广。英、德、法、日、加等发达国家及中国均参与这项计划。Internet2 项目使单独的计算机工作站接入带宽达 10G，Internet2 骨干网的连接速度达 100Gb/s。第一代互联网的 IP 地址协议是 IPv4，其网络地址编码为 32 位，大约 43 亿个，2019 年 12 月已经全部用完。第二代互联网采用 IPv6，地址编码为 128 位，能产生 2 的 128 次方个 IP 地址，其地址可以满足人类未来的发展。

5.3.2 万兆以太网

1. 万兆以太网技术

以太网采用 CSMA/CD 机制,即带碰撞检测的载波监听多重访问。千兆以太网接口基本应用在点到点线路,不再共享带宽。碰撞检测、载波监听和多重访问已不再重要。千兆以太网与传统低速以太网最大的相似之处在于采用相同的以太网帧结构。万兆以太网技术与千兆以太网类似,仍然保留了以太网帧结构。通过不同的编码方式或波分复用提供 10Gb/s 传输速度。所以就其本质而言,10G 以太网仍是以太网的一种类型。

10G 以太网于 2002 年 7 月在 IEEE 通过。10G 以太网包括 10GBASE-X、10GBASE-R、10GBASE-W 以及基于铜缆的 10GBASE-T 等(2006 年通过)。10GBASE-X 使用一种特紧凑包装,含有一个较简单的密集波分复用器件、4 个接收器和 4 个在 1300nm 波长附近以大约 25nm 为间隔工作的激光器,每一对发送器/接收器在 3.125Gb/s 速度(数据流速度为 2.5Gb/s)下工作。10GBASE-R 是一种使用 64B/66B 编码(不是在千兆以太网中所用的 8B/10B)的串行接口,数据流为 10Gb/s,因而产生的时钟速率为 10.3Gb/s。10GBASE-W 是广域网接口,与 SONET OC-192 兼容,其时钟为 9.953Gb/s,数据流为 9.585Gb/s。

2. 万兆以太网应用领域

万兆以太网技术已经成熟,适用领域十分广阔。各种迅速增长的带宽密集型项目,像高带宽园区骨干、数据中心汇聚、集群和网格计算、合一(语音、视频、图像和数据)的通信、存储组网、金融交易以及政府、医疗卫生领域、研究单位和大学的超级计算研究等,都离不开万兆以太网技术。

5.3.3 无线网

无线网既包括允许用户建立远距离无线连接的全球语音和数据网络,也包括为近距离无线连接进行优化的红外线技术及射频技术。

1. 通信载体分类

(1) 地面微波。地面微波系统主要用于长途电信服务,可代替同轴电缆和光纤,通过地面接力站中继,还可用于建筑物之间的点对点线路。常见的用于传输的频率范围为 2GHz~40GHz。频率越高,带宽越宽,数据传输速率也就越高。

(2) 卫星微波。通信卫星实际上是一个微波接力站,用于将两个或多个称为地球站或地面站的地面微波发送器/接收器连接起来。卫星使用上、下行两个频段,接收一个频段(上行)上的传输信号,放大或再生信号后,再在另一个频段(下行)上将其发送出去。卫星主要应用于电视广播、长途电话传输和个人用商业网络,其传输的最佳频率范围为 1GHz~10GHz。

(3) 广播无线电波。广播无线电波是全向性的,不要求使用碟形天线,天线也无须严格地安装到一个精确的校准位置上。无线电波(radio)是笼统术语,频率范围为 3kHz~300GHz。广播无线电波(broadcast radio)是非正式术语,包括 VHF 频段和部分 UHF 频段,范围为 30MHz~1GHz。

(4) 红外线。红外线传输不能超过视线范围,且距离短的红外线传输无法穿透墙体。

微波系统中遇到的安全和干扰问题在红外线传输中都不存在,而且红外线不需要频率分配许可。

(5)光波。频率更高的光波,主要指非导向光波,而非用于光纤的导向光波。

2. GSM 全球移动通信系统

全球移动通信系统(Global System of Mobile Communication,GSM)是当前应用最为广泛的移动电话标准,由欧洲电信标准组织(ETSI)制定。它的空中接口采用时分多址技术。GSM 标准的设备占据当前全球蜂窝移动通信设备市场份额 80% 以上。GSM 作为开放标准提供了更简易的互操作性。这样,标准就允许网络运营商提供漫游服务,用户就可以在全球使用他们的移动电话。

GSM 小组创立于 1982 年,其技术在 1987 年被提出,1990 年第一个 GSM 规范说明完成,文本长 6000 多页。商业运营开始于 1991 年,地点是芬兰的 Radiolinja。1998 年,3G 项目启动。4G 集 3G 与 WLAN 于一体,能够快速传输数据,高质量音频、视频和图像等。4G 下载速度为 100Mb/s,比家用宽带 ADSL(4Mb/s)快 25 倍,并能够满足无线服务的要求。5G 是 4G 的延伸,5G 网络的理论下行速度为 10Gb/s(相当于下载速度 1.25GB/s)。2017 年 12 月 21 日,在国际电信标准组织 3GPP RAN 第 78 次全体会议上,5G NR 首发版本正式冻结并发布。2018 年 2 月 23 日,沃达丰和华为完成首次 5G 通话测试。2018 年 8 月 3 日,美国联邦通信委员会(FCC)发布高频段频谱的竞拍规定,这些频谱将用于开发下一代 5G 无线网络。2018 年 12 月 1 日,韩国三大运营商 SK、KT 与 LG U+同步在韩国部分地区推出 5G 服务,这也是新一代移动通信服务在全球首次实现商用。同年 12 月 10 日工信部正式对外公布,已向中国电信、中国移动、中国联通发放了 5G 系统中低频段试验频率使用许可。2019 年 6 月 6 日,工信部向中国电信、中国移动、中国联通、中国广电发放 5G 商用牌照,这意味着 5G 正式商用。

3. 5G 通信

5G 是第五代移动通信网络,其峰值理论传输速度可达每秒数吉字节,比 4G 网络的传输速度快数百倍。5G 网络的主要目标是让终端用户始终处于联网状态。5G 网络将来支持的设备远远不止是智能手机,它还支持智能手表、健身腕带、智能家庭设备,如鸟巢式室内恒温器等。5G 具体特征参数如下。

传输速率:其 5G 网络已成功在 28 千兆赫(GHz)波段下达到了 1Gb/s,相比之下,当前的第四代长期演进(4G LTE)服务的传输速率仅为 75Mb/s。而此前这一传输瓶颈被业界普遍认为是一个技术难题,而三星电子则利用 64 个天线单元的自适应阵列传输技术破解了这一难题。

智能设备:5G 网络中看到的最大改进之处是它能够灵活支持各种不同的设备。除了支持手机和平板电脑外,5G 网络还将支持可佩戴式设备。在一个给定的区域内支持无数台设备,这是设计的目标。在未来,每个人将拥有 10~100 台设备为其服务。

网络链接:5G 网络改善端到端性能将是另一个重大的课题。端到端性能是指智能手机的无线网络与搜索信息的服务器之间保持连接的状况。在发送短信或浏览网页的时候,在观看网络视频时,如果发现视频播放不流畅甚至停滞,这很可能就是因为端到端网络连接较差的缘故。

4. 6G 通信

6G 指的是第六代移动通信技术，6G 网络属于概念性技术，是 5G 的延伸，理论下载速度可达 1TB/s，目前已有机构开始其研发，预计 2026 年正式投入商用。

2018 年 3 月 9 日工信部部长苗圩表示，中国已经开始着手 6G 研究。2019 年 3 月 15 日美国联邦通信委员会投票通过了开放 95GHz～3THz 频段的决定，以供 6G 实验使用。纽约大学教授泰德·拉帕波特称："联邦通信委员会已经启动了 6G 的全球竞赛。"美国总统特朗普发推特说："我希望 5G 甚至 6G 的技术能尽快在美国普及。这比当前的标准要更强、更快、更智能。美国公司必须加紧努力，否则就会落后。我们没有理由落后……"。除中美两国外，欧盟、俄罗斯等也正在紧锣密鼓地开展相关工作。

因为中国华为公司在 5G 方面的技术领先优势，美国出台了一系列限制华为发展的政策，这使 5G 和 6G 已经附带了很多政治色彩。5G 和 6G 已经远远超越了技术层面的发展和创新，它已上升成为国家层面的技术竞争。实际上，5G 的发展需求源自高速视频图像的传输。随着人们对视频体验要求的提升，视频在媒介中占据着越来越重要的地位。除了更高的清晰度之外，一些新技术，如增强现实、虚拟现实等的融入，要求视频技术必须具有更快的传输速度和处理能力，这是 6G 发展的原动力。

从 1G 到 5G，有一个"诡异"现象在不断出现，即移动通信每次更新换代时，每逢奇数 G，都会出现"短命"的现象。由于 1G 只能语音不能上网，1971 年 12 月被 AT&T 提出并实施后，很快被 2G 取代。尽管 3G 在处理图像、音乐、视频流等方面有一定优势，但 4G 以广带接入和分布网络为基础且 50 倍于 3G 速度实现三维图像高质量传输，而迅速将其代替。目前的 5G 似乎也有类似的开端现象，因为 6G 似乎在各方面都有较多的优势。这也提醒移动通信厂商在加紧部署 5G 应用推广的同时，也需尽快展开 6G 技术的开发和应用研究。

频率范围为 95GHz～3THz 的"太赫兹波"频谱被开放，供实验使用，使下一代 6G 无线网络的研发有了技术政策层面的许可。曾经被认为无用的太赫兹(THz，1THz=1000GHz)频谱，或将成为未来高速通信的频段。6G 将迈进太赫兹时代。通常，太赫兹波指 0.1～3THz 的电磁波，如图 5-1 所示。

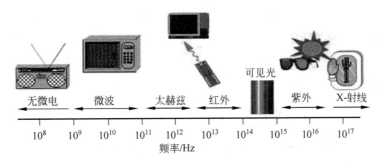

图 5-1　频率范围及其应用(http://www.mwrf.net/news/suppliers/2012/5282.html)

4G 主要依托正交频分复用技术，而 5G 主要依托天线技术和高频段技术。由于 6G 要求更短的网络延迟时间、更大的带宽、更广的覆盖和更高资源利用率，因此 6G 除了要求高密度组网、全双工技术外，将卫星通信技术、平流层通信技术与地面技术的融合使此前大量未被通信信号覆盖的地方，如无法建基站的海洋、难以铺设光纤的偏远无人地区都有可能收发信号。除陆地通信覆盖外，水下通信覆盖也有望在 6G 时代启动，6G 将实现地面无线与卫星通信集成的全连接。通过将卫星通信整合到 6G 移动通信，实现永远在线的全球无缝覆盖。

2018 年 6 月泰克科技公司及法国著名的研究实验室 IEMN 已经实现了 300GHz 频段中使用单载波无线链路实现 100Gb/s 数据传输。芬兰的奥卢大学无线通信中心早已展开 6G 研发，中国的华为、韩国 SK 集团信息通信技术中心、美国贝尔实验室均已展开这方面的研究。预计 2025 年，6G 将进入商业应用。

5.4 信息资源处理技术

5.4.1 分布式计算

1. 分布式计算概述

分布式计算是一种计算方法，与集中式计算相对。随着计算技术的发展，有些应用需要非常巨大的计算能力才能完成。如果采用集中式计算，需要耗费相当长的时间来完成。分布式计算将该应用分解成许多小的部分，分配给多台计算机处理。这样可以节约整体计算时间，大大提高计算效率。

分布式计算具有以下优点：稀有资源共享；通过分布式计算在多台计算机上平衡计算负载；把程序放在最适合运行它的计算机上。

随着计算机的普及，个人计算机进入千家万户。随之出现的问题是越来越多的计算机设备处于闲置状态，即使在开机状态下中央处理器的潜力也远远不能被完全利用。可以想象，一台家用的计算机将大多数的时间花费在"等待"上面。即便是使用者实际使用他们的计算机时，处理器依然是寂静地消费，依然是不计其数的等待（等待输入，但实际上并没有做什么）。互联网的出现，使得连接调用所有这些拥有限制计算资源的计算机系统成为了现实。

如果将闲置状态的计算资源"整合"起来，其计算速度将变得非常迅速，而且被实践证明是的确可行的。目前一些较大的分布式计算实验证明，其处理能力已经可以达到甚至超过目前世界上速度最快的巨型计算机。

2. 网格计算技术

网格计算是目前最重要的分布式计算技术之一，它通过网络系统将分布在不同地点或区域的计算机资源（包括各种硬件和软件以及信息数据等）连接成一个巨大的"异构计算机"，虽然这些计算资源分布在各自不同的计算机上，这些计算机可能有不同的操作系统、不同的技术协议，但是通过网格技术组建的这个系统却可以像一台计算机一样对这些资源进行管理和利用，从而完成一些计算规模巨大的复杂运算和数据处理任务。

网格计算（grid computing）通过网络连接地理上分布的各类计算机（包括机群）、数据库、设备等，形成对用户相对透明的虚拟的高性能计算环境，应用包括分布式计算、高吞吐量计算、协同工程和数据查询等诸多功能。网格计算被定义为一个广域范围的"无缝的集成和协同计算环境"。

从另一个意义上说,这种计算资源的统一管理和共享,不仅仅为提供复杂计算提供支持,还可以在很大的区域范围内打破企业、组织和国家界限,避免重复资源的投资和浪费,充分利用自己的计算资源。

网格是把整个因特网整合成一台巨大的超级计算机,实现计算资源、存储资源、数据资源、信息资源、知识资源、专家资源的全面共享。当然,网格并不一定非要这么大,可以构造地区性的网格,比如区域网格、局域网格、企事业单位内部网格、家庭计算机网格等。事实上,网格的根本特征是资源共享,而不是它的规模。由于网格是一种新技术,因此具有新技术的两个特征:其一,不同的群体有不同的名词称谓;其二,网格的精确含义和内容还没有固定,而是在不断变化。

5.4.2 并行计算

1. 并行计算产生的背景

早期微处理器的计算性能以平均每年50%的速度提升。受摩尔定律的限制,微处理器性能提升速度渐渐变慢。进入21世纪之后,主流的微处理器制造商已决定通过并行处理来快速提升微处理器的计算性能,以求进一步提升计算能力。CPU的核数越来越多将成为一种趋势,2019年普通桌面PC已达128核。

并行计算与串行计算的区别在于:串行计算只在单个CPU上进行求解,而并行计算则是同一个时间段内在多个CPU上求解;从硬件角度上来讲,串行计算就是在普通计算机上求解,并行计算则是在并行计算机上求解。需要并行计算求解的问题能分成很多并行子问题解决。

随着大数据时代的到来,大规模数据处理对高性能计算(high performance computing)提出了需求。为将一个需要大规模处理的应用部署至高性能计算机上,需要开展并行计算(parallel computing)。广义上的并行计算可分为时间上的并行和空间上的并行,时间上的并行泛指流水线技术,而空间上的并行是指多个处理器并发地进行计算。并行计算科学中主要研究空间上的并行问题,即先将计算任务分解为若干个计算子任务,然后同时使用多个计算资源以快速解决一个大型且复杂的计算问题。

2. 并行计算概述

并行计算或称平行计算,是一种一次可执行多个指令的算法,目的是提高计算速度,及通过扩大问题求解规模,解决大型而复杂的计算问题。

并行计算是指同时使用多种计算资源解决计算问题的过程,是提高计算机系统计算速度和处理能力的一种有效手段。它的基本思想是用多个处理器来协同求解同一问题,即将被求解的问题分解成若干个部分,各部分均由一个独立的处理机来并行计算。并行计算系统既可以是专门设计的、含有多个处理器的超级计算机,也可以是以某种方式互连的若干台的独立计算机构成的集群。通过并行计算集群完成数据的处理,再将处理的结果返回给用户。

并行计算的特点主要表现在:①并行计算由相对独立的模块独立分开管理控制;②在并行计算中会存在多个模块同时异步进行,该并行能有效降低运行耗费的时间;③所有的模块与模块之间存在一定的交互;④并行计算可能由于并发和交互导致错误发生。

并行体系的主要特点为：①并行性，多流水、超标量是提升 CPU 并行性能的重中之重。在新型并行体系中，根据并行的程度分级。②可扩展性，是指增加资源时，性能和功能得到提升。认识可扩展性应该认识到成本伸缩的比例应该小于线性比例。

并行计算采用的方法主要包括：①资源共享，是指用软件方法实现资源在某段时间内可以同时访问；②资源重复，是指通过重复设置和利用硬件与软件资源，以此来提高计算机系统的性能；③时间重叠，例如不同的进程在时间上相同资源的使用相互错开或者轮流重复利用某硬件资源，来提升速度。并行遗传算法是并行计算的一个分支应用，将会大大减少得到最优解所需要的时间。

3. 并行计算的发展趋势

首先，计算机体系结构中，多核逐渐成为主流。要想进一步提升系统的运算能力，仅仅依靠提升晶体管的集成度是不够的，因为系统运算能力还会受到材料物理性能等因素的影响，因此，系统中应用多核技术已经成为一种必然趋势。所谓多核技术，就是将多个计算内核集成在一个处理器中，每一个内核都能完成一个计算指令，这样一个处理器就能够完成并行计算指令。多核 CPU 的计算密度更高，并行处理能力更强，在相同计算条件下所消耗的功率更低，可以满足实际需要。

其次，异构众核集成技术应用越来越广泛。一般情况下模型中都采用 CPC（协同并行计算）与 MIC（集成众核）组合构架模式，相对复杂的逻辑计算部分由 CPU 负责，而一些密集运算则由 CPU 或者是 MIC 负责，这些密集运算的典型特征就是分支较少且并行度高，这种异构方式为超级计算机的发展奠定了基础。

再次，服务器逐渐向着大规模集群化且廉价化的方向发展，越来越多的互联网企业和网络运营商选择将大规模服务廉价集群作为系统硬件设施。这种集群式服务器的典型特征就是会自动将故障状态视为常态，因为即使集群中的一部分组间发生故障，也不会对系统整体造成太大影响。同时，该集群会为异构硬件扩容提供支持，或是在系统中加入存储资源，或是直接加入新的机器，系统根据实际情况对这些资源或者机器进行自动调取，这一过程不会对系统运行产生任何影响。

最后，随着计算机技术的发展，大数据编程模型已经取得了不错的研究成果，其主要被应用在数据分析以及数据处理上。为了提高计算能力，大数据编程模型会为系统资源提供横向扩展支持，同时程序中自带容错机制，一旦出现节点失效问题能够及时应对。大数据的应用效率会受到很多因素的影响，包括并行性级别、通信问题以及存储问题等，性能优化大多数都是针对某个系统框架或者是某个模型而言的，没有一个完整、统一的理论，而面向大数据处理的并行计算模型就要解决这一问题，统一优化理论，制定出可以面向所有模型的优化方法。

5.4.3 服务器刀片化

1. 刀片服务器概述

刀片服务器（blade server）是指在标准高度的机架式机箱内可插装多个卡式的服务器单元，是一种实现高可用高密度（High Availability High Density，HAHD）的低成本服务器平台，为特殊应用行业和高密度计算环境专门设计。刀片服务器就像"刀片"一样，每一块

"刀片"实际上就是一块系统主板。它们可以通过"板载"硬盘启动自己的操作系统,类似于一个个独立的服务器,在这种模式下,每一块母板运行自己的系统,服务于指定的不同用户群,相互之间没有关联。不过,管理员可以使用系统软件将这些母板集合成一个服务器集群。在集群模式下,所有的母板可以连接起来提供高速的网络环境,并同时共享资源,为相同的用户群服务。在集群中插入新的"刀片",就可以提高整体性能。而由于每块"刀片"都是热插拔的,所以,系统可以轻松地进行替换,并且将维护时间减少到最小。

刀片服务器在设计之初都具有低功耗、空间小、单机售价低等特点,同时它还继承发扬了传统服务器的一些技术指标,比如把热插拔和冗余运用到刀片服务器中,这些设计满足了密集计算环境对服务器性能的需求;有的还通过内置的负载均衡技术,有效地提高了服务器的稳定性和核心网络性能。而从外表看,与传统的机架式服务器/塔式服务器相比,刀片服务器能够最大限度地节约服务器的使用空间和费用,并为用户提供灵活、便捷的扩展升级手段。

刀片服务器比机架式服务器更节省空间,同时,散热问题也更突出,往往要在机箱内装上大型强力风扇来散热。此型服务器虽然空间较节省,但是其机柜与刀片价格都不低,一般应用于大型的数据中心或者需要大规模计算的领域,如银行电信金融行业以及互联网数据中心等。

2. 刀片服务器的发展趋势

刀片服务器由于节约空间、便于集中管理、易于扩展和提供不间断的服务,成为下一代服务器的新要求。结合目前推出的各种新技术,可大大提高刀片服务器的性能。

(1) 高性能的处理器:未来的服务器可通过采用更高性能的处理器、内存等硬件的方式来提高单个刀片的处理能力,同时提高系统的计算能力。

(2) 虚拟化:可以采用虚拟化和云计算的方式,根据实时的数据处理要求来调度不同数据中心的服务器进行运算。虚拟化技术是一种比较实用的技术。服务器的虚拟化特性将会在实践中得到更多的应用。

(3) 单芯片多处理器:随着处理器技术的发展,在单个刀片上可以集成多个CPU,这样在能耗、散热上都会比传统的刀片服务器更具有优势。目前各个厂商都在进行这方面服务器的开发。

5.4.4 虚拟化技术

1. 虚拟化技术概述

虚拟化(virtualization)是一种资源管理技术,是将计算机的各种实体资源,如服务器、网络、内存及存储等,予以抽象、转换后呈现出来,打破实体结构间的不可切割的障碍,使用户可以比原本的组态更好的方式来应用这些资源。这些资源的新虚拟部分是不受现有资源的架设方式、地域或物理组态所限制的。一般所指的虚拟化资源包括计算能力和存储能力。在实际的生产环境中,虚拟化技术主要用来解决高性能的物理硬件产能过剩和老旧硬件产能过低的重组重用,透明化底层物理硬件,从而最大化的利用物理硬件。

2. 刀片化+虚拟化

IT开发商围绕着服务器以下几个方面的研发:一是刀片服务器硬件系统的投资;第二

是围绕刀片服务器的生态系统投资,如 RDMA 解决方案、存储器的扩展解决方案等;第三是在服务器虚拟化方面以及管理软件方面。刀片化+虚拟化将成为未来服务器的技术发展趋势。

1) 刀片要取代主机

由于刀片服务器具有对向外扩展(scale-out)和向上扩展(scale-up)的优点,刀片服务器替代主机将成为趋势。这是因为除了硬件小巧、高性能的优势外,软件自动管理工具和部署工具非常简单。刀片服务器价格不高、运营成本低、设备维护简单、组件更新容易、运行速度快等特点正在改变人们对此的思维方式。

2) 通过虚拟提高使用率

服务器虚拟化技术已经成熟。比如,虚拟分区的技术包括硬件分区、软件分区、资源分区等分区技术,不同的分区可以运行在包括 UNIX、Linux、Windows 等不同的操作系统中,提高整合环境中的系统利用率。负载管理器(work load manager)可以根据客户工作负载的不同需求来分配资源,甚至可以细化到 CPU、内存、磁盘带宽等资源。例如,当客户同时运行多个业务时,可为每种业务设置优先级,WLM 可根据业务优先级、响应时间、内存资源需求等服务级目标(SLO),在虚拟分区间调配 CPU 实现计算资源的自动调节。

3. 虚拟化应用

1) 服务器虚拟化

服务器虚拟化是利用虚拟化技术在物理服务器上划分出 $N(N>10)$ 台虚拟逻辑服务器,这些虚拟出的逻辑服务器以独立个体的形式运行。逻辑服务器云计算中的虚拟化关键技术应用计算机物理资源管理和使用方式的根本改变是云计算模式突破的关键。通过虚拟化技术,可以快速虚拟出一个随需配置、独立的虚拟计算机资源供用户使用。计算机资源的虚拟化可以是系统虚拟、硬件虚拟、软件虚拟、存储虚拟等,使用属性不同决定了其虚拟方式不同,其目的是根据应用的具体负荷情况对资源进行调度,充分整合计算与存储资源,使得计算机资源的利用率最大化。虚拟化技术的实质是使用虚拟监控器管理底层硬件资源,将计算机资源逻辑抽象化,把单一的存储、计算、应用与服务都变成可跨域使用、动态分配、伸缩与扩展自由的资源,也能让故障独立隔离,在逻辑上以独立整体服务模式提供给用户使用,以满足灵活多变的用户需求。云计算核心和关键的技术源动力即是虚拟化技术的广泛应用。

2) 存储虚拟化

存储虚拟化技术旨在提高设备存储效率,整合不同类型存储资源,为用户提供统一访问接口,从而解决异构存储系统的扩展性、兼容性、容错性等问题。存储虚拟化结构有两种模式:对称结构与非对称结构。对称结构也称作"带内存储虚拟化技术"。存储设备的虚拟化主要在存储设备和应用服务器的数据路径上实现。它的数据与控制信息使用相同的传输路径,使用虚拟化管理软件(运行在虚拟化控制器上)实现虚拟化功能。非对称结构亦称"带外存储虚拟化技术",将虚拟化管理软件安装在存储网络中的独立服务器上,以此实现存储设备的逻辑映射、存储分配、数据安全保障等功能;先访问映射后的虚拟设备,而后通过数据通路直接访问存储设备,数据和指令不并在同一个路径上。

云环境下的存储虚拟化结构可设计成三层(物理层、逻辑层、虚拟层)模式。虚拟层与逻辑层之间的映射表存放着虚拟卷和逻辑卷的关系信息,映射表信息的建立与更新,可实现虚拟卷存储容量的动态扩充与缩减，满足存储容量的实时需求。逻辑层与物理层的映射表存放着逻辑存储池与存储节点的关系信息，通过映射表可以准确地定位逻辑存储池在存储节点中的物理地址。层与层之间通过映射表链接，以实现存储资源的统一管理与动态分配。用户无须关心存储设备所在的具体位置，只管放心存储与访问数据。存储虚拟化技术的应用有着两大优势：首先减少了在云存储中物理存储介质之间因厂家原因而存在的差异性；其次是存储空间的灵活伸缩性，可动态扩展存储空间，按需动态分配存储空间，大大减少了设备费用的投入。

3）桌面虚拟化

随着云计算的高速发展，在传统企业终端和资源整合管理领域中产生了新型的典型应用——桌面云。桌面云采用虚拟化技术将个人计算机终端与用户的桌面工作环境分离开来进而迁移，每个用户的操作系统、应用和用户配置文件等数据以整体打包的方式存储在云服务器上，以镜像方式配置专属的虚拟桌面。以浏览器或专业程序为介质平台，访问存储在云服务器上的虚拟桌面以及各种应用程序，所有操作的数据结果将最终保留在云计算中心，用户无须额外再配置应用程序和文件，可随时更换地点和客户端，使用所产生的体验仿佛就像用户使用自己的个人计算机一样，并无差异。

5.4.5 云计算

1. 云计算的概念

狭义云计算指IT基础设施的交付和使用模式，指通过网络以按需、易扩展的方式获得所需资源；广义云计算指服务的交付和使用模式，指通过网络以按需、易扩展的方式获得所需服务。这种服务可以是IT和软件、互联网相关，也可以是其他服务。云计算的核心思想是将大量用网络连接的计算资源统一管理和调度，构成一个计算资源池向用户按需服务。提供资源的网络被称为"云"。"云"中的资源在使用者看来是可以无限扩展的，并且可以随时获取，按需使用，随时扩展，按使用付费。

云计算是网格计算、分布式计算、并行计算、效用计算、网络存储、虚拟化、负载均衡等传统计算机和网络技术发展融合的产物。事实上，许多云计算部署依赖于计算机集群（但与网格的组成、体系机构、目的、工作方式大相径庭），也吸收了自主计算和效用计算的特点。通过使计算分布在不同的分布式计算机上，而不是本地计算机或远程服务器中，企业的数据中心运行将与互联网更相似。这将使企业能够将资源切换到需要的应用上，根据需求访问计算机和存储系统，好比从古老的单台发电机模式转向了电厂集中供电的模式。它意味着计算能力也可以作为一种商品进行流通，就像煤气、水电一样，取用方便，费用低廉。最大的不同在于它是通过互联网进行传输的。

2. 云计算服务

云计算可以认为包括以下三个层次的服务：基础设施即服务（IaaS）、平台即服务（PaaS）和软件即服务（SaaS）。云计算服务通常提供通用的通过浏览器访问的在线商业应用，软件和数据可存储在数据中心。

IaaS(Infrastructure as a Service)：基础设施即服务。消费者通过Internet可以从完善的计算机基础设施获得服务。

PaaS(Platform as a Service)：平台即服务。PaaS 实际上是指将软件研发的平台作为一种服务，以 SaaS 的模式提交给用户。因此，PaaS 也是 SaaS 模式的一种应用。但是，PaaS 的出现可以加快 SaaS 的发展，尤其是加快 SaaS 应用的开发速度。

SaaS(Software as a Service)：软件即服务。它是一种通过 Internet 提供软件的模式，用户无须购买软件，而是向提供商租用基于 Web 的软件来管理企业经营活动。相对于传统的软件，SaaS 解决方案有明显的优势，包括较低的前期成本、便于维护、快速展开使用等。

3. 云计算体系架构

云计算的三级分层为云软件、云平台、云设备。云软件 SaaS 打破以往大厂垄断的局面，所有人都可以在上面自由挥洒创意，提供各式各样的软件服务。参与者是世界各地的软件开发者。云平台 PaaS 打造程序开发平台与操作系统平台，让开发人员可以通过网络编写程序，提供服务，一般消费者也可以在上面运行程序。云设备 IaaS 将基础设备（如 IT 系统、数据库等）集成起来，像旅馆一样，分隔成不同的房间供企业租用。

5.5 信息资源输出技术

5.5.1 打印机

打印机是计算机的输出设备之一，用于将计算机处理结果打印在相关介质上。

1. 打印机质量

衡量打印机好坏的指标有三项：打印分辨率、打印速度和噪声。下面主要介绍打印分辨率和打印速度。

1) 打印分辨率

打印机分辨率又称为输出分辨率，是指在打印输出时横向和纵向两个方向上每英寸最多能够打印的点数，通常以"点/英寸"即 dpi(dot per inch)表示。而所谓最高分辨率就是指打印机所能打印的最大分辨率，也就是所说的打印输出的极限分辨率。平时所说的打印机分辨率一般指打印机的最大分辨率，目前一般激光打印机的分辨率均在 $600\text{dpi} \times 600\text{dpi}$ 以上。

打印分辨率是衡量打印机打印质量的重要指标，它决定了打印机打印图像时所能表现的精细程度，它的高低对输出质量有重要的影响，因此在一定程度上来说，打印分辨率也就决定了该打印机的输出质量。分辨率越高，其反映出来可显示的像素个数也就越多，可呈现出更多的信息和更好、更清晰的图像。

打印分辨率一般包括纵向和横向两个方向，它的具体数值大小决定了打印效果的好坏与否，一般情况下激光打印机在纵向和横向两个方向上的输出分辨率几乎是相同的，但是也可以人为来进行调整控制；而喷墨打印机在纵向和横向两个方向上的输出分辨率相差很大，一般情况下我们所说的喷墨打印机分辨率就是指横向喷墨表现力。如 $800\text{dpi} \times 600\text{dpi}$，其中 800 表示打印幅面上横向方向显示的点数，600 则表示纵向方向显示的点数。分辨率不仅与显示打印幅面的尺寸有关，还要受打印点距和打印尺寸等因素的影响，打印尺寸相同，点距越小，分辨率越高。

打印机分辨率越高,输出的效果就越精密。但是,并不是每种打印需求都需要最高精度的打印。对于文本打印而言,600dpi 已经达到相当出色的线条质量。但在现代的办公中,打印文档的类型日益多样化,图像、照片、CAD、GIS 等需要高精度打印的内容越来越多,在这个时候,除了打印负荷量和打印速度外,用户必须仔细考虑打印机的打印质量能否满足自己的需求。对于照片打印而言,更高的分辨率意味着更加丰富的色彩层次和更平滑的中间色调过渡,经常需要 1200dpi 以上的分辨率才可以实现。

2) 打印速度

打印速度是指打印文稿所需要的时间,一般分为彩色文稿打印速度和黑白文稿打印速度。打印速度取决于打印机所采用的打印方式。热敏打印方式由于要加热热敏打印头,速度相对比较慢,而喷墨打印方式采用直接打印方式相对来说比较快,激光打印在三种打印方式中是最快的,一般激光打印的彩色和黑白打印速度都在每秒十几页。

三种打印方式中虽然激光和喷墨打印速度都比较快,但是由于采用的墨粉和墨盒耗材价格较高,因而打印成本较高。热敏打印采用价格比较低廉的热敏纸,所以打印成本比较低。

评价一台打印机是否优劣,不仅要看打印图像的品质,还要看打印速度。打印速度用每分钟打印多少页纸(PPM)来衡量。另外,打印速度与打印时设定的分辨率有直接的关系,打印分辨率越高,打印速度越慢。一般打印机速度为每分钟出纸 70 张(黑白双面打印、普通 A4 复印纸)和每分钟出纸 50 张(彩色双面打印、彩激 A4 复印纸)。

2. 打印分类

1) 针式打印机

针式打印机从 9 针到 24 针,有窄行和宽行之分,几十年来流行不衰,与它极低的打印成本和很好的易用性以及单据打印的特殊用途是分不开的。当然,它很低的打印质量、很大的工作噪声也是它无法适应高质量、高速度的商用打印需要的根本原因,所以现在只有在银行、超市等可以看见它的踪迹。针式打印机色带分为宽带和窄带。部分色带可以单独更换,部分色带须连色带架一起更换。可以根据需要,更换不同颜色的色带。针式打印机如图 5-2 所示。

2) 喷墨打印机

喷墨打印机因其有着良好的打印效果与较低价位的优点而占领了广大中低端市场。喷墨打印机在打印介质的选择上有一定的优势:既可以打印信封、信纸等普通介质,还可以打印各种胶片、照片纸、光盘封面、卷纸、T 恤转印纸等特殊介质。喷墨打印机墨水有 4 种颜色、5 种颜色或 6 种颜色等几种,打印机墨水一般可以单独更换其中一种颜色的墨水,打印喷头可以永久使用。这种打印机好处是换墨水的成本较低,不足之处是如果打印头多次使用后,那么打印质量会有所下降,也容易出现堵塞喷嘴的问题,严重的话打印机要维修或报废;有些打印机喷嘴和墨盒是一体的,更换墨盒时,连同墨盒底部的喷嘴也一同被换下来,这种墨盒的成本比较贵,好处是这种打印机不会出现喷嘴堵塞的问题,如果堵塞,那么换掉墨盒后,打印机还能用,打印质量可以保持精美。喷墨打印机如图 5-3 所示。

图 5-2　针式打印机

图 5-3　喷墨打印机

3）激光打印机

激光打印机是高科技的产物,有望代替喷墨打印机,有黑白和彩色两种,具有高质量、更快速、更低成本的特点。其中,低端黑白激光打印机的价格目前已经降到了几百元。其原理是利用光栅图像处理器产生要打印页面的位图,然后将其转换为电信号等一系列的脉冲送往激光发射器,在这一系列脉冲的控制下,激光被有规律地放出。与此同时,反射光束被接收的感光鼓所感光。激光发射时就产生一个点,激光不发射时就是空白,这样就在接收器上印出一行点来。然后接收器转动一小段固定的距离继续重复上述操作。当纸张经过感光鼓时,鼓上的着色剂就会转移到纸上,印成了页面的位图。最后当纸张经过一对加热辊后,着色剂被加热熔化,固定在了纸上,就完成打印的全过程,整个过程准确而且高效。与喷墨打印机比,其单页打印成本要便宜很多。彩色激光打印机的价位较高,但其打印结果和打印成本都无法与彩色喷墨打印机比。有些激光打印机的墨粉和硒鼓是可以分离的,墨粉用完后,可以方便地填充墨粉,然后继续使用,直到硒鼓老化更换;有些激光打印机墨粉和硒鼓是一体的,墨粉用完后,硒鼓要弃掉,造成一定的浪费。硒鼓的成本在整机成本中占很大一部分比例。激光打印机如图 5-4 所示。

图 5-4　激光打印机

4）其他打印机

除了以上三种最为常见的打印机外,还有热转印打印机和大幅面打印机等几种应用于专业方面的打印机机型。热转印打印机是利用透明染料进行打印的,它的优势在于专业、高质量的图像打印,可以打印出近似照片的连续色调的图片来,一般用于印前及专业图形输出。大幅面打印机的打印原理与喷墨打印机基本相同。它的主要用途一直集中在工程与建筑领域。随着其墨水耐久性的提高和图形解析度的增加,大幅面打印机也开始被越来越多的应用于广告制作、大幅摄影、艺术写真和室内装潢等装饰宣传的领域。

5.5.2　数码复印机与数码印刷机

1. 数码复印机

数码复印机如图 5-5 所示。数码复印机相当于把扫描仪和激光打印机功能相融合的设备。数码复印机与模拟复印机的主要区别主要是工作原理不同。模拟复印机的工作原理是:通过曝光、扫描将原稿的光学模拟图像通过光学系统直接投射到已被充电的感光鼓上产生静电潜像(latent image,又称潜影),再经过显影、转印、定影等步骤,完成复印过程。数码复印机的工作原理是:首先通过 CCD(电荷耦合器件)传感器对通过曝光、扫描产生的原稿的光学模拟图像信号进行光电转换,然后将经过数字技术处理的图像信号输入到激光调制器,调制后的激光束对被充电的感光鼓进行扫描,在感光鼓上产生由点组成的静电潜像,再经过显影、转印、定影等步骤,完成复印过程。

2. 数码印刷机概述

1) 数码印刷与传统印刷的区别

数码印刷就是借助计算机处理的数字文件直接进行印刷,因此也称计算机直接印刷,英文为 computer to press。数码印刷和印刷数码化是两个不同的概念。印刷数码化泛指全过程的部分或全部的数码化。例如,激光照排、远程传版、数码打样、计算机直接制版、数字化工作流程、印刷厂 ERP 等都属于印刷数码化的范畴。数码印刷则指具体的数码印刷技术、过程和应用。后者比前者的概念范畴小而窄。

图 5-5 数码复印机

数码印刷是将计算机文件直接印刷在纸张上,也是有别于传统印刷烦琐的工艺过程的一种全新印刷方式。它的特点是:一张起印,无须制版,立等可取,即时纠错,可变印刷,按需印刷。数码印刷是在打印技术基础上发展起来的一种综合技术,以电子文本为载体,通过网络传递给数码印刷设备,实现直接印刷。印刷生产流程中无版和信息可变是最大特征,涵盖印刷、电子、计算机、网络、通信等多种技术领域。

2) 数码印刷设备的分类

目前市场上现有的数码印刷设备大致可分为以下三大类。

(1) 数码印刷一体机。

这类数码印刷设备由复印机技术加数码技术发展而来,包括三大部分:扫描部分、激光打印部分和折页装订部分。其功能比较全面,可以进行扫描、复印、打印和数码发布。典型代表有东芝、柯尼卡、理光、佳能、施乐、奥西等。该类设备属于多功能数码印刷系统,是数码印刷的一类,由以前的单一的输出设备转变了数码输入、输出一体的设备。数码印刷一体机的特点与优势:输出速度有每分钟 20、30、40、50、60、70、80、100 页甚至更高,适应市场面广;由于数码技术的加入而保证了质量稳定;设备操作简单、工作环境清洁;数码"集团"服务系统变成现实,用户更方便;系统造价低,具有较强的竞争力。

(2) 数码多功能一体机。

这类数码印刷设备以打印机技术为基础发展而来。这类设备从原理上讲与数码印刷一体机相同,但由于并未能掌握高速激光打印机芯技术(佳能、施乐除外),所以多数厂家的数码一体机只能在低速(每分钟 30 页以下)市场中竞争,甚至争夺传真机的市场和打印机的市场。这类设备很难进入数码印刷市场。数码多功能一体机如图 5-6 所示。

(3) 数码印刷机。

这类数码印刷设备由印刷机技术和数码技术发展而来。其典型代表为 HP INDIGO、海德堡 DI。根据不同的数码技术,可以设计出不同功能的系统:①简易 CTP 技术和小胶印技术的结合形成非一体；②机银盐制版技术和小胶印技术的结合实现；③高速喷墨技术和小胶印技术相结合实现。数码印刷机如图 5-7 所示。

图 5-6　数码多功能一体机

图 5-7　数码印刷机

5.5.3　显示技术

1. 静态显示技术

1）新型显示器

近几年，PDP 等离子显示器、有机 EL 显示器、FED 场致发射显示器、LED 显示器、立体 3D 显示器等各种领域的技术有比较大的发展。

2）电子纸

电子纸技术是可以实现像纸一样阅读舒适、超薄轻便、可弯曲、超低耗电的显示技术。电子纸是一种类似纸张的电子显示器，其兼有纸的优点（如视觉感观几乎完全和纸一样等），又可以像常见的液晶显示器一样不断转换、刷新显示内容，并且比液晶显示器省电得多。电子纸如图 5-8 所示。实现电子纸技术的途径主要包括胆固醇液晶显示技术、电泳显示技术（EPD）以及电润湿显示技术等。

图 5-8　电子纸

3）电子书

根据新闻出版总署的定义，电子书是指将文字、图片、声音、影像等内容数字化的出版物以及植入或下载数字化文字、图片、声音、影像等内容的集存储介质和显示终端于一体的手持阅读器。电子书如图 5-9 所示。

2．多媒体技术

1）多媒体技术概述

多媒体技术是计算机技术和视频技术的结合，由硬件和软件组成。多媒体是数字控制和数字媒体的汇合，计算机负责数字控制系统，数字媒体是音频和视频先进技术的结合体。

多媒体技术是多种信息类型技术的综合。这些媒体可以是图形、图像、声音、文字、视频、动画等信息表示形式，也可以是显示器、扬声器、电视机等信息的展示设

图 5-9　电子书

备，传递信息的光纤、电缆、电磁波、计算机等中介媒质，还可以是存储信息的磁盘、光盘、磁带等存储实体。多媒体技术包括音频技术、视频技术、图像技术、通信技术、存储技术等。

2）多媒体系统

一般的多媒体系统由以下四部分组成。

（1）多媒体硬件系统：包括计算机硬件、音/视频处理器、多种媒体输入/输出设备及信号转换装置、通信传输设备及接口装置等。

（2）多媒体操作系统：或称为多媒体核心系统，具有实时任务调度、多媒体数据转换、对多媒体设备的驱动和控制及图形用户界面管理等功能。

（3）媒体处理系统工具：或称为多媒体系统开发工具，是多媒体系统的重要组成部分。

（4）用户应用软件：根据多媒体系统终端用户要求而定制的应用软件或面向某一领域用户的应用软件系统，它是面向大规模用户的系统产品。

3．虚拟现实

1）虚拟现实概述

虚拟现实技术将计算机、传感器、图文声像等多种设置结合在一起，创造出一个虚拟的"真实世界"。在这个世界，人们看到、听到和触摸到的是一个并不存在的虚幻景象，是模拟技术使人们产生的"身临其境"的感觉。虚拟现实是一种三维的、由计算机制造的模拟环境。在这个环境中，用户可以操控机器，与机器相互影响，并完全沉浸其中。因此，从这个定义上看，"虚拟"是从计算机的"虚拟记忆"这个概念派生出来的。虚拟现实为人们提供了一个与我们现实生活极为相似的虚幻世界。虚拟现实不仅仅是一种设计，还是一个表达和交流的媒体。借助头盔、数字手套和其他传感设备，一个人可以与另一个"虚拟人"进行交流。虚拟现实中的虚拟人可以是机器，也可以是现实人的"虚影"（见图 5-10）。

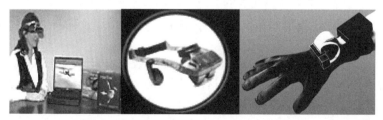

图 5-10　虚拟现实系统、三维头盔和数字手套

2) 虚拟现实系统

虚拟现实（Virtual Reality, VR）是近年来出现的高新技术。虚拟现实是一项综合集成技术，涉及计算机图形学、人机交互技术、传感技术、人工智能等领域，它用计算机生成逼真的三维视觉、听觉、嗅觉等感觉，使人作为参与者通过适当装置，自然地与虚拟世界进行体验和交互作用。虚拟现实主要有三方面的含义：第一，虚拟现实是借助于计算机生成逼真的实体，"实体"是对于人的感觉（视、听、触、嗅）而言的；第二，用户可以通过人的自然技能与这个环境交互，"自然技能"是指人的头部转动、眼动、手势等其他人体的动作；第三，虚拟现实往往要借助于一些三维设备和传感设备来完成交互操作。虚拟现实系统示意图如图 5-11 所示。

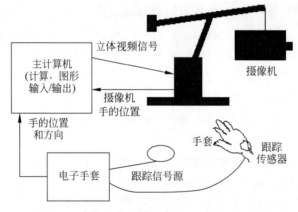

图 5-11　虚拟现实系统示意图（1992 年 Bryson）

5.6　信息资源安全技术

5.6.1　硬件安全技术

1. 物理安全的概念

物理安全是为保证信息系统的安全、可靠运行，降低或阻止人为或自然因素从物理层面对信息系统的保密性、完整性、可用性带来的安全威胁，从系统的角度采取的适当安全措施。

物理安全是以一定的方式运行在一些物理设备之上的、保障物理设备安全的第一道防线。因为物理安全会导致系统存在风险。例如，环境事故造成的整个系统毁灭；电源故障造成的设备断电以至操作系统引导失败或数据库信息丢失；设备被盗、被毁造成数据丢失或信息泄露；电磁辐射可能造成数据信息被窃取或偷阅；报警系统的设计不足或失灵可能造成的事故等。

设备安全技术主要是指保障构成信息网络的各种设备、网络线路、供电连接、媒体数据本身及其存储介质等安全的技术，主要包括设备的防盗、防电磁泄漏、防电磁干扰等，是对可用性的要求。所有的物理设备都是运行在一定的物理环境之中的。

物理环境安全是物理安全的最基本保障，是整个安全系统不可缺少和忽视的组成部分。

环境安全技术主要是指保障信息网络所处环境安全的技术,主要技术规范是对场地和机房的约束,强调对于地震、水灾、火灾等自然灾害的预防措施,包括场地安全、防火、防水、防静电、防雷击、电磁防护、线路安全等。

2. 物理安全分类

(1) 信息系统物理安全。为了保证信息系统安全、可靠运行,确保信息系统在对信息进行采集、处理、传输、存储过程中,不致受到人为或自然因素的危害,而使信息丢失、泄露或破坏,对计算机设备、设施(包括机房建筑、供电、空调)、环境人员、系统等采取适当的安全措施。

(2) 设备物理安全。为保证信息系统的安全、可靠运行,降低或阻止人为或自然因素对硬件设备安全可靠运行带来的安全风险,对硬件设备及部件所采取的适当安全措施。

(3) 环境物理安全。为保证信息系统的安全、可靠运行所提供的安全运行环境,使信息系统得到物理上的严密保护,从而降低或避免各种安全风险。

(4) 介质物理安全。为保证信息系统的安全、可靠运行所提供的安全存储的介质,使信息系统的数据得到物理上的保护,从而降低或避免数据存储的安全风险。

5.6.2 传输安全技术

1. 网络安全概述

计算机网络安全是指利用网络管理控制和技术措施,保证在一个网络环境里,数据的保密性、完整性及可使用性受到保护。计算机网络安全包括两个方面,即物理安全和逻辑安全。物理安全指系统设备及相关设施受到物理保护,免于破坏、丢失等。逻辑安全包括信息的完整性、保密性和可用性。计算机网络安全不仅包括组网的硬件、管理控制网络的软件,也包括共享的资源,快捷的网络服务,所以定义网络安全应考虑涵盖计算机网络所涉及的全部内容。

2. 虚拟专用网络技术

虚拟专用网络(Virtual Private Network,VPN)指的是在公用网络上建立专用网络的技术。之所以称为虚拟网,主要是因为整个 VPN 的任意两个节点之间的连接并没有传统专用网所需的端到端的物理链路,而是架构在公用网络服务商所提供的网络平台,如Internet、ATM(异步传输模式)、Frame Relay(帧中继)等之上的逻辑网络,用户数据在逻辑链路中传输。它涵盖了跨共享网络或公共网络的封装、加密和身份验证链接的专用网络的扩展。VPN 主要采用了隧道技术、加解密技术、密钥管理技术和使用者与设备身份认证技术。

3. 网络隔离技术

1) 网络隔离技术概述

网络隔离技术是指两个或两个以上的计算机或网络在断开连接的基础上,实现信息交换和资源共享。也就是说,通过网络隔离技术既可以使两个网络实现物理上的隔离,又能在安全的网络环境下进行数据交换。

面对新型网络攻击手段的出现和高安全度网络对安全的特殊需求,网络隔离技术应运而生。网络隔离技术的目标是确保隔离有害的攻击,在可信网络之外和保证可信网络内部信息不外泄的前提下,完成网间数据的安全交换。网络隔离技术是在原有安全技术的基础上发展起来的,它弥补了原有安全技术的不足,突出了自己的优势。

网络隔离技术的主要目标是将有害的网络安全威胁隔离开,以保障数据信息在可信网络内在进行安全交互。目前,一般的网络隔离技术都是以访问控制思想为策略、物理隔离为基础,并定义相关约束和规则来保障网络的安全强度。

2)网络隔离技术方案

已有隔离技术主要由如下几种类型:

(1)双机双网。双机双网隔离方案是指通过配置两台计算机来分别连接内网和外网环境,再利用移动存储设备来完成数据交互操作,然而这种技术方案会给后期系统维护带来诸多不便,同时还存在成本上升、占用资源等缺点,而且通常效率也无法达到用户的要求。

(2)双硬盘隔离。双硬盘隔离技术方案的基本思想是通过在原有客户机上添加一块硬盘和隔离卡来实现内网和外网的物理隔离,并通过选择启动内网硬盘或外网硬盘来连接内网或外网网络。由于这种隔离技术方案需要多添加一块硬盘,所以对那些配置要求高的网络而言,就造成了成本浪费,同时频繁地关闭、启动硬盘容易造成硬盘的损坏。

(3)单硬盘隔离。单硬盘隔离技术方案的实现原理是从物理层上将客户端的单个硬盘分割为公共和安全分区,并分别安装两套系统来实现内网和外网的隔离,这样就可具有较好的可扩展性,但是也存在数据是否安全界定困难、不能同时访问内外两个网络等缺陷。

(4)集线器级隔离。集线器级隔离技术方案的一个主要特征是在客户端只需使用一条网络线就可以部署内网和外网,然后通过远端切换器来选择连接内外双网,避免了客户端要用两条网络线来连接内外网络。

(5)服务器端隔离。服务器端隔离技术方案的关键内容是在物理上没有数据连通的内外网络下,如何快速、分时地处理和传递数据信息。该方案主要是通过采用复杂的软硬件技术手段来在服务器端实现数据信息过滤和传输任务,以达到隔离内外网的目的。

5.6.3 信息资源安全技术

1. 信息安全概述

信息安全指信息网络的硬件、软件及其系统中的数据受到保护,不受偶然的或者恶意的原因而遭到破坏、更改、泄露,系统连续、可靠、正常地运行,信息服务不中断。信息安全的实质就是要保护信息系统或信息网络中的信息资源免受各种类型的威胁、干扰和破坏,即保证信息的安全性。根据国际标准化组织的定义,信息安全性的含义主要是指信息的完整性、可用性、保密性和可靠性。信息安全是任何国家、政府、部门、行业都必须十分重视的问题,是一个不容忽视的国家安全战略。但是,对于不同的部门和行业来说,其对信息安全的要求和重点却是有区别的。

2. 信息安全的目标

信息安全的目标包括保密性、完整性、可用性、可控性和不可否认性。

(1)保密性(confidentiality)是指阻止非授权的主体阅读信息。

(2)完整性(integrity)是指防止信息被未经授权地篡改。它是保护信息保持原始的状态,使信息保持其真实性。如果这些信息被蓄意地修改、插入、删除等,形成虚假的信息将带来严重的后果。

(3) 可用性(usability)是指授权主体在需要信息时能及时得到服务的能力。

(4) 可控性(controllability)是指对信息和信息系统实施安全监控管理,防止非法利用信息和信息系统。

(5) 不可否认性(non-repudiation)是指在网络环境中,信息交换的双方不能否认其在交换过程中发送信息或接收信息的行为。

3. 信息安全策略

信息安全策略是指为保证提供一定级别的安全保护所必须遵守的规则。实现信息安全,不仅要靠先进的技术,而且也要靠严格的安全管理、法律约束和安全教育。

(1) 应用先进的信息安全技术。用户对自身面临的威胁进行风险评估,决定其所需要的安全服务种类,选择相应的安全机制,然后集成先进的安全技术,形成一个全方位的安全系统,它是网络安全的根本保证。

(2) 建立严格的安全管理制度。计算机网络使用机构应建立相应的网络安全管理办法,加强内部管理,建立合适的网络安全管理系统,加强用户管理和授权管理,建立安全审计和跟踪体系,提高整体网络安全意识。

(3) 制定严格的法律、法规。面对日趋严重的网络安全问题,必须建立与安全相关的法律、法规,使非法分子慑于法律,不敢轻举妄动。

(4) 启用安全操作系统。给系统中的关键服务器提供安全运行平台,构成安全WWW服务、安全FTP服务、安全SMTP服务等,并作为各类网络安全产品的坚实底座,确保这些安全产品的自身安全。

4. 信息安全技术

(1) 用户身份认证。用户身份认证是安全的第一道大门,是各种安全措施可以发挥作用的前提。身份认证技术包括静态密码、动态密码(短信密码、动态口令牌、手机令牌)、USB KEY、IC卡、数字证书、指纹虹膜等。

(2) 防火墙。防火墙在某种意义上是一种访问控制产品。它在内部网络与不安全的外部网络之间设置障碍,阻止外界对内部资源的非法访问,防止内部对外部的不安全访问。

(3) 安全路由器。由于WAN连接需要专用的路由器设备,因而可通过路由器来控制网络传输。通常采用访问控制列表技术来控制网络信息流。

(4) 安全服务器。针对一个局域网内部信息存储、传输的安全保密问题,其实现功能包括对局域网资源的管理和控制、对局域网内用户的管理,以及局域网中所有安全相关事件的审计和跟踪。

(5) 电子签证机构(CA)。CA作为通信的第三方,为各种服务提供可信任的认证服务。CA可向用户发行电子签证证书,为用户提供成员身份验证和密钥管理等功能。PKI产品可以提供更多的功能和更好的服务,将成为所有应用的计算基础结构的核心部件。

(6) 安全管理中心。由于网上的安全产品较多,且分布在不同的位置,这就需要建立一套集中管理的机制和设备,即安全管理中心。它用来给各网络安全设备分发密钥,监控网络安全设备的运行状态,负责收集网络安全设备的审计信息等。

(7) 入侵检测系统(IDS)。入侵检测作为传统保护机制(比如访问控制、身份识别等)的有效补充,形成了信息系统中不可或缺的反馈链。

(8) 入侵防御系统(IPS)。入侵防御系统作为 IDS 很好的补充,是信息安全发展过程中占据重要位置的计算机网络硬件。

(9) 安全数据库。安全数据库可以确保数据库的完整性、可靠性、有效性、机密性、可审计性及存取控制与用户身份识别等。

(10) 安全操作系统。它是一种满足计算机系统安全技术需求的操作系统,具有自主访问控制、强制访问控制、标记、身份鉴别、客体重用、审计、数据完整性、隐蔽信道分析、可信路径、可信恢复等方面的安全要求。

(11) 信息安全服务。信息安全服务是指为确保信息和信息系统的完整性、保密性和可用性所提供的信息技术专业服务,包括对信息系统安全的咨询、集成、监理、测评、认证、运维、审计、培训和风险评估、容灾备份、应急响应等工作。

(12) 数据加密。数据加密技术按技术上的实现分为在软件和硬件两方面。按作用不同,数据加密技术主要分为数据传输、数据存储、数据完整性的鉴别以及密钥管理技术四种。

5.6.4 信息资源安全标准

ISO 和 IEC 是世界范围的标准化组织,各国的相关标准化组织都是其成员,它们通过各技术委员会参与相关标准的制定。ISO/IEC 和西方一些国家开始发布和改版一系列信息安全管理标准,使安全管理标准进入了一个繁忙的改版期。ISO/IEC 联合技术委员会子委员会 27(ISO/IEC JTC1/SC27)是信息安全领域最权威和国际认可的标准化组织,它已经为信息安全保障领域发布了一系列国际标准和技术报告,最主要的标准是 ISO/IEC 13335、ISO/IEC 27000 系列等。

1. 我国信息安全管理

1) 标准组织发展

按照国务院授权,在国家质量监督检验检疫总局管理下,由国家标准化管理委员会统一管理全国标准化工作,下设有 255 个专业技术委员会。中国标准化工作实行统一管理与分工负责相结合的管理体制,有 88 个国务院有关行政主管部门和国务院授权的有关行业协会分工管理本部门、本行业的标准化工作,有 31 个省、直辖市政府、自治区有关行政主管部门分工管理本行政区域内本部门、本行业的标准化工作。

从 20 世纪 80 年代开始,本着积极采用国际标准的原则,转化了一批国际信息安全基础技术标准,制定了一批符合中国国情的信息安全标准,同时一些重点行业还颁布了一批信息安全的行业标准,为我国信息安全技术的发展做出了很大的贡献。

2) 标准化组织

我国有关部门十分关注信息安全标准化工作,早在 1984 年 7 月就组建了数据加密技术委员会,1990 年 3 月成立了中国信息协会(CIIA)。数据加密技术委员会于 1997 年 8 月改组成全国信息技术标准化委员会的信息安全技术分委员会,负责制定信息安全的国家标准。2002 年 4 月成立了全国信息安全标准化技术委员会(TC260)。1999 年 3 月 31 日经公安部科技局批准,公安部信息系统安全标准化技术委员会正式成立。2002 年中国通信标准化协会网络与信息安全技术工作委员会成立。

2．国内安全标准

1）相关标准

CC（即中国国内 GB/T 18336—2015 和国际 ISO/IEC 15408—1999）和 ISO/IEC 27001—2005（《信息安全管理体系规范》）标准的共同点表现在以下四个方面：几个标准所涉及的范围从大的角度来说都是信息安全领域；几个标准对信息安全的定义相同，都是指对信息保密性、完整性和可用性的保护；几个标准对信息安全风险的定义基本相同，都是从资产、威胁、薄弱点和影响来考察风险；几个标准都针对不同的风险提出了相应的控制目标和控制措施。几个标准之间最主要的区别在于着眼点的不同。

公安部、国家保密局、国家密码管理局、国务院信息化工作办公室制定的《信息安全等级保护管理办法》由一系列标准文件组成：《信息安全等级保护管理办法》公通字[2007]43号、《计算机信息系统　安全保护等级划分准则》（GB 17859—1999）、《信息安全等级保护实施指南》《信息安全等级保护定级指南》《信息安全等级保护基本要求》《信息安全等级保护测评准则》《信息安全技术网络基础安全技术要求》（GB/T 20270—2006）、《信息安全技术　信息系统通用安全技术要求》GB/T 20271—2006）、《信息安全技术　操作系统安全技术要求》（GB/T 20272—2019)和《信息安全技术　数据库管理系统安全技术要求》（GB/T 20273—2019）。

2）等级保护级别

《信息安全等级保护管理办法》中，"等级保护的实施与管理"第十二条明确指出，在信息系统建设过程中，运营、使用单位应当按照《计算机信息系统　安全保护等级划分准则》（GB 17859—1999）、《信息系统安全等级保护基本要求》等技术标准。等级保护共划分为五个级别，当前主要使用1～4级。不同等级的信息系统应具备不同的基本安全保护能力，其能力要求是逐级递增的。国家标准 GB 17859—1999《计算机信息系统　安全保护等级划分准则》将信息系统安全划分为五个等级。

第一级　用户自主保护级。本级的计算机信息系统可信计算基通过隔离用户与数据，使用户具备自主安全保护的能力。它具有多种形式的控制能力，对用户实施访问控制，即为用户提供可行的手段，保护用户和用户组信息，避免其他用户对数据的非法读写与破坏。

第二级　系统审计保护级。本级的计算机信息系统可信计算基实施了粒度更细的自主访问控制，它通过登录规程、审计安全性相关事件和隔离资源，使用户对自己的行为负责。

第三级　安全标记保护级。本级的计算机信息系统可信计算基具有系统审计保护级所有功能。此外，还提供有关安全策略模型、数据标记以及主体对客体强制访问控制的非形式化描述；具有准确地标记输出信息的能力；消除通过测试发现的任何错误。

第四级　结构化保护级。本级的计算机信息系统可信计算基建立于一个明确定义的形式化安全策略模型之上，它要求将第三级系统中的自主和强制访问控制扩展到所有主体与客体。此外，还要考虑隐蔽通道。本级的计算机信息系统可信计算基必须结构化为关键保护元素和非关键保护元素。计算机信息系统可信计算基的接口也必须明确定义，使其设计与实现能经受更充分的测试和更完整的复审。加强了鉴别机制；支持系统管理员和操作员的职能；提供可信设施管理；增强了配置管理控制。系统具有相当的抗渗透能力。

第五级　访问验证保护级。本级的计算机信息系统可信计算基满足访问监控器需求。

访问监控器仲裁主体对客体的全部访问。访问监控器本身是抗篡改的；必须足够小，能够分析和测试。为了满足访问监控器需求，计算机信息系统可信计算基在其构造时，排除那些对实施安全策略来说并非必要的代码；在设计和实现时，从系统工程角度将其复杂性降低到最小程度。支持安全管理员职能；扩充审计机制，当发生与安全相关的事件时发出信号；提供系统恢复机制。系统具有很高的抗渗透能力。

练习题

一、名词解释
1. 数据库
2. 联邦数据库
3. 数据仓库
4. 计算机网络
5. 分布式计算
6. 并行计算
7. 云计算
8. 信息安全

二、简答题
1. 简述数据采集系统。
2. 简述几种自动识别技术。
3. 简述 5G 和 6G 技术。
4. 简述 VPN 的原理。
5. 简述几种显示技术。
6. 简述信息安全等级标准。
7. 介绍虚拟化技术。
8. 简述几种打印机的特点。

参考文献

[1] 张凯.计算机导论[M].北京：清华大学出版社,2010.
[2] 张凯.信息安全导论[M].北京：清华大学出版社,2018.
[3] 张凯.物联网导论[M].北京：清华大学出版社,2012.
[4] 段孝国.分布式计算技术介绍[J].电脑知识与技术,2011,7(22)：5463-5465.
[5] 刘师范.并行计算方法研究与应用[J].数字技术与应用,2014(01)：109-110.
[6] 文娟.面向大数据处理的并行计算模型及性能优化[J].中国高新技术企业,2016(06)：33-34.
[7] 刘芬.刀片服务器的发展[J].科技视界,2014(24)：97.
[8] 王利.集群计算[J].计算机教育,2004(12)：48-49.
[9] 马天蔚.刀片化＋虚拟化——惠普谈服务器技术发展趋势[J].每周电脑报,2004(13)：48.
[10] 欧志亮,林雄光.云计算中的虚拟化关键技术应用[J].廊坊师范学院学报(自然科学版),2019,19(2)：30-33.

第6章 信息资源标准化管理

信息资源的标准化是信息资源管理中一项重要工作。为了能更好地理解信息资源标准化的概念,本章节将介绍标准、标准化、标准化空间、标准化体系、标准化分类与分级,以及标准化的实施原则、方法与管理原理。另外,还将介绍信息资源的标准化。

6.1 标准化概述

本节是标准化概述,主要介绍标准和标准化的概念、标准化的必要性与重要性、标准化空间和标准化体系结构以及标准化的分类与分级。

6.1.1 标准与标准化

1. "标准"的定义

1996年在我国颁布的国家标准(GB3935.1—1996)中对标准的定义是:

"标准(standard)是为在一定的范围内获得最佳秩序,对活动或其结果规定共同的和重复使用的规则、导则或特性的文件。该文件经协商一致制定并经一个公认机构批准。"

从以上的定义可知:

- 标准是统一的规定,它主要针对重复性所做的;
- 标准不是凭空想象的规定,它是科学、技术和实践经验的结晶;
- 标准是经多方协商的结果,且有权威机构批准;
- 以促进最佳社会效益为目的。

2. "标准化"的定义

1996年在我国颁布的国家标准(GB3935.1—1996)中对标准化的定义是:

"标准化(standardization)是为在一定的范围内获得最佳秩序,对实际的或潜在的问题制定共同的和重复使用的规则的活动。"

从以上的定义可知:

- 标准化有一个过程,一般是制定、发布和实施标准这几个过程;
- 标准化的重要意义是改进产品、过程和服务的适用性,防止贸易壁垒,并促进技术合作。

6.1.2 标准化的必要性与重要性

实践证明,标准化在经济发展中不仅是必要的,而且对其具有非常重要的作用。

1. 标准化可提高产品质量、增加产量

企业和消费者都渴望商品的物美价廉,标准化将使企业的生产可以以同样的标准和质量进行组织生产,由于标准化使生产变得非常简单,因此,产品的生产速度也可以得以提高。

2. 标准化便于科学化、现代化管理

科学管理的创始人泰勒在他的理论中指出把标准化引进管理科学的重要性。他把标准化作为实现科学管理的基础。产品的标准为企业管理提供了条件。在企业内各子部门之间,通过技术标准、管理标准和工作标准,管理得以正常实施。另外,标准化使企业管理与企业外部协作得以顺利。

3. 标准化有利于专业化协作

专业化协作是社会生产组织的先进形式之一,是生产社会化和生产分工的产物。专业化把社会生产分解为各个独立的生产部门,而协作又把被分解的各个部门联结成为有机的整体。专业化协作的条件是标准化。没有统一的标准,专业化协作无法进行。

4. 标准化可减少浪费、增加有效

标准化对象具有可重复性,因此,对于在生产过程中的重复性工作,都可以通过标准化的工作加以规范,从而减少不必要的重复劳动,将复杂的问题简单化,充分利用前人的劳动成果。

5. 标准化可促进世界贸易交流

一旦商品和技术实施标准化,世界商品的交流将变得非常容易,各国之间的交流障碍将可以得到克服。1979 年 GATT 通过的《标准守则》规定:"参加国应保证技术规程和标准的拟订、采用和应用不是为了在国际贸易中制造障碍。""在一切需要有技术规程或标准的地方,以及有关的国际标准已经存在或即将制定的地方,参加国均应以这些国际技术规程或标准,或其中的有关部分作为制定有关技术规程或标准的依据。"

6. 有利于促进技术进步

制定标准必须以科学技术成果和先进经验为基础。因此,标准是各种复杂技术的综合。标准中包含着许多科技成果。采用标准实质上是一种技术转让。这对使用标准的企业来说尤为重要。通过标准,可吸收先进技术和成果,提高产品质量,增强市场竞争能力。

6.1.3 标准化空间

近几十年,标准化在世界范围内,特别是发达国家得到了飞速的发展,已形成世界范围的巨大体系。

标准化空间是指由专业、内容、级别三维组合成的空间。由于专业、内容、级别是标准化活动的三个重要属性,因此,标准化空间的概念能够反映标准化活动的宽广领域和丰富内容。标准化空间如图 6-1 所示。

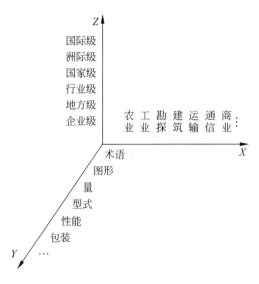

图 6-1 标准化空间

1. 专业

标准化空间的 X 轴代表标准化活动的各种专业领域。标准化活动深入人类社会生活的一切领域,包括农业、工业、勘探、建筑、运输、通信、商业、房地产、公用事业、卫生、体育、教育、文化艺术、科研、金融、保险、行政管理以及其他专业。

2. 内容

标准化空间的 Y 轴代表标准化的内容。每一个专业领域都有其特殊的标准化的内容,但是一般来说,标准化的内容包括以下主要方面:术语、符号、代码;图形、表格、文件、账、卡;量、单位、数系;形式、规格、等级、类别;性能(技术的、经济的、文化的)、质量、精度、互换性;包装、标志;开发、设计、试制;工艺、作业、操作、动作;运输、储存;销售、服务、使用、维修;试验、检验;设备、工具、条件;安全、卫生、环保;管理规程、管理方法。

3. 级别

标准化空间的 Z 轴代表标准化的级别。级别规定标准适用的范围,反映制定和发布标准的机构的级别。例如,国际级、洲际级、国家级、行业级、地方级和企业级。有人甚至还细分到项目级。

6.1.4 标准化分类

根据分类法,可以把标准分为技术标准、管理标准和工作标准 3 大类。

1. 技术标准

技术标准是对标准化领域中需要协调统一的技术事项所制定的标准。技术标准包括:基础性技术标准;产品标准;工艺标准;检测和试验方法标准;设备标准;原材料、半成品、外购件标准;安全、卫生、环保标准等。技术标准见表 6-1。

表 6-1 技术标准

	类别	属性
1	基础性技术标准	对一定范围内的标准化对象的共性因素,如概念、数系、通则所做的统一规定
2	产品标准	对产品的结构、规格、性能、质量和检验方法所做的技术规定。它是产品生产、检验、验收、使用、维修和洽谈贸易的技术依据
3	工艺标准	对产品的工艺方案、工艺过程的程序、工序的操作方法和检验方法、工艺装备和检测仪器所做的技术规定
4	检测和试验方法标准	对产品性能、质量的检测和试验方法所做的规定。其内容包括检测或试验的类别、原理、抽样、取样、操作、精度要求等方面的规定,也包括对使用的仪器、设备、条件、方法、步骤、数据分析、结果的计算、评定、合格标准、复验规则等所做的规定
5	设备标准	对生产过程中使用的设备所做的技术规定。其内容包括品种、规格、技术性能、加工精度、试验方法、检验规则、维修管理、包装贮运等
6	原材料、半成品、外购件标准	对产品生产过程中使用的原材料、半成品和外购件所做的技术规定。其内容包括品种、规格、尺寸、成分、公差、技术条件、质量要求、检测方法以及采购规范、选用守则等
7	安全、卫生、环保标准	安全标准是以保护人和物的安全为目的制定的标准 卫生标准是为保护人的健康,对食品、医药及其他方面的卫生要求制定的标准 环保标准是为保护环境和生态平衡而制定的标准

2. 管理标准

管理标准是对标准化领域中需要协调统一的管理事项所制定的标准。管理标准主要是对管理目标、管理项目、管理程序、管理方法和管理组织所作的规定。管理标准包含管理基础标准、技术管理标准、经济管理标准、行政管理标准和生产经营管理标准5大类,见表6-2。

表 6-2 管理标准

	分类	定义	子分类
1	管理基础标准	对一定范围内的管理标准化对象的共性因素所做的统一规定	管理标准化工作导则
			管理术语、符号、代码标准
			管理标准体系与分类
			管理图、表、账、卡、文件格式标准
			管理信息系统标准
			通用管理程序和管理方法标准
2	技术管理标准	为保证各项技术工作更有效地进行,建立正常的技术工作秩序所制定的管理标准	图样、技术文件、标准资料、情报档案的管理标准
			为进行科研、产品开发、设计、工艺、技术改造、设备维修等项工作而制定的管理标准
			为合理利用资源所做的技术规定,以及与质量管理和质量体系的建立有关的标准等
3	经济管理标准	为了合理安排各种经济关系,对各项经济活动进行计划、调节、监督和控制,保证各项经济活动顺利进行,促进经济发展和经济效益增长而制定的管理标准	决策与计划标准
			资金、成本、价格、利润等方面的管理标准
			劳动人事、工资、奖励、津贴等标准

续表

	分 类	定 义	子 分 类
4	行政管理标准	指政府机关、社会团体、企事业单位为实施有效的行政管理、正确处理日常行政事务所建立的标准	管理组织设计、行政管理区划及编号、组织机构属性分类
			管理人员分类
			管理档案、办公自动化等方面的标准
5	生产经营管理标准	企业为了正确地进行经营决策、合理地组织生产经营活动所制定的标准	如市场调查和销售管理标准
			经营决策和计划标准
			生产作业计划和定量标准
			供应管理和在制品管理标准
			采购和物资供应管理标准
			劳动组织和安全卫生标准
			人事、财务、信息以及生产过程管理标准等

3. 工作标准

工作标准是对工作的责任、权利、范围、质量要求、程序、效果、检查方法、考核办法等所制定的标准。工作标准一般包括以下内容：工作的目的和范围；工作的构成和程序；工作的责任和权利；工作的质量要求和效果；工作的检查和考评；与相关工作的协作与配合。

工作标准对于提高工作秩序、保证工作质量、改善协作关系、提高工作效率有重要作用。工作标准一般可以划分为部门工作标准和岗位工作标准。

6.1.5 标准化分级

根据《中华人民共和国标准化法》(1988年12月29日公布，2017年修订，以下简称《标准法》)的规定，我国标准分为国家标准、行业标准、地方标准和团体或企业标准4级。

1. 国家标准

国家标准是对全国技术经济发展有重大意义而必须在全国范围内统一的标准。《标准化法》规定："对需要在全国范围内统一的技术要求，应当制定国家标准。"

国家标准是我国标准体系中的主体。国家标准一经批准发布实施，与国家标准相重复的行业标准、地方标准即行废止。国家标准由国务院标准化行政主管部门编制计划，组织草拟，统一审批、编号和发布，以保证国家标准的科学性、权威性和统一性。

国家标准的编号由国家标准代号、标准发布顺序号和发布的年号组成。根据《国家标准管理办法》的规定，国家标准的代号由大写的汉语拼音字母构成。强制性国家标准代号为"GB"。推荐性国家标准代号为"GB/T"。国家标准编号如图6-2所示。对保障人身健康和生命财产安全、国家安全、生态环境安全以及满足经济社会管理基本需要的技术要求，应当制定强制性国家标准。强制性国家标准由国务院批准发布或者授权批准发布。推荐性国家标准由国务院标准化行政主管部门制定。

2. 行业标准

行业标准是指全国性的各行业范围内统一的标准。《标准化法》规定："对没有国家标准而又需要在全国某个行业范围内统一的技术要求,可以制定行业标准。行业标准由国务院有关行政主管部门制定,并报国务院标准化行政主管部门备案,在公布国家标准之后,该项行业标准即行废止。"

行业标准是全国某个行业范围内需要统一的技术要求,是专业性较强的标准,在相应的国家标准实施后即行废止,由国务院有关行政主管部门制定、审批、编号和发布。行业标准是国家标准的补充。行业标准由国务院有关行政主管部门统一制定、审批、编号和发布,并报国务院标准化行政主管部门备案。

行业标准编号由行业标准代号、行业标准顺序号和发布年号组成。根据《行业标准管理办法》规定,行业标准代号由国务院标准化行政主管部门规定,在尚无新规定的情况下,仍沿用原标准代号。行业标准也有强制性标准 ZB 和推荐性 ZB/T 标准两种。行业标准编号如图 6-3 所示。

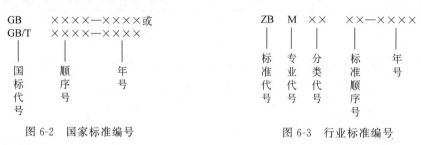

图 6-2　国家标准编号　　　　　图 6-3　行业标准编号

3. 地方标准

地方标准是指在某个省、自治区、直辖市范围内需要统一的标准。《标准化法》规定:"没有国家标准和行业标准而又需要在省、自治区、直辖市范围内统一的工业产品的安全卫生要求,可以制定地方标准。地方标准由省、自治区、直辖市标准化行政主管部门制定;并报国务院标准化行政主管部门和国务院有关行政主管部门备案。在公布国家标准或者行业标准之后,该项地方标准即行废止。"

地方标准编号由地方标准代号、标准顺序号和发布年号组成。根据《地方标准管理办法》的规定,地方标准代号由汉语拼音字母"DB"加上省、自治区、直辖市行政区划代码前两位数字再加斜线,组成强制性地方标准代号;再加"T"则组成推荐性地方标准代号。地方标准编号如图 6-4 所示。

4. 团体或企业标准

国家鼓励学会、协会、商会、联合会、产业技术联盟等社会团体协调相关市场主体共同制定满足市场和创新需要的团体标准,由本团体成员约定采用或者按照本团体的规定供社会自愿采用。制定团体标准,应当遵循开放、透明、公平的原则,保证各参与主体获取相关信息,反映各参与主体的共同需求,并应当组织对标准相关事项进行调查分析、实验、论证。国务院标准化行政主管部门会同国务院有关行政主管部门对团体标准的制定进行规范、引导和监督。

企业标准是指由企业制定的产品标准和为企业内需要协调统一的技术要求和管理,工作要求所制定的标准。企业标准是企业组织生产经营活动的依据。企业可以根据需要自行制定企业标准,或者与其他企业联合制定企业标准。企业应当按照标准组织生产经营活动,其生产的产品、提供的服务应当符合企业公开标准的技术要求。企业研制新产品、改进产品,进行技术改造,应当符合本法规定的标准化要求。

国家实行团体标准、企业标准自我声明公开和监督制度。企业应当公开其执行的强制性标准、推荐性标准、团体标准或者企业标准的编号和名称;企业执行自行制定的企业标准的,还应当公开产品、服务的功能指标和产品的性能指标。国家鼓励团体标准、企业标准通过标准信息公共服务平台向社会公开。

企业标准编号由企业标准代号、标准顺序号和发布年号组成。根据《企业标准化管理办法》规定,企业标准代号由汉语拼音字母"Q"加斜线再加上企业代号组成。企业代号可用汉语拼音字母或用阿拉伯数字或两者兼用,具体办法由当地行政主管部门规定。企业标准编号示例如图 6-5 所示。

图 6-4 地方标准编号　　　　图 6-5 企业标准编号

6.2 标准化实施

本节是标准化实施部分,分别介绍标准化的原则与方法、标准化的管理原理,以及标准化的过程。

6.2.1 标准化原则与方法

经过几年的讨论和实践,大家一致认为,"简化""统一""协调"和"最选优"是实施标准化的基本原理。

1. 简化原理

简化与复杂化相反,它是人类工作寻求的目标,但是简化是双刃剑。它可能使实施者获益,也可能会适得其反。为了指导人们进行合理的简化,从标准化实践的经验中概括出这样的原理:具有同种功能的标准化对象,当其多样性的发展规模超出了必要的范围时,即应消除其中多余的、可替换的和低功能的环节,保持其构成的精练、合理,使总体功能最佳。

2. 统一原理

人类最早的标准化活动就是从统一开始的,但是,世界是复杂的,被统一的对象很多,相互关系错综复杂,统一难度较大。经验教训得出的统一原理是:一定时期,一定条件下,对标准化对象的形式、功能或其他技术特性所确立的一致性,应与被取代的事物功能等效。

3. 协调原理

任何一项标准都是标准系统中的一个功能单元，既受系统的约束，又影响系统功能的发挥。所以，每制定或修订一项新标准都须进行协调。协调是标准化活动的重要方法。协调的目的是使系统的功能达到最优。

那么，怎样协调才能使系统最优呢？根据贝塔朗菲 1947 年提出的系统论的一般原理可以得到下述协调原理：在标准系统中，只有当各个标准之间的功能彼此协调时，才能实现整体系统的功能最佳。

4. 最优化原理

标准化的最终目的是要取得最佳效益。标准化活动的结果能否达到这个目标，取决于一系列工作的质量。在标准化活动中应始终贯穿"最优"思想。但在标准化的初级阶段制定标准时，往往凭借标准起草和审批人员的局部经验进行决策，常常不做方案比较，即使比较也很粗略。

最优化原理要求：按照特定的目标，在一定的限制条件下，对标准系统的构成因素及其关系进行选择、设计或调整，使之达到最理想效果。

5. 四者的关系和特点

简化、统一、协调和最优化是一个辩证的过程，我们不能将其单独地割裂开来看待。在标准化过程中必须自始至终贯彻简化、统一和协调，从多种可行方案中选择或确定一种最优方案。在标准化活动中，无论是对标准系统的简化、因素的统一、关系的协调，都要达到一个共同的目的，使整个系统的功能最佳。

标准化过程不是孤立过程，单个因素不是孤立起作用。它们互相之间不仅有着密切联系，而且在实践应用过程中又互相渗透、互相依存，组成一个有机的整体。

6.2.2 标准化的管理原理

1. 系统效应原理

一个企业要实施标准化，需要有多个标准同时配合，这是一个系统工程。实践证明：标准系统的效应不是来自于某个标准本身，它是多个标准互相协同的结果，并且这个效应超过标准个体效应的总和，这就是系统效应原理。

因此，企业的标准化工作要想收到实效，必须建立标准系统。多个标准共同实施时，关键是标准之间的互相关联、互相协调、互相适应。把握每一个标准出发点和它在系统中的位置、所起的作用以及它与相关标准之间的关系等，才能制定出切合实际的标准，这样的标准系统才能产生较好的系统效应。

2. 结构优化原理

一个标准系统是由多个标准组成的，这些标准在系统中的位置不是杂乱无章的，每个标准都有自己的位置，且彼此之间层次分明，时间排列有序。系统效应的大小，很大程度上取决于系统是否具有良好的组织结构。

实践证明：标准系统的结构不同，其效应也会不同，只有经过优化的系统结构才能产生系统效应；系统结构的优化，应按照结构与功能的关系，调整和处理标准系统的阶层秩序、时间序列、数量比例以及它们的合理组合。这就是结构优化原理的含义。

根据这一原理,在对标准系统进行实施的过程中,应不断协调彼此的关系,及时发现结构的不合理性,并加以调整。

3. 有序发展原理

标准系统的结构经过优化之后,系统内部各要素之间彼此协调,系统与其外部环境之间也保持适应的状态。我们把这种状态叫作系统的稳定状态,系统只有处于稳定状态,才能正常地发挥其功能,产生系统效应。

当外部环境发生变化时,系统不断调整,逐步适应环境的变化,稳定向前发展。如果在系统形成和发展过程中,对系统内部、外部因素之间的关系处理不当,便可能降低系统结构的有序度,使系统向无序方向转化。

此外,即使原有的系统结构状态较好,也会由于外部环境的变化,使系统中的个别要素首先发生变化,从而使要素之间的联系变得不稳定,由此也会向无序方向演化。

4. 反馈控制原理

标准系统的存在与发展,不仅依赖于其内部要素的相互作用,同时还依赖于它和周围环境的相互作用,恰是这两种作用构成了标准系统发展的动力。

标准系统同环境的联系表现在它和环境之间的物质和信息的不断交换过程中,标准系统从环境得到各种信息之后,据此调整自己的结构,增加必要的标准,使标准系统同环境相适应。实践证明:标准系统演化、发展以及保持结构稳定性和环境适应性的内在机制是反馈控制。这就是反馈控制原理。因此,标准系统在建立和发展过程中,只有通过经常的反馈,不断地调节同外部环境的关系,提高系统的适应性和稳定性,才能有效地发挥出系统效应。标准系统同外部环境的适应性,不可能自发实现,需要控制系统(管理机构)实行强有力的反馈控制。

6.2.3 标准化的过程

标准化的一个具体过程,包括标准的制定、贯彻、效果评定、修订等几个主要部分。不过,这几个过程还可以细分为确定项目、调查研究、试验验证、起草标准、审查定稿、审批发布、出版发行、贯彻准备、贯彻实施、标准检查、技术监督、效果评定、标准修改等。其具体过程如图6-6所示。

1. 确定项目

主要确定是什么标准。

2. 调查研究

要调查与标准有关的设计、生产、使用、科研等各方面的意见和要求,摸清各方面现有生产技术水平,了解与该标准上下左右相关联的配套标准情况,还要掌握国内及国外同类标准的情况。

3. 试验验证

为了获得关键性的技术数据,使标准建立在科学的基础上,要对产品的一些重要指标和规定,认真地进行科学试验和验证工作。

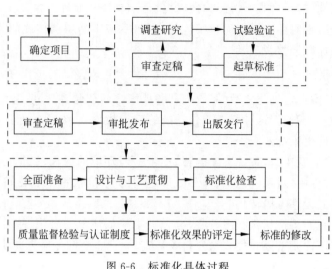

图 6-6　标准化具体过程

4．起草标准

在调查研究和试验验证的基础上，对数据和情况进行分析和综合，确定标准的内容和水平，起草标准草案与该标准起草说明，征求各方面意见。

5．审查定稿

征求意见后，对标准草案进一步修改。然后，召开审查会，对修改稿进行充分讨论研究和审查、修改。最后定稿。

6．审批发布

审查会通过的标准草案，经过起草单位进一步整理、修改后，按审批要求报送上级主管部门审批。

7．出版发行

标准审批、发布后，由技术标准出版社出版，书店发行。

8．全面准备

各单位和企业收到标准和贯彻该标准的文件以后，按贯彻标准的日期和其他要求，进行全面的准备，主要包括思想准备、物质准备、技术准备。

9．设计与工艺贯彻

首先是在设计和工艺的图纸中正确地贯彻新标准。只有首先在设计图纸和技术文件、工艺规程等环节中采用新标准，生产过程中贯彻才有基础。

10．标准化检查

通过标准化检查，保证设计、工艺的图样和技术文件中正确地贯彻标准。

11．质量监督检验与认证制度

通过质量监督把关来保证全面地、认真地贯彻标准。质量监督分为生产部门监督、用户监督、群众监督和国家监督。企业质量监督和检验部门，按标准对产品质量进行检查。符合标准的产品是合格品,由检查部门发给产品合格证。或按有关规定发给优质产品标志,以及其他奖励办法。标准的实施要与认证制度相结合。有些国家采用认证制度,即由国家对达到国家标准的产品发给认证标志。取得认证标志的产品有了一定的荣誉才能得到用户和消费者的信赖和欢迎。

12. 标准化效果的评定

标准贯彻以后,到一定时候要总结、计算由于实施标准所带来的技术效果和经济效果,以便最终评价和确定该标准的效果。

13. 标准的修改

标准的效果评定后,隔一定时间对落后于生产技术发展要求的标准要及时进行修订。标准修订是一个不断循环的过程。

6.3 信息资源的标准化

本节是信息资源的标准化,内容包括信息标准化概述和信息资源标准化。前者主要介绍信息资源管理的分类,信息资源过程管理和信息资源管理的内容。后者主要涉及一些标准的介绍,例如,信息的采集、编码与记录标准,中文信息处理标准,数据通信与开放系统互联标准,软件工程标准,信息的安全与保密标准,声像技术标准和文献标准。

6.3.1 信息资源标准化概述

1. 信息资源管理的分类

信息资源管理指针对信息资源和人类信息活动的管理。信息资源管理的内容主要包括信息资源过程管理、信息资源技术管理和信息资源经济管理三个方面。

1)信息资源过程管理

它是针对信息资源过程进行的管理。其管理内容有信息采集,信息分类,信息存储,信息传递,信息检索,信息资源的开发、应用和保护等。

2)信息资源技术管理

它主要针对处理信息的硬件和软件的管理。其目的是使人们正确地运用信息技术手段和方法,保证信息开发和应用的质量和效率。其管理的内容有信息技术设备管理、技术条件管理、技术方法和工作程序管理、信息安全与保密管理等。

3)信息资源经济管理

它是从经济的角度进行的管理。其作用是提高人类从事信息劳动的效率和社会经济效益。信息资源经济管理强调对信息价值方面的管理,其管理内容有信息劳动的社会组织,信息劳动量和信息商品成本的确定,信息商品市场,信息交换与信息价格,信息产业经济统计,信息职业划分,信息行业管理等。

2. 信息资源过程管理

信息资源过程管理是有组织地、及时地进行信息资源的收集、加工、存储、分析、研究和服务等一系列活动的管理。

信息资源过程管理是信息资源管理非常重要，且不可缺少的一个部分。其标准化工作的成败在一定程度上取决于这部分开展的好坏程度。这部分工作大体上可以分为收集、整理、保管与服务四个方面。

1) 收集

它是其工作的首要环节和基础部分。只有在掌握必要数量的信息资源的基础上，才能顺利进行其他工作。为了避免人力、物力和时间的浪费，提高收集工作的质量，必须遵循针对性、系统性、预见性、计划性和时间性几项原则。收集方法可采用采购、交换、索取、参观访问、委托收集或复制；通过情报网络、会议，以及与外商进行技术座谈、双边往来或合资经营等途径。

2) 整理

它是根据一定的目的，对信息资源的内容和形式特征进行分析、选择、描述和记录的过程。

3) 保管

它有两层含义：一是存储；二是管理。当信息资源完成收集和整理后，就需要通过有效的方法将其保存下来。另外，信息资源更改、代替与作废的处理工作也是一项经常性的必不可少的关键性工作。信息资源具有很强的时效性。随着时间的推移，信息资源需要定期进行修订、作废、更新换代。

4) 服务

它包括阅览、宣传、参考咨询、检索、复制等。它是收集、整理、保管之后的一个工作环节，也是整个过程中最重要的环节，因为服务是最终的目的。

3. 信息资源管理的内容

信息资源管理的标准一般包括信息的采集、编码与记录标准；中文信息处理标准；数据通信与开放系统互连标准；软件工程标准；信息的安全与保密标准；声像技术标准以及文献标准等 7 大类（见表 6-3）。

表 6-3　信息资源管理的标准

	大　类		子　类
1	信息的采集、编码与记录标准	(1)	信息采集
		(2)	信息分类
		(3)	信息编码信息记录
		(4)	通用文件格式
2	中文信息处理标准	(1)	汉字代码
		(2)	汉字输入
		(3)	汉字输出
3	数据通信与开放系统互连标准	(1)	数据通信信道与设备
		(2)	开发系统互连
		(3)	计算机网络
4	软件工程标准	(1)	基础
		(2)	开发标准
		(3)	文件
		(4)	管理

续表

	大 类		子 类
5	信息的安全与保密标准	(1)	数据加密与保护
		(2)	系统物理安全
6	声像技术标准	(1)	照相标准
		(2)	摄像标准
		(3)	音频技术标准
		(4)	视频技术标准
7	文献标准	(1)	文献用编码、符号及缩写标准
		(2)	文字音译标准
		(3)	文献工作用语标准
		(4)	目录登录标准
		(5)	文献分类及主题标引标准
		(6)	文献工作自动化标准
		(7)	文献编辑及出版格式标准
		(8)	文献复印与微缩标准
		(9)	图书管理标准

6.3.2 信息资源标准化

1. 信息的采集、编码与记录标准

1) 信息分类及其标准化

信息分类是指人们把具有共同属性或特性的信息归并在一起,并把不具有共同属性或特性的信息区别开来的一种方法。

中华人民共和国国家标准 GB 10091.1—1995《事物特性表定义和原理》中,对事物特性和事物特性表做了规定。在用事物特性描述对象(包括物质和非物质概念)时,其描述的准确性取决于所选取的事物特性的种类和数量。

信息分类的基本方法是线分类法和面分类法。

(1) 线分类法即层次分类法。其特点是把作为信息分类依据的各个属性或特性,按平行关系和包含关系分成若干层次,并排列成分层次逐级展开的分类体系。

(2) 面分类法即组合分类法。其特点是把作为信息分类依据的各个属性或特性,作为分类的各个因素方面,每个方面又细分为若干项,各个项在各个方面的组合构成分类体系。

2) 信息编码及其标准化

编码是指给事物或概念赋予具有一定规律的数字、缩简文字、符号、颜色、声音、灯光等,即用一定的符号体系把事物或概念表示出来。编码的直接结果是代码,它通常表现为具有特定含义的一组字符集。

编码是一种信息表现形式。在一定条件下,它对事物或概念的描述,比用自然语言要直接、简洁、准确和有力。编码作为一种信息表现形式,应具有一致性,在一定范围内为人们共同接受,否则就不能发挥其作用。

编码是一种信息交换的技术手段。对信息进行编码实际上是对文字信息进行字符化处理,使之量化,从而便于利用各种通信设备进行信息传递和利用计算机进行信息处理。

进行标准化信息编码,应遵循以下基本要求:唯一性,每一个编码对象只赋予唯一的代码;简短性,代码应尽量简短,减少位数;易识别性,代码应尽可能反映编码对象的类别和特性,以便于识别;可扩展性,代码结构设计上要留有足够的备用码空间,以适应编码对象发展的需要,并使代码结构有相对的稳定性和格式的一致性;操作方便,尽可能地方便操作员的工作和减少机器处理时间。

标准化的信息编码与标准化的信息分类有密切的联系。一般来讲,分类是编码的基础;编码是分类的体现。信息分类结构与信息编码结构之间有一定的对应关系。

常见的编码方法和代码形式有以下几种:

(1) 顺序码。用顺序的自然数或字母进行的编码。它广泛应用于各种信息编码系统,特别是有顺序的信息编码系统。

(2) 无序码。用无顺序的自然数或字母进行的编码。为保证代码的无序性,通常靠特定的随机程序编制。它主要应用于对各种随机性信息的编码,如产品质量抽检等。

(3) 层次码。代码由左至右分为若干层次,每个层次内再采用顺序码。它主要用于信息的线分类体系。代码的层级与分类对象的层级相对应。

(4) 组合码。它是与信息的面分类体系相对应的编码。组合码由左至右分为若干部分,每个部分对应面分类体系中的相应方面,各个部分的代码没有层次关系或隶属关系。

(5) 复合码。由两个以上完整、独立的代码复合而成的编码。复合码常表现为"分类部分+标识部分"的形式,分类部分用层次码表示对象的属性,标识部分用顺序码表示注册登记的顺序。

3) 条码及其标准化

条码是"由一组规则排列的条、空及其对应字符组成的标记,用以表示一定的信息",它是一种特殊的代码。条码中的条、空分别由两种不同深浅的颜色(通常为黑、白色)表示,并满足一定的光学对比度要求,其目的是便于光电扫描设备识读后将数据输入计算机。条码中的字符供人直接识读,或通过键盘向计算机输入数据。

目前国际上广泛使用的条码是国际物品编码协会制定的标准化的 EAN 条码。我国于 1991 年 4 月正式加入国际物品编码协会。我国通用商品条码的结构与 EAN 条码结构相同,由 13 位数字码以及对应的条码组成。商品条码中的前缀码是标识国家或地区的代码。我国的国家代码为"690",即以"690"打头的商品条码是中国商品条码。中国商品条码在世界上通用。

4) 通用文件格式标准化

公文、档案等文件是重要的信息形式。随着信息技术的进步,办公自动化程度的提高,信息经济的发展和信息管理的改善,人们对公文、档案等文件的撰写、传递、存储、检索等在准确性、及时性、统一性等方面不断提出新的要求,包括简化和统一公文格式,建立健全国家机关公文格式系统,建立文件档案自动检索系统和汉字光学识别系统等。这就需要进行通用文件格式标准化。如,国家标准 GB 9704—2012《国家机关公文格式》、国家标准 GB 826—2012《发文稿纸格式》规定了发文稿纸的标准格式,国家标准 GB 9705—2012《文书档案案卷格式》规定了文书档案案卷标准格式等。

在经济管理方面的通用文件包括票据、单据、账簿、报表、报告等。其文件格式一般由三部分组成：第一部分为标题部分，包括文件名称、文件代码、单位名称、所属部门等；第二部分为内容部分，用表格、数字和文字表示；第三部分为末尾部分，主要包括负责人签字、主管部门盖章、填写文件日期。为了加强对这些文件的管理，需要对文件格式进行标准化。

对第一部分标题内容的编排，应严格按顺序排列，以利于信息存储和文件检索；对第二部分，应针对不同内容，规定文件的规格尺寸、表格的构成、要素划分及填表要求等，以利于对信息进行分类和分析；对第三部分，应规定签字、盖章和填写日期的要求和格式，以保证文件应具有的法律效力。离开了标准化，不采用标准化的票据格式、单证格式、账簿格式以及报表格式等，不但不利于人们对这些文件的识读和管理，而且使计算机无法使用，无法读入数据，无法自动生成新的文件，无法对信息自动处理和输出，更无法实现资源共享。

5）图形符号及其标准化

图形符号主要包括技术文件图形符号、设备图形符号和标志图形符号3类。

图形符号标准化的作用主要表现在两方面：在一定范围内（如世界、国家、行业、企业），使图形符号具有一致的含义和统一的形式，避免人们理解上的模糊和使用中的混乱；保证图形符号符合一定的质量要求，特别是可见度和夺目性，以便于人们识别。

常用图形符号标准化的具体内容有以下方面：公共信息图形符号标准化，机械图、电气图的图形符号标准化，管理图、控制图的图形符号标准化，标准符号（基础符号和专用符号）。

2．中文信息处理标准

中文信息处理标准包括汉字代码、汉字输入和汉字输出。

1）汉字代码

中国在计算机信息处理中常用汉字都在国家标准 GB 2312—1980《信息交换用汉字编码字符集—基本集》中做了规定。GB 2312—1980 对 7445 个图形字符做了二进制数编码，这些图形字符是 6763 个汉字，字体为简化字，分成两级。一级汉字 3755 个，按拼音排序，约占近代文献汉字累计使用频度 99.9% 左右；二级汉字 3008 个，按部首、笔画排序。一、二级汉字约占累计使用频度 99.99% 以上。对非常用汉字则由 GB/T 7589—1987 和 GB/T 7590—1987 两个辅助集做出了规定，3 个国家标准总共规定了 21 039 个汉字。

BIG5 是中国台湾地区计算机界实行的汉字编码字符集。它包含了 420 个图形符号和 13 070 个汉字（不包含简化汉字）。

《通用多八位编码字符集（UCS）》即国家标准 GB 13000.1—2010。在这 65 536 个码位的空间中，定义了几乎所有国家或地区的语言文字和符号。其中包含了 20 902 个来自中国（包括中国台湾地区）、日本、韩国的汉字。它是 GB 2312—1980、GB/T 12345—1990、BIG5 等字符集的超集。

汉字扩展内码规范——GBK（K 是"扩展"的汉语拼音第一个字母）。GBK 的目的是解决汉字收字不足、简繁同平面共存、简化代码体系间转换等汉字信息交换的瓶颈问题。GBK 与 GB 2312—1980 的内码体系标准完全兼容。在字汇一级支持《通用多八位编码字符集（UCS）》即国家标准 GB 13000.1—2010 的全部汉字。非汉字符号同时涵盖大部分常用的 BIG5 非汉字符号。

2）汉字输入

汉字输入码又称外部码，简称外码，指操作人员从键盘上输入的代表汉字的编码。它由拉丁字母（如汉语拼音）、数字或特殊符号（如王码五笔字型的笔画部件）构成，千变万化。各种输入方案就是以不同的符号系统来代表汉字进行输入的。所以输入码是不统一的，区位码、五笔字型码、仓颉码、拼音码、智能 ABC、自然码等都是其中的代表。

3）汉字输出

字形输出码指在输出设备显示器和打印机上输出汉字时所要送出的汉字字形点阵码。点阵数据的组织是按照输出设备的特性及输出字体的一些特点如倾斜角度、放大倍数进行的，是对基本字库中数据进行变换得到的。要把一个字转置输出，就要把点阵数据转置。地址码、字形存储码、字形输出码都是字符输出时要用到的，可统称输出码。汉字输出时先把机内码转换为地址码，再根据地址在字库中找到字形存储码，然后根据输出设备的型号、特性及输出字形特性使用相应转换模块，把字形存储转换为字形输出码，再把这个码送至输出设备输出。

3. 数据通信与开放系统互连标准

所谓开放系统互连，就是开放系统的互相连接，在各开放系统之间实现信息交换。显然，标准化对实现各开放系统的互连有十分重要的意义，如各种通信设备、计算机设备的互连，电话线、光缆、微波和卫星通信等多种通信媒体的利用，文字处理、图形处理、语音识别等各类高级人机接口的设计都离不开标准化。

为适应计算机系统与通信系统互相连接和发展网络的需要，国际标准化组织（ISO）于 1984 年正式颁布了《信息处理系统-开放系统互连-基本参考模型》（ISO 7498.2—1989），现已为世界上许多国际组织和计算机、通信公司所接受，被公认为是今后新一代网络结构和建网标准。在 OSI 模型中，所有互连的开放系统划分为功能上相对独立的七层，它们是物理层、数据链路层、网络层、传送层、会话层、表示层、应用层。其中，前四层属于数据通信的范畴，后三层面向应用。对各层中的具体内容，分别有相应的标准规定，特别是在数据通信方面，有比较成熟的系列国际标准，如国际标准化组织标准和国际电报电话咨询委员会（CCITT）的 X 系列、V 系列标准等。采用这些国际标准对于建设我国的大型经济信息系统，如国家经济信息系统、全国金融电子化系统等有非常重要的作用。

EDI 是电子数据交换。1990 年，国际商会修订发布的《国际贸易术语解释通则》规定："如买卖双方约定使用电子通信，合同规定的单证可以由相等的电子单证所代替。"从此以后，各国先后把贸易单证格式标准化，实行计算机联网，用半电子单证取代传统的纸介质单据，实现不用纸，不出门而挣天下钱的"无纸贸易"。

4. 软件工程标准

1）软件开发规范

国家标准 GB/T 8566—2007《信息技术 软件生存周期过程》提供了一系列软件开发的准则、方法和规程，以利于软件开发的规范化、系统化和工程化。软件开发的阶段划分为八个阶段：可行性研究阶段、需求分析阶段、概要设计阶段、详细设计阶段、实现阶段、组装测试阶段、确认测试阶段、使用和维修阶段。

2）软件文件规范

为保证软件项目的开发成功，并便于软件的运行和维护，软件开发的每一阶段都需要编制一定的文件。这些文件连同计算机程序和数据一起构成计算机软件。国家标准《GB/T

8567—2006 计算机软件文档编制规范》对软件文件的编制做了规定。其基本内容有：文件的范围、文件的编制、文件的内容要求及编写提示。在一项软件开发过程中，一般应该产生25 种文件，即：可行性分析(研究)报告(FAR)、软件开发计划(SDP)、软件测试计划(STP)、软件安装计划(SIP)、软件移交计划(STrP)、运行概念说明(OCD)、系统/子系统需求规格说明(SSS)、接口需求规格说明(IRS)、系统/子系统设计(结构设计)说明(SSDD)、接口设计说明(IDD)、软件需求规格说明(SRS)、数据需求说明(DRD)、软件(结构)设计说明(SDD)、数据库(顶层)设计说明(DBDD)、软件测试说明(STD)、软件测试报告(STR)、软件配置管理计划(SCMP)、软件质量保证计划(SQAP)、开发进度月报(DPMR)、项目开发总结报告(PDSR)、软件产品规格说明(SPS)、软件版本说明(SVD)、软件用户手册(SUM)、计算机操作手册(COM)、计算机编程手册(CPM)。对于一些小型的软件开发项目，可以把有关文件合并。

3）软件维护规范

软件维护规范包括软件维护的内容、组织与实施等方面的规范。

4）软件质量规范

软件质量规范包括软件质量保证、软件配置管理、软件测试、软件验收等方面的规范。

5．信息的安全与保密标准

信息的安全与保密标准主要分为两大类。

（1）数据加密与保护。数据加密与保护方面标准主要包括传输数据加密、存储数据加密、存储控制和密钥管理和分配。

（2）系统物理安全。系统物理安全方面标准主要包括计算机设备与场所、电磁干扰与辐射防护、记录媒体的保护等。

6．声像技术标准

声像技术标准主要包括照相标准、摄像标准、音频技术标准、视频技术标准四个方面的内容。

（1）照相标准主要涉及照相胶片、照相形式、照相器材、环境、曝光冲洗、配件与配套设备。

（2）摄像标准主要是摄像器材、摄像形式、环境、配件与配套设备。

（3）音频技术标准主要涉及硬件和软件两部分。硬件标准包括声卡标准等。软件标准涉及数据压缩技术，如声音压缩标准。

（4）视频技术标准主要也是硬件和软件两部分。硬件标准包括视频卡、扫描仪和触摸屏等的标准。软件标准包括图像压缩标准。

7．文献标准

文献著作标准化是文献工作现代化的重要课题。我国国家标准 GB/T 3792.1—2009《文献著录第 1 部分：总则》和《国际标准书目著录(ISBD)》是指导性的标准。《文献著录总则》和《国际标准书目著录》对各类型文献目录款目的著录项目及其顺序、特定标点符号等做出统一规定，目的在于实现世界范围的书目控制，促进国际书目情报交流。然而，仅仅有《文献著录总则》是远远不够的。文献的收集、整理、加工、保存、服务等还需要一些具体的标准和方法，例如，文献用编码、符号及缩写标准，文字音译标准，文献工作用语标准，目录登录标准,文献分类及主题标引标准,文献工作自动化标准,文献编辑及出版格式标准,文献复印与微缩标准,图书管理标准。它们对文献的管理具有非常重要的作用。

练习题

一、名词解释
1. 标准
2. 标准化
3. 管理标准
4. 工作标准
5. 标准化空间
6. 国家标准
7. 行业标准
8. 地方标准
9. 企业标准
10. 系统效应原理
11. 信息资源过程管理
12. 编码
13. 开放系统互连

二、简答题
1. 标准化可分为哪些类?
2. 简述标准化分级及各级标准的组成。
3. 简述实施标准化的基本原理。
4. 标准化的管理原理有哪些?
5. 简述实施标准化要经过哪些步骤?
6. 信息资源管理的标准包括哪些内容?
7. 进行标准化信息编码时一般应遵循哪些基本要求?
8. 常见的编码方法和代码形式有哪些?

三、论述题
试述标准化的必要性与重要性。

参考文献

[1] 李春田.标准化概论[M].3版.北京:中国人民大学出版社,1995.
[2] 甘仞初.信息资源管理[M].北京:经济科学出版社,2000.
[3] 刘腾红.计算机应用基础[M].北京:中国财政经济出版社,2001.
[4] 张正晗.企业标准化概论[M].哈尔滨:黑龙江科学技术出版社,1989.
[5] 王征.标准化基础概论[M].北京:技术标准出版社,1981.
[6] 江士昂.论工程建设标准化[M].北京:石油工业出版社,1994.

[7]　于海清.企业技术标准化[M].沈阳:辽宁科学技术出版社,1991.
[8]　王宗藩,顾宗淑.企业标准化工作与管理[M].北京:中国轻工业出版社,1991.
[9]　娄成武,李书正.企业管理标准化[M].沈阳:东北工学院出版社,1990.
[10]　洪生伟,钱高娣.市场经济与企业标准化[M].北京:中国计量出版社,1994.
[11]　王占第,徐涛.标准化概述[M].北京:对外贸易教育出版社,1987.
[12]　陈占奎.企业标准化[M].南宁:广西人民出版社,1988.
[13]　张文.标准化管理基础[M].石家庄:河北科学技术出版社,1992.

第7章 信息系统资源管理

7.1 信息系统概述

7.1.1 信息系统和管理信息系统

1. 信息系统

信息系统(Information System,IS)是一个利用计算机硬件和软件,利用各类分析计划、控制和决策的模型,以及数据库的机器系统。

从技术角度看,信息系统是收集、处理、存储和传递来自组织环境和内部经营信息,通过输入、处理、输出、反馈等基本活动以支持组织决策和管理的相互关联的组成部分。从更广的角度看,信息系统不只是一个技术系统,而且还是一个管理系统、一个社会技术系统。计算机知识只是信息系统知识中一个非常重要的组成部分,但不是全部。信息系统是一门综合了管理科学、系统科学、运筹学、统计学、计算机科学和现代通信技术研究成果而形成的一门综合性、系统性、边缘性的学科。它是这些学科思想、方法和技术的综合应用。信息系统是一套有组织的程序,其特点在于输出信息,是为决策所需要的信息而建立起来的系统。简单地说,输入是资料,经过处理,输出的是信息的系统,就是信息系统。信息系统必须建立在管理系统之中,它是以企业各种管理的功能(计划、生产、财会、供应、销售、人事工资、技术、设备等)为基础而建立起来的系统。信息系统的主要部分是为生产决策信息所制定的一套有组织的应用程序。

综合以上观点,可以看出,信息系统就是从系统的观点出发,以计算机和通信技术为手段,运用数学的方法,为管理决策提供服务的计算机系统。

2. 管理信息系统

管理信息系统是一个由人、计算机等组成的能进行管理信息收集、传递、存储、加工、维护和使用的系统。管理信息系统能实测企业的各种运行情况,利用过去的数据预测未来,从全局出发辅助企业进行决策,利用信息控制企业的行为,帮助企业实现其规划目标。

由上述管理信息系统的定义,可以看出管理信息系统具有如下特点。

(1) 面向管理决策。管理信息系统是继管理学的思想方法、管理与决策的行为理论之后的一个重要发展,它是一个为管理决策服务的信息系统,它必须能够根据管理的需要,及时提供所需要的信息,帮助决策者做出决策。

(2) 综合性。从广义上说,管理信息系统是一个对组织进行全面管理的综合系统。一个组织在建设管理信息系统时,可根据需要逐步应用个别领域的子系统,然后进行综合,最终达到应用管理信息系统进行综合管理的目标。管理信息系统综合的意义在于产生更高层次的管理信息,为管理决策服务。

(3) 人机系统。管理信息系统的目的在于辅助决策,而决策只能由人来做,因而管理信息系统必然是一个人机结合的系统。在管理信息系统中,各级管理人员既是系统的使用者,又是系统的组成部分,因而,在管理信息系统开发过程中,要根据这一特点,正确界定人和计算机在系统中的地位和作用,充分发挥人和计算机各自的长处,使系统整体性能达到最优。

(4) 现代管理方法和手段相结合的系统。人们在管理信息系统应用的实践中发现,只简单地采用计算机技术提高处理速度,而不采用先进的管理方法,管理信息系统的应用仅仅是用计算机系统仿真原手工管理系统,充其量只是减轻了管理人员的劳动,其作用的发挥十分有限。管理信息系统要发挥其在管理中的作用,就必须将先进的管理手段和方法结合起来,在开发管理信息系统时,融进现代化的管理思想和方法。

(5) 多学科交叉的边缘科学。管理信息系统作为一门新的学科,产生较晚,其理论体系尚处于发展和完善的过程中。早期的研究者从计算机科学与技术、应用数学、管理理论、决策理论、运筹学等相关学科中抽取相应的理论,构成管理信息系统的理论基础,从而形成一个有鲜明特色的边缘科学。

7.1.2 信息系统演化模型

1. 诺兰阶段模型

美国管理信息系统专家诺兰(Richard. L. Nolan)在 20 世纪 80 年代,通过对 200 多家公司、部门发展信息系统的实践和经验的总结,提出了著名的信息系统进化的阶段模型,即诺兰模型。诺兰认为,任何组织由手工信息系统向以计算机为基础的信息系统发展时,都存在着一条客观的发展道路和规律。当时,他认为信息系统发展阶段可以分为四个阶段:起步阶段、蔓延阶段、控制阶段和集成阶段。在 1979 年,诺兰在论文 *Managing the Crises in data Process* 中修正了诺兰模型,认为诺兰模型包括六个阶段:初始阶段、传播阶段、控制阶段、集成阶段、数据管理阶段和成熟阶段,如图 7-1 所示。六阶段模型反映了企业计算机应用发展的规律性,前三个阶段具有计算机时代的特征,后三个阶段具有信息时代的特征,其转折点处是进行信息资源规划的时机。诺兰强调,任何组织在实现以计算机为基础的信息系统时都必须从一个阶段发展到下一个阶段,模型中的各阶段都是不能跳越的。诺兰模型的预见性,被其后国际上许多企业的计算机应用发展情况所证实。

(1) 初始阶段。组织购置了第一台计算机并初步开发或购买了管理应用程序。通过初步应用开始认识到计算机在管理中的作用,组织中的个别人或个别组织具有了初步使用计算机的能力,初始阶段大多发生在单位的财务、人事等数据处理量大的部门。在初始阶段组织对计算机的计划和控制能力非常薄弱,各应用系统之间、各部门之间基本没有联系,组织缺乏信息系统规划。

(2) 传播阶段。随着计算机在组织中的应用初见成效,管理信息系统从少数部门扩散

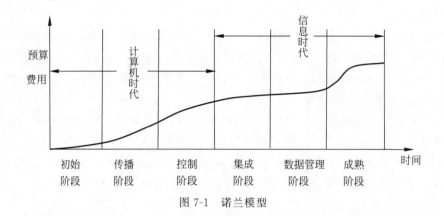

图 7-1 诺兰模型

到多数部门,在组织中开发了大量的应用程序,使组织的事务处理效率有了提高。在这个阶段,出现了许多亟待解决的问题,例如数据的冗余、数据的不一致性以及难以共享等问题。管理阶层致力于在各个可能的场合引入信息技术,信息系统的应用呈现快速增长,但只有一部分计算机的应用收到了实际的效益。

(3) 控制阶段。由于传播阶段计算机信息系统迅速扩展,组织中的信息系统预算每年以 30%～40% 或更高的比例增长,但投资的回报不理想。随着应用系统项目不断积累,客观上要求加强组织协调和控制。因此,出现了由组织的领导和职能部门负责人参加的领导小组,对整个组织的系统建设进行统筹规划,特别是利用数据库技术解决数据共享问题。该阶段是实现从以计算机管理为主到以数据管理为主转换的关键,管理层对计算机在组织管理中的应用进行深层次思考,这意味着计算机管理时代的结束。

(4) 集成阶段。经过前几个阶段,企业已经初步形成各个业务子系统,由于在建立各个业务子系统时,缺乏系统性的规划,从而给这一阶段的各个子系统集成带来困难。因而,为了使各个子系统集成得以顺利实现,建立集中式的数据库及能够充分利用和管理各种信息的系统,组织要做好集成计划,准备大量资金,重新装备设备,组织有经验的信息技术人员来做好这项工作,预算费用又一次迅速增长。

(5) 数据管理阶段。在系统集成基本完成后,信息管理提高到一个新的、以计算机为主要技术手段的水平上。计算机成为日常管理工作中不可缺少的工具。信息系统开始从支持单项应用发展到在逻辑数据库支持下的综合应用。组织开始全面考察和评估信息系统建设的各种成本和效益,全面分析和解决信息系统投资中各个领域的平衡与协调问题。

(6) 成熟阶段。组织各个业务部门都充分利用信息技术设备及软件系统来提高本部门的效益,各个业务部门之间的业务也主要通过信息化设备和软件系统来完成。信息资源成为企业的一个核心竞争要素。

2. 米歇模型

在诺兰模型的基础上,20 世纪 90 年代初,美国的信息化专家米歇对诺兰模型做了进一步修正。他认为信息系统集成与数据管理密不可分,系统集成期的重要特征就是搞好数据组织。米歇模型认为,信息系统发展阶段论研究成果可以概括为具有四阶段、五特征的企业综合信息技术应用连续发展的模型。米歇将综合信息技术应用的连续发展划分为四个阶段,即起步阶段、增长阶段、成熟阶段和更新阶段。决定这些阶段的特征有五个方面,包括信息技术(技术状况)、应用状况(代表性应用和集成程度)、数据处理能力(数据整体规划和存取能力)、企业文化(信息技术组织和文化)、全员素质(全员文化素质、态度和信息技术视野),如图7-2所示。

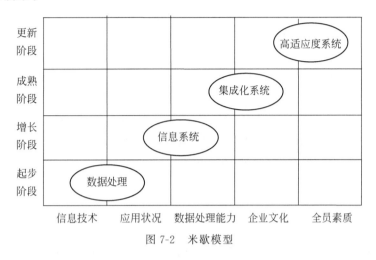

图7-2 米歇模型

7.1.3 智能信息系统

1. 决策支持系统

决策支持系统(Decision Support System,DSS)是指能起到决策支持作用的计算机应用系统。它以支持半结构化和非结构化的决策问题为目的,其重心在于提高决策的有效性,而不是提高决策的效率。决策支持系统用于支持决策,不代替决策者制定决策。决策支持系统是一个多库集成的复合系统,结构可谓多种多样,主要根据要解决的具体问题来确定。但人机交互系统、数据库、模型库、知识库、推理机是必不可少的组成部件。

(1)人机交互系统。人机交互系统是决策人员输入信息与系统输出信息,是进行信息交互的"纽带"和接口。人机交互系统首先应当能够准确地理解用户的各种意图,并将其转换为系统中各种形式的命令;其次应当将系统的响应、决策过程中的信息和结果,按照用户希望的形式,组织成用户所需的图文信息进行显示。人机交互系统的开发主要是针对系统的用户对计算机的熟悉程度和技术实现难度,来选取合适的人机交互方式。随着计算机硬件技术的不断发展,现代人机系统的交互方式已发展为字符、图形、图像、视频和音频相结合的多媒体的人机交互方式,并且还出现了光学字符识别、自然语言理解等人工智能的人机交互方式。一般常用的人机交互方式有问答式对话、菜单界面、功能键、图符界面、填表界面、命令语言界面、查询语言界面和自然语言界面八种方式。

(2)数据库。数据库是整个决策支持系统的最基本的组成部分,是进行决策支持的信息载体,用于存储决策支持所需数据的集合。系统中主要有两类数据:第一类是基础静态数据;第二类是决策实施过程产生的中间与结果数据。

(3)模型库。模型库是提供模型存储和表示模式的子系统,是DSS的共享资源,是DSS区别于其他信息系统的重要特征,也是DSS的核心,包括一些可支持不同层次的决策活动的模型。

(4) 知识库。知识库(knowledge base)是知识工程中结构化、易操作、易利用、全面、有组织的知识集群,是针对某一(或某些)领域问题求解的需要,采用某种(或若干)知识表示方式在计算机存储器中存储、组织、管理和使用的互相联系的知识片集合。这些知识片包括与领域相关的理论知识、事实数据,由专家经验得到的启发式知识,如某领域内有关的定义、定理和运算法则以及常识性知识等。只有基于知识的系统才拥有知识库。

(5) 推理机。推理机(inference engine)是专家系统中实现基于知识推理的部件,是基于知识的推理在计算机中的实现,主要包括推理和控制两个方面,是知识系统中不可缺少的重要组成部分。推理机由执行器、调度器和一致性协调器等组成。调度器根据控制策略(用知识和算法描述)和黑板记录的信息从议程中选择一个动作供系统下一步执行。执行器应用知识库中的知识和黑板记录的信息,执行调度器选定的动作。一致性协调器的主要作用是当得到新数据或新假设时,对已得到的相关结果进行似然修正,以保证结果的前后一致性。

2．专家系统

1) 专家系统概述

专家系统是一个智能计算机程序系统,其内部含有大量的某个领域专家水平的知识与经验,能够利用人类专家的知识和解决问题的方法来处理该领域问题。也就是说,专家系统是一个具有大量的专门知识与经验的程序系统,它应用人工智能技术和计算机技术,根据某领域一个或多个专家提供的知识和经验,进行推理和判断,模拟人类专家的决策过程,以便解决那些需要人类专家处理的复杂问题。简而言之,专家系统是一种模拟人类专家解决领域问题的计算机程序系统。

2) 专家系统的基本结构

专家系统的基本结构如图 7-3 所示,其中箭头方向为数据流动的方向。专家系统通常由知识库、推理机、人机交互界面、综合数据库、解释器、知识获取六个部分构成。

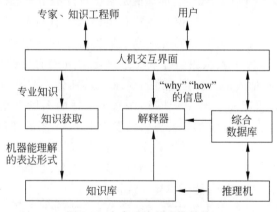

图 7-3 专家系统的基本结构

(1) 知识库用来存放专家提供的知识。专家系统的问题求解过程是通过知识库中的知识来模拟专家的思维方式的,因此,知识库是专家系统质量是否优越的关键所在,即知识库中知识的质量和数量决定着专家系统的质量水平。

(2) 推理机针对当前问题的条件或已知信息,反复匹配知识库中的规则,获得新的结论,以得到问题的求解结果。推理机就如同专家解决问题的思维方式,知识库就是通过推理机来实现其价值的。

(3) 人机交互界面是系统与用户进行交流时的界面。通过该界面,用户输入基本信息、回答系统提出的相关问题,并输出推理结果及相关的解释等。

(4) 综合数据库专门用于存储推理过程中所需的原始数据、中间结果和最终结论,往往作为暂时的存储区。

(5) 解释器能够根据用户的提问,对结论、求解过程做出说明,因而使专家系统更具有人情味。

(6) 知识获取是专家系统知识库是否优越的关键,也是专家系统设计的"瓶颈"问题。通过知识获取,可以扩充和修改知识库中的内容,也可以实现自动学习功能。

7.1.4 信息系统的作用

信息系统在组织中的战略地位体现在三个方面:竞争的工具、商业过程重组、组织间的联系。

1. 信息系统是企业竞争的工具

企业在运作中主要关注的领域是利润、市场份额、发展新的收入等,信息系统能够并且实际上影响到这些竞争的手段。信息系统是竞争的工具。

(1) 在商业竞争中生存。在越来越多的行业中,竞争的基础已经变成复杂的信息系统。例如,对航空公司、旅馆和汽车租赁公司来说一个预定系统是必不可缺的,它们或是自己建设一个,或是利用别人的系统;在医药批发企业,拥有自动定单输入和送货系统的企业已经吞食掉了没有这些系统的企业;在金融市场,计算机化的交易和结算系统已经逐步但安全地取代了人工交易系统;在制造业,计算机辅助设计和工程与电子数据交换被强制性地、逐步地完成;等等。随着工业领导人日益转向通过计算机化来改善质量、服务、创新和速度,他们的竞争对手也必须这样做,否则会发现他们将处于弱势。

(2) 获得市场份额。"与时间赛跑""顾客是上帝""全面质量管理""不创新,便死亡"是各种公司、企业和咨询公司的战斗口号。因此,组织利用计算机信息系统在这些领域内进行竞争是毫不奇怪的事了。

(3) 发现系统的战略用途。经验表明仅仅技术是不会产生成功的,战略、人力资源、商业运作和技术必须结合起来,形成系统。我们可以从两个方面来发现系统的战略用途:分析竞争力和研究"战略动力"。

2. 商业过程重组的手段

(1) 商业组织的发展方向。Peter Keen 在他的 *Shaping the Future* 一书中对未来的商业做了八个预测:①在每个行业中,每一个大公司资金流的 $25\%\sim80\%$ 将在线处理;②电子数据交换将成为规范;③售货点和电子支付将成为核心的服务;④图像技术将成为运作的必备手段;⑤工作将是分布式的,重组将是平凡的事;⑥工作将日益与地点无关;⑦电子的商务合作将成为标准;⑧重组将是经常性的,而不是异常的。以上这些预测目前已经证实或正在发展,而所有这些无一不是同信息管理与系统密切相关。

(2) 利用信息技术作为变革的催化剂。这体现在两个观点:一是"信息化不仅仅是自动化"。哈佛的 Shoshana Zuboff 教授在她出版的 *the Age of the Smart Machine* 一书中造了一个新的名词"informating",定义其为"利用获得的关于自动处理的信息来改进处理或改变执行的工作"。她假定根据这一新的理念,经理们将会对他们的组织结构进行实质性的重组。其二是"以新的方式来组织公司",即信息技术将允许公司按他们选择的方式来进行组织。虽然就信息技术本身而言,它不倾向于集中化或分散化,公司可以选择其中一种或二者都选。例如,为了适应电子商务并成功地运作,许多公司已经进行了重新组织以利用这一新的商业形式获得成功。

(3) 指导商业重组的原则。研究人员 Michael Hammer 在关于重组的文章中,提出了商业重组的七个原则:①围绕成果,而不是任务进行组织;②减少中间环节,利用输出的人应该完成输出的处理;③在产生信息的实际工作中包括信息处理;④集中管理和处理地理上分布的资源;⑤将并行的活动联系起来,而不是事后来集成它们;⑥让工作者自我管理;⑦在信息源收集信息,并只收集一次。

3. 组织间联系的纽带

若干趋势正在增加企业发展同其他组织的联系的需要。许多竞争系统要求信息在供应商和顾客之间流动。基础商业过程的重组经常需要在组织间的信息流的变化。另外,许多企业正在形成"战略联盟",其要求在他们的共同利益方面的协作系统。这些都是信息系统在组织间系统的战略作用。

(1) 组织间系统的特点。组织间系统是至少两个具有不同目标的组织合作来建设和运行的一个联合的信息系统。通常,每一个组织建设和管理这个系统中自己的一部分,但没有其他部分的配合,任何一部分都不能工作。因此,组织间的系统具有如下特征:要求合作伙伴;标准起着关键的作用;教育是重要的;通常包括第三方;工作必须是同步的;工作经常被重新评价;技术不是主要的因素;成就通常是公开的。

(2) 电子数据交换。电子数据交换在组织间的信息交换,特别是在商业数据的通信方面发挥着重要的作用。它具有三个特点:它们设计许多标准化的事务;这些事务要求仔细的和精确的报表;它们使得客户在购买商品和获得服务方面更加容易。

(3) 电子商务。随着 Internet 的广泛应用,一种新的商业形式——电子商务已经出现并快速发展,正在成为商业组织间协作的重要方式或手段,如 B2B 电子商务形式。

7.2 信息系统实施管理

7.2.1 信息系统战略规划

1. 企业商业和信息系统规划

信息系统规划和商业规划正逐渐同支持企业规划的信息系统规划联系起来。但是,随着对利用信息技术来获得竞争优势的重视程度增加,信息系统规划实际上引导着商业战略。

(1) 企业商业战略规划过程。商业战略规划是公司执行官们企图回答该公司的"诸如公司目前的地位状况、公司将要处于的地位状况,以及为达到目的所要做的工作"等问题的过程。一个典型的战略规划过程可能需要数月甚至数年的时间,并且战略规划不断地被更新。组织中方方面面的许多人都参与战略规划的制定,完成的所有预测和分析都要汇总,形成一个总体的战略规划。一旦战略规划被制定,它将指导组织的所有过程,所以组织中的所有方面都必须参与和协调他们的行为。因此,市场战略规划和生产战略规划必须服从总体战略规划。

(2) 信息系统战略规划。战略规划的一个主要部分是信息系统的战略规划。信息系统被如此紧密地同一个组织集成在一起,以至于几乎所有规划的变动都需要新的信息系统或对已有的信息系统进行改进。另外,信息系统本身经常是组织系统战略规划制定的推动力。如随着 Internet 的迅速发展,产生了许多新的公司,而已有的公司因为新的技术也改变了它们的竞争方式。在其他情况下,信息系统技术提供的机会已经导致了许多新的商业模式、新的企业、新的产品和新的市场。信息系统和它们带来的商机正在大多数组织的战略规划中发挥着很大的作用。

虽然信息系统战略规划总是组织战略的一个组成部分,但有时信息系统战略规划涉及整个组织。通常在信息系统的主管的建议下,顶级管理层将批准一个重点项目来规划整个组织的信息系统。不像正在进行的规划,一个专门的信息系统战略规划可能每五年左右批准一次,取决于在组织内部和外部环境的变化。

2. 信息系统战略规划的内容

在进行战略规划时,需要查看许多文档和对现有系统进行评价。然后,项目小组试图产生整个组织的商业功能模型和整个组织产生与使用的数据模型。项目小组实地考察这些商业功能和数据的产生与使用。根据这些模型,项目小组提出一个应用构架规划,组织执行其商业功能所需的集成信息系统的描述。然后,根据已经存在的系统和其他因素,项目小组勾画出依次需要实现所要求的系统的轮廓。

根据需要实现的信息系统清单,项目小组确定技术构架规划,即为了实施规划的信息系统所需的硬件、软件和通信网络的描述。项目小组必须调查技术发展的趋势,并召开专门的会议来确定采用的技术,甚至可能的技术提供商。

在理想的条件下,一个综合的信息系统战略规划将会解决信息系统经理所面临的所有问题。但外界的迅速变化使得规划必须不断地更新。没有规划的信息系统项目可能在任何时间出现,因此,要不断地进行信息系统建设轻重缓急的评价。

3. 信息系统规划中的创新——商业过程重组

在前面已经提到信息系统的战略作用之一是实现商业过程重组,因此,在信息系统规划中必须考虑如何帮助组织进行商业过程重组。

商业过程重组是一种寻求改变现有的商业工作模式的技术,其目的是通过对组织内的人力资源、部门和机构的重构与重组,使生产力最大化。商业过程重组的具体目标是:发现现有系统的不足,识别能最大程度上给组织创造利益的企业核心业务流程;按照经过优化的核心物流流程组织业务工作,简化或合并非关键部分的流程,剔除或减少重复出现和不需要的步骤所带来的浪费;改进后的流程应具有高效性,消除浪费,缩短时间,提高了顾客满意度和组织的竞争力,降低整个流程成本;让全体员工以顾客为中心,所有工作必须以满足顾客需求为核心,而不是以领导为中心。

7.2.2　招标与投标管理

1. 招投标的概念

招投标是一种特殊的交易方式和订立合同的特殊程序。所谓招投标,是指采购人(采购商或采购机构)在大宗商品的采购或大型建设项目外包中,不采用一般的交易程序,而是事先提出货物、工程或服务采购的条件和要求,邀请众多投标商(制造商、承包商或集成商)参加投标并按照规定程序从中选择交易对象的一种市场交易行为。

从采购交易过程来看,招投标必然包括招标和投标两个最基本的环节,前者是招标人以一定的方式邀请不特定或一定数量的自然人、法人或其他组织投标,后者是投标人响应招标人的要求参加投标竞争。没有招标就不会有供应商或承包商的投标;没有投标,采购人的招标就没有得到响应,也就没有开标、评标、定标和合同签订及履行等。

在世界各国和有关国际组织的招标采购法律规则中,尽管大都只称招标(如国际竞争性招标、国内竞争性招标、选择性招标、限制性招标等),但无不对投标做出相应的规定和约束。因此,招标与投标是一对相互对应的范畴,分别代表了采购方和供应方的交易行为,无论叫招标还是叫投标,都是内涵和外延一致的概念。

2. 招投标的组织和实施形式

招投标的组织有两种形式:一种形式是采购人自己作为招标人,自行组织招投标的整个过程;另一种形式是采购人委托专门的招标代理机构作为招标人,组织招投标的整个过程。后者是目前特别是大规模的项目的招投标的主要组织形式。

7.2.3　管理信息系统的采购

国际标准化组织和国际电工委员会于1999年发布了一项针对CASE工具采用的技术报告 ISO/IECTR 14471—1999(《信息技术 CASE 工具的采用指南》),给出了一个推荐的采用过程。它全面、综合地研究了采购工作可能会遇到的各方面问题。该标准也可以用于管理信息系统采购。该标准将采购工作划分为 4 个主要过程、4 个子过程和 13 个活动。这 4 个主要过程包括(如图 7-4 所示):

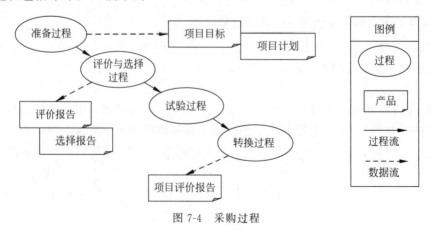

图 7-4　采购过程

1. 准备过程

其主要工作是定义采用管理信息系统的目标,将诸如提高软件组织的竞争地位、提高生产率等高层的商业目标分解细化为改进软件过程、提高设计质量等具体的任务和目标,分析、确定经济和技术上的可行性和可测量性,制订一个具体的执行计划,包括有关里程碑、活动和任务的日程安排、对所需资源及成本的估算,以及监督控制的措施等内容。这一过程由下面 4 个活动组成:设定目标、验证可行性和可测量性、制定方针、制订计划。

在此过程中,需要考虑若干关键成功因素,比如采用过程的目标是否清晰并且是可测量的、管理层的支持程度、工具在什么范围内使用的策略、是否制订了在组织内推广使用工具的计划、工具的典型用法能否调整为与软件组织现行的工作流程或工作方法一致、是否制订了与采用过程有关的员工的培训内容,以及新旧两种工作方式转换时能否平稳进行等。制定方针时,组织可以剪裁这些关键成功因素,以满足自己的商业目标。

2. 评价与选择过程

这是为了从众多的候选管理信息系统中确定最合适的软件,以确保推荐的工具满足组织的要求。这是一个非常重要的过程。其中最关键的是要将组织对管理信息系统的需求加以构造,列出属于管理信息系统的若干特性或子特性,并对其进行评价和测量,软件组织根据对候选管理信息系统的评价结果决定选择哪一种管理信息系统。这一过程由以下 4 个子过程组成:起始过程、构造过程、评价过程、选择过程。

3. 试验过程

该过程是帮助软件组织在它所要求的环境中为管理信息系统提供一个真实的试验环境。在这个试验环境中选择的管理信息系统,确定其实际性能是否满足软件组织的要求,并且确定组织的管理规程、标准和约定等是否适当。它由以下 4 个活动组成:起始试验、试验的性能、评价试验、下一步决策。

4. 转换过程

该过程是为了从当前的工作流程或工作习惯转为在整个组织内推广、使用新的管理信息系统的过程。在此过程中,软件组织充分利用试验项目的经验,尽可能地减少工作秩序的混乱状况,以达到最大程度地获取管理信息系统技术的回报,最大程度地减少管理信息系统技术的投资风险的目的。这一过程由下述 5 个活动组成:转换过程、培训、制度化、监控和持续支持、评价采用项目完成情况。

上述 4 个主要过程对大多数软件组织都是适用的,它覆盖了采用管理信息系统所要考虑的各种情况和要求,并且不限于使用特定的软件开发标准、开发方法或开发技术。在具体实践中,软件组织可以结合自己的要求以及环境和文化背景的特点,对采用过程的一些活动进行适当的剪裁,以适应组织的需要。

7.2.4 信息系统实施策略

1. 联合开发策略

联合开发是指组织的 IT 人员和开发公司的技术人员一起工作,完成开发任务。该策略适合于企业有一定的信息技术人员,但可能对信息系统开发规律不太了解,或者是整体优化能力较弱,希望通过信息系统的开发完善和培养自己的技术队伍,便于后期的系统维护工作。

合作开发方式需要成立一个临时的项目开发小组,由企业业务骨干(甲方人员)与开发人员(乙方人员)共同组成,项目负责人可由甲方担任或由乙方担任,或者双方各出一位负责人,项目负责人直接对企业的"一把手"负责,紧紧围绕项目开发这一任务开展工作。该项目组是一个结构松散的组织,其人员与运作方式随着项目开发阶段的不同而不同,可根据需要随时增减人员与调整工作方式。

由于合作开发方式具有很强的针对性与灵活性,在我国被广泛采用,曾经是我国管理信息系统项目开发中的主流开发方式。它的优点是相对于委托开发方式比较节约资金,可以培养、增强企业的技术力量,便于系统维护工作;缺点是双方在合作中易出现扯皮现象,需要双方及时达成共识,进行协调和检查。

2. 应用软件包策略

应用软件包策略是通过购买应用软件包的办法建设本组织的信息系统,这是目前广泛采用的方法。应用软件包(application software package)是由软件供应商提供预先编写好的应用软件以及相应的系统建设服务的方法。应用软件包提供的范围可以是一个简单的任务,也可以是复杂的大型系统的全部管理业务。

应用软件包之所以被广泛采用,一是因为对于很多组织来说,都有共同的特性,如都包括财务管理、人事管理和库存管理等职能。实际上,很多组织都具有标准、统一的工作程序。二是应用软件包策略减少开发时间和费用。当存在一个适合的软件包时,组织就可以直接使用,这样减少了很多开发过程的浪费。三是软件供应商在提供软件的时候,一般都提供大量的、持续的系统维护和支持,可以满足用户不断适应市场变化的需要。四是软件供应商提供了先进的工作流程。

对于组织的特殊要求,软件供应商还可以提供定制服务。定制服务允许改变软件包来满足一个组织的特殊需求,而无须破坏该软件包的完整性。一些软件包采用组件开发思想,允许顾客从一组选项中仅仅选择他们所需要的处理功能的模块。

但是,没有一个软件包的方案是完美的。无论多么优秀的软件在解决具体企业的具体问题的时候,都会存在软件中找不到对应的功能部分的问题。因此,软件的二次开发是难免的。即都有定制的要求,大量的定制给项目建设带来风险和困难,因此,选择合适的软件是应用软件包策略首要考虑的问题。其次,如果定制要求很多,系统建设费用将成倍增长。而这些费用属于隐藏费用,软件包最初的购买价格往往具有欺骗性。另外,项目建设中的有效管理是控制过程成本的有效途径。

3. 外包策略

如果一个组织不想使用内部资源或者没有内部资源来建立信息系统或者运转信息系统,它可以雇用专门从事这些服务的组织来做这些工作,这种把组织的计算中心操作、远程通信网络或者应用开发转给外部供应商的过程叫作外包。

外包是目前比较流行的信息系统建设方式,主要是因为多数组织认为外包是一种低成本建设信息系统的策略。尤其是对于那些业务波动的组织,外包策略提供给它们的是使用后付费方式,有效地降低了组织的成本。对于软件供应商来说,外包也使他们从规模经营中获得效益。通过提供具有竞争力的服务,外包软件的供应商获得稳定的收益。外包策略有很多优点:①降低成本;②获得标准流程的服务支持;③减少技术人员的需求;④降低信息系统建设的风险。

外包是组织资源外部化的一种方式,因此,外包常常引发一系列问题,如组织可能失去对信息系统的控制,甚至是组织关键资源的控制。当信息系统的控制转向外部的时候,往往意味着组织商业秘密的外部化。如果组织不限制外包供应商为其竞争对手提供服务或开发软件的话,可能会给组织带来危害。因此,组织需要对外包信息系统进行管理,还需要建立一套评价外包供应商的评价标准,并建立相应的约束机制,如在合同中写明提供给其他客户类似的服务要征得该组织的同意等条款。认真设计外购合同是减少风险的一种有效办法。

7.3 信息系统开发阶段的管理

7.3.1 组织管理

1. 组织机构

信息系统项目建设前的准备工作是建立领导机构。由于信息系统涉及企业或组织的方方面面,对企业或组织的运行模式产生直接和巨大的影响,因此信息系统的建设必须是"一把手工程",即一个企业或组织要开发信息系统,必须由该企业或组织的主要负责人、公司的总裁或总经理直接领导。以往的众多实践证明,信息系统的建设是"三分技术、七分管理",主要领导人的重视和参与是信息系统建设成功的关键因素,只有主要领导人亲自负责或组织和全体员工的积极参与,信息系统的建设才能顺利实现。

推动信息系统建设的第一步是建立信息系统建设领导小组。信息系统建设领导小组是领导者的主要咨询机构,又是系统建设的最高决策机构,其主要工作是确定系统目标,审核和批准系统说明书、系统设计说明书、验收信息系统。信息系统建设领导小组的成员应包括有关部门的负责人、有经验的管理专家、系统分析员。领导小组的组长由企业或组织的主要负责人担任。

在信息系统建设领导小组下建立一个信息系统项目团队,这是进行具体工作的机构。其成员包括各行业的管理专家、系统分析员、程序员、操作员等。这种机构可根据具体情况而定。人员可由各单位抽调,也可以外聘,或者内外结合。

2. 人员管理

一组个体为达到项目目标而在一起协作,形成开发团队。开发团队的工作绩效对信息系统建设的成败具有重要意义。一个信息系统建设要成功,制订计划与项目管理是必不可少的,但人员(项目负责人和项目团队)却是关键所在。项目管理归根结底是人员管理。信息系统开发项目是智力密集、劳动密集型的结构,受人力资源影响最大。项目负责人的素质和项目组成员的结构、责任心、能力对项目质量是否成功有决定性的影响。

(1) 项目负责人(项目经理)的要求。项目负责人的主要职责是项目管理。项目管理是计划、监督和控制项目的所有方面和所有涉及项目的要素,以便按照规定的费用、质量和性能,在预期的时间内实现项目的目标。由于信息系统开发的复杂性,在项目实施过程中,项目负责人要与多个要素发生关系,这些要素包括与项目组成员、项目用户、与项目的任务本身、与项目实施所采用的工具、与组织结构及组织的环境。所有这些要素之间又相互作用,项目负责人要协调彼此之间的关系,解决各种各样的冲突,把它们组织起来,形成协同合力作用。这就要求项目负责人具备多方面的能力,如技术知识和技能、商业知识和技能、人际沟通与人员管理知识和技能。项目负责人的工作具体体现在对项目的计划、执行、监督和控制上。

首先,项目负责人必须负责项目计划的制订。项目计划是项目管理的重要性文件,是项目实施的指南,其说明了项目的六个方面,即6W(why,what,how,who,how much,when),具体包括:①项目的总体目标的定义,以及如何实现和验证这些目标;②估计所需的时间;③预算;④质量政策;⑤风险管理策略;⑥其他可能涉及技术、商业、组织、人员或控制方面的事项。

项目一旦开始,项目负责人必须负责计划的执行和确保项目按计划进度安排进行。执行计划的一个方面是监督各个任务的完成情况。当这些任务完成后,项目负责人要给团队成员分配新的任务。项目经理应该经常同信息系统领导小组一起检查进度计划、预算和进展情况。

项目负责人要采取各种活动来监督和控制项目的实施,其包括质量控制和测试工作来保证项目的各个部分完好地开发。

在面临障碍和未预见的问题时,项目负责人必须利用各种技术来保证项目按计划进行。因为对于特定的项目、系统、资源、管理和商业环境,每一个问题都是独特的,项目负责人必须依靠经验和发挥创造性。一个成功的项目负责人的气质和精神是由他/她的预见和纠正这些问题的能力来衡量或体现的。

(2) 开发团队成员的要求。现代的、大型的信息系统开发需要团队的集体力量来实现。团队成员直接涉及项目的管理和实施,由具有专门技能的技术人员和管理人员组成,如系统分析员、高级程序员、程序员、数据库专业人员、网络与集成专业人员、测试人员、文档编写人员、后勤管理人员等。不同的人员担任不同的角色,承担项目不同阶段的不同工作,形成项目开发和谐的团队。团队中既分工又合作,每个人的工作是项目成功的不可缺少的因素,因此要求每个团队成员具备足够的知识、技术、技能来完成其角色所要求的职责。

作为团队的一员,不仅需要具备完成或胜任本职工作所需要的知识和技能,还必须具备集体意识和协作精神,如要善于学习和交流,对于不同意见,允许其自由地表达出来,要尊重这些意见,以积极的态度对待冲突,把它当作学习的机会。

3. 项目管理的概念

项目管理起源于19世纪,但现代项目管理开始于20世纪20年代。商业要实现组织围绕项目所做工作的利益的需要和在部门与专业之间通信和协作的关键需要形成了项目管理需求。总的说来,项目管理是关于营造一个环境和条件,使得定义的目标或目的能由一组人以受控的方式得以实现。项目管理的主要定义是:项目管理不是一个小任务;项目管理有一个明确的开始和结束,它不是一个连续的过程;项目管理利用各种工具来衡量和追踪项目的任务进展情况,这些工具包括CPM(Critical Path Method,关键路径法)图和PERT(Performance Evaluation Review Technique,性能评审技术)图;项目管理通常需要特殊的资源;项目管理降低风险和增加成功的机会。项目管理通常概括为一个三角形,三个重要的因素是进度、成本和质量。

7.3.2 进度管理

1．进度计划的制订

一个详细的进度计划包括：确定执行项目需要的特定活动,明确每项活动的职责；确定这些活动的完成顺序；计算每项活动所需的时间和资源；制定项目预算。

计划过程的起点是确定信息系统项目的目标、预期的结果或最终产品。目标要明确、具体、可以度量,并在项目开发者和客户之间达成一致意见。目标通常根据工作范围和成本而定,要求在一定期限和预算内完成这项工作。

信息系统的项目目标确定之后,需要根据信息系统的开发周期建立一个工作分析结构,将项目分解成相对独立的活动和任务。工作分析结构将一个项目分解成容易管理的几个阶段,有助于找出完成项目所需的所有工作任务而无遗漏。它是项目分解成具体任务的等级树,所有这些任务构成整个项目的工作范围。

通常,项目管理组建立一个确定项目主要活动的项目计划表,一般有经验的系统分析员能建立主要活动的计划表,如信息系统开发周期的各个阶段和主要活动。然后,在项目开始前,建立每一个阶段的详细任务清单。

制订一个项目计划表或绘制 PERT/CPM 图有 4 个步骤：确定项目的所有任务；决定完成每一个任务的工作量；对每一个任务,确定其直接前序的任务；在 PERT/CPM 图上画出这些任务,计算每一个任务的开始时间和最迟开始时间。

2．进度计划的控制

一旦计划建立．就必须实施。项目开始以后,必须对进度实施控制,监控项目进度,确保一切工作按计划进行,如果实际进展与计划有差异,必须采取纠正措施,并重新修订计划。

信息系统开发项目的进度控制是一件难度很大的工作,大量无法预测的情况会使开发项目超出预定日期。信息系统开发项目中往往会出现一些变更,这些变更可以分成 3 大类：①用户需求的变更,这是主要的变更情况；②开发和应用环境的变更；③资源的变更。所有这些变更和系统开发中遇到的未预见的困难都将会引起实际进度与计划进度发生偏差。

进度控制的关键是监控实际进度,及时、定期地将它与计划安排进行比较,采取必要的纠正措施。

项目控制过程从制订基准计划开始。基准计划表现项目的范围、进度、预算。

报告期可以根据项目的复杂程度和时间期限定为日、周、双周或月。若项目预计在一个月内完成,报告期应该短至 1 天；若项目期为 5 年,则报告期可能是 1 个月。一般说来,报告期越短,早发现问题并采取纠正措施的机会越多。

报告期内需要及时收集两类数据：①实际执行中的数据,包括活动开始或结束的实际时间,使用或投入的实际成本；②有关项目范围、进度计划和预算变更的数据。

一旦变更被列入计划并取得了客户的同意．就必须建立一个新的基准计划,其范围、进度、预算都可能与最初的基准计划有所不同。

更新的进度计划和预算一经形成,必须与基准进度和预算进行比较,分析各种变量,预测项目将提前还是延期完成,是低于还是超出预算。若进展良好,则不需要采取纠正措施。

如果认为需要采取纠正措施,则必须做出如何修改进度计划或预算的决定。这种决定经常涉及项目的时间、成本和范围的置换。例如,缩短工期可能需要增大成本或缩小任务范围。

7.3.3 质量管理

随着信息化程度的提高,信息系统在组织中的作用越来越重要,组织的事物处理、信息管理和决策都离不开信息系统的支持。而信息系统开发质量的好坏直接影响信息系统的效能,进而影响企业或组织的正常运作、迅速发展和竞争优势。因此,信息系统建设的质量管理也越来越受到重视,成为信息系统资源管理的一个重要组成部分。

1. 质量概述

质量是产品或服务的一类属性和特性的统称,这些属性和特性涉及其满足规定的或隐含的需要的能力。在质量管理中,质量被定义为"用户的满意程度"。根据这一定义,可以认为信息系统的质量主要体现在以下两个方面。

(1) 信息系统的设计和实现必须符合和满足用户需求。这一方面是涉及系统分析和设计的质量。系统分析与设计的成果只有符合用户的需求,才能满足用户的功能和性能要求,系统所解决的问题才能确定是用户所需要解决的。否则,系统设计再先进、功能再强大,也是"文不对题""答非所问",不能使用户满意。

(2) 系统程序要按设计规格所说明的情况正确运行。这是强调系统的程序质量。程序符合设计规格,才能给问题以正确的解答。虽然系统设计能够符合用户的需求,但程序不能实现设计的要求,则不能满足用户的要求,不能给用户提供满意的系统。

2. 质量标准

质量标准是这样一类产品或服务的特性,其决定产品或服务是否满足某一要求。信息系统的主体和核心是系统的软件,软件的质量决定信息系统的生命。因此信息系统的质量标准也主要着重于系统的软件质量,可以从软件的质量特性来理解。软件质量特性表现在以下方面:功能性、可靠性、效率、安全性、易使用性、可维护性、可扩充性、可移植性和可重用性。

3. 质量管理

质量管理也称作质量保证,是指所有那些保证产品或服务将满足给定的质量要求所必需的计划的和系统的活动。这些活动即质量控制,是特殊的方法,即通过监视特定项目结果来决定它们是否按照相应的标准,以及确定消除令人不满意的性能的原因的措施。

7.3.4 文档管理

在 GB/T 8567——2006《计算机软件文档编制规范》中,建议在软件开发过程中编写 25 个文件,其中主要的有 14 个。为了加深了解和理解,现简要介绍这 14 个文件的编写目的及内容要求。

(1) 可行性研究报告。可行性研究报告的目的是说明该软件开发项目的实现在技术上、经济上和社会条件上的可行性,论述为了合理地达到开发目标而可能选择的各种答案,说明并论证所选定的方案。

(2) 项目开发计划。编制项目开发计划的目的是用文件的形式,将在开发过程中各项工作的负责人员、开发进度、经费预算、所需软硬件条件等问题做出的安排记录下来,以便根据计划开展和检查项目的开发工作和进度。

(3) 软件需求说明书。软件需求说明书的编制是为了使用户和软件开发人员双方对该软件的功能和性能需求等规定有一个共同的理解,使之成为整个软件开发工作的基础。

(4) 数据要求说明书。数据要求说明书的编制目的是向整个软件开发时期提供关于被处理数据的描述和数据采集要求的技术信息。

(5) 总体设计说明书。总体设计说明书又称为概要设计说明书。其编制目的是说明对项目系统的设计考虑,包括基本处理流程、组织结构、模块结构、功能配置、接口设计、运行设计、系统配置、数据结构设计和出错处理设计等,为程序的详细设计提供基础。

(6) 详细设计说明书。详细设计说明书又称为程序设计说明书。其编制目的是说明一个软件系统各个层次中的每一个程序(模块)的设计考虑。如果软件系统比较简单、层次少,本文件可以不单独编写。有关内容可并入总体设计说明书。

(7) 数据库设计说明书。数据库设计说明书的编制目的是对于系统中的数据库的所有标识、逻辑结构和物理结构做出具体的设计规定。

(8) 用户手册。用户手册使用非专业术语描述该软件所具有的功能及基本的使用方法,使用户通过本手册能够了解该软件的用途,并能够确定在什么情况下、如何使用它。

(9) 操作手册。操作手册的编制目的是向操作人员提供该软件每个运行过程的有关知识,包括操作方法的细节。

(10) 模块开发卷宗。模块开发卷宗是在模块开发过程中逐步编写出来的。每完成一个模块或一组密切相关的模块的复审时编写一份,应该把所有的模块开发卷宗汇集在一起,编写的目的是记录和汇总低层次开发的进度和结果,以便于对整个系统开发工作进行管理和复审,并为将来的维护提供有用的技术信息。

(11) 测试计划。这里所说的测试是指整个软件系统的组装测试和确认测试。本文件的编制目的是提供一个对该软件的测试计划,包括对每项测试活动的内容、进度安排、设计考试、测试数据的整理方法及评价准则。

(12) 测试分析报告。测试分析报告的编制目的是把组装测试和确认测试的结果、发现的问题以及分析结果写成文件的形式加以保存。

(13) 开发进度月报。开发进度月报的编制目的是及时向有关管理部门汇报项目开发的进度和情况,以便及时发现和处理开发过程中出现的问题。一般来说,开发进度月报是以项目组为单位每月编写。

(14) 项目开发总结报告。项目开发总结报告的编制目的是在项目开发工作完成后,对整个开发工作做一个整体的总结,包括成果系统的主要功能和性能、系统开发的进度情况、系统开发费用情况等,并对开发工作在效率、质量和技术等方面进行分析,达到总结经验,吸取教训,为以后的开发工作打下基础。

7.4 信息系统的评价、监理和审计

信息系统的评价、监理和审计是信息系统资源管理的发展方向和重要组成内容之一,其贯穿在信息系统建设的全过程。作为从事信息资源管理的专业人员,无论在将来工作中是

担任建设方的管理人员,还是系统的开发人员,或者是咨询公司的咨询人员,都必须对其了解、掌握和运用。鉴于其重要性,在此我们对其进行专门的讨论。

7.4.1 信息系统的评价

1. 信息系统评价的基本框架

信息系统评价的基本框架分四个阶段,其基本框架如表 7-1 所示。

表 7-1 信息系统评价的基本框架

顺　序	过　程	内　容
阶段一	组织的信息系统环境分析	(1)行业和组织的竞争环境分析;(2)组织的发展历史、文化、结构和组织行为分析;(3)组织的信息和技术支持的需求分析
阶段二	信息系统基础设施的评价	(1)信息系统应用软件和数据库体系结构评价;(2)信息系统的技术构成评价;(3)信息系统的组织和管理结构评价;(4)信息系统的投资评价
阶段三	信息系统接口的评价	(1)信息系统设计和控制评价;(2)信息系统使用评价;(3)终端用户计算评价
阶段四	信息系统活动的评价	(1)应用软件开发与维护评估;(2)信息系统运行评估;(3)系统设计能力和技术实现程度评估;(4)信息系统维护功能评估;(5)信息系统安全措施评估;(6)信息系统人事管理评估

2. 信息系统评估的实施步骤

在上述评估的基本框架中,各步骤按由上至下顺序进行。先从最一般的竞争环境和组织结构开始,到信息系统总体结构,然后是信息系统和组织之间管理接口的服务水平,接着是信息系统内部功能的一些特殊结构。信息管理功能评估是有组织的评价,它研究处理的是过程而不是最终的结果。具体讨论如下。

阶段一,组织的信息系统环境分析。在这一阶段的分析结束时,应该对市场中的竞争压力、主要的竞争对手和关键的成功因素有清晰的定义。组织通过其机构、策略、文化因素等对竞争环境做出反应,这一阶段应该了解这种反应的方式。要正确评价组织对于信息和其支持服务需求的总体水平,以及它们如何影响组织的状况和所处环境。

阶段二,信息系统基础设施的评价。在第一阶段建立了组织环境之后,第二阶段的评价主要用于分析信息系统基础设施的不同组成部分,如组织的结构和已建立的处理过程,它们决定组织信息系统的性能。基础设施有以下四个维度:信息维度(提供信息支持的应用系统和数据库);技术维度(计算机设备、系统或应用软件以外的软件和远程通信设备的体系结构);组织维度(信息系统功能的组织和管理结构);经济维度(组织对信息系统的投资)。

阶段三,信息系统接口的评价。系统体系结构描述了已建立的信息系统的性能,在对其进行评价后,下一阶段要评价系统的管理过程,它是组织体系结构与组织其他部分之间的重要接口。要对管理过程及其质量进行评价,首先要进行信息系统计划和控制的评价。信息系统接口的评价用于测试组织使用信息系统的效率和信息系统满足用户实际需求的程度。

阶段四,信息系统活动的评价。最后一个阶段的评价包括信息系统功能中的活动评价和管理评价。围绕信息系统各个功能的评价包括六项活动：应用软件开发和维护评价；信息系统操作评价；预期性能计划和技术实现评价；信息系统支持功能评价；信息系统安全措施评价；信息系统人事管理评价。

评估框架引导评价小组安排工作、收集数据、组织分析和呈交汇报。管理信息系统(MIS)功能所进行的一切活动都在MIS预期工作的组织环境中进行评价。这些预期环境由竞争环境和组织战略共同决定。目标评价，如MIS人事管理评价，要在全局环境中进行。

7.4.2 信息系统监理

1. 信息系统监理的概述

1) 监理的概念与作用

信息系统监理指聘请除信息系统的甲方(投资方或用户方)与开发方(乙方)之外的，具有监理资质的第三方对信息系统建设参与者的行为所进行的监控、督导和评价，并采取相应的管理措施，保证信息系统工程建设行为符合国家法律、法规和有关政策，制止建设行为的随意性和盲目性，促使建设质量、进度、造价和计划(合同)实现，确保建设行为的合法性、科学性、合理性和经济性。

信息系统监理的任务是对信息系统开发方的行为、事件和文档进行监督和审查，为用户提供与项目有关的信息和信息处理能力的技术支持，以确保信息系统建设成功。

监理作为信息系统建设项目的第三方，与甲方(投资方)签定监理合同，为甲方提供信息处理能力的支持。甲方、乙方和监理方共同构成一个三角对策模型。如图7-5所示，图中的实线表示甲乙双方、甲丙双方的合同约束，虚线表示相互的信息约束。

对甲方来讲，监理方的职责是督促乙方，同时要协助甲方顺利完成项目。监理方的工作是利用其丰富的信息技术知识和经验，为用户提供信息处理方面的支持。监理方要协助甲方对信息产品、信息技术、信息系统建设方案进行评价和选择，辨析开发方提供的各种设备和仪器，改变甲方在与乙方对策过程中的信息不对称的不

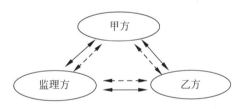

图7-5 监理机制下的信息系统建设对策模型

利地位，从而降低因乙方隐蔽信息而带来的风险。另一方面，监理方利用自己丰富的管理知识，指出甲方为了建设信息系统需要调整的业务流程和管理机制，协助制订改革计划，并不断督促甲方排除阻力进行调整，降低因业务流程和管理体制不适应给信息系统带来的风险。

监理方对于乙方而言，主要职责是监督和管理，重在监督。在信息系统建设过程中，监理方根据自己的经验判明乙方是否偏离了甲方的实际需要，是否简化了系统的功能模块，是否采用了性能较低的配置或质量较差的产品，是否隐含了安全问题等。

为了降低信息系统建设的风险，除了甲方希望有"第三方"帮助之外，有实力的乙方也希望有个"第三方"对他们提出的方案及实施结果给予公正、权威的评价。

信息系统监理的目的和作用是通过引入监理，降低项目风险，提高系统质量，确保按时、按预算完成系统开发；中心任务都是科学地规划和控制项目的投资、进度、质量和风险四大目标；基本方法都是目标规划、动态控制、组织协调和合同管理。

有别于信息系统开发的过程管理,信息系统监理是一个外部监督工作,而信息系统开发的过程管理则是一个内部管理工作。前者由项目经理负责,后者由信息系统监理师负责。

2) 信息系统建设开发监理工作

信息系统监理在我国已经实施多年,很多单位在进行信息系统建设时,都采用了信息系统监理机制。监理工作分为三个阶段:项目实施前、项目实施中和项目实施后。

(1) 项目实施前的监理咨询。在工程准备阶段,监理工作的主要内容是:协助用户招标、评标,考查中标单位并给出资质评估报告;起草合同条款,协助用户签定项目开发合同。

(2) 项目实施中的监理工作。这一阶段包括系统分析、设计和实施的内容。监理的核心内容是规范系统开发过程,对项目质量、进度和费用进行有效的控制,全面监督开发过程,确保按照切合实际的进度开发出符合质量要求、满足用户需求的信息系统。具体内容为:协助用户和开发人员明确需求;指导和规范系统设计;指导并监控系统实施;参加系统测试,协助用户做好系统评估。

(3) 项目实施后的监理内容。在系统试运行期间,监理方及时指出试运行会发现的问题,提出改进意见。试运行结束后,协助用户方制定系统验收方案,组织验收工作。

3) 信息系统监理的工作准则

信息系统监理工作应遵守一般工程项目监理的一般准则,即"守法、诚信、公正、科学"的八字原则。守法,就是要依法经营,遵守国家的法律法规。诚信,就是诚实、讲信誉,认真履行监理合同规定的义务和职责。公正,主要是指在甲方和乙方之间要做到"一碗水端平",不能因为监理方受甲方的委托就偏袒甲方。科学,指监理活动要遵照信息系统的开发规律,运用科学手段,采取科学的方法。

4) 监理人员的基本要求

全国计算机技术与软件专业技术资格考试中,专门设立了"信息系统监理师"中级资格级别。信息系统监理师必须具备以下条件:公正、独立,有良好的职业道德;既熟悉信息技术和信息产品,又熟悉管理工作;有丰富的信息系统建设实践经验。

2. 系统监理的工作内容

监理工作的主要内容简称为"四控两管一协调"。具体包括以下几个方面。

(1) 成本控制。成本控制的任务主要是在建设前期进行可行性研究,协助建设单位正确地进行投资决策;在设计阶段对设计方案、设计标准、总概(预)算进行审查;在建设准备阶段协助确定标底和合同造价;在实施阶段审核设计变更,核实已完成的工程量,进行工程进度款签证和索赔控制;在工程竣工阶段审核工程结算。

(2) 进度控制。进度控制首先要在建设前期通过周密分析,研究确定合理的工期目标,并在实施前将工期要求纳入承包合同;在建设实施期通过运筹学、网络计划技术等科学手段,审查、修改实施组织设计和进度计划,做好协调与监督,排除干扰,使单项工程及其分阶段目标工期逐步实现,最终保证项目建设总工期的实现。

(3) 质量控制。质量控制要贯穿在项目建设从可行性研究、设计、建设准备、实施、竣工、启用及用后维护的全过程。主要包括组织设计方案评比,进行设计方案磋商及图纸审核,控制设计变更;在施工前通过审查承建单位资质等;在施工中通过多种控制手段检查监督标准、规范的贯彻;通过阶段验收和竣工验收把好质量关等。

(4) 风险控制。风险控制是指风险管理者采取各种措施和方法,消灭或减少风险事件发生的各种可能性,或风险控制者减少风险事件发生时造成的损失。风险控制的四种基本方法是风险回避、损失控制、风险转移和风险保留。

(5) 合同管理。合同管理是进行投资控制、工期控制和质量控制的手段。因为合同是监理单位站在公正的立场采取各种控制、协调与监督措施,履行纠纷调解职责的依据,也是实施目标控制的出发点和归宿。

(6) 信息管理。信息管理包括投资控制管理、设备控制管理、实施管理及软件管理。

(7) 协调。协调贯穿于整个信息系统工程从设计到实施再到验收的全过程。其主要包括监理方与甲方的协调、与乙方的协调,以及组织与甲方乙方的三方协调。其形式可以是现场或会议。

7.4.3 信息系统审计

审计原专指专设机关对各级政府、金融机构、企事业单位的财务收支进行事前和事后的审查。而信息系统审计是指根据公认的标准和指导规范,对信息系统及其业务应用的效能、效率、安全性进行监测、评估和控制的过程,以确定预定的业务目标得以实现。

具体而言,信息系统审计包括两个方面:一是信息系统建设审计,这是审计信息系统的开发过程,检查开发过程是否科学、规范,系统是否高效可靠,达到预期的目标;二是信息系统运行审计,这是对信息系统支持的业务信息或业务数据的审计,检验其正确性、真实性,同时检验系统的安全性,数据的完整性、有效性和效率性等方面。

1. 信息系统建设审计

信息系统建设审计的内容包括以下方面。

(1) 系统的经济性。信息系统的"经济性审计"就是根据各种会计凭证、收据或合同档案,盘存系统物理硬件设备,探究系统的建设开发成本和运行成本、经济收益(直接收益、降低成本、增加产量和利润),参考同类型的信息系统成本-收益指标,纵向比较该信息系统的相应成本-收益指标,利用价值工程、回归分析等技术评估其经济合理性,并检查在项目招投标期间有无寻租、受贿等不道德行为甚至违法犯罪行为。

(2) 系统的可靠性。信息系统的"可靠性审计"就是对系统的稳定、安全、平稳、运行进行检验、评估、咨询。

(3) 系统的效率性。信息系统的目的就在于通过先进的管理理念、先进的IT技术,实现业务流程的重组、企业员工思维意识的革新,最终降低人力、物力、财力损耗,提高生产率。

(4) 系统的效益性。信息系统的建设应用的结果很大程度上由用户的参与程度与影响、管理层的支持、系统本身的复杂程度及实施风险、实施过程的管理控制四个因素所决定。

2. 信息系统运行审计

信息系统运行审计的内容包括以下四个方面。

(1) 内部管理制度审计。严格的内部管理制度,可以保证系统输出信息的正确、完整、及时、有效,防止和纠正舞弊和犯罪行为。

(2) 应用程序审计。计算机应用程序的审计是信息系统运行审计的重要内容。应用程序的审计主要是检查程序的控制功能是否可靠,处理经济业务的方法是否正确。应用程序的审计分为间接审计和直接审计。

(3) 数据文件审计。数据文件审计包括由计算机打印出来的数据文件及存储在各种介质上的数据文件的审计。对后面一种文件的审计，需要用信息技术进行测试。

(4) 处理系统综合审计。处理系统综合审计是对信息系统中的硬件功能、输入数据、程序和文件四个因素进行综合审计，以确定其可靠性、准确性。

3. 信息系统审计的步骤

实施信息系统审计时，可分如下几个步骤进行。

1) 背景调查

审计的目的在于评估和降低风险。为了评估组织及其信息系统的总体风险，审计人员将调查并评价如下环境因素：行业、组织结构、人员、硬件、数据库管理系统和计算机语言。

2) 编制计划

获得背景信息后，必须开始编制审计计划。需要完成以下任务：①设置优先权。审计人员一般不可能检测组织中所有的信息系统。有些系统（如财务报告系统）必须每年都进行测试，有些系统则需循环检测，而有些系统根本无须测试。审计人员根据审计目的和系统对组织的重要程度选择需要评价的系统。②决定必要的程序和凭据。当审计人员决定要执行的程序及要收集的凭据时，会考虑系统的敏感性、关键程度、普遍性和实施特性。可通过说明书、盘点、问卷调查、面谈和数据测试获得凭据。

3) 收集凭据

为了评价信息系统功能的可靠性，审计人员会使用不同的收集凭据的方法，包括说明书、调查问卷和面谈、测试、通用审计软件和查询语言及并发审计技术。

4) 凭据评价

由有经验的信息系统审计人员进行评价和解释收集的凭据。他们将审计过程中收集的各种凭据进行综合，得出对被测系统总体性能的评价。

5) 提交报告

审计报告应该指明审计员所测试系统的优缺点；指出每项不足的严重程度，对改进不足的优先办法提出建议，如果有可能，则尽量指出改进不足的方法。审计人员向董事会审计委员会呈交审计跟踪审计报告，若没有审计委员会，向首席执行官提交报告。

6) 跟踪审计

经过适当时间后，审计人员将进行跟踪审计，以确认信息系统的优点得以发挥、缺陷得以弥补。

练习题

一、名词解释

1. 信息系统
2. 管理信息系统
3. 决策支持系统
4. 专家系统
5. 招投标

6. 商业过程重组

7. 质量管理

8. 信息系统监理

二、简答题

1. 简述诺兰模型。

2. 简述米歇模型。

3. 简述计算机信息系统的目的与组成。

4. 简述信息系统项目的计划的工作内容。

5. 简述信息系统监理的内容。

6. 简述信息系统审计。

三、综述题

1. 论述信息系统是企业竞争的工具。

2. 试讨论评价体系在信息系统评价中的内容和作用。

3. 论述信息系统审计的内容和作用。

4. 论述如何购买信息系统。

参考文献

[1] STAIR R M. Principles of Information Systems [M]. London: Boyd & Fraser Publishing Company,1992.

[2] SATZINGER J W,JACKSON R B,BURD S D. System Analysis and Design in a Changing World [M]. Boston: Course Technology,2000.

[3] 邝孔武,王晓敏. 信息系统开发与管理[M]. 北京:中国人民大学出版社,2003.

[4] 北京信息安全测评中心. 信息系统工程监理[M]. 北京:中国标准出版社,2003.

[5] 戈登,戴维斯. 布莱克韦尔管理信息系统百科辞典[M]. 姚家奕,译. 北京:对外经济贸易大学出版社,2001.

[6] 邬沦,刘瑜. 地理信息系统——原理、方法和应用[M]. 北京:科学出版社,2000.

[7] 徐志坚. 信息系统与公司竞争[M]. 北京:科学出版社,2002.

[8] 姜旭平. 信息系统开发方法——方法、策略、技术、工具与发展[M]. 北京:清华大学出版社,1996.

[9] 石登荣,刘晓敏. 信息系统管理[M]. 上海:上海教育出版社,2002.

[10] 张凯. 计算机导论[M]. 北京:清华大学出版社,2010.

[11] 张凯,余小高,刘行军. 管理信息系统教程[M]. 北京:清华大学出版社,2011.

第3篇 经济信息资源管理

- 第8章 信息产业的组织管理
- 第9章 政府信息资源管理
- 第10章 市场信息资源管理
- 第11章 企业信息资源管理
- 第12章 经济信息资源管理案例

第8章 信息产业的组织管理

产业分工是生产力发展到一定程度的产物。随着信息技术的发展,信息产业已成为一个独立的产业。作为新兴的产业,信息产业理论、运行管理模式、未来发展趋势等都处于不断加深认识的过程中。本章结合目前实际情况,阐述信息产业的含义、演进过程、特点以及在社会发展和国民经济中的重要作用,分析信息产业的结构和分类,介绍信息产业的管理模式,以及我国信息产业的政策和发展现状,探讨信息产业的发展规律及我国信息产业的发展趋势。

8.1 信息产业的构成

本节将介绍信息产业的概念,并对其结构进行分类。

8.1.1 信息产业概述

1. 信息产业概念的发展

1962年,美国的马克卢普最早提出知识产业概念,并将知识产业划分为教育、研究与开发、通信媒介、信息处理设备、信息处理服务等五个部门。

1977年,美国的马克·波拉特出版了《信息经济》,依据马克卢普对"知识产业"的研究,提出信息产业、信息经济等概念。

在此基础上,一些国家和组织提出了信息产业的定义。美国信息产业协会(AIIA)认为信息产业是依靠新的信息技术和信息处理的创新手段,制造和提供信息产品与信息服务的生产活动组合。欧洲信息提供者协会(EURIPA)认为信息产业是提供信息产品和信息服务的电子信息工业。

信息学家P. G. Zurkowki认为信息产业不是简单的服务业。它是既包括传递信息内容,又包括信息的传输过程和传输手段的信息服务业。

在我国,较早从事信息经济研究的学者,如乌家培等人认为"信息产业是从事信息技术设备制造以及信息的生产、加工、存储、流通与服务的新兴产业部门",由信息设备制造业(硬件业)和信息服务业构成。

信息产业有狭义和广义之分,其区别在于是否把信息的生产和分配扩大到知识的生产和分配。

2. 信息产业的定义

综合各种不同的认识，依照"产业划分实用性"的观点，可以将信息产业定义如下：信息产业是以信息为资源、以现代新兴的信息技术为基础，专门从事信息资源和信息技术的研究、开发和利用，生产、存储、传递、销售信息商品，为经济发展提供有效信息服务的综合性生产活动的产业集合体，是国民经济结构的基本组成部分。

这一概念体现了以下几点基本含义：

第一，信息产业是整个国民经济结构的基本组成部分，是综合性的生产领域。信息产业对其他传统产业的渗透，反映了信息资源在国民经济生活中的重要作用，也表明新技术革命使传统产业结构进一步软化，指出了世界产业结构调整和产业升级的方向。

第二，信息产业是在新技术革命的背景下产生的，是以信息技术为支柱，对信息资源进行开发利用。实际上，正是现代通信和信息处理工具如电话、电视、电子计算机等产品的发明，晶体管、大规模集成电路的开发研制，光导纤维、光纤通信、全数字网络商业通信卫星的研制和使用，以及其他各种新技术层出不穷的发展，为信息产业成为一个独立产业奠定了坚实的物质基础，现代信息技术进步是促进信息产业繁荣的主要因素。

第三，信息产业不仅提供信息设备和器件方面的硬件服务，也提供软件、无形的信息咨询与服务，而且后者所占的比重将越来越大。其根本目的是促进社会经济的发展与进步。依托信息技术提供服务是信息产业的显著特点。

结合表 8-1 列出的部分代表信息产业的产品和服务，可以进一步认识信息产业的含义。

表 8-1　信息产业部分代表性产品和服务

信 息 设 备		信 息 服 务	
计算机类产品	整机、外设、零部件，如 CPU、显示器、硬盘等	基础信息服务	图书馆、情报中心、公共数据库、文化教育等
通信设备	电话机、手机、传真机、数据交换机、电视发射设备等	基础电信服务	电话、电视、互联网、信息系统等
半导体元件和制造设备	集成电路、芯片；真空干燥机、切割机、显微镜等	增值信息服务	商业数据库、政治经济信息服务软件、影视服务软件等
科学仪器	分光仪、光电设备等	增值电信服务	综合业务数字、电子信箱、网络接入服务、域名服务、电子数据交换等
其他信息设备	办公设备、音乐影视娱乐设备等		

信息技术的重要特点之一是技术的更新换代速度很快。信息技术是一个动态的不断快速发展的技术。信息技术的这种动态特性，决定着信息产业的动态性。随着社会与经济的发展以及现代信息技术的不断创新，信息产业的内涵仍将不断地调整和充实。

8.1.2　信息产业的组成

根据以上关于信息产业的界定，可以认为，信息产业由两大部分组成：第一，信息技术和设备制造业；第二，信息服务业。

1. 信息技术和设备制造业

信息技术和设备制造业的产品是进行信息的采集、传输、存储、加工的生产资料，是信息产业赖以存在及不断发展的物质基础,主要包括计算机硬件设备制造业和软件业、通信与网络设备制造业以及其他信息设备制造业、信息网络建筑业、系统集成业等部门。

信息设备制造业主要包括集成电路制造业、计算机制造业、通信与网络设备制造业以及家庭电子信息产品制造业等行业。

软件开发业则是分析用户的需求、设计和开发能满足用户所要求的特定功能的软件,并进行软件维护和对用户培训,同时提供软件销售、进出口等市场服务。

系统集成业是根据用户需求,设计、开发计算机集成系统,包括软硬件的配置,并对用户的系统提供必要的人员帮助。

2. 信息服务业

信息服务业是以开发利用信息资源为基础,利用现代科学技术对信息进行收集、传输、存储、处理、检索和利用,生产信息产品,为社会提供服务的专门行业的集合,它也是将产品的生产和消费有机联结起来的纽带。通过信息服务,信息产品的价值才得以实现。

信息服务业作为一种社会服务活动,源远流长。但作为一个产业被认识,还是近几十年的事,是信息技术迅速发展的结果。从历史发展看,可分为传统的和现代的信息服务业。

传统的信息服务业历史悠久,主要是依靠人类大脑进行信息生产加工,依靠印刷媒介记录和传播人类创造和发明的知识和信息。传统信息服务业发展至今已具有了庞大的基础结构,其服务内容、服务机构和服务范围都已相当广泛。它主要包括印刷出版、新闻报道、文献情报、图书档案等行业。现代信息服务业又称电子信息服务业,是以计算机、多媒体技术和现代通信技术等为主要处理手段的信息服务行业,主要包括邮电通信、广播电视、数据库、电子出版、网络服务(如 Internet 服务等)等行业。

现代信息技术的广泛应用使传统信息服务业得到了技术改造,日益与现代信息服务业融为一体。例如随着 Internet 作为继报刊、广播、电视之后的"第四媒体"的兴起,世界各国的报刊纷纷上网,提供更为方便、快捷的电子信息服务。

信息服务业根据其提供服务的内容不同,可以分为信息传输媒介业和信息内容开发业。信息传输媒介业包括邮电通信、网络数据传输、广播电视传输等行业。信息内容开发业包括数据库服务、调查咨询服务、电子信息服务、新闻出版、广播电视节目制作等。

信息产业的主要构成如图 8-1 所示:

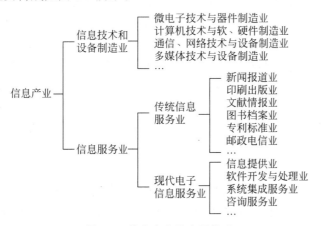

图 8-1　信息产业的主要构成

信息服务业是信息产业的核心内容,是第三产业(服务业)的一部分。由此可见,信息产业的主体属于传统第三产业的范畴。

信息技术和设备制造业是否属于信息产业是争论较多的问题之一。很多人认为信息产业是从第三产业即服务业分离出来的,不应包括计算机设备制造业等工业部门;还有人认为信息产业是提供"信息"服务的企业的集合,信息产业就是信息服务业。但是,从历史发展来看,最早的信息产业是在计算机设备制造业的基础上发展起来的,无论是美国信息产业协会,还是全球信息产业协会,都覆盖信息设备制造业这个行业,这是国际现实。因此,信息技术产品是进行信息处理的生产资料,是考察信息产业发展状况的。为尊重信息产业发展的历史,便于国际交流,信息产业应该包括信息技术产业及设备制造业。

信息产业的两大构成部分是紧密相关的,信息技术和设备制造业为信息服务业发展提供了技术基础和手段,而发展信息服务业是信息技术和设备制造业的目的,为信息技术的应用提供了空间。因此,二者的发展是相辅相成的。

8.2 信息产业的特征和作用

信息产业作为一个新兴产业,在国家的国民经济发展过程中发挥着越来越重要的作用。了解信息产业的发展动因以及信息产业的鲜明特点,有助于加深对信息产业的理解。

8.2.1 信息产业发展的动因与信息技术发展过程

1. 信息产业发展动因

1)历史动因

信息处理历史上早已存在,但只有在现代信息技术出现后,随着信息技术飞速发展,才出现了信息产业。对于信息产业演化过程的了解有助于进一步理解信息产业的内涵、发展规律及趋势,有助于提高对信息产业的管理水平,以及政策和发展策略的制定。

从产业发展的内在规律分析,产业的形成、发展及其演化主要受生产力发展水平的制约,受由生产力发展水平所决定的技术进步和社会需求两方面的影响。20世纪特别是第二次世界大战以来,信息技术的巨大发展导致信息产业的出现和发展。

从历史上看,信息技术经历了古代的文字、纸张、印刷术等以及近现代的电报、电话等的发明,伴随着人类文明的发展而发展,既是人类进步的需要,反过来又对人类文明进步起到巨大促进作用。从20世纪中期以来,现代信息技术在半导体技术、微电子技术、集成电路技术等领域中实现重大突破,从而使信息技术取得了革命性的发展。计算机技术、通信技术的发展使信息技术在存储、处理、传输等领域取得重大突破,成为适应现代社会需要的高技术群,也带来经济、社会的深刻变化。21世纪,网络技术、云计算、大数据、5G通信等,再次加速信息产业的步伐。

2)技术动因

首先表现在产业结构上,在现代信息技术基础上产生了一大批以往没有的新兴产业,传统产业比重逐步下降。现代信息技术的发展使生产要素结构中知识与技术的作用增强,物质资料的作用以及资本的作用相对减弱。产业结构的变化引起就业结构、消费结构、投资结构、贸易结构和产品结构相应的变化,并且推动了经济全球化的进程。

另外,一个产业的形成,必须由需求和供给两方面决定。信息技术的发展为信息产业的形成提供了技术支持,构成信息产业发展的供给条件;社会需求的日益增长则是信息产业形成的另一必要条件。

3) 社会动因

首先,信息产业形成的动因是人们处理日益复杂的生产系统和社会系统的需求。随着经济的发展,信息量呈指数增长,导致信息大爆炸。据文献记载,20 世纪 60 年代,世界平均信息量为 72 万亿字符,70 年代增加到 232 万亿字符,80 年代增加到 500 万亿字符。进入 21 世纪后,2010 年增加到 1.2ZB(十万亿亿字节),2015 年增加到 7.9ZB,2020 年将增加到 44ZB,2025 年将达到 175ZB。

其次,信息产业的发展也是工业社会发展到一定阶段后的必然结果。二百多年的工业发展,使自然资源日益减少,生态环境严重恶化,传统产业在发达国家成为"夕阳产业",开始走上衰退之路。而发展中国家不能照搬西方国家的发展之路。在这种时代背景下,信息产业的形成是历史发展的必然选择,作为知识、技术、智力密集型的信息产业,依靠信息技术,促使物质、能源、资金和人员的合理高速流动,达到生产、科技、商贸的增值,实现社会—经济—资源系统的和谐发展。因此,信息产业替代或改造传统产业,是实现可持续发展的必然选择。

最后,消费结构变化也推动了信息产业的形成。统计分析表明,消费结构的变动将引起产业结构的变动。在一个国家人均国民生产总值从低收入阶段向中等收入水平、高收入水平逐步发展变化时,人们的消费也是一个从对基本生活必需品的需求占主导地位、缺少储蓄和资金,逐步转向追求高品质的物质和精神生活的过程。同时,传统产业的发展积累了大量的资金,为信息产业的形成创造了需求和条件。

这些,就是信息产业形成的社会动因。

2. 信息技术的结构和演化发展

1) 结构

信息技术是对信息进行加工处理的技术,同时也扩展了人们信息处理的能力。信息技术由信息处理技术、信息传输技术、信息获取技术和信息应用技术组成。这四种技术构成信息技术的四大子技术群。而信息技术又需要超导技术、光电子技术、微电子技术、分子电子技术、生物技术等技术作为载体或支撑技术。因此,信息产业的技术结构可概括为图 8-2。

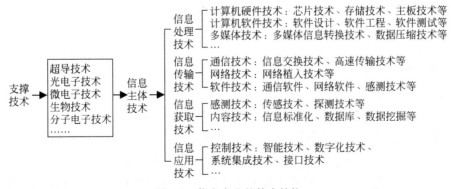

图 8-2 信息产业的技术结构

2) 演化

以上四大类信息技术的发展速度是不均衡的。20世纪60年代以来,由于半导体技术、微电子技术、集成电路技术等领域取得了重大突破,计算机技术得到长足发展,从而使信息处理技术发生了革命性的进展,并带动计算机产业迅猛发展。

随着信息处理技术的高速发展,加上需求方面的因素,要求信息传输技术的进步。从20世纪80年代中期起,网络技术和通信技术得到长足发展,网络和通信建设也迅速发展起来。

随着网络的普及,人们日益感到能够获得的真正有用的信息并不很多。这就从需求上提出了两个亟待解决的问题:一是如何从自然界和人类社会中获得大量的原始信息;二是如何从已有的信息海洋中吸取有用的信息。从20世纪90年代中期起,研究的重点放在数据仓库、数据挖掘、信息标准化、传感探测等技术上,形成了信息获取技术的研究热潮。21世纪初开始,其研究重点开始侧重信息安全、云计算、大数据、物联网、5G等。

信息技术发展的最终目的是应用。要使信息处理、信息传输和信息获取等技术真正转化为现实的生产力,信息应用技术的发展至关重要。因而信息应用技术中的数字化技术、接口技术、集成技术、智能技术等也将得到快速发展。从表8-2所示的信息社会演进的五个阶段来看,明显地看出信息产业技术结构的演进遵循"瓶颈转换规律":技术结构的不平衡发展使得一个技术瓶颈解决了,下一个关联的瓶颈又出现了,技术结构在瓶颈解决和转换中得到动态的协调,从而实现技术结构的合理化和高级化。

表8-2　信息社会演进的不同阶段

时代划分	计算机时代	网络时代	内容时代	智能时代	普适时代
大致时间段	20世纪60年代—80年代中期	20世纪80年代中期—90年代中期	20世纪90年代中期—21世纪初期	21世纪初期开始	21世纪中叶开始
重点突破技术	信息处理技术	信息传输技术	信息获取技术	信息应用技术	信息泛在技术

8.2.2　信息产业的特征

信息产业作为新兴产业类别,与传统产业相比,具有独特的特征。

1. 信息产业是技术、知识、智力密集型产业

信息产业以信息资源的采集、存储、传播和开发利用为目标,其中投入的主要是知识、技术和智力资源。这主要表现在:信息产业的核心技术,如计算机技术和通信技术等,既是信息产业本身的装备技术,又是可服务和应用于社会各领域的应用技术;信息产业的主要资源是信息资源,并以知识和智力的研究开发、交流服务为主要职能,其劳动力结构以科学技术人员、信息管理人员、咨询服务人员等脑力劳动者为主体。

从信息产业的产出来看,信息产品中知识信息的含量比较其他产业产出的要大得多,信息产品是人类智慧的结晶,现代社会的知识、技术大部集中于或出自于信息产业。

2. 信息产业是高投入、高风险、高增值型产业

信息产业的技术、知识和智力密集性决定了它不仅需要较高的智力投入,而且还需要大量的资金投入。无论是信息产品的开发还是提供服务,没有掌握先进信息技术的高级专业人才,没有充裕的资金支持,是不可能发展起来的。据报道,2018年全球信息产业研发投入排名前五的公司是三星134.37亿欧元,谷歌133.88亿欧元,大众131.35亿欧元,微软122.97亿欧元,华为113.34亿欧元。2019年英特尔公司在以色列建造的一座芯片生产工厂投资达108.9亿美元。

随着信息产业规模的不断扩大,竞争越来越激烈,其投入的数额和风险也在迅速增长。如果获得成功,会有很高的效益,获得可观的利润;然而一旦决策失误,不仅会招致惨重的损失,而且会贻误发展的历史时机。面对激烈的市场竞争,比尔•盖茨曾说过:"微软距离破产永远只有十八个月!"百度是一家市值高达640亿美元、员工超过4万的企业,然而李彦宏却说百度离倒闭只有3天时间。日本曾花费了20多年的时间,投入巨额资金研制基于模拟技术的高清晰电视(HDTV),本想以此抢占未来电视技术与市场的制高点,但近年来数字电视的迅速兴起,一下子改变了电视技术的发展方向,并对日本电视技术的未来构成严重威胁。日本迫不得已于20世纪90年代初停止了模拟HDTV的研制计划,巨额投资也付之东流。

3. 信息产业是更新快、受科技进步影响大的变动型产业

信息产业的更新换代速度是其他任何产业所不能比拟的,这主要是由于科学技术的进步大大缩短了信息产品从开发研制到生产使用的周期。以计算机为例,在前30年间的发展就经历了四代。早年市场上的计算机每隔几个月就有新产品型号问世,计算机软件的版本每年都在升级。现在芯片已经进入3nm级别,摩尔定律不再适用。通信技术,从20世纪80年代的1G到2019年的5G,时间不过30多年。

4. 信息产业是高渗透型和独立型相结合的产业

一方面,信息产业以其独立的产业形态、职业形态和产出形态与其他产业有所区别。这表现在诸如电信业、出版业、咨询服务业、信息设备制造业、信息服务业、软件业等,它们的产出或服务相对独立,可以进行直接单独的统计,与其他产业相分离而自成产业系统。

另一方面,信息产业高度融合于社会经济各部门,广泛渗透于其他产业结构与形态之中,使得其他许多产业部门的产品和产值都包含有信息产业的产值。信息产业辐射与服务于社会经济的各个领域,从而提高了社会经济发展的整体水平,信息技术部分地融入社会和其他产业的各个部门之中,其价值未曾计入信息产业产值,而是计入相关行业的产值之中,成为国民生产总值的一部分。此外传统产业的改造也离不开信息技术的应用。当今社会中各个产业的市场价值和产出中无不包含着信息产业的价值。

5. 信息产业是省资源、低公害的可持续发展产业

信息产业投入的主要是知识、技术和智力资源,这是取之不尽、用之不竭的非短缺资源。随着信息产业的发展,信息资源的开发利用水平得到极大提高,信息资源对物质、金融、人力和能源资源的优化和替代作用更加显著。通过发展信息产业和信息经济,人类生活和社会进步逐渐减少了对自然资源的依赖,形成了低耗高效的社会经济发展模式。

信息产业能在多方面起到直接或间接地节约资源的作用,它不仅自身能以消耗较少的人力和物力资源提供高附加值的产品,而且通过信息产业渗透和服务于社会经济各个领域,在一个国家和地区的产业结构中发挥节约资源的调节作用。例如,金融电子化网络的建立,可以减少资金的占用,提高资金的利用率;每年长途电话、电子邮件、网络会议等节约用户

交通费、食宿费和时间的价值相当惊人。类似例子数不胜数。

6. 信息产业是增长快、需求广的产业

自20世纪中叶以来,信息产业一直以高于其他产业的增长速度迅猛发展,其平均增长率始终维持在两位数。像计算机产业、软件业、信息服务业、数据库业、电信业等平均年增长率可高达20%～30%。

信息产业的发展,创造了更广泛的市场需求和许多新的就业机会。近年来,在发达国家的社会就业结构中,信息产业部门的劳动力已逐渐占有较大份额。据报,2018年美国信息产业提供就业人数268万人。2016年印度软件业直接和间接就业人数360万人。据中国信息通信研究院的数据,2017年我国数字经济领域就业人数达到1.71亿人,占当年总就业人数比重的22.1%,同比提升2.5个百分点。其中,信息通信产业部分就业人数达1175万人,同比增长11.0%,数字经济融合部分就业人数达到1.6亿人,同比增长13.1%。

7. 信息产业是具有战略意义的先导性产业

信息作为一个国家的重要战略资源,是经济社会发展的重要基础,是优化资源配置、发展社会生产力的黏结剂、催化剂和倍增器。它的开发、管理和利用直接关系到个人、企业和国家的发展,从而使以信息资源为基础的信息产业成为具有战略意义的产业;在现代高新技术群中信息技术已成为核心技术和领头技术,美国从20世纪50年代起就把计算机、能源和材料并列为三大重点。20世纪90年代初美国克林顿政府的"NII计划"、英国政府1982年制订的"高级信息技术计划"等,使信息产业的投资额越来越大。在一些国家,信息产业正逐渐取代钢铁、造船、汽车和石油等传统产业的战略地位,成为社会经济发展的主导产业。从20世纪90年代信息化开始,到21世纪的互联网、电子商务、物联网、云计算、大数据、人工智能、5G能等方面政策的出台,我国已经开始从传统经济向数字经济方向全面转型。

8.2.3 信息产业的地位和作用

从信息产业的特点可以看出,信息产业对于一个国家的社会和国民经济发展来说意义重大。信息产业的终极目标在于提高人类开发利用信息资源的能力和水平,创造信息财富,改善生活质量。信息产业的形成和发展,引起了产业结构、就业结构、资源结构乃至社会结构的巨大变化,极大地推动了人类社会生产力的发展,并且在相当大的程度上改变了生产方式、经营方式、竞争方式乃至国际关系。因此,信息产业在现代社会经济活动中具有举足轻重的地位和作用。

1. 信息产业的形成与发展是工业经济向信息经济转变、工业社会向信息社会转变的核心内容

信息产业是一种知识密集型产业,它的形成与发展,在微观上表现为单位产品的价值构成中,物质、能源消耗的比重减少,而信息产品和信息服务消耗的比重增加;在宏观上表现为GNP中信息产业所占比重和社会就业人口中信息劳动者所占比重迅速提高。上述比重达到一定数值,如超过50%,就意味着工业经济向信息经济的转化。目前,主要发达国家的信息产业产值均已接近或超过GNP的50%,中等发达国家也达到了25%～40%,而大多数发展中国家的信息产业一般都在GNP的25%以下。可见,对一个国家来说没有相当发达的信息产业,就不可能有高水平的现代化经济,更谈不上信息社会的到来。

2. 信息产业是现代社会经济发展的动力和国家竞争实力的基础

在工业社会里,起主导作用的是劳动密集型产业,战略资源是资本。20世纪末,西方发达国家的传统工业很不景气,开始成为"夕阳工业"。然而信息产业却显示出了勃勃生机,全世界信息产业的销售额以很快的速度递增。如美国的信息技术产业(包括计算机软硬件、通信设备及服务)从1990年的3470亿美元上升到1998年的6800亿美元,增长了约1倍,信息产业的迅猛发展是美国经济取得良好成绩的重要原因。2008年我国数字经济的总体规模为4.81万亿元,到2018年其规模达37.59万亿元,增长了7.8倍。事实证明,在现代社会经济中起主导作用的已不是劳动密集型产业,而是知识密集型产业。战略资源已不是资本,而是信息与知识。

3. 信息产业对国民经济各部门的发展具有先导作用

信息产业凭借自身的强大生命力,迅速从传统产业中独立出来,并猛烈地冲击着原有产业结构,并成为国民经济各产业部门发展的先导。这主要表现在:一方面,信息产业在其发展过程中,通过与传统产业相互融合、渗透,促进传统产业的改造与升级,使传统产业重新获得生机和活力;另一方面,信息产业还是促进其他高技术产业形成和发展的基础,各种高技术功能的实现,都不同程度地应用信息技术,因此,其他高技术产品都必然以相应的信息技术设备为其部件和功能子系统。这样,信息产业的发展水平对其他高技术产业的发展是至关重要的。

4. 信息产业对国民经济结构具有软化作用

当今世界各国国民经济基础结构变化的突出特点是,世界经济模式正由以往的刚性结构逐步向柔性结构转化,即从以生产重、厚、长、大的重型化"硬"产品为中心的时代,向以高效而智能化的知识生产和信息服务活动为主的软件化经济结构时代过渡。这种经济结构软化趋势主要表现在:

(1)产业结构软化。软产业在国民经济产业比重中上升,硬产业比重下降。

(2)就业结构软化。就业人口中从事农林和制造业的蓝领工人人数不断下降,而从事经营管理、研究开发、咨询服务等"软职业"的白领工人所占比例越来越大。

(3)消费结构软化。人们的消费重心正从对商品的多少、大小、轻重等硬性需求转向美观、轻巧和质量等软性需求,从对物质、能量等硬件商品的单一需求转向物质与精神并重的双重消费。文化娱乐、学习、旅游等精神生活在消费支出中占有越来越大的比重。

(4)投资结构软化。其一,整个国民经济总投入中对软产业的投资比重不断增加;其二,投资趋向软化,即现代经济活动的投资正由大工程、先进设备、基建项目等"硬投入"逐步转向人才、智力、信息、服务等"软投入"方面。

(5)贸易结构软化。服务贸易在全球经济贸易中所占的份额越来越大,特别是随着信息商品化和信息市场的发展,信息产品和信息服务的贸易已变得与物质产品的贸易一样重要。此外,还有大量的信息贸易活动隐含在技术转让、设备引进、人才交流等经济活动中。在未来的世界贸易中,信息资源将成为一种重要的贸易对象和贸易手段。

5. 信息产业的成长是可持续发展的重要条件

首先,信息技术渗透到社会的各行各业,将整个社会组织和个人联系起来,促进社会、经济、生态大系统的整合,使经济、社会的各个领域协调发展,从而实现"可持续发展"所倡导

"人类既满足当代的需求,又不危害子孙后代的生存利益"的宗旨。

其次,信息产业的发展为经济增长提供了新的可能性。信息技术和信息产业具有能源利用率高、资源消耗低、环境不受污染的特点,它主要依赖的资源是信息资源的开发,是人脑智力资源的开发。

再次,信息产业的发展对国民经济的基本资源有明显的替代作用。物质、能源、人力和资金构成了国民经济的基本资源,信息技术、信息产品和信息服务可以使这些基本资源的消耗得到节约。

最后,现代信息通信使传统的生产系统、社会系统结合方式发生了变化。货币流通的电子化,生产资料存储、运输加工的信息化,商品流通的信息化,使银行、厂房、仓库、道路、商店以及许多文化设施如图书馆等建筑都将发生适应性变化。这些变化减少了建筑材料和能量的消耗,促进了人口分散化,从而也缓解了污染问题,提高人们的生活质量。

6. 信息产业的发展将使社会生活方式发生变化

信息产业的发展,尤其是网络技术和多媒体技术的发展,改变了人们的生活方式。人们已经开始使用如可视电话、电子商务、E-mail、QQ、微信、视频会议等。信息网络的高渗透率和覆盖率,使那些没有机会入学的人能接受重点大学的教育。多点电视会议系统,可以使各地的入会者在自己的办公室里、家里开会,既可以看到其他入会者,又能听到他们的讲话和发表自己的见解,就像身临其境一样,节省了大众的时间和资金。信息产业的发展使人们从繁重的体力劳动中解放出来,人们自由支配的时间增加了,就使得人们更能按自己的个性发展,等等。可以预见,未来人们的生活方式和生活观念将进一步发生根本变化。

8.3 信息产业运行与管理模式

从产业的内部结构来看,一个产业是由大大小小的企业以及与之相关的市场组成的。一个企业要想很好地生存、经营和发展,必须了解所在领域的市场特点。由于信息产业的重要性和特殊性,作为信息产业的管理者和政策制定者必须根据产业的运行规律制定合适的政策,进行有效的管理。

8.3.1 信息产业的企业和市场运行特点

1. 信息产业中的收益递增机制

在信息产业领域的企业经营具有收益递增和正反馈现象。可以从三个方面来考察:企业经营发展依赖的主要资源的特性;企业内部的原因;企业外部即用户的原因。

1) 企业经营发展依赖的主要资源——知识资源

传统产业主要依赖物质资源,而物质资源具有唯一性、排他性和可损耗性。随着资源开发程度的加深,开发成本不断上升,最终导致收益递减。而在信息产业中,情形则有很大差异。信息产业以信息技术为核心,建立在知识和信息的生产、存储、使用和消费之上,所依赖的主要资源是具有共享性的知识资源,而且随着开发强度的不断加大,资源不是逐渐枯竭,而是一种学习和积累的过程。知识和信息越来越丰富,而且有助于以后开发成本的降低,并对竞争者形成一种壁垒。因此,在知识资源开发应用上占优势的国家和企业,在竞争中也占优势,呈收益递增趋势。

2) 企业内部与用户的原因

从企业内部和外部用户看,具有高固定成本、顾客深度适应、信息蔓延、注意力经济等特点。

(1) 高固定成本(high fixed costs)。在信息产业中,设计与生产工艺复杂,需要在研究、开发和工具阶段进行大量初始投入,形成较高的固定成本。特别是在基础运营服务或产业链的上游企业方面特别明显,例如电信和网络服务提供商、计算机芯片、通用系统软件生产商等。而一旦抢先将产品或服务推向市场并且拥有了一定的用户群,就增加了与使用这些产品或服务的用户的信息交换,形成合作效应。这种合作效应使市场份额领先的企业获得收益递增效益,市场份额越大的企业,合作效应越强,而当前市场的良好状况又会增强人们对今后产品发展的信心,对今后该产品市场进一步扩大的预期,也会强化当前的购买行为,两者结合形成的正反馈机制使那些早期占有市场优势的企业迅速成长。这样会排斥实力不足的、后进入市场的企业。同时,经济一体化导致全球市场的形成有力地强化了这种合作效应,它不但增加了收益递增市场的范围,也增加了这些市场收益递增的强度。典型的企业有微软、英特尔、中国电信等。

(2) 顾客深度适应(customer groove-in)。高技术产品通常难以使用,用户需要较多的培训和学习才能掌握。因此,一旦选择了某种产品并在培训上已大量投资,用户在适应之后就不会轻易地转移到其他产品上去,这一方面是由于转换成本太高,另一方面老产品升级通常只需要少量的追加投资。所以,抢先扩大用户群有利于占领未来的市场。

(3) 信息蔓延(information contagion)。当预购者从几种技术性产品中做出购买选择前,他们常常会询问以前的同类产品的购买者的使用情况。这是很自然合理的,却给产品竞争市场份额的过程加入了正反馈机制。人们习惯于购买市场上熟悉的产品。所以,早期偶然占据了较多市场份额的企业就具有信息反馈优势,在某种环境下,仅凭这种优势,一种产品就可能最终控制市场。这也是形成收益递增的原因之一。

(4) 注意力经济(attention economy)。在当前"信息爆炸"的时代,信息产品数量和种类激增,而消费者的注意力有限,每个人对某个特定领域(即使是自己的专业领域)的投入与关心程度是有限的,因此只能把注意力集中在顶尖的竞争者身上。信息技术使我们处理信息的能力得到了快速增长,但吸收和理性思考信息的能力相对而言却改变极微,我们真正利用到的信息与可取用的信息总量相比,占的比例越来越少。信息产生和信息处理之间的不平衡使得消费者的注意力成为一种宝贵的财富。有人说"在信息经济中,注意力就是货币单位"。吸引了顾客注意力的企业,就在一定程度上锁定了顾客,从而创造了收益递增的开端。

2. 自然垄断现象

信息产业具有自然垄断特性。所谓自然垄断,是指生产一种商品所使用的技术可以导致一个市场上只有一个厂商或只有很少几个厂商。当一个厂商的平均成本在市场可能容纳的产量范围内不断下降时,自然垄断就会出现。例如微软、谷歌、阿里巴巴、百度等。

自然垄断具有这样的性质:高额的初始投资,而一旦投入生产后,每生产一个单位产品或服务的边际成本却非常低。由于巨额固定成本的存在,后进入厂商很难达到一定的规模,平均成本较高,从而在竞争中处于劣势,因而市场缺乏竞争。例如,电信部门铺设电话线路或光缆线路的投资很高,但每增加提供一次电话服务或增加一部电话机的边际成本却非低。当高额固定成本和微小边际成本并存时,电信部门将会出现自然垄断情况。由于这种特点,几乎每个国家的政府都将信息产业部门看成管制对象。如果信息产业获得政府财政和其他投资集团的支持而得到高额初始投资,必将带动对其他相关部门(如政府和企业内部的信息服务部门)的投资,这些投资活动将提高经济发展的活力,提供更多的就业机会和发展可能性。一旦具有自然垄断特征的信息产业部门开始进行产品和服务的生产,其低廉的边际成本将对社会经济产生极大的刺激效应,大幅度、大面积地降低社会其他生产部门的生产和服务成本,从而刺激全社会的经济增长。

3. 规模效应与范围经济

1)规模效应

通过分析信息商品的成本结构,可以得出信息产业是规模效益显著产业的结论。但在信息产业的不同部门,进入壁垒有显著的差异。

以计算机制造业为例,在计算机产业发展的早期,计算机产业像许多其他制造业一样,被少数企业所垄断。计算机产业呈现一种垂直一体化的结构。计算机行业中企业数目很少,一个公司拥有自己的半导体芯片供给,依照自己的设计,在自己的工厂中用这些芯片建造自己的计算机,开发自己的操作系统软件,并在市场上出售自己的应用软件,如 IBM 公司在产业的早期就起着举足轻重的作用。这样的组合既有优势也有劣势。优势在于产品整体协调;而劣势在于客户一旦购买了某一系列产品,便会深深地陷入其中,如果遇到了问题,不能只抛弃这个纵向系统的一部分。

随着计算机技术发展速度的加快,技术、产品和市场的专业化程度越来越高,传统"垂直型"大型企业越来越跟不上技术和市场的变化。一些专业性强的公司因为专注于某些特定的技术和产品领域而赢得了竞争优势并获得高速成长。新型的横向式工业体系出现了。在这种新的模式下,没有一个公司再拥有自己成套的装置了,而整个计算机产业则逐步发展成为一种"树形"结构:在产业的上游,是极少数垄断大企业,垄断着全球计算机产业上游产品的生产;在产业的下游,则是枝繁叶茂的无数大中小企业。

信息产品生产的固定成本与传统产业产品的固定成本有显著不同,表现为主要是知识资本,而不是厂房、大型机器等。例如,微软公司是一家有形工厂规模较小、原材料库存量较小的公司,截至 2020 年 6 月 2 日,其资产价值达 1.41 万亿美元,相比之下,通用汽车公司作为工业时代的堡垒,其全球设施和库存量均居世界首位,截至 2020 年 6 月 2 日但它的资产价值只有 416 亿美元。这说明,在信息服务业,进入壁垒的表现形态主要已不是一个简单的资金问题。在这个领域,进入壁垒比较低。

2)范围经济

范围经济是指联合生产多种产品比分别生产它们花费更少的情况,所以也称为"多产品经济"。其实质也是节约成本,获得竞争优势。其原因主要有以下几方面:

(1)合成效应。由于多品种生产,因而在研发、生产、销售等方面比分别生产成本更节约。从生产过程看,当同一企业的多种产品在制造技术或使用人力资本等方面可以相互借鉴和促进时,就会产生合成效应;从流通过程看,经营多种产品的企业可能更能有效地使用营销力量与资源;从技术和产品的研发过程看,多产品企业能够从不同产品的技术互补性中获得效益。

(2)内部市场。多产品企业可以在更大的程度上利用企业内部市场,合理配置资金和人力等资源,获得收益。在外部市场不完善时,作用尤其明显。

(3) 减少经营风险。如果企业实行无关联多角化经营,不太熟悉所进入的行业,反而会加大风险。美国著名管理理论家德鲁克认为,一个企业的多角化经营程度越高,协调活动和可能造成的延误越多。无关联多角化经营使企业管理者进入全新的领域,往往难以做出明智的决策。同时,这种扩充还使企业分支机构迅速增多,公司总部负荷过重,使无关联多角化经营无法获得规模效应和范围经济。国外研究表明,无关联多角化经营成功率很低,扩充后的低效率往往使公司重新剥离资产,出售分支机构和其他经营单位。

(4) 扩大发展空间。在一种产品上企业的发展是有极限的。当市场饱和,几家大企业分割市场的过程基本完成,再想扩大企业规模就很困难。而政府的反垄断法也不允许单个企业完全垄断某一产品市场。因此,进行多产品经营能够有效地扩大企业的发展空间。

4. 企业的空间集聚

1) 群聚地区效应

信息产业的一个突出特点是许多企业不是孤立地出现在单个地点,而是成群地集聚在有利的地理区位。如美国67%的计算机产业集中在5个州,大部分半导体行业经销商在硅谷设立总部,2/3的小型计算机制造厂开设在马萨诸塞州。中国也一样,信息产业主要集中在北京、上海、深圳、广州、杭州等。在北京,主要集中在中关村地区。

2) 群聚经济效应

信息产业是知识型产业,知识和技术创新非常迅速,这种空间集聚形成了一种创新网络,在这个网络中,知识的溢出效应非常显著。这里的知识包括技术知识、供求信息、经营经验等,这些知识具有公共物品性质,一旦被创造出来,传播速度越快,拥有的人越多,为群体带来的福利就越大。

3) 群聚创新优势

企业的空间集聚不仅为创新提供了非常有利的条件,而且在信息技术发展水平越来越高、速度越来越快的今天,也是技术创新的需要。事实上,任何个人或企业都很难单独开发出重要的新产品,尤其是高新技术所需的合作创新,是市场或各级组织都难以胜任的。因为市场的能力是有限的,创新所需的知识难以成交或交易费用很高;而单个企业又不能控制全部的创新过程,它必须跨越组织边界。因此,通过众多企业的合作,形成一种既竞争又合作的氛围,是实现技术创新的条件。

4) 群聚人才效应

共用基础设施,享受优惠政策。在信息产业这种高技术集聚地,要求具备完善的硬件基础设施,共享降低了各个企业单独使用基础设施的费用;集中各种专门人才。产业集聚将各种人才吸引到同一地方,从而使厂商能够更容易地得到各种专业人才,而各种专业人才也更易于找到使自己发展的空间。而且,人才的集中使他们之间的竞争更加激烈,有益于他们不断更新知识,磨炼成长;较高的专业化合作水平,增强信任、促进竞争。彼此的接近和密切的接触促进了各种实体之间的相互信任和长期合作,从而降低了交易成本。

5) 群聚管理便捷

由于企业空间集聚具有特殊优势,高科技园的发展受到格外重视,这是管理者为这种集聚创造物质基础。从产业本身来看,高科技园集中研究与开发的领域,应以有较强的研究与开发能力的骨干单位为首,有承担风险的能力,有销售服务网。骨干企业的能力及相应的组织协作是高科技园成功的重要基础。

8.3.2 信息产业管理模式

1. 信息产业的管理基础

1) 信息产业的内部结构

信息产业是一个多因素、多部门、多层次的产业系统。其内部结构主要包括部门结构、产值结构、就业结构、技术结构、产品结构、组织结构和区域分布结构等。

根据部分国家运用波拉特方法对信息产业经济规模的测度结果，在世界各国信息产业部门的产值结构中出现了这样一个现象：一、二级信息部门对 GDP 的贡献存在着某些差别。这与各国的工业基础和信息服务发展历史有着密切的关系。如美国的一、二级信息部门产值大体持平，它们强调信息产业的整体均衡发展；日本一级信息部门的产值略低于二级信息部门，它们比较重视企业或组织内部的信息活动，并使信息产业各部门之间保持一定的协调比例；英国一级信息部门的产值明显高于二级信息部门，它们注重以一级信息部门来带动整个信息产业的发展。这说明，世界各国的信息产业发展道路并不相同。

对我国部分地区前些年的信息产业经济规模运用波拉特方法进行测度的结果表明，一、二级信息部门的产值占 GDP 的百分比也是不平衡的。

经济合作与发展组织（OECD）将信息职业划分为信息生产者（包括科技人员、信息采集与咨询人员、市场调查与协调人员等），信息处理者（包括管理监督人员、信息处理控制与管理者、文秘及相关办公人员等），信息分配者（包括教育和传播工作者）和信息基础设施职业者（包括信息机械操作者和邮政电信工作者）。在发达国家，信息处理者在信息劳动者中占有较高的比例，一般占 60% 或 2/3 以上，以下依次为信息生产者、信息分配者和信息基础设施职业者。一般来说，在发展中国家信息部门内最主要的信息人员不是信息处理者，而是信息生产者和信息基础设施职业者。

2) 信息产业的外部关联

信息产业的发展不仅受到内部结构性因素的影响，而且也受到外部环境中各种因素的制约。这些因素包括消费结构、社会结构、贸易结构、市场机制、科技进步、政策法规、社会可提供的资源条件和经济发达程度等。其中，消费结构和社会结构是决定信息产业外部结构变化的主要因素。

(1) 消费结构。实现信息资源的有效配置和信息产业结构的合理化，必须有一个前提，那就是使信息产品的生产和服务在结构上要满足社会信息需求。我国在发展信息产业的过程中对信息需求结构重视不够，忽视了中小企业的信息需求。另外，我国中小企业受体制和生产经营性质的局限，对信息产品和服务的需求差距较大。消费结构的变化还取决于国民收入水平，著名的恩格尔定律就表明了这种收入与消费结构的变动关系。目前我国城镇居民家庭的人均消费支出结构中，虽然仍以物质产品消费为主要内容，但在信息产品和服务方面的支出增长较快（参见表 8-3）。这对于信息产品的生产和流通有极大的促进作用。

(2) 社会结构。由于产业结构作为社会经济结构的一个组成部分，与其他社会分支结构有着相互制约和促进的关系，因此，信息产业的运行也表现为社会经济各种结构的内在联系和组合，从而也将受到人口结构、城乡结构、家庭结构、文化结构等社会结构因素的制约和影响。其中，人口结构是劳动力结构的基础，它的变动直接影响着国民经济各部门的比例关系，也影响着信息产业的形成与发展。

表 8-3 我国城镇居民家庭人均消费支出构成

项 目	2005 年 消费支出/元	2005 年 占家庭消费比例/%	2015 年 消费支出/元	2015 年 占家庭消费比例/%	消费支出额的增长率/%
总计	7942.88		21392.34		
食品	2914.39	36.69	6359.70	29.73	100.18
衣着	800.51	10.08	1701.10	7.95	100.13
居住	808.66	10.18	4726.00	22.09	400.84
生活用品及服务	446.52	5.62	1306.49	6.11	100.93
交通通信	996.72	12.55	2895.38	13.53	100.90
教育文化娱乐	1097.46	13.82	2382.80	11.14	100.17
医疗保健	600.85	7.56	1443.38	6.75	100.40
其他用品及服务	277.75	3.50	577.49	2.70	100.08

注：表中数据来自国家统计局。

人口结构包括年龄结构、性别结构、民族结构、文化教育结构等，其中以文化教育结构对信息产业的影响最大。文化教育结构影响着产业选择能力、转换方式和转换进度，不同的文化教育水平导致了不同的信息素质，引起了信息需要的不同变化。一般来说，人们受文化教育水平越高，对信息产品的数量和质量要求越高，信息消费支出也就越大。从表 8-4 中可以看出，我国人口的文化教育结构自新中国成立以来已有很大改善。据统计，我国每万人中的科技人员数量由 1949 年的 7.4 人提高到 1997 年的 288 人，其中科学家和工程师人数达 166 人；每万人在校大学生人数由 1952 年的 2.2 人增加到 1997 年的 25 人。据清华大学技术创新研究中心发布的《国家创新蓝皮书》，2011 年中国研发人员总量占到世界总量的 25.3%，超过美国研发人员总量占世界总量的比例(17%)，居世界第一。我国科技人力资源总量达到 6300 万人，其中，获大学本科及以上学历的有 2740 万人；2011 年投入研发活动的劳动力人数达到 401.8 万人，其中，获博士学历的有 25.2 万人，硕士学历的有 56.6 万人，本科学历的有 127.9 万人。根据国家统计局最新数据显示，2018 年全国共有具有大学教育程度人口为 1.9593 亿人，只占全国总人口的 14%。2018 年经济合作与发展组织(OECD)发布的报告显示，成人教育水平定义为年龄在 25~64 岁，以两年制学位、四年制学位或职业课程形式完成某种高等教育的人的百分比。受过最多教育的 10 个国家的情况：加拿大 56.27%，日本 50.50%，以色列 49.90%，韩国 46.86%，英国 45.96%，美国 45.67%，

表 8-4 我国人口受教育程度的分布情况表

项 目	1995 年人口抽查 总数/万	1995 年人口抽查 比例/%	2005 年人口抽查 总数/万	2005 年人口抽查 比例/%	2015 年人口抽查 总数/万	2015 年人口抽查 比例/%
全国人口	121 121		130 756		137 462	
大学及以上文化程度	3101	2.56	7545	5.77	16947	11.53
高中文化程度	13 117	10.83	17 521	13.40	22 956	16.70
初中及文化程度	45 699	37.73	51 374	39.29	54 107	40.15
小学及以下文化程度	59 204	48.88	54 316	41.54	43 452	31.61

注：表中数据来自国家统计局。

澳大利亚43.74％,芬兰43.60％,挪威43.02％,卢森堡42.86％。我国人口素质水平偏低,文化教育结构不合理,科技人员比重不大,这在一定程度上已严重阻碍了信息产业的发展。

（3）信息产业的关联效应。信息产业的外部关联既包括影响信息产业发展与结构变动的各种因素,又涉及信息产业与其他产业之间的关联效应。所谓关联效应,是指某一产业投入产出关系的变动,对其他产业投入产出水平的影响及其连锁反应。当信息产业扩张或收缩时,如果诱发了向其提供产品或服务的其他产业的扩张或收缩,则称为信息产业的后向关联效应;如果诱发了把信息产业产品作为中间投入的其他产业的扩张或收缩则称为信息产业的前向关联效应。显然,信息产业对其他产业的后向关联表明了信息产业部门对其他产业部门产品的需求程度,信息产业的发展具有带动其他产业发展的作用;信息产业对其他产业的前向关联表明了其他产业部门对信息产业部门的需求程度,优先发展信息产业对其他产业具有推动作用。其他产业部门对信息产业部门的最终产品需求越大,信息产业的发展就越能有效地促进其他产业的扩张,推动其他产业的发展。如果其他产业部门的信息需求不足,就有可能导致信息产业的萎缩。信息产业并非资源约束型产业,其发展的瓶颈在于需求约束。

由于产业的前后及相互关联效应,任何一个产业的生产活动都必然影响和受影响于其他产业的生产活动。把信息产业部门的最终产品每增加一单位产出时,带动国民经济系统各部门总产出的增长量称为信息产业的带动度;与此相对应,把国民经济系统各部门的最终需求每增加一个单位时,信息产业部门相应增加的总产出称为信息产业的感应度。研究表明,在我国信息产业内部,信息工业和信息建筑业的带动度较大,而工业间接信息部门、金融保险业和信息工业的感应度较高。

2．信息产业管理模式

1）信息产业的管理体制

信息产业的管理体制是指推动信息产业发展的管理机制、运用管理机制进行管理的各级管理机构以及保证管理机制和管理机构发挥作用的管理制度等诸方面的统一体。其中,管理机制是指推动信息产业发展的各种社会动力和约束力,它包括运用何种社会动力、采用何种方法或手段,来推动信息产业各部门活动的进行并协调它们之间的关系;管理机构是指管理信息产业活动的各级组织机构及其设置方式,它包括按什么原则设置信息产业组织管理机构、设置哪些层次的机构、各层次之间的关系以及各自的权利和责任等;管理制度有两方面的含义:一是管理机构在运用一定的管理机制时方式方法的规范化和法制化,二是保证信息产业各部门正常运行规则的规范化。它包括在什么范围内,对什么样的问题采取什么样的程序来实施管理,以及对信息产业活动必须遵循的准则所做出的规范化措施。信息产业的管理体制是实现信息产业发展目标的重要组织保证,它决定着信息产业运行的有效方式,制约着信息产业的管理水平,是合理组织信息产业发展所需要的人力、物力、财力资源,保证信息产业系统正常运转的主要手段。

2）信息产业的管理基本模式

信息产业的管理体制有两种基本模式:一是集中式;二是分散式。

（1）集中式的管理体制主要是由国家按照既定计划对信息产业的发展进行有意识的控制和协调,使信息产业各行业、各部门实行统一的计划、分工和管理,形成一个有机整体。这种体制从中央到地方都有专门的职能管理机构,在行政与业务上进行统一领导。在我国,国务院一级设有信息产业部,省一级设有信息产业厅。在这种管理模式下,信息产业各部门的发展方向、工作内容及任务等都是由政府根据对社会信息需要的研究预测来严格规定的,因此,集中式管理体制有利于统一调动信息生产要素,实现信息资源的合理开发和充分共享。但集中式管理要由政府大量投资,因为行政管理机构庞大,易导致管理体制僵化,难以适应不断变化的信息环境。此外,集中式管理体制若演变成条块割据的部门所有制,就会出现行政垄断,扼杀公平竞争,从而极大地束缚和妨碍着信息产业的发展。

(2) 分散式的管理体制主要是由市场需求自发地对信息产业各部门进行协调,政府一般不做干预。这种体制是在信息产业运动实践中根据市场需求自发形成的,国家对信息产业的发展无统一的计划、分工和管理,各级政府部门也没有建立相应的行政与业务管理机构。在这种模式下,信息产业各部门的发展方向、工作内容和任务等由各单位根据对市场(或准市场)需求的研究预测自由选择,选择的准则是需求和效益,并由此形成有效的竞争,在竞争中达到信息产业各部门的相对平衡。分散式管理能及时满足不断变化着的社会信息需要,服务效率和质量也比较高。但分散式管理体制缺乏统筹安排和全面规划,影响信息产业的平衡发展。有时过度竞争也会导致资源浪费。

上述两种模式各有其特点,因此,世界各国的信息产业管理体制多是采纳两种模式的长处,实行集中与分散相结合的信息管理模式。只不过是有的国家偏重集中,如日本的产业政策导向模式,有的国家强调分散,如美国的自由市场竞争模式。我国的信息产业管理体制采用什么模式,需要从我国的国情和信息产业的现状出发进行设计,因为信息产业管理体制在很大程度上受国家的政治经济体制、社会经济和信息产业的发展水平、资源约束条件以及社会信息环境的影响。我国目前实行的是不断深化改革开放的社会主义市场经济体制,然而社会经济尚不发达,信息产业的资源条件、发展水平以及社会信息环境也不够理想,特别是从我国的信息产业管理现状来看,全国的信息产业部门长期以来行业分割、部门所有、各自为政,造成信息产业微观上的集中管理与宏观上的分散管理并行,信息资源重复开发与低水平利用现象十分严重。这种状况已不能适应信息产业的发展需要,更不能发挥信息产业的整体效益。因此,根据我国的国情和信息产业现状,结合集中式模式和分散式模式的优点,在我国建立宏观集中与微观分散的信息产业管理体制,即宏观调控和市场调节相结合的管理模式,是必要而合理的选择。

8.4 信息产业政策与产业发展趋势

1998年我国成立信息产业部,全面指导我国信息产业的经营和发展,并制定产业政策和发展策略。在信息产业部的领导下,我国信息产业进入了一个新的发展时期。下面就我国信息产业发展的基本情况、产业政策和发展趋势进行分析。

8.4.1 我国信息产业的基本情况

近几年,我国信息产业一直保持快速健康发展的趋势。其具体表现为效益稳步增长、结构调整明显,智能化、多网融合、绿色化方面突出,纳米集成电路、曲面显示、智能终端、云计算、5G 等重点项目及新兴领域稳步推进。2018 年我国规模以上电子信息制造业收入接近 15.96 万亿元,增长 13.1%,高于全国工业平均水平 6.9 个百分点;软件和信息技术服务业收入突破 5.5 万亿元,实现利润总额 8079 亿元,同比增长 9.7%。从结构调整与动能转换看,一方面传统规模优势继续保持,手机、计算机和彩电产量分别达到 19.2 亿部、3.1 亿台和 1.7 亿台,稳居全球第一。另一方面,主要行业和产品的高端化、智能化发展成果显著,智能手机、智能电视机市场渗透率超过 80%,智能可穿戴设备、智能家居产品、虚拟现实设备等新兴产品种类不断丰富。

下面就我国信息产业的主要领域进行分析。

1. 软件行业

1) 行业概况

据工信部发布的"2019 年软件和信息技术服务业统计公报"显示,2019 年全国 4 万家软件和信息技术服务业规模以上企业,累计完成软件业务收入 71 768 亿元,同比增长 15.4%。2019 年软件和信息技术服务业实现利润总额 9362 亿元,同比增长 9.9%;行业人均创造业务收入 106.6 万元,同比增长 8.7%,高质量发展成效初显。分领域看,软件产品收入实现较快增长。2019 年,全行业实现软件产品收入 20 067 亿元,同比增长 12.5%,占全行业比重为 28%。我国软件业务出口保持增长,产业结构得以优化。2018 年,我国软件和信息技术服务业实现出口 505.3 亿美元,同比下降 1.17%。重点城市在软件业发展中的作用突出。2018 年,全国 4 个直辖市和 15 个副省级中心城市共实现软件业务收入 51 237 亿元,同比增长 14.2%,占全国软件业的比重达 81.2%;其中有 15 个城市软件业务收入超千亿元规模,北京、深圳、上海软件业务收入超过或接近 5000 亿元规模;软件业务收入增速超过全国平均水平的中心城市和直辖市共 9 个,其中杭州、宁波市增速超过 20%。软件行业从业人数平稳增加,工资水平保持较快增长。2018 年,行业从业人数接近 600 万人,比上年同期增加约 20 万人,比上年增长 3.4%。从业人员工资总额增长 14.9%,人均工资增长 11.2%。我国软件和信息技术服务业发展持续稳中放缓态势,收入增速继续低于去年同期水平,软件出口低迷,利润和从业人员数量增长放缓,但产业结构不断调整,新兴领域业务快速增长。软件销售额近年也有很大发展,如表 8-5 所示。

表 8-5 我国软件市场的发展情况

年度	2009	2010	2011	2012	2013	2014	2015	2016	2017	2018	2019
销售额/亿元	9513	13 364	18 468	25 022	30 587	37 235	43 249	48 511	55 037	63 061	71 768

数据来源:2019 年 2 月 1 日,工信部,赛迪,智研咨询整理。

我国软件企业虽然发展迅速,2018 年的主战场还是集中于适合其生存和发展的应用软件领域。国外产品依然占据高端系统软件、数据库软件、行业应用软件等大部分市场份额。国内百强企业瞄准基础薄弱环节和新兴市场领域集中发力,提升产业自主可控能力和未来竞争优势。在基础软件领域,操作系统方面,中软、阿里、百度、腾讯等企业面向 PC、智能手机、服务器等平台,推动国产操作系统的生态体系化发展。中间件方面,中创、金蝶等的技术和产品不断丰富,广泛应用于金融、交通、税务等领域。数据库方面,中软旗下武汉达梦等企业技术不断进步,逐步进入产品化、商品化阶段。在新兴技术领域,华为、中兴、浪潮等企业积极布局大数据、云计算、人工智能、区块链等前沿方向，不断培育积蓄推动产业未来发展的新动能。

2）我国软件业的产业环境

（1）软件园建设。2001年开始逐渐设定北京、南京、上海、大连、成都、西安、济南、杭州、广州、长沙等10个城市建设国家级软件产业基地，到2017年我国软件产业园基地数量已经增加到44家（其中江苏省7家，山东省、辽宁省、广东省4家），已有29个省市自治区拥有软件产业基地，未来一段时间内主要趋势是软件产业园基地可以覆盖我国全部省份自治区等。其中，2018中关村示范区总收入超过5.8万亿元。

（2）政策环境。长期以来，我国软件企业的发展最大的制约在于资金方面，2000年5月17日，国家调整了针对软件业的税收政策，对科技创新项目和企业赋予更多的财税优惠，将软件产品的增值税由17%降至6%，有些产品更可实行零增值税。考虑到软件产品的特殊性质，这次税收政策调整对软件企业的影响非常大。2000年7月11日，国务院出台了《鼓励软件产业和集成电路产业发展若干政策》，鼓励对软件产业进行风险投资。风险投资公司持有的软件企业股份在企业上市交易的当日即可进入市场流通。按照规定，软件企业不分所有制性质，凡符合证券市场创业板上市条件的，将优先予以安排；符合境外上市资格的软件企业，允许到境外申请上市筹资。

2．计算机硬件

2014年6月，国务院印发《国家集成电路产业发展推进纲要》，部署充分发挥国内市场优势，营造良好发展环境，激发企业活力和创造力，带动产业链协同可持续发展，加快追赶和超越的步伐，努力实现集成电路产业跨越式发展。近年来，尽管在国家政策支持和市场需求推动下，我国集成电路产业实现了快速发展，年均复合增速保持在20%以上。整体实力显著提升，集成电路设计、制造能力与国际先进水平差距不断缩小，封装测试技术逐步接近国际先进水平，部分关键装备和材料被国内外生产线采用，涌现出一批具备一定国际竞争力的骨干企业，产业集聚效应日趋明显。但产业发展水平与先进国家（地区）相比依然存在较大差距，集成电路产品大量依赖进口，目前仍然难以对构建国家产业核心竞争力、保障信息安全等形成有力支撑。近年来，随着国内各行业领域，尤其是通用计算CPU、存储器、通信芯片、高端显示器件、各类传感器等高端领域对集成电路的需求不断上升，推动了国内对集成电路产品的进口。根据海关统计，2015年以来，我国集成电路进口数量和进口额呈逐年上升趋势，2019年全年进口集成电路4443亿块，同比增长4%，进口金额3042亿美元，同比下降2.2%，如表8-6所示。

表8-6 我国集成电路产业规模

年份	2015	2016	2017	2018	2019
产业规模	3610亿美元	4336亿美元	5411亿美元	5740亿美元	7562亿美元
进口额	2299亿美元	2270亿美元	2601亿美元	3072亿美元	3040亿美元
进口数	3140亿块	3425亿块	3770亿块	4175亿块	4443亿块
出口额	691千亿美元	610千亿美元	669千亿美元	846千亿美元	1015亿美元
出口数	1827亿块	1809亿块	2044亿块	2171亿块	2185亿块

据中商情报网讯：近几年，受个人计算机和手机市场逐渐饱和的影响，全球集成电路市场的增长步伐放缓。而在中国，集成电路产业作为信息产业的基础和核心组成部分，成为关系国民经济和社会发展全局的基础性、先导性和战略性产业，在宏观政策扶持和市场需求提升的双轮驱动下快速发展。从市场需求角度分析，消费电子、高速发展的计算机和网络通信等工业市场、智能物联行业应用成为国内集成电路行业下游的主要应用领域，智能手机、平板电脑、智能盒子等消费电子的升级换代，将持续保持对芯片的旺盛需求；传统产业的转型升级，大型、复杂化的自动化、智能化工业设备的开发应用，将加速对芯片需求的提升；智慧商显、智能零售、汽车电子、智能安防、人工智能等应用场景的持续拓展，进一步丰富了芯片的应用领域。在此背景下，我国集成电路产业实现了快速发展，产业规模从 2012 年的 2159 亿元提升至 2019 年的 7562 亿美元。技术水平显著提升，有力推动了国家信息化建设。据中国半导体行业协会公布的数据，2018 年中国集成电路产业销售收入达 6532 亿元，同比增长 20.7%，增速较 2017 年回落 4.1 个百分点，其中，集成电路设计业销售收入为 2519.3 亿元，占全年总值的 38.6%，居三业之首；集成电路晶圆业销售收入为 1818.2 亿元，占全年总值的 27.8%；集成电路封测业销售收入为 2193.9 亿元，占到全年总值的 33.6%。

目前，中国的集成电路已经形成了技术体系，建立了产业链，产业生态和竞争力得到了完善和提升。高端芯片设计能力大幅提高。制造工艺取得长足进步，65、40、28nm 工艺量产，14nm 技术研发突破，特色工艺竞争力提高。集成电路封装从中低端进入高端，竞争力大幅提升。关键装备和材料实现从无到有，整体水平达到 28nm，部分产品进入 5～10nm（国际科研成果工艺已达 1nm；台积电 2019 年实现 5nm 节点量产，预计 2022 年 3nm 量产）被国内外生产线采用，培养了一批富有创新活力，具备一定国际竞争力的骨干企业。

我国计算机硬件市场在 20 世纪 90 年代初曾快速扩张，1998 年增速有所回落，1999—2000 年是调整发展阶段。国内厂商在计算机硬件方面的市场份额持续增长，联想、长城、方正等公司在技术、资金、规模等方面都有了长足的进步，但整体而言，国内厂商的技术力量较为薄弱，产品多定位于中低端市场。2014—2018 年的销售数据见表 8-7。

表 8-7 我国计算机整机的销售情况 （销售量：万台）

年份	2014	2015	2016	2017	2018
销售量	35 678	49 086	33 144	36 376	35 192
增长率	4.6%	37.6%	8.8%	7%	−1.8%

在计算机市场中，商用计算机（PC 台式机、笔记本和 PC 服务器）占有较大的市场份额，但是随着互联网的发展，互联网进入家庭成为家用计算机的主要推动力，其销售量保持稳定。从生产厂商看，国内计算机厂商经过几年的市场竞争，以联想、方正等为代表的国内品牌已经进入收获期，国产品牌的计算机销量占市场的主要份额，其中以教育、政府和中小企业市场为主。而国外品牌计算机市场份额在逐年下降。

随着电子商务的飞速发展和上网人数的上升，网络设备市场增长较快，已经成为计算机硬件市场上成长率最高的一个市场。在网络设备中，交换机和路由器仍占据市场主要份额，网卡、集线器、Modem 等低端产品的份额较少。国内主要的 IT 厂商十分看好网络设备市场，其纷纷以自主开发或 OEM 的方式进入这一领域。

3．通信行业

1）通信业发展概况

据工信部网站的资料,截至 2019 年 12 月底,全国电信业务总量达到 17 400 亿元,比上年增长 18.5%,同比提高 0.8 个百分点。全国电信业务收入累计完成 13 100 亿元,比上年增长 0.8%。2019 年,全国移动电话用户总数达到 16 亿户,净增移动电话用户 3525 万户,净增规模创十年新高。全国移动电话用户普及率达到 114.4 部/百人,比上年末提高 2.2 部/百人,已经高于全球平均的 101.5 部/百人。我国已建成全球最大 4G 网络,2018 年新建 4G 基站 43.9 万个,总数达到 372 万个,4G 网络向纵深覆盖,人口密度较大的农村地区均已实现较好覆盖,网络能力提升拉动 4G 用户规模快速扩大。4G 用户总数达到 11.7 亿户,全年净增 1.69 亿户,普及率接近 84%,低于国际领先的日本(近 110%)和韩国(99%)等国家和地区,其仍有发展空间。大力发展 4G 的同时,我国积极推进 5G 标准研究和技术试验,构建了全球最大 5G 试验外场,并完成第三阶段试验规范,初步形成全球领先优势。

信息通信技术创新活力和应用潜能裂变式释放,5G、工业互联网、车联网、物联网等新型网络形态不断涌现,人工智能、区块链、边缘计算等应用层技术不断升级,可穿戴设备、无人机、机器人等智能终端形态不断扩展,共享经济、科技金融等新应用、新模式、新业态不断推陈出新,网络空间从人人互联向万物互联演进,泛在网络时代已崭露头角。

2）通信业结构特点

通信业为基础通信运营商及内容(应用信息)服务商提供通信设备和软件系统,为终端用户提供各种终端应用设备,在整个通信产业中起着重要作用,对通信传输及应用至关重要。

(1) 通信产业链。长时间以来,由于我国的技术落后,通信设备市场几乎全部为外资企业所垄断,在经历了与外资企业数年的竞争后,中国通信设备制造业实现了群体突破。现阶段,我国通信行业基本上形成了以华为、中兴等为引领的通信设备制造企业,以移动、联通、电信为三大龙头的通信运营商共同推进我国行业的发展。行业上游产业主要包括五金和塑料材料供应商、加工商以及电子元器件供应商。其中,五金材料主要包括各类金属紧固件、钣金件、冲压件和切削件等;塑料材料主要包括 ABS、尼龙等塑料原料及其制品;电子元器件主要包括电阻、电容、电感等。行业的下游产业主要包括：通信运营商(如中国移动、中国联通、中国电信等)与通信设备集成商(如华为公司、爱立信、诺基亚、阿尔卡特－朗讯、中兴通讯等)。通信设备制造主要包含核心网络设备、接入网络设备和网络中断应用设备等的制造。

(2) 结构特点。①近年来,我国通信行业投资规模不断增加,加速推进行业的发展和网络通信的全国化布局。通信运营商积极布局 5G 建设,为通信设备制造提供了更为广泛且新形势下的研发需求。②移动通信业务的发展是我国通信行业发展的重要领域,移动通信基站的建设促进其对上游通信设备制造行业的需求不断增加。③互联网商业模式不断创新、线上线下服务融合加速以及公共服务线上化步伐加快,成为网民规模增长推动力。网民规模的不断增长对我国通信设备制造行业的要求也在不断提升,未来通信设备制造业的发展应紧跟时代发展脚步,以需求确定行业的发展目标,双向促进,共同促进我国通信行业的发展。④在国家布局的推动、技术进步的发展和下游需求的不断增加下,我国通信设备制造业的销售收入不断增加。

3) 优势方向

我国民族通信企业近年有了长足的进步,在交换机、接入网等领域已具有较大优势,并在部分领域开始领跑。展望未来,我国通信行业的亮点主要有二:移动通信和光通信。

(1) 移动通信。移动通信是目前我国通信领域盈利最强、市场规模最大的部分,同时仍然保持高速增长态势,因此最受瞩目。2001年到2018年的用户增长见表8-8。

表 8-8 我国移动电话用户的增长情况

年份	2002	2003	2004	2005	2006	2007	2008	2009	2010
用户数/万户	20 661	26 869	33 482	38 300	45 900	46 106	54 731	64 123	85 900
年份	2011	2012	2013	2014	2015	2016	2017	2018	2019
用户数/万户	98 625	111 216	122 900	128 600	130 600	132 193	142 000	157 000	160 525

截至2018年12月底,移动宽带用户(即3G和4G用户)总数达13.1亿户,全年净增1.74亿户,占移动电话用户的83.4%。其中4G用户总数达到11.7亿户,全年净增1.69亿户。2018年12月7日,工业和信息化部已经正式许可中国电信、中国移动、中国联通自通知日至2020年6月30日在全国开展第五代移动通信系统试验。同时正式确认,2019年将颁发5G网络牌照。2018年12月19—21日中央经济工作会议已经明确了2019年二十项重点工作中"加快5G商用步伐"显得异常重要。

(2) 光通信。2018年,光通信行业可谓风起云涌,5G技术无疑是行业竞相关注的第一焦点,给整个产业带来了巨大影响。由于5G的到来,通信设备市场进入一个新的发展周期,这些跨国巨头间的竞争也变得更为激烈。预估5G投资规模将达到1.2万亿,且投资周期可能会超过8年。目前,全球电信设备市场呈现出了三分天下的格局,它们是中国的华为、瑞典的爱立信和芬兰的诺基亚,其中华为以28%的市场份额占据了榜首地位。2015年诺基亚收购了阿尔卡特-朗讯公司后成为全球第二大的通信设备运营商。2018年华为总营收将突破1000亿美元大关,同比增长17%左右。这一营收数据表明华为正式成为一家千亿美元企业,成为继苹果和三星后,全球第三家迈入千亿美元俱乐部的电子公司。据统计,2017年全球光纤产量达到5.61亿芯公里,我国光纤光缆需求量占到全球份额的57%左右,2018年中国光纤产量达到3.1734亿芯公里,份额占比已经超过全球市场六成,是名副其实的光纤光缆大国。随着5G建设的推进,光纤光缆迎来了一轮新的增长期。

4. 互联网行业

1) 互联网产业概况

据报道,截至2019年12月底,互联网宽带接入端口数量达到9.16亿个,比上年末净增4826个。其中,光纤接入端口的比重达91.3%。三家基础电信企业的固定互联网宽带接入用户总数达4.49亿户,全年净增4190万户。其中,光纤接入用户4.17亿户,占固定互联网宽带接入用户总数的92.9%,较上年末提高0.4个百分点。光纤宽带发展已经进入全球领先行列,光纤到户渗透率已经超过了韩国(76.8%)、日本(76.7%)、美国(12.6%)等OECD国家。100Mb/s及以上接入速率的固定互联网宽带接入用户总数达2.86亿户,占固定宽带用户总数的70.3%,占比较上年末提高31.4个百分点。

2019年,移动互联网接入流量消费达1220亿GB,比上年增长71.6%。全年移动互联网接入月户均流量达 7.82GB/(月·户),是上年的 1.69 倍;12 月当月高达 8.59GB/(月·户),已超过美国日本等发达国家,仅次于韩国等个别国家和地区。青海等西部省份已接近 10GB/(月·户),网络负载较重的部分省市低于 5GB/(月·户)。

截至 2018 年 12 月底,固定数据及互联网业务收入比上年增长 5.1%,在电信业务收入中占比由上年的 15.6%提升到 15.9%。以云计算、物联网、企业服务等为代表的新兴业务快速增长成为仅次于移动数据业务的第二引擎。三家基础电信企业发展 IPTV 用户比上年末增长 27.1%,全年净增 3316 万户,净增用户占净增光纤接入用户的 44.6%,IPTV 业务收入比上年增长 19.4%;基础电信企业基于网络接入和平台管理能力,依托物联网产业联盟和专业化运营机构,大力推进物联网在各领域的应用创新和产品推广。车载智能终端、医疗健康服务、智能城市建设等垂直领域需求不断释放,2018 年,蜂窝物联网用户净增 4 亿户,总数达 6.71 亿户,业务收入比上年增长 72.9%。

2) 互联网产业发展

互联网产业发展为从蒸汽机的工业时代到计算机的网络时代。互联网的高效和便利将促使经济个体放弃原有的传统工具和技术,从而改变传统的交易方式、最终摧毁现存的传统产业价值链,代之以全新的商业模式,推动传统产业和传统经济的变革。

(1) 互联网产业结构。为了解和分析互联网产业的特征和发展趋势,可以将互联网产业分为几个子行业:①平台和工具,包括网络硬件制造、软件开发、网络系统集成等,这些构成了互联网的实体部分;②互联网服务,即通常所说的 ISP(Internet Service Provider),该类企业提供以接入服务为基础的各类网络服务,是用户终端与互联网的桥梁;③内容与社区,即网络内容服务商(Internet Content Provider,ICP),其定位为在互联网上向用户提供各类信息;④电子商务,通过互联网这个中介渠道,在互联网上展开商务活动。

(2) 互联网产业的演进。从网络经济发展顺序看,首先是在电信网和电视网的基础上开始互联网络的建设、用户接入。由于互联网在信息交流上的优势,电子邮件服务和内容服务最早产生,ICP 已成为互联网产业的先驱者,而当网络规模发展到一定程度时,用户群的扩张使得电子商务具备了经济上的可行性,也正是到达这个阶段后,网络产业走出自身的发展领域,开始与传统产业接轨,并对传统产业经营模式呈现出巨大摧毁力,网络产业的空间被极大地扩大了。

(3) 互联网产业的扩张。随着互联网的广泛运用和网络经济的发展,网络本身面临着不断发展和升级的要求,网络经济的爆发式增长需要更为完善、更为先进的网络作为支撑,如何应付高速增长的用户群,提供充足的带宽将是对网络建设和网络技术的考验,更为重要的是,为了保证网络交易的顺利进行,网络安全必须有充分的保障,在网络技术快速发展的背景下,网络安全的脆弱和网络安全技术的滞后更决定了网络安全将是产业发展的瓶颈,也是业内人士关注的焦点,这样,从网络经济的发展到传统产业的改造再到网络的自我扩张,构成了网络基础—电子商务—网络基础的良性循环。

3) 互联网产业结构分析

(1) 平台与工具。平台与工具主要包括网络基础设施建设、网络设备制造和网络软件。根据"中国信息基础设施"计划,"九五"期间国家信息网络建设目标是"一个平台三个网"(电信网、广播电视网、计算机网),并在此基础上架构国家信息高速公路。目前,八横八纵的主干光缆建设已经完成,标志着骨干网的建设已经结束。2006 年 5 月发布的《2006—2020 年国家信息化战略》目标中,综合信息基础设施,信息技术自主创新,国家信息安全保障是基本要求。2016年12月15日国务院印发的《"十三五"国家信息化规划》要求建设泛在先进的信息基础设施体系、建立统一开放的大数据体系、构筑融合创新的信息经济体系、支持善治高效的国家治理体系构建、形成普惠便捷的信息惠民体系、打造网信军民深度融合发展体系、拓展网信企业全球化发展服务体系、完善网络空间治理体系、健全网络安全保障体系等10方面任务;确定了新一代信息网络技术超前部署、北斗系统建设应用、应用基础设施建设、数据资源共享开放、"互联网+政务服务"、美丽中国信息化、网络扶贫、新型智慧城市建设、网上丝绸之路建设、繁荣网络文化、在线教育普惠、健康中国信息服务等12项优先行动。

(2) ISP。它是指以网络接入服务为基础服务项目,同时提供各类网络功能实现服务的网络经营商。主要业务包括企业上网服务、个人用户接入服务、域名注册服务、主机托管服务、硬盘出租服务、页面广告服务、主页制作服务等。ISP可分为两类:一类是拥有网络基础设施者,如拥有中国公用计算机互联网的中国电信和拥有金桥网的吉通。另一类是没有网络基础设施的服务商。这类公司多半演变成为内容提供商或向ASP(Application Service Provider,应用服务供应商),向用户提供一切可能的Internet应用服务。

(3) ICP。ICP即内容提供商,主要包括综合类的门户或其他专业信息ICP等。综合类和门户网站是网络服务、媒体服务、网上搜索等多种信息和服务的综合,也是访问量最大的网站类型,著名的门户网站如百度、新浪、搜狐和网易等都有很高的访问量,它们均已在纳斯达克(NASDAQ)上市。这些顶尖级网站由于极高的访问量,从而拥有巨大的商业价值和很强的盈利能力,吸引了最多的注意力资源,从而压制了其他门户网站的生存空间。在我国专业信息网站中,最重要的是各部委以及行业主管部门的网站,其中有相当部分是政府机构与其他机构合作,进行商业化运作的网站,另外一些专业咨询公司的网站也有相当特色,如慧聪商情等。

(4) 电子商务。它是用电子化手段完成商业贸易活动的新型方式,是当代信息社会中网络技术、电子技术和数据处理技术在商贸领域中综合应用的产物。电子商务将信息网络、金融网络和物流网络结合起来,把事务活动和贸易活动中发生关系的各方有机地联系起来,使得信息流、资金流、实物流迅速流动,极大地方便了各种事务活动和贸易活动。相对传统商业,电子商务开辟了物流、货流和存货的空间分布形态,破坏了物理世界中的价格竞争机制。

8.4.2 信息产业政策

要实现信息产业的有效管理,保证信息产业的持续、稳定与健康发展,就必须有与信息产业的发展水平相适应的信息产业政策。政府对信息产业的宏观调控作用,主要是通过信息产业政策的制定与实施来实现的。信息产业政策的主要功能是指导信息产业的发展,实现产业资源的最优配置,保护民族信息产业,强化信息产业管理。

信息产业政策是国家信息政策的一部分,是直接与信息产业经济活动相联系的信息政策。信息政策是为发展信息事业和管理信息活动而制定的战略规划、方针措施和行动准则,包括信息技术政策、大众传播政策、知识产权政策、信息安全政策、信息人才政策、信息产业政策等。其中信息产业政策是信息政策的基础,它与其他各类信息政策都有着密切的联系,在信息政策体系中处于"牵一发而动全身"的地位。

1. 制定信息产业政策的原则

正确的信息产业政策来源于对信息产业活动实践经验的总结,是建立在对信息产业的正确认识基础之上的。信息产业政策所指导和调整的对象的特殊性,要求在制定信息产业政策时除应坚持一般的政策制定原则,如原则性与灵活性的统一、稳定性与适应性的统一、必要性与可行性的统一等等,还应当遵循以下原则:

1) 从国情、国力出发

制定信息产业政策,需要从国情出发,对影响本国本地区信息产业发展和结构变动的具体情况有客观的认识和正确的理解。由于各地经济、科技、文化等方面的发展水平不同,社会信息需求和信息环境各不相同,可供信息产业发展的资源和约束条件也有很大的差异,因此,在制定信息产业政策时,必须实事求是,从实际出发,量力而行。例如,在社会信息化浪潮中,我国约有 20 多个省市自治区宣布将信息产业作为本地区的支柱产业和新的经济增长点。这对于部分尚未实现从农业化到工业化的转变、人们的生活正在从温饱型向小康型过渡的地区来说,确实是一次艰难跨越。针对这种现象,一种有效的管理手段就是科学地研究和设计国家信息产业的发展方向和总体布局,将全国各地区的信息产业尽快纳入国家信息产业政策体系的宏观指导和有序调控之下,根据我国实际条件,借鉴国外的经验,搞好信息基础设施建设的总体规划,明确职责分工,加强总体协调,在信息装备、信息网络、信息资源开发利用及人才培育等方面协同发展,整体推进,尽量避免重复建设和网络分割,以提高信息产业的整体效益。

2) 服从国家经济建设和社会发展的实际需要

一个国家的社会经济建设总目标、总战略和基本指导思想,是国家信息产业政策目标选择的宏观背景。人们总是根据国家在特定历史时期的经济建设指导方针和社会发展战略目标来制定信息产业政策,为社会经济发展的总目标服务。2016 年 12 月,国务院印发的《"十三五"国家信息化规划》指出,"十三五"时期是信息化引领全面创新、构筑国家竞争新优势的重要战略机遇期,是我国从网络大国迈向网络强国、成长为全球互联网引领者的关键窗口期,是信息技术从跟跑并跑到并跑领跑、抢占战略制高点的激烈竞逐期,也是信息化与经济社会深度融合、新旧动能充分释放的协同迸发期,必须加强统筹谋划,主动顺应和引领新一轮信息革命浪潮。到 2020 年我国信息基础设施将达到全球领先水平。

3) 符合信息产业发展的一般经济规律与具体特征要求

信息产业政策的制定必须以对信息产业经济发展规律与特征的深刻认识和理解为基础。由于受国家既有经济体制的影响,信息产业作为一门新兴产业往往被多重分割和交替经营,市场准入条件既不规范也不明确,造成信息产业界行业垄断与重复建设、相互独立与彼此重叠的现象十分严重。这时,政府在市场经济体制下的作用在于,当市场经济的"无形之手"失灵时,以信息产业政策这只"有形之手"对信息产业经济实施宏观调控,使之稳定而有序地发展。这是制定和完善信息产业政策的理论依据之一。

信息产业的规模经济和自然垄断特征,决定了信息产业需要政府的管制,并且需要政府直接经营部分信息产业部门。从其他国家的信息市场管理经验来看,对国有信息企业进行逐步民营化,或者通过股份制改造使国有信息企业逐渐提高经营效率,或者通过价格管制手段迫使信息企业不断提高生产率,或者通过投资、税收和反垄断政策对信息企业的规模、经营范围和发展方向进行宏观调控等,都是政府对信息产业进行管制的有力措施。

4)与本国其他产业政策或信息政策以及其他国家的信息产业政策相互协调

信息产业政策首先是国家产业政策体系的一个重要组成部分,也是构成其他信息政策的基础。信息产业政策的制定不仅要满足信息产业自身发展的要求,更重要的是要满足社会经济的发展需要,满足提高国家综合竞争实力的要求。因此,在制定信息产业政策时,必须保证它与国家有关产业经济的发展政策、科学技术政策、文化交流政策等协调一致,不会发生矛盾和冲突。另外,由于信息产业国际化、全球化的发展趋势愈演愈烈,一个国家在制定本国的信息产业政策时,不得不考虑其他国家信息产业政策的作用与反作用,在坚持本国信息产业政策基本原则的前提下尽量向国际惯例靠拢。随着信息产业日益成为全球最大的产业部门,信息产业政策不仅将构成国家总体产业政策和总体发展战略的核心内容,以满足本国产业界优先发展或重点推动的总体要求,而且应符合世界信息产业发展的总体潮流和未来趋势,以适应全球信息化的发展需要。

2. 信息产业政策体系

信息产业政策不是一项孤立的政策,而是一个完整的政策体系。从信息活动的层次范围上看,有国家级的信息产业宏观调控政策,有各级地方政府的地区信息产业发展政策,也有国民经济各行业、各领域的信息产业政策。概括地说,信息产业政策是政府为实现某种经济目标而形成的与信息产业相关联的所有经济制度、法律制度与规范、措施的总和。从信息产业的特点出发,考虑其在国民经济中的地位和作用,信息产业的政策体系大致包括如下内容。

(1)发展政策:包括信息产业的发展方向、发展战略以及战略目标、战略重点与战略规划部署等。

(2)投资政策:有关风险投资、交叉融资、引进外资的政策以及国家为扶持信息产业发展而采取的优惠贷款、税收、补贴、产业发展基金等政策措施。

(3)技术政策:包括技术创新、技术转让、技术引进政策以及推动信息产业发展的关键技术选择等。

(4)人才政策:信息劳动力的发展措施,如信息专业人员的培养、考核、定级制度以及人才流动政策。

(5)市场政策:信息产品、服务质量规范与标准以及市场交易活动的管理办法,反不正当竞争与制止行业垄断等政策措施。

(6)国际政策:涉及信息产业发展的各种进出口限制,如对国外信息服务提供者的市场准入及其限制措施,对越境数据流的控制等。

(7)基础设施政策:作为社会公共品的信息基础设施建设与发展措施,特别是通信网络等基础设施的统筹建设问题。

(8)相关法律法规:各种相应的信息产业法律和法规,如电信法、信息公开法、数据保护法、知识产权法、新闻出版法等。

在飞速发展的信息产业中,信息产业政策需要及时变化。随着信息产业的不断发展壮大,信息产业政策措施的内容和范围也将不断得到扩展和充实,并且在经过一定的政策实践阶段之后,许多比较成熟的、还需要进一步贯彻执行的政策被加以规范化和定型化,即演变成为信息产业法律和法规,这就是信息产业政策的法律化。从这个意义上说,信息产业政是信息产业立法的基础,而信息产业立法是信息产业政策体系的必然延伸。

3. 我国发展信息产业的有关方针和措施

早在1993年12月,国务院批准成立了由24个部委局共同参加组成的国家经济信息化联席会议,1996年5月正式成立国务院信息化工作领导小组(2008年机构调整时撤销),1998年信息产业部成立,2008年机构调整时合并成立工业和信息化部。

国家信息化体系由下列六个要素组成,即信息资源、国家信息网络、信息技术应用、信息技术与产业、信息化人才、信息化政策法规和标准。主要任务是:组织信息资源的开发利用;加强国家信息网络的建设和管理;以信息化建设带动信息产业的发展;加快"金"系列工程的建设;加快国民经济重点领域的信息化建设;加快发展面向经济和社会的信息服务业;促进科技和教育领域的信息化;研究制定必要的法律和标准规范。

近年来,为推进信息化的深入,相关政策和法规相继出台。2005年1月《国务院办公厅关于加快电子商务发展的若干意见》(国办发[2005]2号)发布,2006年中央办公厅和国务院办公厅印发《2006—2020年国家信息化发展战略》,2012年2月14日工业和信息化部发布《"十二五"物联网发展规划》,2015年9月国务院印发《促进大数据发展行动纲要》,2016年12月15日国务院印发并实施《"十三五"国家信息化规划》和《国家信息化发展战略纲要》,2016年12月27日《国家网络空间安全战略》发布,2017年6月1日《中华人民共和国网络安全法》正式实施。

4. 国外信息产业政策比较

虽然世界各国社会经济发展要求各不相同,信息产业的发展规模与水平差别很大,但许多国家和地区在发展信息产业方面已积累了大量政策经验,可供我国借鉴和参考。

1) 美国的信息产业政策

美国是世界上信息产业最发达的国家,美国的信息产业政策是使美国保持这一领先地位的重要因素。美国推动信息产业发展的基本政策主要表现在:

(1) 依靠私营部门和市场自由竞争,尽量减少和消除不必要的政府规章等市场障碍,加强信息技术和产品的开发创新,提高效率并以合理的价格向公众提供信息服务,这是美国政府发展信息产业的基本政策原则。为此,通过了《史蒂文森—威德勒技术革新法》促进大学和产业界的联合研究,通过《联邦技术转移法》推动政府研究成果向私营部门转移,修改电信法提高信息基础设施建设的竞争水平等,以保证私营企业有一个税收优惠、知识产权保护和公平竞争的法制环境,使私营企业成为美国信息技术研究开发和信息服务的主力军。

(2) 政府及时颁布有关信息产业政策,大力扶持信息产业,特别是对国家竞争力有关键影响的信息技术产业的发展。自里根政府起,美国历届政府都十分重视通过修订投资、贸易和知识产权保护等政策来促进美国信息产业的发展。特别是1993年克林顿政府颁布的"国家信息基础结构"(NII,俗称"信息高速公路")计划。

(3) 除从国家安全、知识产权和个人隐私等方面考虑需要进行强制规范外,要求减少政府干预,保证信息产品和服务通过建立一个自由竞争的市场在全球范围内自由流动是美国信息产业政策的一个基本特征。美国制定了一系列政策法规,如言论出版自由与信息公开、信息加密、知识产权、越境数据流和个人隐私保护、信息估价和征税等。1994年,美国又发出了建立"全球信息基础结构"(俗称"全球信息高速公路")的倡议,稍后提出了实施方案。

1997年,发布"全球电子商务政策框架"。1998年,通过了Internet免税法案。

(4) 大数据成为美国新的信息产业政策。2012年3月,白宫发布《大数据研究和发展计划》,6个联邦部门和机构宣布投资2亿美元;2013年11月,美国信息技术与创新基金会发布《支持数据驱动型创新的技术与政策》;2014年5月,美国发布《大数据:把握机遇,守护价值》白皮书,对美国大数据应用与管理的现状,政策框架和改进建议进行集中阐述。

2) 日本的信息产业政策

日本早在20世纪50年代起就确立了从振兴电子工业起步,以赶超美国为目标的产业政策,并制定了一系列的法律,确保信息产业政策的实施:1957年开始,日本提出实施《电子工业振兴临时措施法》(即《电振法》),规定了振兴日本电子工业的基本计划和措施,对电子工业的研究开发项目实行资金补助政策;实施《特定电子工业及特定机械工业振兴临时措施法》(即《机电法》),针对开发研制第四代计算机制定;实施《特定机械、信息产业振兴临时措施法》(即《机信法》),将振兴范围扩展到整个信息产业;实施《信息处理振兴事业协会及其有关法律》(即《信振法》),以协会的形式促进信息处理业的发展;实施《软件生产开发事业推进临时措施法》,以解决软件生产能力落后的局面,缩小与美国软件工业的差距。上述诸法的内容都涉及以计算机为主线的电子工业发展和软件开发应用的有关实施计划、组织形式、资金保证、防止垄断和政府职责等方面的政策问题,并以法律的形式做出了明确的规定。

日本信息产业政策的具体实施主要是通过其投资和税收政策体现出来的。在20世纪60年代至80年代提供的一系列计算机及相关技术开发"补助金",保证了信息技术产业化的发展。从20世纪70年代以后,为促进日本信息服务业的发展,改变以往的电信垄断状态,日本政府于1971年部分修改了《公众电气通信法》,使数据通信作为一种公共电信业务合法化。1981年8月,日本电气通信政策恳谈会又提出了"80年代的电气通信政策",以此为基础,1985年4月,日本发布了《电气通信事业法》来代替《公众电气通信法》,又根据《日本电信电话株式会社(NTT)法》,把NTT民营化,以提高信息服务的效率。特别是在美国的"信息高速公路"计划出台以后,日本各省厅也纷纷发表相应对策,强化以光纤为通信干路、以多媒体为核心的信息基础设施建设。1997年,日本又通过修订《电信法》扫除了市场分割障碍,使开展多媒体数据通信及信息服务的社会环境更加完善。

2012年,日本主管信息通信产业总务省开始对大数据进行专项调查,对大数据的流通量进行调查,并将结果发布在《信息通信白皮书》里;2013年,日本总务省对大数据的发展现状进一步深入开展宏观和微观层面的调查;2014年8月,日本内阁府决定在每月公布的月度经济报告中采用互联网上累积的大数据作为新的经济判断指标;2015年日本防卫省开始研讨将大数据运用于海外局势的分析。

3) 欧盟的信息产业政策

早在欧盟成立之前,西欧国家对信息产业政策问题就十分重视。在1978年的"诺拉—孟克报告"影响下,西欧各国政府积极制定有关信息产业的发展政策,以推进本国的信息化进程。如法国1978年提出的"集成电路五年计划"、1981年的"办公自动化计划"、1982年的"电子五年计划"、1985年的"全民信息计划"等,即是通过一系列政策措施来大力推进国家的信息化进程;英国1978年、1979年提出的"微电子工业支持计划"和"微处理机应用计划"、1981年的"信息技术研究与发展计划"、1982年提出的"信息技术规划"以及1983年的

"阿尔维(Alvey)计划"等,对推动信息技术工业的发展也起到了重要的作用。1982年,欧共体委员会提出了"欧洲信息技术研究与发展战略计划"(ESPRIT),计划在1984—1994年,通过促进欧共体成员国的信息技术研究开发合作来赶超美国和日本在微电子和数据处理方面的领先地位。1984年,欧共体部长理事会又提出了"欧洲先进通信技术研究与发展计划"(RACE),以保持欧共体在通信市场上的优势。1985年,欧洲"尤里卡计划"(EUREKA)开始启动。此外,在欧共体20世纪总则(DGS)中,信息产业政策也占有相当重要的地位。美国提出NII和GII计划后,得到了欧共体的积极响应。1993年12月,欧共体委员会发表了《德洛尔白皮书》,提出要建设欧洲的"信息高速公路"。为此,欧盟各国除继续合作建立泛欧网络外,还纷纷开放国内电信市场,以加强国内外信息服务企业间的竞争与合作。1997年4月,欧盟提出了"欧盟电子商务行动方案",并于同年底与美国共同发表了有关电子商务的联合宣言。欧盟希望利用自身的网络通信基础优势,通过与美国在国际信息市场上的政策协调来达到振兴欧洲地区信息产业的目的。

进入21世纪,大数据成为欧盟新的信息产业政策。2013年8月12日,英国政府发布《英国农业技术战略》,要求对农业技术的投资集中在大数据上;2014年,英国政府投入7300万英镑进行大数据技术的开发,包括在55个政府数据分析项目中展开大数据技术的应用。2014年8月20日,德国联邦政府内阁通过了由德国联邦经济和能源部、内政部、交通与数字基础设施建设部联合推出的"2014—2017年数字议程"。2013年2月法国政府发布"数字化路线图"计划,将大数据列为战略性高新技术之一。法国经济、财政和工业部宣布投入1150万欧元用于支持这类项目。

4) 俄罗斯的信息产业政策

俄罗斯信息产业政策制定工作起步较晚。2008年2月7日俄罗斯联邦批准第Пр-212号《俄罗斯联邦信息社会发展战略》,2011年12月8日批准的第2227-p号《俄罗斯联邦2020年前创新发展战略》。在此基础上,2014年1月8日颁布了《俄罗斯联邦2014—2020年信息技术产业发展战略和2025年前景展望》,它是俄罗斯政府为了形成统一、系统的国家对信息技术产业发展方法所制定的信息技术战略。该战略的实施将为俄罗斯在该产业综合发展的进一步活动奠定基础。为落实这一战略,2016年俄罗斯启动了一系列的重要项目,主要集中在三个领域:电信业、电子政务和信息化。

5) 阿拉伯国家联盟的信息产业政策

阿拉伯国家联盟世界信息技术发展参差不齐。经济条件好的国家信息技术投入大,普及率高,技术人才充实,而因战祸所困和经济发展乏力的国家信息技术发展明显滞缓。阿拉伯国家对待信息技术的态度可划分为主动接受型、被动型和畏惧谨慎型等。①主动接受型:这些国家认识到信息技术带给国家的裨益,积极发展ICT产业,经济形势较好,国内文盲率较低,有专项资金投入信息产业发展。例如,埃及、黎巴嫩以及摩洛哥等。②被动接受型:这些国家更多依靠技术手段实现对网络和其他现代传媒监控,更多依靠制度化监控,限制私人涉足ICT产业,由国家统一控制ICT产业发展。例如,沙特、突尼斯以及叙利亚。③畏惧谨慎型:这些国家在互联网发展之初就极力抵制,发展至今虽有放松,但国家对此仍态度谨慎。网络传播所承载的西方世俗文化产品和价值观念,动摇着穆斯林既有的生活方式、行为准则,从而造成价值标准的混乱和精神困惑。例如,也门、阿尔及利亚以及利比亚。

6) 印度的信息产业政策

从 20 世纪 70 年代开始,印度制定了发展本国信息产业的一系列计算机硬件和软件政策。考虑到印度的信息劳动者具有数学基础好和英语水平高的优势,印度政府将软件产业作为本国信息产业的发展重点,建立了孟买全国软件开发中心,并规定了发展软件产业的具体政策:对 100% 出口的软件企业,免除从利润中提取所得税;对实际出口量 3 倍于国外定货量的软件企业,进口设备关税从 65% 减至 25%;免除进出口软件的双重关税等。在这种政策指导下,印度加强了软件产业的规划管理和软件产品的质量控制,使以出口为导向的软件产业发展势头十分迅猛。1986 年印度软件出口为 0.16 亿美元,但从 1997 年初到 1998 年 3 月为止的一年内,软件出口额就达到 16.6 亿美元,成为软件出口大国。印度政府 1998 年 7 月 21 日通过了支持"信息技术超级大国计划"的 108 条政策,其中对软件产业又实施了一系列特别的扶植措施。2012 年,印度批准了国家数据共享和开放政策,旨在促进政府数据的共享,其门户网站的非涉密数据包括全国的人口、经济和社会信息。

7) 韩国的信息产业政策

近几年来,韩国信息资源产业的发展速度让世人瞩目,在音乐、电影、电视剧和游戏方面的成绩最为突出,并形成了一股强大的"韩流",席卷了东南亚乃至整个世界。导致这一现象的原因非常多,但其中最为重要的一点就是韩国政府在信息资源产业发展方面采取的正确政策。2011 年,韩国提出"智慧首尔 2015"计划,欲将首尔市打造成"首尔开放数据广场",包含 33 个数据库、880 个数据集,为用户提供十大类的公共数据信息服务;2013 年韩国开始建设开放大数据中心。

8) 巴西的信息产业政策

巴西在 20 世纪 70 年代初即以信息产业为试点,制定了一系列高新科学技术政策,成为发展中国家最早探索具有本国特色的高科技发展模式的国家之一。70 年代以来巴西的信息产业政策是在两种不同的经济发展模式下运行的:一是"进口替代工业化"时期独立而保守的信息产业政策,统称为 BIP;二是巴西实行"贸易自由化"后的一系列相应的信息产业政策。巴西于 1984 年 10 月 29 日通过的《国家信息政策及其他措施法》中,就对巴西信息产业的发展政策做出了明确的规定,即鼓励本国计算机工业的发展,保护国内信息市场。2018 年 12 月 28 巴西提出成立"国家个人数据保护局",并延长巴西新数据隐私法。

9) 新加坡的信息产业政策

进入 21 世纪以后,新加坡政府提出了新的宽带网络政策,其中以 Infocomm21 和连结新加坡计划最有代表性。1992 年新加坡政府发表一份 *IT 2000—A Vision of an Intelligent Island* 报告,强调将用信息科技在 2000 年前把新加坡建设为一个智慧岛。新加坡政府于 1996 年开始推动以建设基础网络为基础的智能岛的 Singapore ONE(One Network for Everyone)计划。1999 年 12 月新加坡政府更是成立了信息通信发展局(Infocomm Development Authority, IDA),负责统筹、规划及协调新加坡的因特网、信息及通信政策,可以说 IDA 在推动新加坡近年来信息通信、网络发展上功不可没。2017 年,新加坡政府计划推出"大数据沙盒"计划,以促进实验和创新。

10) 澳大利亚的信息产业政策

20 世纪 70 年代,澳大利亚开始信息产业(包括计算机硬、软件、通信设备、信息和通信服务)计划,经过 40 多年的实施取得了较大发展。2013 年 8 月,澳大利亚政府信息管理办公室(AGIMO)发布了《公共服务大数据战略》,旨在推动公共行业利用大数据分析进行服务改革,制定更好的公共政策,保护公民隐私,使澳大利亚在该领域跻身全球领先水平。

8.4.3 信息产业的发展趋势

我国政府为了实现全面建设小康社会的宏伟纲领,已经明确将信息产业作为基础性、先导性、支柱性产业,作为拉动经济增长的重要力量。因此有必要分析信息产业未来发展的趋势和特点。

1. 当今世界信息产业的发展趋势和特点

1) 传统型的信息服务转向电子信息服务

以印刷媒介为主体的信息服务正在逐渐向以电子技术媒介为主体的信息服务转换。20世纪70年代人们面对每年出版文献数目的剧增,感叹"信息爆炸"。但是到了20世纪80年代以后,这种增长的趋势发生了转变,不仅信息量的增长加速,而且信息传播的载体也发生了变化。

2) 产品更新换代速度加快、生命周期缩短,市场竞争日趋激烈

在人类从工业社会向信息社会演进的过程中,信息技术成为推动社会发展的最先进的生产力。从20世纪60年代至本世纪初,世界集成电路的开发生产一直遵从著名的摩尔定律,即每18个月芯片的集成度增长一倍,而成本则降低一半,但目前集成电路的纳米技术遇到了瓶颈,芯片的集成度放缓。光纤通信、卫星通信、移动通信、多媒体通信等技术的出现大大推动了通信技术地进步,特别是当前的数字技术革命正促进计算机、电信、电视、信息内容等方面的技术走向大融合,信息产品更新周期不断缩短。

3) 信息产业在社会生产中所占比例越来越大

信息产业在国民经济中所占的产值比重和就业比重随国民经济发展水平的提高而增大,是信息产业发展普遍存在的现象。统计表明,整个信息产业的增长速度明显高于经济增长速度,虽然不同国家程度不同,但从整体上看,各国信息产业产值占国民生产总值比重逐年增加,信息劳动者占总就业人口比重迅速上升。

4) 信息市场日益扩展和完善

20世纪80年代以来,随着世界生产业结构的调整,各国进一步发展高技术密集型和知识型产业。据统计,在2017年全球4122.21亿美元的半导体销售额中,集成电路共计3431.86亿美元,占比达83.25%。微处理器、逻辑芯片、存储器、模拟电路市场规模分别占半导体市场的15.5%、24.8%、30.1%、12.9%。由于物联网、可穿戴设备、云计算、大数据、新能源、医疗电子和安防电子等新兴应用发展迅速,预测未来几年半导体行业将迎来发展高峰期,2020年全球产业规模有望达到5300亿美元。

5) 信息产业趋向于跨国经营和全球化、多极化

全球信息市场竞争方式和规模正发生一场深刻的革命:信息市场的开放程度在逐步扩大,未来的竞争将不再是单纯的互相排斥,而是具有彼此合作、依存和互补的广阔内涵。通过合作、依存和互补,实现超地区、超空间的大范围的市场渗透,以占取更大的市场份额并最终赢得竞争优势。信息产业向多极化、国际化方向发展。一方面各国在信息技术领域中的竞争不断深化,全球信息产业发展格局由美、日、欧发达国家一统天下的格局逐步演变为美

国、欧洲、亚洲多国互为竞争对手的多极化发展格局;另一方面,随着各国经济发展进入了区域化、集团化和国际化的竞争,世界各国、各企业集团和信息机构都在不断完善其遍布全球的信息网络,将信息迅速在全球范围内进行输入、输出,信息产业走上了立体多维的国际大舞台。

2. 影响信息产业发展的因素

信息产业的发展有其内在的规律,受到一系列客观因素的影响。要发展信息产业,必须充分认识这些影响因素,遵循信息产业的发展规律,努力发挥人的主观能动性,利用一切有利因素。一般来说,信息产业的发展必须具备三个基本条件:要有支持信息产业发展的物质条件;要有社会和经济发展的强烈要求;要有信息产业发展的政策环境。因此,影响信息产业发展的因素大体可归纳为三类,即资源因素、需求因素和政策因素。

1) 资源因素的影响

资源因素对信息产业发展的影响,取决于可用资源量、资源配置状况和资源利用效率。可用资源量是指一个国家的信息产业在一定时期可以投入使用的物质资源、劳动力和资金资源的数量。可用资源量的大小主要取决于一个国家的资源开发利用能力。同时,在开放的环境下,充分利用国际资源可以大大增加可用资源量。另外,在可用资源量既定的条件下,资源配置状况和资源利用效率将决定信息产业发展状况。资源配置合理,意味着有限的资源是根据社会需要投入各种信息产品和信息服务生产的,从而不会出现资源的浪费。同样,提高资源利用效率,可以使既定数量的可用资源产出更多的信息产品和信息服务,信息产业的收入就会大大提高,从而促进信息产业发展。

2) 需求因素的影响

市场的形成要靠社会需求来推动。信息产业发展的需求因素是指一个国家一定时期有购买力的信息需求及其结构。信息产业发展意味着信息产业产出水平的提高,信息供给能力的扩大,而生产的目的是消费,信息供给要有信息需求与之对应。信息消费水平、结构、方式虽由信息生产决定,但必然反作用于信息生产。信息产业供给的信息商品、信息服务的总量及其结构必须适应于社会和经济发展对信息商品、信息服务的需求规模及结构。

3) 政策因素的影响

信息产业政策是一个国家为指导和影响信息产业发展所制定的有关措施和准则,是对信息产业发展的宏观控制手段。信息产业政策具有外向和内向两种作用。外向作用主要是指政策的制定和执行所产生的波及、振荡和传递作用,影响和冲击着各相关领域和方面,引起各信息活动主体的反应、模仿或抵触行为。内向作用主要是指人们在实施政策时所获得的利益和而求满足的程度,对调动和发挥人们的积极性和潜在能力所产生的影响。信息产业政策就是通过这种外向作用和内向作用的影响,促进或制约着信息产业整体的发展和变化。

通过以上分析,可以正确认识影响信息产业发展的因素,以便从实际出发,正视制约因素,创造有利条件,科学而不盲目地推动信息产业的发展。

3. 我国信息产业主要行业发展展望

信息产业是由具体的行业和部门组成的,因此,如果对我国信息产业的主要行业的发展趋势有所了解,将有利于对整个信息产业发展的理解。

1) 软件行业发展展望

目前我国软件产业主要存在以下问题:在全球软件产业中的地位低微,与周边国家相比也存在较大差距;软件产业对国民经济发展的贡献较低,发展速度不能适应国家信息化的要求;软件产业的发展空间巨大,但国产软件的市场份额十分有限;缺乏核心产品和关键技术,核心竞争力薄弱;产业发展基础薄弱,无力与跨国公司抗衡;国家软件产业政策在落实中还存在诸多问题。我国软件产业处于软件发达国家和周边发展中国家的"夹缝"之中,在发展过程中存在许多亟待解决的问题,但这也是我国软件产业发展面临的机遇。无论怎么发展,我国软件产业的发展应该走具有自己特色的发展道路。在这一指导原则之下,我国的软件发展应该是在国家主导下的企业市场运作和商业化的形式;软件产品和软件服务并行发展;重点开发国内市场,同时兼顾国际市场;建立软件产业的自主体系。在技术上,坚持软件的网络化、服务化、智能化、平台化、融合化和安全化发展思路。

2) 硬件行业发展展望

硬件厂商分四大阵营:一是芯片设计和制造商,它们掌握核心技术,具有极强的增值能力;二是整机产品技术拥有者;三是OEM(代工、委托)厂商;四是渠道经营公司。我国企业基本属于后两类。国外产品利用技术、服务等方面的优势,加强与国内产品的竞争,继续扩大其产品在国内的市场份额,而国内厂商要想涉足高端网络产品领域困难很大。

由于我国计算机硬件行业多以整机组装为主,进入壁垒低,硬件产品的利润薄,竞争激烈。目前,环保、轻便、可移动已经成为时尚,液晶显示器已开始占据主导地位,笔记本电脑的销售增长率已超过台式机。同时,企业已开始注意品牌效应,服务成为发展品牌的主要内容。为保持合理的利润率和稳定的市场,扩张规模是企业采用的最简单、最有效的方式,为此,各家PC制造公司展开了扩大生产线。联想甚至购买了IBM的整个PC业务。规模效应在计算机零部件制造公司中同样存在。

长期以来,芯片产业基本上被高通、台积电、苹果、三星、英特尔等少数几家巨头垄断。在这个产业中,三星营收最强,英特尔其次。而其他的企业一时很难追赶和超越,特别是垄断企业的技术被迭代多次后,其门槛越来越高。对于芯片的研发,美、日、韩等发达国家有多年基础。另外,我国一直是芯片第一大进口国,全世界50%以上的芯片出口到中国,2018年其进口额达3072亿美元。我国的芯片技术与发达国家和地区还存在一段差距,目前,我国主要从事低端芯片的研发和制造。产生这个结果的原因是芯片的自主知识产权。为了克服芯片生产的瓶颈,首先,应该进行技术迭代,提升技术和专利水平,不断进行技术创新,打造出自己的芯片。其次,在研制自己的芯片的同时,也要基于全新的芯片开发出相应的平台和软件,并使这个平台达到世界先进水平。

3) 通信市场前瞻

通信市场包括设备生产商和应用服务商。结果多年的努力,华为、中兴等已经在通信生产方面占据着非常重要的位置。特别是在5G设备方面已经处于世界同行第一方阵,并在部分领域领先。但是,西方部分国家设置障碍,华为在全球5G设备推广中遇到了不少困难,亟待在技术和应用方面的突破。目前爱立信和诺基亚与华为三分天下,它们将成为未来华为竞争的有力对手。

引入竞争机制后,中国通信运营市场已经过行业的大重组。为了取得更好的竞争地位,各运行企业纷纷扩大基础网络的建设。中国联通、中国移动、中国电信在进行激烈竞争的同时,也努力发挥其自身的优势。从 2019 年开始,5G 已成为三大运营商市场争夺的新领域。5G 网络的实验、投资、建设和推广将是三大运营商新竞争的新起点,"三国天下",谁主沉浮将拭目以待。

4) 互联网行业的发展趋势

从网络经济的演进来看,电子商务的发展将催生新的商业模式,并对传统产业进行彻底改造。互联网技术对传统企业商业流程的再造是未来热点之一。研究表明,不同传统产业对互联网敏感度不同,现将传统产业的互联网转型顺序做一排列:①摧毁型产业:主要有证券业、银行业和旅游业,该类企业的核心业务可以完全依靠互联网进行,传统业务基本消失,其转型速度最快,转型的收益也最显著;②互补型产业:主要有出版、零售、娱乐业,该类企业可以快速利用互联网开发新的业务,并和原有的传统业务相互促进;③适应型产业:主要是配送等行业,该类企业能够利用互联网对其产业进行深刻的改造,但速度较慢;④迟钝型产业:建筑业、农业等产业与互联网关系不很密切,改造速度最慢,其改造的效果也并不显著。

在互联网技术在传统行业中大量运用的同时,用户对互联网的要求必然会进一步提高,在互联网方面的投入必然会大幅度增加。这其中蕴藏了大量的商业机会,最突出的将是网络发展的两大瓶颈——接入网和网络安全,其中,接入网领域将向宽带接入和无线接入两个方向发展,因此,在这些领域内领先的公司无疑会成为市场的热点。

我国发展网络产业必须结合自身的资源优势,有所侧重,吸取先行者的经验,尽量少走弯路。发展网络产业的第一要点是趋软避硬,规避资金上的劣势,发挥人力资源方面的优势。尽管我国在网络软件方面仍然落后,但潜力很大,特别是在网络安全软件方面,我们应该相信自己在安全软件方面的能力,也要看到必须有自己的安全软件,甚至要有自己的操作系统和应用软件。发展网络产业的第二点是由内而外,即首先是利用网络对传统行业内部进行改造,包括利用网络获取外部信息,建立管理信息系统促进企业内部的信息交流等,以此提高企业内部的运行效率。至于发展外向型的电子商务,在现有的信用制度、支付体系和物流体系的背景下,大规模开展时机尚不成熟。发展网络产业的第三点是无形服务优于有形商品。互联网最大的优势在于其在信息交流方面的高效和便利,因此,发展网上信息服务,实现信息资源的共享是基于对互联网最本质的理解,成功的可能性最大,在网上提供的其他无形服务和商品,如软件、游戏、虚拟社区等也与信息服务有着类似的特征。至于有形商品销售,即电子商务,最终的赢家可能还是大型生产商。由于厂商在产品性能、质量等方面最为熟悉,与客户之间也有着经常的业务联系,他们在产品销售方面显然比网络经营商更有优势,而且由于其销售规模巨大,建设自身的 B2B 网站完全可以达到规模经济的要求,不必借助于专业的电子商务网站,考虑到经济的发展将伴随着行业集中度的提高,最终大型厂商将占据主要的市场份额。

为了提高政府的管理水平,我国出台了全面发展电子政务的规划和实施计划,这一政策将对我国信息产业的发展起非常大的作用。一方面,对于基础建设和设备的需求非常巨大,能够带动相关行业的全面发展;另一方面,对软件开发和维护的需求、对人员的大量需求,以及由此推动网络行业的法制化和规范化的进程,对于我国网络行业乃至信息产业的健康发展具有深远影响。

练习题

一、名词解释

1. 信息产业
2. 顾客深度适应
3. 注意力经济
4. 信息产业的自然垄断现象
5. 网络领域的 ISP 和 ICP

二、简答题

1. 如何理解产业划分？目前比较普遍采用的三大产业指的是什么？
2. 简要列举信息产业的主要组成部分。
3. 简述信息产业的特征。
4. 简述信息产业的企业和市场运行特点。
5. 简述信息产业的管理模式。

三、论述题

1. 试分析信息产业的基本概念以及其中所蕴涵的意义。
2. 分析信息产业产生与发展的社会动因。
3. 分析信息技术的构成及发展过程。
4. 为什么说信息产业的成长是国民经济和社会可持续发展的重要条件？
5. 试论述在信息产业中企业经营具有收益递增的正反馈特征的原因。
6. 收集我国信息产业发展的相关信息，了解我国与其他主要国家的发展信息产业的基本方针政策，并对我国及国际信息产业发展趋势提出自己的见解。

参考文献

[1] 陈禹.信息经济学教程[M].北京：清华大学出版社,1998.
[2] 岳剑波.信息管理基础[M].北京：清华大学出版社,1999.
[3] 乌家培,谢康,王明明.信息经济学[M].北京：高等教育出版社,2002.
[4] 中华人民共和国国家统计局.中国统计年鉴—1996[M].北京：中国统计出版社,1996.
[5] 中华人民共和国国家统计局.中国统计年鉴—2001[M].北京：中国统计出版社,2001.
[6] 《中国电子工业年鉴》编辑委员会.中国电子工业年鉴1991[M].北京：电子工业出版社,1991.
[7] 《中国电子工业年鉴》编辑委员会.中国电子工业年鉴1996[M].北京：电子工业出版社,1996.
[8] 《中国电子工业年鉴》编辑委员会.中国电子工业年鉴2000[M].北京：电子工业出版社,2000.
[9] 《中国电子工业年鉴》编辑委员会.中国电子工业年鉴2001[M].北京：电子工业出版社,2001.
[10] 曲维枝.信息产业与我国经济社会发展[M].北京：人民出版社,2002.
[11] 司有和.信息产业学[M].重庆：重庆出版社,2002.
[12] 张敦富.区域经济学原理[M].北京：中国轻工业出版社,2001.

[13]　厉无畏,王振.中国沿海地区产业升级[M].上海：上海财经大学出版社,2002.
[14]　蒋耀平.中国信息产业的发展与政策[J].通信世界,2003(11)：20-21.
[15]　吴小燕.2018年集成电路行业市场规模与前景分析[EB/OL].前瞻产业研究院,2018-12-24.
[16]　柯素芳.2018年中国集成电路进出口现状与发展趋势分析[EB/OL].前瞻产业研究院,2019-01-18.
[17]　陈晨.2018年全球半导体产业现状及发展前景预测[EB/OL].前瞻产业研究院,2018-5-8.

第9章 政府信息资源管理

9.1 政府信息资源管理概述

从20世纪90年代以来,伴随着信息技术,特别是网络技术的飞速发展,信息化成为各国普遍关注的一个焦点。在整个信息化浪潮中,我国政府信息资源管理取得了很大进展。在国家信息化体系建设中,政府信息化是整个信息化中的关键。中央和地方各级政府在日常的业务工作中采集、积累了大量数据资源,宏观经济、国土资源、环境、科技、教育、文化、卫生、新闻出版、社会保障、公共安全、城乡建设、交通等政府部门建成了一批综合性、基础性数据库,为政府决策和管理提供了有力支撑。一些领域(如气象预报)的政府信息对社会服务初具规模,为国民经济和社会发展做出了显著贡献。我国的政府信息资源管理工作正朝着信息资源数字化、传输网络化、应用集约化方向迅速发展,管理手段逐步提高,开发应用不断深化,成效日益显现。

但是,从目前情况分析,我国政府信息资源管理还处于早期阶段,在信息的采集、处理、利用、交换等环节都不同程度地存在问题。加强政府信息资源管理已成为政府必须面对亟待开展的工作和任务。参照发达国家政府信息资源管理经验,结合我国实际情况制定相应的政策,明确政府信息资源管理的发展目标及发展战略,确定政府信息化的优先领域,这是在目前形势下为实现政府信息资源管理迈出的第一步。

9.1.1 政府信息资源管理的内容

政府信息化是人们在日常工作中经常使用的一个概念,它是相对于国民经济信息化、社会信息化、企业信息化等来使用的。从1999年开始,联合国经济社会理事会连续两年都把通过信息化改造发展中国家的政府组织、重组公共管理、最终实现信息资源的共享作为其工作的重点,并在世界各国积极倡导"信息高速公路"建设的五个领域中,将推动政府信息化、建设电子政府一直列为第一位。

政府信息化也就是政务工作信息化,又被称为电子政务,是指为了适应信息时代的到来,运用信息技术、通信技术、网络技术以及办公自动化技术等现代信息手段,对传统的政府管理和公共服务进行改造,从而大大提升政府管理的有效性,满足社会以及公众对政府公共管理和公共服务的期望,促进社会经济的发展。

1. 政府信息能力

政府信息化就是利用现代信息技术不断提高政府的信息能力,包括以下四个方面的能力。

(1) 政府必须具备准确、及时和完整地获取所需要的数据和信息的信息采集能力。

(2) 政府必须具备包括存储、加工和分析各种数据与信息以满足政府最终用户需要的信息处理能力。

(3) 政府必须具备利用所采集和处理的数据与信息实现"有信息的管理和决策"或"由信息所支持的管理和决策"的信息利用能力。

(4) 政府必须具备与政府信息对内交流,对外发布,促进政府与人民的互动,落实政府的各项方针政策和计划密切相关的信息交流能力。

政府的信息能力即信息采集能力、信息处理能力、信息利用能力,以及信息交流能力。而要有效地利用政府信息化的投资和其他资源,这四个方面的信息能力的提高必须以一种近于动态平衡的方式发展。否则,就有可能造成某种程度的甚至严重的资源浪费。

2. 政府信息资源

政府信息资源是一种极其重要的国家资源,它使由政府产生的和通过收集、处理、传输、发布、使用、储存和整理的信息,包括社会、经济、政治、军事等各方面的信息,有文字的、口头的或以数据库、纸质和缩微品、光电介质等介质保存的任何消息、知识、数字、图形等,可称作狭义的政府信息资源。

实际上,政府信息资源的范畴还包括政府拥有的信息设施(负责存储和处理政府信息)、政府信息网络(负责传输、分配政府信息),人力资源(政府公务员是政府信息内容的开发者和利用者,也是政府信息资源的载体)。

概括起来,政府信息资源就是指政府中与信息采集能力、信息处理能力、信息利用能力,以及信息交流能力有关的一切资源,包括人员、设备、资金、信息及技术。相应地,政府信息资源管理并不仅仅指政府信息内容资源的管理,政府信息资源的管理也包括对人员、设备、资金及技术的管理。

3. 政府信息资源需要管理

目前我国在政府信息资源管理方面还存在着不少问题,主要表现在:一是在组织上没有统一管理;二是在指导思想上重硬、轻软、更轻信息资源的现象还普遍存在;三是在行动上缺乏统一规划。这些导致发展不平衡,信息能力严重不足,政府信息资源开发利用不成体系,不能很好共享。加强政府信息资源管理是政府面临的一项紧迫任务。

如果没有有效的政府信息资源管理,政府信息化就可能缺乏基本的约束。其结果将导致政府信息化的过程弊病丛生,轻则不能达到预期的目标和效果,重则造成严重地损害国家和人民的利益。

4. 政府信息资源管理内容

我国政府信息资源管理的展开可以借鉴发达国家的经验。1985年底,美国联邦政府管理与预算局发布了A-130号通报,即《联邦政府信息资源管理》。它首次从政府的角度将信息资源管理定义为"与政府信息相关的规划、预算、组织、指挥、培训和控制",并且将信息资源的范围扩展到信息本身以及与信息相关的人员、设备、资金、技术等方面。

政府信息资源管理就是指与政府信息资源开发和利用有关的决策、计划、预算、组织、指导、培训和控制活动,特别是与信息内容及其有关的资源如人员、设备、资金和技术等的管理。为使政府采用一体化的方式对信息资源进行管理,政府必须制定和施行严格的、统一的、贯彻始终的信息资源管理政策,并监督该政策的执行过程,促进信息资源管理原则、方针和标准的实施,评估政府机构的信息管理活动并确定其适用性、有效性和是否符合国家颁布的政策、原则、标准与方针。

政府信息资源管理的重点是对信息内容资源的管理。信息与能源、物质并列为人类活动的三大要素。如果说物质资源向人类提供的是材料,能量资源向人类提供的是动力,那么信息内容资源向人类提供的则是宝贵的知识和智慧。作为知识和智慧源泉的政府信息内容资源,具有开发和驾驭其他资源的能力。当今世界,信息内容资源的开发与利用已经成为社会经济发展的关键因素和重要推动力。

从信息的角度讲,政府是管理全国或某一地方的行政首脑机关,政府工作的成效取决于能否充分开发和有效利用信息内容资源。世界各国,特别是发达国家,都高度重视政府信息资源的开发和利用。由于政府信息活动的规模巨大,政府信息活动对公众的依赖很深以及政府信息对整个国家的价值极其重要,所以如果政府把信息内容资源的开发和利用工作搞好了,那么对于全面树立中国各级政府在世人面前的公开形象、转变政府职能和工作作风、提高办事效率和管理水平、促进政务公开和廉政建设、丰富网上中文信息资源,有着划时代的意义。

对信息内容资源的管理不是抽象的,而是非常具体和实在的。从信息内容资源的载体来看,除对传统形式的载体进行有关管理之外,首先是对人和人才的管理,因为人既是信息内容资源的创造者,也是信息内容资源的重要载体。从政府信息资源的角度对人的管理与通常所说的人事管理是有区别的。其次是对政府信息网络系统的管理,它不仅是信息内容资源传输的媒体,也是信息内容资源创造的重要源泉与工具和储存的介质。对政府信息网络的管理也包括对信息技术设施的管理,因为这里把信息技术实施作为政府信息网络的组成部分,看作是信息内容资源加工、处理的手段和储存的介质。

9.1.2 政府信息资源管理的职能与作用

为有效开发和充分利用政府信息资源,推进政府信息化,最大限度地提高政府工作的效率和效益,提高政府为人民服务的能力和水平,最大限度地减少政府信息活动的费用,必须加强政府信息资源管理。政府信息资源管理的职能有以下几点。

1. 决策

决策是为了使政府信息资源的开发和利用取得预期的结果和目的,在对信息资源管理规律认识和对管理对象有关信息进行分析和预测的基础上,制定和采取行动方案的过程。决策是政府信息资源管理的起点,是政府信息资源管理活动的最重要的内容和管理者的最基本的职责。

2. 计划

计划是政府信息资源管理决策的具体化,它预先决定做什么、如何做和谁去做。政府信息资源管理计划所涉及的问题是要在未来的各种行动过程中做出相应的抉择,在政府信息资源开发和利用的现状与未来所要达到的目标之间"铺路搭桥",这是政府信息资源管理不可缺少的职能。

3. 预算

预算是实现政府信息资源管理决策和计划的重要手段。它反映了国家的政府信息资源开发和利用的政策,规定了政府信息资源开发和利用的方向,为政府信息资源开发和利用活动提供了资金保证。

4. 组织

组织是保证实现计划所必需的活动的连贯性、协调性和一致性的工作步骤。它的职能是设计一种组织结构,使参与政府信息资源开发和利用活动的人员明确自己在集体活动中的位置,了解自己在相互协调的系统中的作用,自觉地为实现政府信息资源管理的目标而有效地工作。

5. 指导

指导是指挥和引导政府信息资源开发和利用活动并使之实现政府信息资源管理目标的过程。它直接涉及政府信息资源管理者和管理对象之间人与人的关系,涉及对政府信息资源开发和利用活动的指导、沟通和有效的激励,引导参与政府信息资源开发和利用的工作者有效领会和出色实现有关的目标。

6. 培训

培训是指通过各种方法和途径对所有参与政府信息资源开发和利用活动的人员进行教育、训练,使其掌握政府信息资源开发和利用的技术、方法,提高其素质和工作效率。

7. 控制

控制是对政府信息资源开发和利用活动进行评估和调节,以确保政府信息资源开发和利用目标的实现。在政府信息资源开发和利用活动中,一旦决策方案、活动计划通过组织付诸实施的时候,就需要对活动进行控制。它通过监督,检查计划的执行进度,揭示计划执行的偏差,找出出现偏差的地方、性质和原因,并采取积极措施予以调节,或把不符合要求的政府信息资源开发和利用活动纠正到正确的轨道上来,使之符合原来的决策和计划发展,或重新制定符合实际情况的决策,修正计划。

9.1.3 政府信息资源管理的框架

政府信息资源涉及政府信息化和政府信息能力建设的各个方面,是一个相当广泛的概念。与之相应地,政府信息资源管理也是相当复杂的,必须对相关各方面实行全盘考虑。依其主要内容可以概括为以下10个大的框架。

1. 制定我国信息化发展战略及政策

发达国家在政府信息化过程中积累了相当多的经验,并且远远超前于我国,我国政府可以参照别国的先例,研究国际上政府信息化的发展趋势,分析本国政府信息化的发展现状和存在的问题,认识现代信息技术的发展所带来的新的前景,制定中长期政府信息化的发展目标及发展战略,确定政府信息化优先进行的领域。

现代信息技术的发展日新月异,在新的形势下政府的发展战略需要不断地加以调整。

同时，政府的各级领导和干部通过信息技术可以突破时空限制，行政人员可以看到、听到、触觉到以前无法感知的事物，有助于他们逻辑地、辩证地和系统地思考问题，提高判断、分析和解决问题的能力，从而及时地了解最新形势，掌握最新技术和把握新的机会。作为管理层的各级领导和干部应随时注意调整政府信息化进程的方向、内容和重点，使政府信息化始终走在正确的轨道上。

在政府信息化建设过程中尤为重要的一点是政府信息化建设需要相关的政策来引导。政府需要对政府信息化中的重大问题进行研究并制定相关的政策。具体内容涉及：

（1）制定统一的政府信息资源管理政策，通过长期规划与年度计划，推进政府信息资源的整体综合管理。

（2）以效益和效率优先为原则，通过采集许可证制度，实现政府信息资源的集约化、一次性采集，避免信息采集时的重复与遗漏。

（3）我国的政府管理运作体制及机制，多数都是在计划经济体制下形成和确立起来的。随着市场经济的发展，一些深层次的问题被暴露出来，例如政府各部门职能交叉、重叠，审批过多过滥，办事没有严格的程序，行政流程不合理，透明度低、暗箱操作等。通过制定《政府信息公开条例》，实现政府信息公开，行政执法透明，保障宪法赋予公民的知情权、监督权等权利。

（4）以提高行政质量和效率，降低行政成本，增强政府在全球经济中的综合竞争力为目的，从政务信息化的全局出发，打破条块分割，通过制定政府信息目录体系和交换体系，实现政府部门间（以及内部）信息交换和共享。

（5）信息安全成为当前政府信息化中的关键问题，事关国计民生和国家安全。政府信息资源需要从政策和技术手段两方面予以重视：一方面强化防范和管理，从政策规范上保证政府信息网络系统的安全；另一方面自主地研制保障信息安全的本国产品，掌握这方面的技术，才能为信息化提供安全保障。

2．政府信息化发展的战略计划和战役计划

政府信息化的发展计划应该分为战略计划和战役计划。战略计划为中长期计划，一般也只订三年，最多不超过五年，这是因为信息技术发展太快，很难准确地预测未来技术发展的状况；而且战略计划需要每年进行评估和修订；另外，必须考虑在政府信息化建设中的投入预算和费用效率。在制订长期战略计划时，要充分考虑信息技术设施和政府信息系统能否满足政府机构目标和工作过程的需要，根据这种需要来确定预算，并且定期查看政府信息系统和信息技术设施利用的费用效益，以使在满足计划需求的情况下使信息技术设施和服务的效用最大。战役计划则为年度计划或项目计划，必须有明确的目标和可以检测的产出和结果。

国家、部门或地方的政府信息化计划都必须时刻注意"四种信息能力动态平衡发展"的原则，而且更要注意协调跨部门之间政府信息能力建设的协调，从而保证整体上的效率和质量。

3．政府信息资源管理相关的法律和法规

政府信息化的健康、有序发展离不开一个完整、统一的法律和制度保障。在国外，为保障政府信息化发展，许多国家均制定并颁布了专门的法律、法规和行政命令。在美国有《政府信息公开法》《美国联邦信息资源管理法》等，在德国有《信息和通信服务规范法》，在俄罗斯有《联邦信息、信息化和信息保护权》，在英国有《政府信息公开法》等。我国为了制定相应的法律和法规，需要研究国际上的先例，需要研究我国在政府信息化中存在的问题，同时，提出相关的法律和法规建议。制定相应的法律和法规这项工作就成为政府信息资源管理的一个组成部分。

例如，可以仿照美国政府的做法，在政府部门推行信息主管制度。信息主管不是一个主管技术的角色，而是进入管理层和决策层，担当行政业务和信息技术之间总协调的角色。还有，效仿美国的《信息自由法》和《文书工作缩减法》，对政府业务的信息处理做出规范要求，包括对信息的采集、加工、传递等全过程，都有固定运作程序和明确要求。再者，建立电子法规政策系统。对所有政府部门和工作人员提供相关的现行有效的各项法律、法规、规章、行政命令和政策规范，使所有政府机关和工作人员真正做到有法可依，有法必依。

法律、法规是推动政府信息化和保证政府信息化得以顺利进行的重要武器。政府信息资源的管理往往涉及部门之间、地方之间的利益冲突，在协调无效的情况下，需要通过法律和法规强制地予以执行。

与政府信息资源管理相关的法律和法规涉及的范围相当广泛，既包括政府与政府的关系、政府与企业的关系，特别是政府与私营企业的关系，还包括政府与每一个公民的关系。随着信息时代的来临和现代信息技术不断进步，新的问题一定会层出不穷地提到国家和地方各级政府的面前。有关的法律和法规的制定也是一个动态的、不断更新和完善的过程。

从目前来看，我国政府信息化的法律工作发展较为缓慢，一是保障政府信息化的基本法律缺乏，如政府信息公开法、政府信息资源管理法；二是原有的一些法律已不能适应信息化时代的要求，如著作权法、专利法、刑法等。

4．政府信息基础设施的管理

政府信息基础设施必须独立于国家信息基础设施之外，作为一个整体来加以考虑。政府信息基础设施的建设必须与政府信息化的目标一致，必须与政府应用信息系统的发展一致，必须与技术发展的趋势一致。政府信息基础设施的建设既要从长远出发，又要避免设备的闲置和浪费，要合理利用投入的资金。因而，必须充分论证，审慎规划；而且，政府信息基础设施的建设规划必须是整个政府信息化规划的一部分。

近年来，政府信息基础设施的建设面临着一个基本的矛盾，即开放性与安全性的矛盾。政府信息基础设施的开放性有利于政府信息对民众的服务；但在"黑客"猖獗、"信息战"逐渐成为威胁国家安全的重要因素之一的今天，安全性成为政府信息基础设施建设必须优先考虑的因素。

5．政府信息的管理

一切形式的政府信息，包括印刷品、音像制品、电子文件等，都是国家和政府的一种战略资源，在其整个生命周期都应予以妥善地管理。所谓"元数据"，即关于政府工作过程的信息、关于信息的信息，以及关于各种应用和技术的信息，也是一种信息资源，应该和政府信息本身一样按相同的原则进行管理。

随着现代信息技术的发展和应用，政府信息的"电子版"和"物理版"的管理应该逐渐地走向一体化,其目的是使得政府信息的检索更为简易、快捷和准确。政府各部门需要的信息应该只采集一次,而且应该在最接近信息源的地方进行;采集到的信息应向所有获得授权的用户提供,实现信息的共享。为此,需要制定"政府信息词典",形成统一的标准,明确政府各部门的分工。在政府信息的采集过程中要特别注意隐私的保护和信息的安全。

所有的政府信息都应该有相应的行政管理,因此需要制定相应的政府信息标准和采集与应用的规范,即所谓的"数据/信息标准"。此外,还应该对政府信息的生命周期以及在其生命周期每一阶段的管理问题做出规定。

政府有责任向公民提供关于政府信息的服务。这一方面是由于公民有"知的权利";另一方面也是为了政府的方针、政策、规定等得以贯彻执行。政府信息服务的管理,例如,向公众提供什么信息、怎么提供、谁来提供,也涉及一系列的管理问题。

6. 政府应用信息系统的管理

政府应当加强政府应用信息系统建设,优化业务流程,建立业务信息资源库,建立科学的管理模式,提高管理水平和服务水平。政府的应用信息系统应该逐步地实现标准化、模块化,最大限度地实现应用信息系统的共享,可以节省人力、物力资源,并且有利于系统的维护和更新,从而加快信息化的进程。政府应用信息系统建设应当符合政府信息化发展规划要求,遵循国家统一的信息交换标准。政府各部门所独自拥有的系统建设技术队伍应该把工作重点放在加强应用系统的维护,及时更新数据,保证信息的准确性上面。

信息化主管部门应负责组织统一的电子政务网络平台和信息安全基础设施建设,为各级政府部门提供服务。

政府应用信息系统必须符合电子政务安全规范,充分利用电子政务信息安全基础设施建设。电子政务安全规范由信息化主管部门会同有关部门制定。

加强政府统一门户网站建设,政府各部门应当积极连接和利用政府统一门户网站,加强公众网站的内容建设,及时发布政务信息,推行政务公开,加强公共服务;逐步在公众网站上公布管理事项,实行网上审批,并接受网上监督与投诉。

7. 政府信息技术的管理

政府各部门所采用的信息技术,有必要通过政府的技术政策、规范和标准加以管理。既要保证政府信息和应用系统的"可共享性"和"可兼容性",也要保证在政府各部门中采用的都是在当时当地环境下适用的先进技术,避免国家财产遭受损失。

政府信息化的技术政策,应该明确规定,如:什么技术在政府系统内适用,什么技术在政府系统内不适用;技术和软硬件设备的生命周期(例如,多长时间允许或必须更新计算机或通信设备)。政府信息系统的标准与规范,也即所谓"技术标准",应该规定政府局域网络和广域网的适用体系结构,网络协议的适用标准,服务器与工作站的选择范围,操作系统与数据库系统的适用品牌,办公自动化软硬件规范等。政府还可以通过技术政策,促进民族信息产业发展。技术政策也是确保政府信息安全的重要手段之一。政府信息化的技术政策也必须是动态的、发展的,应及时调整,并对外公布。

8. 政府信息化的项目管理

依据我国国情,为了适应国家的社会经济发展的需求,确保政府信息化的资源得到有效和合理的应用,政府信息化的进程应尽可能地保持"四种政府信息能力动态平衡"的发展,政府必须对政府信息化的投资项目实施严格的管理。

在投资总额的控制上，做到国家掌握的重大政府信息化工程的总投资由国家控制总额；国家还应该根据具体情况和需求分别制定部门或地方信息化投资的控制指标。有关部门安排政府信息化投资时，应当以政府信息化发展规划为主要依据，优先安排有利于提高行政效率、降低行政成本、促进公共服务、优化社会监管、提高科学决策水平以及提高应急指挥能力的应用系统建设。

要明确政府信息化工程的审批权限。应该制定有关的法规，明确规定国家、政府各部门、省市县各级政府对信息化工程项目审批的限额。超大型的或跨部委的项目应该由诸如国家信息化委员会一类的最高管理机构审批。

在国家和政府各部门对信息化工程项目进行最后审批之前，该项目必须通过国家认可的第三方所组织的技术评审和签字认可。

在执行项目的中间过程中，必须有指定的第三方单位来评审和评估项目进行状况。项目的中期评估及后期评估要特别注意资源的合理利用与技术的先进性，以确保政府信息化的投入收到预期的效果。

政府信息化工程中的设备和技术采购是欺诈、贪污、行贿、受贿最易泛滥的温床。因此，必须作为一种政府采购行为严格予以规范。

由于信息技术的发展太快，政府信息化工程项目进行的时间宜短不宜长。

9. 政府信息的安全管理

政府信息的保密性关系到政府运作和国家安全，做好信息安全保密工作是进行政府信息资源管理的重要内容之一。政府信息安全管理是一个综合的、复杂的问题。政府信息安全管理的首要问题是明确政府信息安全的职责范围。对每一类甚至于每一个重要的政府信息，都必须对其安全性做出定义，划分安全级别。同时，对危害该类信息安全的主要因素应进行分析评估，制定出主要的防范措施。这些工作应该在统一的领导和协调之下由政府信息的"所有者"来完成。

政府必须制定出统一的"政府信息安全标准"。它与数据标准和技术标准共同构成政府信息资源管理的三大标准。政府信息安全标准不仅应包括政府信息基础设施的物理安全、数据信息安全、系统安全与备份等，还需要有一套可操作的安全评估和审定的程序，可建立安全认证中心，保证信息传输安全，任何政府信息系统在投入使用之前都必须通过这套程序或安全认证中心的检验。

加强安全保密技术的自主开发。在信息战日益激烈的形势下，政府信息的安全管理还需要设定更长远的目标，关键是要有自主的知识产权和关键技术，从根本上摆脱对外国技术的依赖。

加强信息安全保密制度。据有关专家估计，信息网络上80％以上的安全问题是由于制度不健全而引发的，是人为的原因。建立健全相关责任制和规范管理，是加强信息安全保密的必要手段。在安全技术不断发展的同时，提高公务员安全意识，全面加强安全技术的应用。

10. 政府信息化的人力资源开发

人力资源开发是政府信息资源管理最重要的内容之一。缺乏有效的人力资源开发，用户不能很快地掌握和使用信息系统,是许多信息工程项目最终失败的重要原因。

政府信息化成功的关键在于政府各部门的领导,也即所谓"第一把手原则"。应充分发挥信息主管(CIO)在政府信息化工作中的核心作用。

CIO制度的设置至关重要,信息主管应从较高层次上全面负责本部门信息资源开发利用的规划、协调、运作、服务等工作,有效地改善部门宏观层次上的信息资源管理。CIO不仅作为信息资源管理的最高主管成为最高决策层的一员,而且从在信息资源开发利用的一个简单甚至是附属性的职能部门上升为战略性的部门,全盘统筹管理信息资源的合理利用。政府各部门的领导不仅要真正理解信息化的重要性,而且必须具有评估和鉴别各种最新的信息技术的能力,因此,对领导干部的培训极为重要。

用户培训也是政府信息化人力资源开发的重要一环,应培训出信息资源开发利用的复合型人才。政府信息资源的开发主体是公务员,在政府信息资源建设中,如果他们缺乏对于现代信息技术的了解、缺乏对于信息资源价值的认识,就会影响信息资源的有效开发和利用。

在近几年政府部门要做的事情重点有六方面内容:第一是基础信息库建设;第二是信息分类目录、数据以及标准编码体系;第三是信息资源交换和服务体系;第四是信息资源管理制度及相应法规体系;第五是信息资源安全保障体系;第六是信息资源技术支撑体系。

9.2 政府信息资源管理的实施

9.2.1 我国政府信息化的进展情况

1. 信息化发展的历程

我国的政府信息化建设是沿着"机关内部办公自动化——管理部门的电子化工程(如金关工程、金税工程等'金'字工程)——全面的政府上网工程"这一条线展开的。总的说来,我国的政府信息化进程共经历了四个阶段:

1) 起步阶段(20世纪80年代初—20世纪90年代初)

中央和地方党政机关所开展的办公自动化(OA)工程,建立了各种纵向和横向的内部信息办公网络。1992年,为了推进政府机关的自动化程度,在政府机关普及推广计算机的使用,国务院办公厅下发文件《关于建设全国行政首脑机关办公决策服务系统的通知》(国办发〔1992〕25号)。该文件下发以后,在国务院办公厅统一指导下,经过各地区、各部门近十年的积极努力,全国政府系统信息化建设取得了长足的发展。

2) 推进阶段(20世纪90年代初—20世纪90年代末)

1993年,国务院信息化工作领导小组拟定了《国家信息化"九五"规划和2010年远景目标(纲要)》,国务院要求当时的电子部与有关部委大力协调,抓好几项重大的信息工程。

1993年底,为适应全球建设信息高速公路的潮流,中国正式启动了国民经济信息化的起步工程——"三金工程",即金税工程、金关工程和金卡工程。三金工程是我国中央政府主导的以政府信息化为特征的系统工程,是我国政府信息化的雏形。

3) 发展阶段(1999年—2001年)

1999年启动"政府上网工程"及相关的一系列工程,2001年,国务院办公厅制定了全国政府系统政务信息化建设的5年计划,即《全国政府系统政务信息化建设2001—2005年规划纲要》(国办发〔2001〕25号)。对我国政府信息化的指导思想、方针、政策等做出明确的规定。

4) 高速发展阶段(2002年至今)

按照"十五"期间全国电子政务建设指导意见,其主要工作是"两网一站四库十二金"建设,即政务内网和政务外网;政府门户网站;人口、法人单位、空间地理和自然资源、宏观经济四个基础数据库;金税、金关、金财等"十二金"。其任务是初步构成我国电子政务建设的基本框架。根据《2006—2020年国家信息化发展战略》(中办发[2006]11号)、《国家电子政务总体框架》(国信[2006]2号)、《国家信息化领导小组关于推进国家电子政务网络建设的意见》(中办发[2006]18号)、《"十三五"国家政务信息化工程建设规划》(2017年8月30日)、《中华人民共和国政府信息公开条例(修订)》(2019年4月3日),积极推动电子政务迈向新的阶段是未来很长一段时间内的重要工作。2019年9月26日《"十四五"国家政务信息化工程建设规划》工作启动。

2. 电子政务概述

电子政务通常是指政府机构在其管理和服务职能中运用现代信息技术,实现政府组织结构和业务流程的重组优化,超越时间、空间和部门分隔的制约,建成一个精简、高效、廉洁、公平的政府运作模式。电子政务模型可简单概括为两方面:一是政府部门内部利用先进的网络信息技术实现办公自动化、管理信息化、决策科学化;二是政府部门与社会各界利用网络信息平台充分进行信息共享与服务、加强群众监督、提高办事效率及促进政务公开等。联合国经济社会理事会从1999年开始,连续两年都把通过信息化改进发展中国家的政府组织、重组公共管理、最终实现信息资源的共享作为其工作重点。在世界各国积极提倡的"信息高速公路"的五个应用领域中,"电子政府"(e-government)也一直被发展中国家列为第一位。我国的电子政务起步较晚,但21世纪后得到迅速的发展。我国电子政务发展取得的成果主要是:第一,丰富了政府职能的实现形式。电子政务为实现由传统政府的管理职能向现代政府的管理与服务职能转变提供了新的技术手段,使政府能以各种现代手段实现政府职能。第二,初步建设了基础网络和内部应用。当前各类政府机构IT应用基础设施建设已经相当完备,网络建设在"政府上网工程"的推动下已获得长足进展,大部分政府职能部门如税务、工商、海关、公安等都已建成了覆盖全系统的专网。从具体应用效果看,政府内部通过网络化沟通和信息共享,办公效率大大提高。

9.2.2 政府信息资源管理的立法及标准化

随着我国政府信息化高潮的到来,为了避免政府的人力、物力和财力资源严重的浪费,防止各种漏洞和弊端,应加快建立和健全相关的法律法规和标准化体系。相关的法律法规和技术标准,是加强政府信息资源管理的基础和重要保障。

1. 制定相关的法律法规和政策

"依法治国"是政府信息资源管理的一条基本原则。政府信息资源管理的立法范围十分广，政府机构作为信息收集、加工、处理传播和管理利用的主体，其法律地位应当加以保障，其权利、义务范围也需加以明确，以便更好地利用和管理好政府信息资源，为经济建设和社会公众提供更好的服务。国家应制定政府信息资源的法律和制度，对政府信息公开化原则、开发信息资源的组织机构及其职责、政府信息的发布和收集等项工作，做出详细全面的规定。随着信息时代的来临和现代信息技术不断推陈出新的发展，新的问题一定会层出不穷地提到国家和地方各级政府的面前。有关的法律和法规的制定也是一个动态的、不断更新的过程。例如制定电子签名法、个人信息保护法、政府信息公开条例和信息安全条例。电子文件法、电子版权法、数据保护法、电子交易法、电子身份证法、法律上认可的电子签名技术标准、公钥基础设施法、认证授权管理等都需要加快立法或制定相应的行政法规，否则，将严重制约电子商务、电子政府等信息化重要领域的发展。

当前比较重要的还有网络的管理法、网络和系统的安全法、网络知识产权保护法、网络的言论责任法、网络的个人隐私保护法等。在互联网的环境下，政府机构间的关系、政府与企业的关系、政府与个人的关系、企业与个人的关系都需要以法律的形式加以定义，以确保各方的利益都得到保护。与国家政策的制定一样，地方的法律和法规要在国家已有的法律和法规的框架下进行，但是这并不意味着地方就无所作为。地方也需要研究国际上的经验教训和现有法规，需要研究中央已有的法规和法律，对照本地的实际情况，加以落实或补充。

目前，我国信息法律理论问题的研究已逐渐走出初始阶段。我国的研究者在 20 世纪 90 年代开始了自发的研究，近几年也逐渐从单纯的针对个别问题的研究，发展为较为全面、系统的研究。一方面，研究者的个体研究虽然只能涉及信息法律体系中的某一问题或部门，如信息立法问题、信息知识产权问题、信息资源保护问题、信息服务业管理问题等，但从其研究总和范畴上看，则早已遍及信息法律体系的各主要领域和主要问题。另一方面，信息法律体系研究也在逐渐纳入研究者的视野。近年来，信息法律体系及构成、信息法基本法、信息法的主要部门法、信息行政法规、地方信息法规、信息行业标准等方面的研究都有了不同程度的建树。

我国的信息立法实践活动加速发展于 20 世纪 90 年代至今。二十多年来，国家立法机关和中央人民政府各部门在信息方面的法律、法规已经广泛涉及信息发展规划、信息系统管理、信息产业各有关部门(行业)、信息服务、信息安全、电子商务、电子政务、信息知识产权等方方面面，地方立法机关制定了更为大量的地方信息法规。

2. 遵循电子政务建设的规律，制定标准，加强规划

立法的同时也要加快建立政府信息资源管理的标准化体系，鼓励发展具有自主知识产权的技术标准和系统，增强国家电子政务和信息化的可持续发展能力。历史证明，没有标准化就没有工业化。对于信息化而言，标准化也同样十分重要。信息化中的标准化主要包括数据/信息标准、技术标准以及安全标准。政府信息安全标准与数据标准和技术标准共同构成政府信息资源管理的三大标准。下面就政府信息资源管理为例来做一个说明。

1) 数据/信息标准

它主要是明确地定义和规定政府信息的标准和采集与应用的规范，此外，还应对政府信息的生命周期以及在其生命周期的每一个阶段的管理问题做出规定。一切形式的政府信息，包括印刷品、音像制品、电子文件等都是国家和政府的一种战略资源，在其整个生命周期都应该妥善管理。此外,政府的信息也是一种信息资源,以及关于各种应用和技术的信息,也是一种信息资源,应该和政府信息本身一样按相同的原则制定标准进行管理。在中央和地方各级政府管理的业务流,如财务管理、人事管理、文档管理等,也必须逐渐地走向规范化和标准化,从而使其所伴随的信息流也趋于标准化和规范化。只有在这样的基础之上,政府管理信息系统的各个"要素"才有可能标准化和规范化。

从技术角度来看,所谓信息资源管理基础标准,是指那些决定信息系统质量的、因而也是进行信息资源管理的最基本的标准。根据有关文献和研究,总结的信息资源管理基础标准,也就是数据管理标准有数据元素标准、信息分类编码标准、用户视图标准、概念数据库标准和逻辑数据库标准。鉴于政府信息资源的自身特点,进行政府信息资源标准体系的建设就显得非常必要和紧迫。政府信息资源标准体系方案是建立政府信息资源目录体系、信息交换体系的核心,需要在政府信息资源的分类方法、元数据、编码规则、标识语言、数据格式、交换协议、资源组织、管理结构等方面制定一系列的标准规范。主要的标准规范有政府信息资源分类标准,政府信息资源元数据标准,政府信息资源唯一标识编码标准框架,政府信息资源采集、加工整理、分类组织、交换、维护、储存、利用和发布标准框架,政府信息资源目录采集、登记、维护、交换标准框架,各种应用组件的管理、访问、协作标准框架,尤其需要重点考虑的是政府信息资源唯一标识编码标准框架。

2) 技术标准

它是对政府信息化过程中所使用的计算机与通信系统的软、硬件制定统一的标准,以便于政府内信息的交流和共享。例如,操作系统的标准、通信协议的标准、计算机的标准、服务器的标准、浏览器的标准、电子邮件的标准、字处理软件的标准,以及数据库的标准等。技术标准还应包括方法学的标准、软件工程管理的标准。

3) 安全标准

它是系统安全管理的一个重要阶段。对哪一级、哪一类的信息系统必须实行哪一级的安全管理,需要通过标准来加以规范。安全标准应首先明确信息的所有权和隶属关系,明确信息安全的责任者。安全标准包括物理安全标准和技术安全标准。物理安全指对系统、设备、工作环境等在物理上采取的保护措施,如IC制度、防火系统、安全门管理、温度控制等。技术安全则包括口令和密钥、数据加密标准、病毒和黑客的防范、防火墙以及各种加密措施等。

中国有句老话,"没有规矩,不成方圆"。所谓规矩,就是标准,标准化工作必须走在信息化工程项目的前面,至少也要同步,决不能滞后,否则,信息化工程项目的推进将十分困难,也可能造成许多无法弥补的灾难性后果。

9.2.3 政府信息化与行政管理改革

党的十六大对加快推进信息化特别是电子政务建设提出了新要求,明确提出要"深化行政管理体制改革,进一步转变政府职能,改进管理方式,推行电子政务,提高行政效率,降低行政成本,形成行为规范、运转协调、公正透明、廉洁高效的行政管理体制"。加快电子政务建设是贯彻落实十六大精神、深化行政管理体制改革的重要内容,也是实现政府管理现代化的必由之路。

2001年,我国经历十五年的艰苦谈判,成为世界贸易组织(WTO)成员,使我国的对外开放和经济建设环境迈上一个新台阶。根据我国的入世议定书,在加入世贸组织的8年内,我国每年都要接受世贸组织成员国的审议,包括贸易政策透明度的审议。这对我国政府信息资源管理工作提出了新的要求。同时这也是政府建立行为规范、运转协调、公正透明、廉洁高效的行政管理体制的必然要求。这有利于发挥政府信息资源巨大社会和经济效益,有助于提高我国的民主化程度,树立政府的良好公共形象。随着改革进入到攻坚阶段,政府必须要转变自身以发挥出作为社会经济管理者的巨大的潜在价值,切实地把改革进程推向前进;更现实的原因是,在经济全球化的新形势下,我国政府急需提升自身的管理水平,实现"管理型"向"服务型"的转变,以便在全球性的竞争中吸引到更多的人才和资金。

推行电子政务的本质,是利用现代信息技术和其他相关技术改造、优化和重组政府的业务流程,促进政府管理创新,使政府职能更好地与企业和公民的要求以及经济社会发展环境相适应。在我国,推行电子政务对于促进改革和发展、加快现代化建设具有重要意义。

1. 深化行政管理体制改革和政府履行职能的重要措施

在电子政务中,以信息技术为手段促进行政管理体制的变革。它能够有效地减少机构设置,对传统的行政机构设置层次过多带来了冲击;强大的计算储存能力可以把人力从繁重的手工操作中解放出来,为精简优化人员结构创造了条件;规范性和客观性运行,有助于消除职能交叉和多重执法的弊端;公开性和透明性特点,有利于消除腐败和非法行为产生的根源;等等。因此,深化行政管理体制改革,改进管理方式,提高行政效率,降低行政成本,必须推行电子政务。随着社会主义市场经济的发展和对外开放的扩大,各种经济社会活动日益频繁,政府履行经济调节、市场监管、社会管理和公共服务等职能,都面临着及时、准确采集和处理海量数据的问题,必须借助先进的技术手段,依靠电子政务才能更好地实现。

2. 适应经济全球化和加入世界贸易组织新形势的迫切需要

当今世界,经济呈全球化发展趋势,各国特别是大国都在积极发展电子政务,提高政府的管理能力和效率,增强综合国力和国际竞争力。我国加入世贸组织,对政府管理体制及行为方式提出了新要求。按照世贸组织的非歧视原则、透明原则和法制统一原则,政府必须提高政策透明度和公众对政务的参与度,建立良好的法制环境和投资环境。加强电子政务建设,有利于我国更好地适应世贸组织规则,建立更加廉洁和开放透明的政府、更有效率和服务能力的政府、更负责任和依法行政的政府,从而更好地发挥政府的公共职能,在国际社会树立良好形象。

3. 推动国民经济和社会信息化的龙头工程

信息化是世界潮流,也是我国加快实现工业化和现代化的必然选择。政府是最大的信息拥有者和电子信息技术的最大使用者,电子政务几乎覆盖了信息技术、信息内容、信息服务等产业的所有领域,是我国实现信息化的一个重要方面和推动力量。

4. 促进政府部门改善和提高服务质量,造福群众的民心工程

加强电子政务建设,服务型政府的理念将借助信息技术得以实现,以更有效率的行政流程为人民群众提供更广泛而便捷的信息和服务,政府提供服务的方法和方式得以改变,也消除了以往各种人为的因素,政府在公共管理中的服务者的角色将得到强化。公众可以通过互联网快捷方便、及时、准确地了解政府机构所制定的相关政策法规以及一些重要的信息,使得公众可以方便、快捷地对政府工作提出意见,更好地实现对国家事务的知情权、参与权、决策权,行使当家做主的权利。政府在制定政策、做出决策的过程中,也可以通过网络让更多公众参与,推动政府决策的科学化、民主化。政府的权力是人民赋予的,必须接受人民的监督。电子政务的开放性还能大大减少腐败现象的滋生,有效堵塞管理漏洞,进一步密切党群和干群关系。

温家宝总理2006年9月4日在"加强政府自身建设,推进政府管理创新"电视电话会议上的讲话就再次讲到要"推行政务公开,方便群众办事和监督"。讲话中说"推行政务公开,方便群众办事和监督。政务公开是提高政府效能、防止腐败的有效措施。要把政务公开作为各级政府施政的一项基本制度。扩大政务公开的范围和层次,市地级以下政府要完善政务公开工作机制,全面推行政务公开。省级政府和国务院各部门要尽快健全相关制度,加快推行政务公开步伐。要以人民群众关心的事项和容易滋生腐败的领域,作为政务公开的重点。学校、医院和供水、供电、供热、供气、环保、公交等与群众利益密切相关的公共部门和单位,要全面推行办事公开制度。推进电子政务,加强政府网站建设"。

9.2.4 政府信息发布与管理

在信息化时代,信息已成为社会经济发展的决定因素。信息社会就是信息和知识将扮演主角的社会,作为最重要的信息资源的政府信息涵盖全社会信息的80%,它既是公众了解政府行为的直接途径,也是公众监督政府行为的重要依据。因而,政府信息应该公开。

1. 意义

2007年1月17日国务院第165次常务会议通过《中华人民共和国政府信息公开条例》(以下简称《信息公开条例》),自2008年5月1日起施行。《信息公开条例》从基本原则、公开的范围、公开的方式和程序、监督和保障等方面进行明确的规定。《信息公开条例》是我国政府信息公开的基本法规,是一部政府加强自身建设的重要法律制度,推进了社会主义民主法制建设,加强了对行政权力的监督,更加有效地防治腐败。

(1) 有效推动全国范围内的反腐倡廉。政府信息公开使政府将信息充分公开,减少了政府与公众的信息不对称,会极大地改善社会公众的监督条件,提升公众的监督能力,对政府的渎职、贪污、滥用职权行为产生极大的抑制效果。政府信息的充分公开是反腐败的重要措施,是推动政府官员廉政、勤政的重要措施。

(2) 推动全国自上而下依法执政。政府信息公开有力规范了各级政府的信息公开行为,保障了政府改革的进度,并使各项政策都因为有了更为有效的公开而提升了执行效果,在一定程度上抑制了"上有政策、下有对策"的阳奉阴违,促进了政府行为,特别是基层、边远地区、农村政府行为的规范化,推动了整个国家自上而下依法执政。

(3) 提升政府公信力、促进政府与公众合作。政府公信力是一种宝贵的社会资源,政府与公众的相互信任可以增强彼此的合作效果;政府与企业建立共识可以提升经济活动的成效,从而降低政府行政成本,使社会更为受益。如今,随着互联网等现代化信息手段的普及,公众的信息渠道日益丰富,了解的事情日益增加。社会上的流言、噪声及一些政府官员违纪现象的出现使政府的公信力受到很大的挑战。信息公开可以提升政府的公信力。

(4) 推动社会经济发展。政策稳定、政务公开是现代国家社会经济发展的重要环境,公众越清楚地理解政府的政策意图,对未来的预期就越有把握。同时,明确的预期能够鼓励社会的长远投资,也能有力地促进经济的发展。事实证明,那些吸引投资多、经济发展好的地区常常是政府信息公开做得好的地区,是政府最讲信用的地区。

2. 定义

政府信息公开是指行政机关在履行职责过程中制作或者获取的,以一定形式记录、保存的信息,及时、准确地公开发布。在法律上,政府信息公开是指国家行政机关和法律、法规以及规章授权和委托的组织,在行使国家行政管理职权的过程中,通过法定形式和程序,主动将政府信息向社会公众或依申请而向特定的个人或组织公开的制度。对此,可以从广义与狭义两个方面来理解。

广义上的政府信息公开主要包括两个方面的内容:一是政务公开;二是信息公开。狭义上的政府信息公开主要指政务公开。政务公开主要是指行政机关公开其行政事务,强调的是行政机关要公开其执法依据、执法程序和执法结果,属于办事制度层面的公开。广义上的政府信息公开的内涵和外延要比政务公开广阔得多,它不仅要求政府事务公开,而且要求政府公开其所掌握的其他信息。

《信息公开条例》是一部行政法规,其主要特征是:①政府信息公开具有行政性。政府信息具有行政性,政府信息公开同样具有行政性。②政府信息公开具有权利性。信息公开是以公民获得政府信息的权利为基础的,而不是以行政权力为基础。③政府信息公开具有例外性,并不是所有的政府信息都是可以公开的,实际上,相当一部分政府信息是不可以公开的。④政府信息公开要有载体依托性。

3. 公开的方式和程序

1) 行政机关信息公开的方式

行政机关应当在 20 个工作日内将主动公开的政府信息,通过政府公报、政府网站、新闻发布会以及报刊、广播、电视等便于公众知晓的方式公开。各级人民政府应当在国家档案馆、公共图书馆设置政府信息查阅场所,并配备相应的设施、设备,为公民、法人或者其他组织获取政府信息提供便利。行政机关可以根据需要设立公共查阅室、资料索取点、信息公告栏、电子信息屏等场所、设施,公开政府信息。行政机关应当及时向国家档案馆、公共图书馆提供主动公开的政府信息。行政机关制作的政府信息,由制作该政府信息的行政机关负责公开。行政机关应当编制、公布政府信息公开指南和政府信息公开目录,并及时更新。政府信息公开指南应当包括政府信息的分类、编排体系、获取方式,政府信息公开工作机构的名称、办公地址、办公时间、联系电话、传真号码、电子邮箱等内容。政府信息公开目录应当包括政府信息的索引、名称、内容概述、生成日期等内容。

2) 申请信息公开的方式

公民、法人或者其他组织可以向行政机关申请获取政府信息,行政机关必须在 15 个工作日内予以答复。政府机关根据申请人的要求部分或全部或不公开申请人要求的信息内容,或征求第三方当事人意见后部分或全部或不公开申请人要求的信息内容。除可以收取检索、复制、邮寄等成本费用外,行政机关不得收取其他费用。公民、法人或者其他组织向行政机关申请提供与其自身相关的税费缴纳、社会保障、医疗卫生等政府信息的,应当出示有效身份证件或者证明文件。公民、法人或者其他组织有证据证明行政机关提供的与其自身相关的政府信息记录不准确的,有权要求该行政机关予以更正。该行政机关无权更正的,应当转送有权更正的行政机关处理,并告知申请人。

4. 信息公开的内容

(1) 行政机关。行政机关对符合下列基本要求之一的政府信息应当主动公开:涉及公民、法人或者其他组织切身利益的;需要社会公众广泛知晓或者参与的;反映本行政机关机构设置、职能、办事程序等情况的;其他依照法律、法规和国家有关规定应当主动公开的。

(2) 县级以上人民政府。县级以上各级人民政府及其部门应当在各自职责范围内确定主动公开的政府信息的具体内容,并重点公开下列政府信息:行政法规、规章和规范性文件;国民经济和社会发展规划、专项规划、区域规划及相关政策;国民经济和社会发展统计信息;财政预算、决算报告;行政事业性收费的项目、依据、标准;政府集中采购项目的目录、标准及实施情况;行政许可的事项、依据、条件、数量、程序、期限以及申请行政许可需要提交的全部材料目录及办理情况;重大建设项目的批准和实施情况;扶贫、教育、医疗、社会保障、促进就业等方面的政策、措施及其实施情况;突发公共事件的应急预案、预警信息及应对情况;环境保护、公共卫生、安全生产、食品药品、产品质量的监督检查情况。

(3) 市级人民政府。设区的市级人民政府、县级人民政府及其部门重点公开的政府信息还应当包括下列内容:城乡建设和管理的重大事项;社会公益事业建设情况;征收或者征用土地、房屋拆迁及其补偿、补助费用的发放、使用情况;抢险救灾、优抚、救济、社会捐助等款物的管理、使用和分配情况。

(4) 乡(镇)人民政府。乡(镇)人民政府应当在其职责范围内确定主动公开的政府信息的具体内容,并重点公开下列政府信息:贯彻落实国家关于农村工作政策的情况;财政收支、各类专项资金的管理和使用情况;乡(镇)土地利用总体规划、宅基地使用的审核情况;征收或者征用土地、房屋拆迁及其补偿、补助费用的发放、使用情况;乡(镇)的债权债务、筹资筹劳情况;抢险救灾、优抚、救济、社会捐助等款物的发放情况;乡镇集体企业及其他乡镇经济实体承包、租赁、拍卖等情况;执行计划生育政策的情况。

5. 软件平台

《中国政府公开信息整合服务平台》是国家图书馆为满足公众对政府信息的有效利用而开发的一站式服务平台,以用户为中心,以政府公开信息为基础,以技术为依托,以服务为导向,是国内首个政府信息垂直搜索引擎。该平台以各级政府网站政府公开信息为整合对象,通过自动采集,将各级政府公开信息采集到系统内;平台整合了国务院各部委、全国各省、自治区、直辖市等政府公开信息,建立了政府公开信息、政府公报、政府机构等专题资源库;针对不同形式的政府文件构建了资源描述体系,利用统一的元数据框架,对政府信息资源内容、外部特征及关联关系进行充分组织、挖掘和揭示,为公众查询政府公开信息提供了便利。

9.2.5 政府信息资源管理的人才培养

1. 国外

信息主管机制起源于美国政府,美国联邦政府在 20 世纪 80 年代初为了加强政府信息资源和信息战略管理,在一些重要政府部门率先设立了信息主管职位。几十年来,美国政府和国会已就信息主管机制颁布了十几个法律法规,其中的《克林格—科恩法案》《联邦文书削减法》《信息技术管理改革法》及其修订案等法规明确要求几乎所有的联邦机构都要设置

CIO，并规定了 CIO 的地位，即 CIO 是一个高层官员（A Senior Official），统一由 CIO 履行 IT 管理和信息资源管理任务，保证信息技术的投入能够获得预期的回报。这些做法及其成效对其他国家的政府机关、各种组织和大型企业产生了巨大的示范和规范效应。概括起来 CIO 即首席信息主管，是一个组织（企业或政府部门）中负责信息技术系统（包含计算机系统和通信系统）战略策划、规划、协调和实施的高级官员，他们通过谋划和指导信息技术资源的最佳利用来支持组织的目标。CIO 在组织的最高领导层占有一席之地，在"一把手"的领导下，参与组织的战略决策。CIO 具备技术和业务过程两方面的知识，并且善于以系统工程的思想方法，将组织的技术调配战略与业务战略紧密结合在一起。CIO 在优化组织的业务流程和完善组织的信息技术结构以及实现组织内部信息资源的有效利用和广泛共享方面，起到领导和监督作用。CIO 在知识管理和智力资本评估方面也具有领导作用。CIO 通过合理授权摆脱烦琐的战术和操作事务，而将注意力更多地集中于战略方面。

美国政府 CIO 制度实践表明，提高政府各级领导和工作人员的信息素养是非常重要的，政府信息化绝不只是信息技术专业人员的事情，它涉及工作流程和工作方式。因此，伴随着中国政府信息化的深入发展，必然对各级政府管理人员以及领导人员信息素养提出更高的要求。我国政府信息化成功的关键在于政府各部门的领导，信息化的真正实现需要全新的管理者。应实行 CIO 制度，充分发挥信息主管（CIO）在我国政府信息化工作中的核心作用，政府 CIO 的特殊身份将成为技术和管理两个领域的桥梁，使手段和目标能够有机地、不可分割地结合在一起。

2. 国内

1）问题

信息化已经形成为一个需要专门知识，包括管理知识和经验的技术领域。正确地领导政府信息化并不是任何领导或者个人与生俱来的一种能力。在国内，由于政府人员结构以及专业人员的资源匮乏等诸多原因，造成在国内电子政务过程中很少能有一个可以真正理解信息化、了解政务工作流程并可参与政务决策工作的 CIO 存在。这样的现状造成我国的政府信息化工作缺乏整体规划、缺乏与政务战略相配合的长期发展规划，同时也为今后的各地区、各相关政府部门间的互联互通埋下了隐患。而要解决这些问题，必须要由政府出面加紧 CIO 人才培训，规范 CIO 人群的职权范围及地位，要尽早将 CIO 机制引入政府信息化并使其真正成为各地政府的核心人员之一。美、日、英等信息化发达国家实行的信息主管机制，为我们建立合理的组织结构，有效地推进政府信息化建设，提供了一个很好的借鉴。

在我国内地，各地政府机关也在积极推进信息主管机制的建设：上海市政府 1999 年启动 CIO 制度的试点、江苏省政府 2001 年启动 CIO 研修制度、广东省政府 2002 年明确提出要在各级政府部门建立信息主管制度等。需要强调的是，建立信息主管机制不仅仅是设立一个领导职位，更重要的是要建立起一套完整的信息主管职务体系、一套科学的信息主管流程规范和有效运作的信息化治理结构及其机制。

除了信息主管之外各级政府和各个部门的领导也应该真正理解信息化的含义，支持和推动政府信息化进程。目前，许多干部，特别是各级领导干部，虽然认识到了信息化的重要意义及其在我国现代化进程中所扮演的角色，但对于信息化应该从何处入手，究竟怎么搞，如何确保信息化取得成功等重要问题并不完全清楚；更要避免的情况是少数干部，或者由于自己不懂信息化怕降低了自己的威信,或者怕信息化带来的工作流程的变化会影响手中的权力,或者由于懒于学习新的技术和新的工作方式等个人因素而抗拒信息化。因此,抓紧开展信息化的干部培训,特别是对各级领导干部的培训,是确保我国信息化顺利进行并取得成功的重要工作之一。对于不同级别和不同岗位的领导干部,应该根据不同的培训目标设计不同的信息化培训课程,以帮助他们正确地领导信息化。因此,在政府信息化过程中人力资源开发的重点是政府部门的领导和用户,而不是培养计算机和通信技术专才,虽然这也是信息化的另一个重要条件。

从许多国家政府和企业的经验来看,各级政府和各个部门的领导不仅应该真正理解信息化的要义,还必须具有评估和鉴别各种最新的信息技术的能力,能够直觉地感知其对信息化的意义——重要或不重要,是过渡性技术或是革命性技术。领导干部需要在不同程度上了解现代信息技术的最新成果和趋势,掌握信息化的新的应用发展和实际效果,以便辨识新技术给信息化带来的新的机会和可能出现的问题,避免失误和提高信息化的决策水平。"鄙薄技术"或"单纯技术观点"都是不能领导信息化走向成功的。

2) 策略

政府公务员是政府信息化的基本人力资源,必须开展对他们的政府信息化知识培训。政府信息资源的开发和利用主体是公务员,而他们的信息素质对信息资源的建设将产生重大影响。在政府信息资源建设中,需要一支具有较高的政治素质和职业道德水准、既懂业务又懂技术的队伍。加强对公务员信息素质的培养,提高他们对社会变革时期政府信息资源价值的认识和利用现代信息技术对信息资源进行收集、筛选、分析、重组的能力,规范他们在信息活动中所应遵守的道德和法规,并通过相应的激励机制,形成有利于吸引人才、用好人才和留住人才的良好环境。为了适应政府信息化的需求,须从以下几个方面加强对公务员信息素质的培养。

(1) 注重对公务员正确信息观念的培养。从某种意义上说,政府治理的过程就是信息的收集、加工、处理的过程,政府职能的有效履行,有赖于适时、准确的信息。这也就是说,信息及信息网络已成为现代政府的神经系统,因此我们须注重对公务员正确信息观念的培养,使他们强烈意识到"信息就是资源""信息就是财富""信息就是力量",离开及时、准确的信息,政府将举步维艰,百姓将难以为继。当公务员认识到信息在现代政府管理与服务中的价值和作用时,他们就会最大限度地开发和利用信息资源,提供有效的信息服务,将信息适时地转化为社会财富,创造更高的附加值。

(2) 加强对公务员信息能力的培养。信息能力是指人们应用信息技术的能力和获取、加工、处理信息,分析、判断信息的能力。伴随着政府信息化的推进,我国现有的政府管理模式将发生重大变革,而代之以一种建立在现代信息技术和信息资源基础之上的全新管理模式。因此,在公务员中开展以计算机网络技术为基础的信息技术教育,培养他们熟练应用、驾驭信息技术的能力,才能赋予他们快速获取所需信息、充分开发利用信息资源的本领与利用现代化工具和手段进行现代管理、提供全新服务、做出科学决策的能力。

(3) 加强公务员信息道德的培养。在信息化的电子政府中,公务员既是信息生产者、加工者,又是信息传播者、使用者,他们是否严格遵守信息法律、法规,尊重知识产权,是否注重保护个人隐私、保守商业秘密、维护信息安全等都事关政府的正常运行,事关社会的安定,因此只有强化公务员的信息道德教育,使信息道德规范内化为他们的信息道德品质,使他们能够严格自律、自觉遵守信息道德义务,才能保证社会的良性运行,保证政府信息化建设的顺利发展。

练习题

一、名词解释
1. 政府信息化
2. 政府的信息能力
3. 信息采集能力
4. 信息处理能力
5. 信息利用能力
6. 信息交流能力
7. 政府信息资源管理的三大标准
8. CIO
9. "两网一站四库十二金"

二、简答题
1. 什么是政府信息资源?
2. 什么是政府信息资源管理?
3. 什么是信息内容资源的管理?
4. 简述政府信息资源管理的十个框架。
5. 简述推行电子政务对于促进改革和发展,加快现代化建设具有什么重要意义。
6. 信息化方面第一个法规是什么法规?
7. 建立"两网一站四库十二金"的重要意义是什么?

三、论述题
1. 政府信息资源管理的职能有哪些?
2. 我国的政府信息化进程共经历了哪四个阶段?
3. 政府信息资源管理的人才培养涉及哪些人员的培训?
4. 如何加强对公务员信息素质的培养?

参考文献

[1] 高纯德,杨学山,等. 政府信息资源的管理与立法研究主报告[R/OL]. 中国信息产业网,http://www.cnii.com.cn/20020808/ca90344.htm.

[2] 周宏仁. 政府信息资源管理.《政府信息资源的管理与立法研究》[R/OL]. 中国信息产业网,http://www.cnii.com.cn/20020808/ca90344.htm.

[3] 周宏仁. 加强信息化的有效管理[Z/OL]. 中国信息年鉴,http://www.cia.org.cn/h/h21.htm.

[4] 辛仁周. 推行电子政务意义重大[EB/OL]. 中国电子政务信息网,http://www.grp.com.cn/xwzx.

[5] 朱步楼. 关于电子政务建设的几点思考[EB/OL]. 人民网,http://www.people.com.cn/GB/it/48/297/20030513/990526.html.

[6] 我国政府信息化的发展历程[EB/OL]. 中国网,http://www.china.org.cn/chinese/zhuanti/283258.htm.

[7] 2003中国电子政务十大新闻[EB/OL]. 广东电子商务律师网,http://www.oklawyer.cn/einfo0402022.htm.

[8] 2004年中国电子政务六大热点回顾[EB/OL]. 电子政务工程服务网,http://www.echinagov.com/article/articleshow.asp?ID=7124.

[9] 汪玉凯. 中国政府信息化与电子政务[EB/OL]. 中国网,http://www.china.org.cn/chinese/zhuanti/283256.htm.

[10] 马费成,等. 信息资源管理[M]. 武汉:武汉大学出版社,2000.

[11] 张勇进. 2007政府网站建设八大趋势[EB/OL]. IT168网,http://cio.it168.com/a/2007-02-05/200702051011892.shtml.

[12] http://www.xxhbg.com.

第10章 市场信息资源管理

市场信息资源管理是经济信息资源管理中非常重要的一个方面。本章将介绍市场信息资源的概念,市场信息资源形式,市场信息资源搜索、选择与利用,以及市场信息系统建设方面的内容。

10.1 市场信息资源管理概述

本节将介绍市场信息资源的含义、市场信息资源的特点、市场信息资源的发展趋势和网络市场信息资源。

10.1.1 市场信息资源的含义

1. 市场信息

市场信息是经过加工整理,被市场营销者接收,对其完成市场营销任务有使用价值的情报、资料和消息。其主要包括市场营销信息、市场管理信息、市场科技信息和市场环境信息等。

1) 市场营销信息

市场营销信息是市场信息的核心和主体,主要包括以下信息:商品和服务的生产和供给信息;商品和服务的需求信息;企业竞争信息。市场营销信息常常通过商情、广告、市场调查等形式反映出来。

2) 市场管理信息

市场管理信息通常包括两个方面:一是国家调控市场、市场引导企业的宏观管理信息。它包括国家制定和颁布的经济法规、政策和计划、财政、税收、银行、物价等部门根据经济杠杆的原则而出台的有关新的规则等。二是企业内部业务管理的信息,它是商品和服务的产供销计划、购销合同的签订和履行,以及业务、财务、会计、审计、物价等管理措施的制订。

3) 市场科技信息

市场科技信息包括新产品的开发、设计、试制,以及各类产品在加工、包装、仓储、运输、检验、采购、销售、服务等环节中所出现的科学技术发明成果和改革、革新措施所形成的信息。

4) 市场环境信息

市场环境信息指的是影响市场供求变化和营销活动的各种政治、经济、社会与自然环境变化的信息。它包括政治环境信息、经济环境信息、社会环境信息和自然环境信息。

2. 市场信息与信息市场的区别

1) 市场信息

市场信息是一种重要的经济信息,它包括微观的市场信息和宏观的市场信息。微观的市场信息是指有关市场商品营销的各类信息,包括商品评价、渠道评价、促销评价、产品开发情况、消费者购买状况、企业形象状况等。宏观的市场信息则是指在一定时间和条件下,商品交换以及与之相联系的生产与服务有关的各种消息、情报、数据、资料的总和。

2) 信息市场

信息市场是社会主义市场经济体系中的有机组成部分。我国学术界对信息市场的概念界定不尽相同。乌家培教授认为,从市场的角度看,信息市场有两种含义:一种是狭义的,指信息商品进行交换的场所;另一种是广义的,指信息商品交换关系的总和,也就是信息商品的买卖或流通。从信息的角度看,信息市场也有两种含义:一种是指信息服务作为商品的交换;另一种是还包括信息设备制造业产品作为商品的交换。

3) 区别

市场信息与信息市场的概念密不可分,无法分割,但也存在着区别。市场信息属于经济信息的范畴,一方面,它可以作为商品在信息市场上进行交换、流通和买卖,并成为信息市场交换对象的一部分;另一方面,市场信息还扮演着信息市场中主体与客体联系的重要角色。而信息市场属于市场体系范畴,它本身既是信息商品交换的场所,又是各类市场信息的发生源,反映了信息商品交换的经济活动和经济关系。信息市场依托于相关生产要素市场,如消费品和生产资料市场、金融市场、人才市场、房地产市场和技术市场等。

3. 市场信息的分类

市场信息是一种社会经济信息,按照经济信息的机能及其特征,市场信息可以从以下几个方面进行分类。

1) 原始信息与被加工过的信息

原始信息是指基层单位的各种原始记录,即用数字和文字对某一项活动做最初的直接记载,如商业零售单位的销货日报表。对原始信息进行加工处理,产生出适合于某类人员使用的信息属于被加工过的信息,如商业价格日报表。

2) 内部信息与外部信息

内部信息指企业内部的信息,不过,这种信息通常与市场有关。外部信息相对内部信息而言,它包括当地市场、国内市场和国际市场的一些信息。无论是内部信息还是外部信息,企业或企业主管部门都需对其基本情况和变化了如指掌,否则无法做到"知己知彼,百战百胜"。

3) 常规信息与偶发信息

常规信息反映正常经济活动,按着一定程序以经常不断的形式进行收集和处理的信息。偶发信息是经济活动中特殊的突发或偶然事件产生的信息。在经营活动中,不仅要时刻注意常规信息,还要特别关注偶发信息,以及对它们的分析。

4) 经常变动的信息与相对稳定的信息

反映某一方面或过程的,或一段时间中事情发展变化的信息属于经常变动的信息。这种信息为有效和准确地控制经济活动提供了必要的参考,它有较强的时效意义,但只有一次使用价值。相对稳定的信息主要供人们对大量不断变化的经济信息的长期观察、分析和研究,它可以显示经济过程的内在联系和活动规律等。

5) 宏观信息与微观信息

市场涉及的范围很广,它联系着政治、人口、经济收入、就业情况、文化科学水平,以及人们的思想方法和国外形象等。有关全局性的经济信息,例如国民经济生产、分配、交换和各个环节的信息,就属于宏观信息。而微观信息主要指个别企业单位、个别地区和个别对象的经济信息,如商品性能、质量、特点、价格、厂牌和商标等。

6) 历史信息与预测信息

描述和反映已经发生过的市场现象和经济过程的信息,属于历史信息。而对于未来发展,靠主观推断出的信息,则是预测信息。无论是历史信息还是预测信息,都对未来的计划和决策具有指导性的作用。

10.1.2 市场信息资源的特点

市场信息作为信息的一种,具有信息的一般属性,但也有自身的特征,市场信息具有以下几个显著特征:

1. 目的性

市场信息与自然信息相比,具有很强的目的性。自然信息的释放和传播,遵循自然界的运动规律,不受人的意志干扰和左右。而市场信息的释放和传播则在很大程度上受特定目的的支配,甚至在传递时间、传递方式、传递渠道上都要进行比较和选择。如厂商的生产与用户的需求就有密切的关系。

2. 利益性

市场信息的利益性特征不仅与自然信息相比较而存在,即使是在社会信息的范围内,与政治信息、文化信息等相比,其经济上的利益性也是突出的。政治信息传播主张和思想;文化信息传播精神;而市场信息的传播则是为了获取一定程度的经济利益,并且尽可能使信息传播的费用最小化,由此而带来收益的最大化。

3. 竞争性

市场经济活动是多元主体参与的活动,各个不同的主体都有自身的利益,为了追求利益最大化,他们都会在经济活动中有意识地扩散一些信息、收集和利用信息。因此,市场信息成为利益主体竞争的一种主要手段。尤其是进入信息时代,信息要素在经济生活中的地位更加重要了。

4. 变换性

市场信息反映市场环境与市场供求的多变性,因此,信息产生与更新的速度很快。受信息影响大的市场,如股票市场、金融市场、房地产市场等,其市场信息的变动频率更高。

5. 层次性

市场信息一方面是市场层次的反映。在这一种情况下,市场有地区市场、全国市场、国际市场等层次,市场信息也就有地区市场信息、全国市场信息和国际市场信息等层次。市场信息另一方面是信息层次的反映。在这一种情况下,信息有表层的新闻信息、动态信息、原始信息等,还有经过深加工的预测信息、战略信息等。

6. 增值性

由于技术进步和竞争推动,信息产品的性能价格比几乎每隔两年就增加一倍以上。信息企业盈利的水平和增速要比一般制造业企业高出好几倍。从劳动生产率的比较看,如果说传统工业与手工业相比为 10∶1,那么信息产业与传统工业相比则为另一个 10∶1,甚至还高于这一比率。在信息部门,信息资源不断传输与加工处理,不断增值,其增值程度随加工层次的深化而增加。传统的工农业生产在一定的技术水平下存在边际效益递减的趋势。而就信息资源的开发利用而言,这种规律已不复有效。

10.1.3 市场信息资源的发展趋势

随着社会经济的发展和科学技术,尤其是计算机和通信技术的进步,市场信息呈现出以下几个突出的发展趋势。

1. 信息量急剧增加

与物质资源的有限性相比,信息本身具有无限性、积累性、共享性等特点,在当今计算机技术和通信技术不断进步而价格不断下降,网络经济迅速崛起的情况下,"海量信息""信息爆炸"等成为时代的显著特征。

2. 处理与传递信息速度加快

随着计算机科学和通信技术的不断发展,信息加工与传递速度不断加快。一个国家的商情,通过计算机网络可以在几秒内传遍整个世界;一个跨国公司的总经理,通过管理信息系统,可以在办公室里了解世界各地的市场行情或企业内部各个环节和部门的生产、经营情况,从而做出决策。

3. 信息处理方法复杂化

在激烈竞争的市场环境下,企业要想求得生存和发展,特别是在企业的潜力不明显时,为了挖掘更大的潜力,获得最大的经济效益,企业的管理水平就要跟上,那么,企业决策的过程就变得比较复杂,信息处理的复杂度也就加大。一个具有竞争力的现代企业,必须具备在复杂环境下应变的能力,对环境有敏感的适应性。企业处理信息的及时性、可靠性、准确性、时效性越高,获胜的可能性也越大,这时,信息处理复杂度也会大大增加。

4. 市场信息处理的系统化

现代管理工作中的信息处理工作涉及许多新的知识领域与技术手段,于是,这样一个过程就变成了一个复杂的系统。这样一个复杂的管理系统,可能涉及经济理论、管理科学、社会科学、行为科学和心理学。在技术方面,计算机设备、网络设备、办公自动化设备、测试手段、复印设备、微缩设备以及各种声音图像显示设备的参与,使信息处理系统成为一个有机组成部分。管理信息系统作为一个系统越来越显现其复杂性和整体性。

5. 市场信息网络化

在现代市场经济条件下,人们需要掌握更多的信息,需要更快地获取信息,需要向更大的范围发布信息,需要与更多的人进行交流,此外,还需要更多的加工和利用信息的方法与手段。所有这些都已成为今日世界各国及各大企业竞争的焦点。作为便捷的交流工具,信息网络化已经成为一种必然的发展趋势。

10.1.4 网络市场信息资源

1. 国际市场信息网络

目前,网络在市场信息服务中发挥着越来越重要的作用。网络信息服务已渗透到社会与经济的各个领域。

1) 商业信息检索服务

目前,全世界开展国际联机检索服务的系统和机构有 600 多个,主要分布在美国、欧洲,其中最著名的、规模最大的有美国的 Dialog 系统、法国的 Questel·ORBIT 系统、欧洲的 ESA-IRS 系统等。

美国的 Dialog 系统(http://www.dialogweb.com/)是目前世界上最大的联机检索系统,创立于 1965 年。1972 年正式向公众提供联机检索服务。Dialog 系统拥有近 900 个数据库,经常使用的达 600 多种。它不仅收录内容多、数据更新快,而且专业范围涉及面广、覆盖年限长。其数据库内容涉及多个学科,包括综合性学科、自然科学、应用科学、工艺学、社会科学、人文科学、商业学、医药学、经济学、时事报道等。资料内容包括图书、期刊、学位论文、标准、会议录、厂家行情名录、科研报告、政府文件、经济预测、私人文档、统计数据等。该系统拥有用户 5 万多个,遍布世界 70 多个国家和地区的 200 多个城市,拥有 10 余万个联机终端。该系统提供 24 小时服务使资料获取更方便(见图 10-1)。

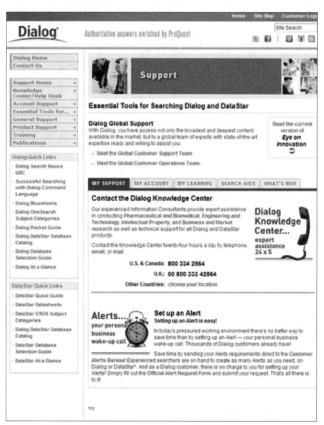

图 10-1 美国的 Dialog 系统

Questel·ORBIT 系统（http://www.questel.com/en/index.htm）是法国著名的联机检索系统。该系统目前拥有 250 个数据库，上亿篇文献，占世界机存文献的 25%。该系统在专利、商标、化学、科学技术、商业和新闻等方面联机服务，被公认为是世界领先的联机检索系统。终端用户达 3.5 万，每天 24 小时提供服务（见图 10-2）。

图 10-2　法国联机检索 Questel·ORBIT 系统

欧洲的 ESA-IRS 系统（http://www.esa.int/ESA/）属于欧洲航天局情报检索服务处，现总部设在意大利。它是欧洲最大的联机检索系统，也是世界上最大的联机检索系统之一。该系统建立于 1965 年，现拥有 120 多个数据库，存储文献达 5000 多万篇，拥有 5000 多个用户终端，这些终端遍及世界 50 多个国家，分布在美洲、北非、中东、亚洲等地。该系统包括自然科学、社会科学等多个学科和专业，其特色体现在原材料价格等方面（见图 10-3）。

除上面介绍的 3 大系统外，还有不少著名的国际联机检索系统。例如，英国 Inforline 系统，拥有 40 多个数据库，收录了 51 个国家和地区的 1000 多万份专利文献。国际科学技术网络（STN）系统创建于 1983 年，总部设在德国。它采用先进的广域网互联方式将德国、美国、日本的数据库进行互联，共享信息。STN 系统拥有数据库 150 多个，总文献量为 8000 多篇，涉及的专业范围包括化学化工、生物、医学、能源、冶金及其相应的应用学科。英国的 Foodline 联机检索系统拥有 9 个数据库，按主题分为科学与技术、市场信息类和法规类 3 大类。此外，还有美国联机图书馆中心也提供基于网络的信息检索服务。

2) 专利信息服务

专利信息也是重要的市场信息之一。目前在 Internet 上有多种形式的与专利有关的服务。如英国 Dervent 的国家专利服务，可以向用户提供世界上各主要专利机构发布的专利说明书。美国的专利数据库（http://www.uspto.gov，见图 10-4）可提供美国专利服务。商

图 10-3　欧洲 ESA-IRS 系统

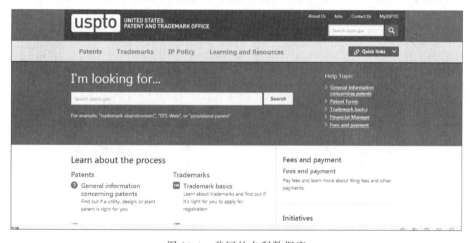

图 10-4　美国的专利数据库

标局自 1972 年以来的专利约有 170 万条。Internet 上还有一种专利服务。IBM 知识产权信息数据库由美国 IBM 公司提供。该网站提供 1971 年以来的 200 万件美国专利,包括书目数据、文摘和权项说明。使用 Web 浏览器查询专利文献达 4000 万页(全部是扫描文件)。QPATT-US 公司网站可提供自 1974 年 1 月以来的 1800 多万件美国专利全文的数据库。PCT 国际专利(http://www.wipo.int/pct/en/texts/articles/atoc.htm,见图 10-5)由世界知识产权组织(WIPO)提供。该网站收录了 1997 年 1 月 1 日至今的 PCT 国际专利,仅提供专利扉页、题录、文摘和图形,其数据每周更新。欧洲专利(http://www.epo.org,见图 10-6)网页由欧洲专利局提供,人们可用于检索欧洲及欧洲各国的专利,包括英国专利、德国专利、法国专利、奥地利专利、比利时专利、意大利专利,及芬兰、丹麦、西班牙、瑞典、瑞士等 19 个欧洲国家的专利。

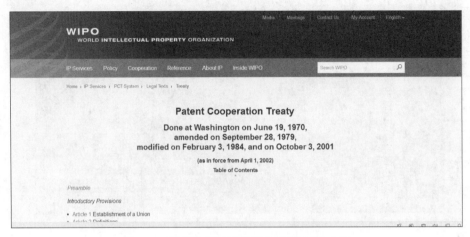

图 10-5　世界知识产权组织的 PCT 国际专利

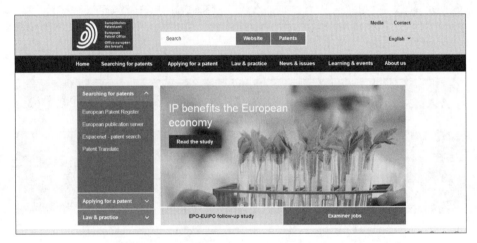

图 10-6　欧洲专利

3）金融信息服务

电子货币、电子银行和金融服务是电子商务的重要环节，并且可以给商品买卖双方都带来可观的经济收益，同时可以净化、优化货币流通。目前 Internet 上提供金融信息服务的主要有：信用卡公司，如 VISA、Mastercard；网络服务公司，如 Prldigy、Aol；大型银行，如美国商业银行（BOA）、瑞士 UBS 等；财务软件公司，如 Checkfree、Intuit、Microsoft。此外，还有一些热衷于电子现金的新公司，如 Cybercash、First Vertual 等。

4）商品与贸易信息服务

随着 Internet 的商业化趋势，信息网络将成为未来市场的重要手段。当前，许多公司和企业纷纷在 Internet 上开发自己的主页介绍企业的产品和服务，各大商场通过网络提供商品信息和价格信息。

网络用户能迅速快捷地选购到满意的商品，既省时又省力。随着多媒体技术的发展，用户可以在屏幕上看到商品的款式、颜色，实现了电子商城购物。Internet 上的电子购物和电子贸易实现了市场、订货、支付和运送等各个环节的网上运行,同时,也为上网用户提供了丰富的商品与贸易信息。

目前,各种信息机构、报纸、杂志、电台、电视台等也加入信息收集和传播的行列,另外,国家的政府、政党、团体也开始上网宣传与经济有关的政策。

2. 中国经济和科技信息网

中国经济信息网已经具备了一定的规模和特色。目前,我国的联机服务机构已形成了三种模式:第一种是以新闻媒体为主的服务,如中国经济电讯网络、经济日报网络、中国经济信息网络等,即使是新华社这样的机构也开始涉足经济信息;第二种是国家确定的重点建设项目,如以国家经济信息中心为主体的各部委的信息中心、全国科技信息联机服务、银行电子化联机服务、中国专利文献数据库服务等;第三种是商业协会及公司创办的服务机构,如联得网络、联合商情等。这些机构的信息传播遍及贸易、商业、能源、电子等众多领域。

国内的市场信息的网络化使市场信息可以在更大的范围内传播与共享。中国经济信息网(http://www.cei.gov.cn/)是由国家信息中心组建的、以提供经济信息为主要业务的专业性信息服务网络,于1996年12月3日正式开通。它继承了国家信息中心多年来的丰富的信息资源和信息分析经验,利用自主开发的专网平台和互联网平台,为政府部门、金融机构、高等院校、企业集团、研究机构及海内外投资者提供宏观经济、行业经济、区域经济、法律法规等方面的动态信息、统计数据和研究报告,帮助其准确了解经济发展动向、市场变化趋势、政策导向和投资环境,为其经济管理和投资决策提供强有力的信息支持。

同时,中国经济信息网组织建设的宽带自治域专用网络,物理上连接了全国150多个城市和地区的地方经济信息中心,覆盖全国并与互联网宽带连接,为互联网接入和各类大型全国性专用网络应用提供了坚实的基础。

中国经济信息网日更新量达250万汉字和150MB内容的视频节目,通过卫星广播、专线传送、在线浏览、E-mail定制、光盘、纸介质等方式为用户提供服务,是互联网上最大的中文经济信息库,是描述和研究中国经济的权威网站(见图10-7)。

图10-7 中国经济信息网

中国于20世纪80年代开始联机检索系统的建立和服务。1983年,中国科技情报所设立了国际联机检索终端(http://www.istic.ac.cn/),建立了国际联机情报检索服务部,与世界四大检索系统联机。目前,中国联机系统已初具规模(见图10-8)。

图10-8　中国科技情报所国际联机检索终端

除此之外,还包括中国专利网、软件著作权网、中国版权保护中心网和中国知网。

10.2　市场信息资源形式

本节将介绍市场信息资源的形式,包括完全信息与不完全信息、公共信息与私人信息、对称信息与非对称信息。另外还介绍市场信息不对称的结果和激励机制与市场信号。

10.2.1　市场信息对称与不对称

1. 完全信息与不完全信息

市场环境中存在的事件大都是具有不完全信息的事件,具有完全信息的事件在市场环境中为数不多。尽管如此,完全信息的概念在信息经济学分析中却很重要,因为要想真正认识和理解不完全信息的重要性,首先必须对完全信息的经济理论有充分的理解和认识。

1) 完全信息

完全信息是市场参加者对于某种经济环境状态的全部知识。在现实经济中,没有人能够拥有各个方面经济环境状态的全部知识。因此,瓦尔拉斯描述的是一个静态的理想经济世界。在这个世界中,具有完备信息的信息体系被每个市场参加者无偿免费使用,并且,市场将出现一位拍卖人,他根据市场供求状况提出多组市场价格。由于拍卖人和市场参加者都具有完全信息,所以,市场价格将灵敏地反映出市场的供求变化,而供求也能服从价格指导进行合理调节,这样,经过拍卖人所谓的不断调试,价格将最终处于均衡位置。

有关完全信息经济的分析清楚地表明,完全信息经济所假设的环境状态和经济条件与现实环境和社会可能提供的条件相距甚远。

2)不完全信息

在现实经济中,信息的传播和接收都需要花费成本代价,而市场通信系统的局限和市场参加者放出市场噪声等客观和主观因素的影响,也会影响市场信息的交流和传播。其结果是,价格信息不可能及时地传递给每一个需要信息的市场参加者,而每个市场参加者所进行的交易活动以及结果也不可能及时地通过价格体系得到传递,因而,市场中的任何人都不可能得到或拥有完全信息。

2. 公共信息与私人信息

市场信息还可划分为公共信息和私人信息。

1)公共信息

公共信息是所有的相关信息都能被所有的市场参加者获取的信息。在市场体制下,市场价格体系正是通过市场参加者的共同知识来实现其支配力的。没有市场参加者的共同知识,市场价格体系就不可能有资源配置的调节和指导功能。价格对于每个以自我利益为中心的市场参加者来说,都有指导和协调作用,它是市场共同知识的基础。简单地说,市场公共信息导致了市场支配力。总之,市场中不能没有公共信息,即使这种信息表现为市场参加者的初始平均公共知识。

2)私人信息

市场信息的另外一种重要形式是私人信息,它是指个别市场参加者所拥有的具有独占性质的市场信息,其中,经验是市场参加者最为宝贵的私人信息。一般认为,私人信息可以划分为三种类型:个人自身特征的知识,如个人身体状况或工作能力等;个人行为的知识,如努力程度、工作热情等;个人对环境状态的理解和认识方面的知识,这主要是指个人对市场信息的掌握和认识程度。

私人信息与公共信息之间没有严格界限,私人信息可能会随着时间的推移而成为公共信息。但是,如果在某个时点上,市场参加者所具有的私人信息优于市场公共信息,市场参加者就具备了对于其他市场参加者的信息优势或信息领先。相反亦然。

3. 对称信息与非对称信息

对称信息与非对称信息是市场信息的重要的基本形式,它们是完全信息与不完全信息的一种结构延伸。

1)对称信息

对称信息是指在某种相互对应的经济人关系中,对应双方都掌握有对方所具备的信息度量。例如商品市场中,买主了解卖主所掌握的有关商品的信息,卖主也掌握买主具有的知识和消费偏好等信息。那么,他们就是对称的。因此,信息的对称性可以定义为:可供利用的有关风险类别的信息同时被买卖双方观察到,并对实际双方都发生作用的环境状况。

2)非对称信息

在现实经济生活中,信息非对称性的存在是由于市场参与者获得不同的信息所致,而获取不同的信息又与人们获取信息的能力相关。从社会存在的角度来看,人们获取信息的能力与多种社会因素相关。

社会劳动分工使不同行业的劳动者之间产生了巨大的行业信息差别。一个显而易见的事实是,在不同行业的劳动者之间,本行业劳动者所掌握的本行业信息平均要多于其他行业的劳动者所了解的本行业的信息。

专业化产生的信息差别也同样严重地导致了信息非对称性的存在。专业化使个人在其自身的专业领域比其他专业领域的个人了解更多的专业知识,而其他专业的个人则平均地比该专业的个人了解得更少。这样,专业信息就在不同专业的个人之间形成非对称性分布。

4. 对称市场与非对称市场

对称市场与非对称市场是市场的两种重要形式,它们是对称信息与非对称信息概念和形式的延伸。

1) 对称市场

对称信息产生的对称性市场有如下三类:相互对称的市场参加者双方都缺乏信息的对称性市场;相互对称的市场参加者双方都具有不完全信息,且双方掌握信息的不完全程度大致相同的对称性市场;相互对称的市场参加者双方都具备完全信息的对称性市场。

都缺乏信息的市场参加者双方在对称性市场中是无法进行正常交易的。这时,不完全信息市场的专家就自然而然地在买卖双方之间充当中间人的角色,他们为买卖双方提供信息和相应的服务,从中收取一定的佣金。

在买卖双方都缺乏信息的对称性市场中,政府的作用十分重要,这种作用表现为通过制定一系列的经济法规,保障买卖双方及市场专家的合理利益,并在其中充当调解人的角色。

在互相对称的市场参加者都具备完全信息的对称性市场中,市场形式一般表现为完全的双边垄断特性。所谓市场参加者都具有完全信息,可能纯粹地指双方都掌握有关事件的完全信息,也可能指买卖双方在市场交易中都很精明。一般认为,当完全双边垄断的双方产生矛盾或发生冲突时,中间人没有利益,也没有作用,这时,唯有政府才能起到协调或仲裁买卖双方交易的市场中间人作用。

2) 非对称市场

非对称性市场有三种典型的形式:卖主与买主之间的;买主与买主之间的;卖主与卖主之间的。

非对称信息是构成非对称性市场的主要存在力量。在市场发育的初期,市场内部就已经存在了不完善的发展因素,这种不完善的因素主要表现在市场参加者所掌握的信息是不完善的,非对称的。产品市场的产品特点和价格千差万别,名目繁多,任何人都不可能将其了解清楚,因为这样会付出极高的代价,而且也不值。这时,如果某些市场参加者在这方面做得更好,市场信息就自然而然地在市场参加者之间做非对称分布。

买卖者之间的非对称形式的信息差别,以及由此在不同水平上的讨价还价,并由于讨价还价而导致相互信息差别的缩小而采取的相互退让对策,构成非对称性市场重要的基本特征。与市场参加者具有不完全对称信息市场中所讨论的一样,信息经纪商在非对称信息市场上也存在着巨大的发展空间。

10.2.2 市场信息不对称的结果

在现实经济中,市场信息总是不完全的,市场信息在市场参与者之间的分布也总是不对称的,从而会造成市场的失灵,出现不利选择与道德风险等现象。

1. 信息不对称与市场失灵

信息不对称会导致市场失灵。市场参与者的销售决策、消费决策等经济决策的正确性依赖于信息的对称性,如果市场参与者的信息不对称,决策者就会做出错误的决策,经济资源的配置便不可能达到最优。因此,信息不对称将会造成一些不良后果:劣货驱逐良货;市场缩小或使市场不存在;需求缺口与供给过剩并存;不公平交易和不公平竞争;消费者和生产者行为扭曲或不能合理决策。

2. 不利选择与道德风险

市场信息几乎总是不完全的,而且,在市场参与者之间的分布也是不对称的。市场参加者参加社会经济活动一起形成合作或竞争关系。这种关系是通过某种契约来协调的,而市场信息的不对称直接影响到这些契约的达成和契约的效率。微观信息经学把这种信息不对称条件下市场参与者之间的契约关系称为"委托人—代理人"关系。由于市场参加者双方所掌握的信息不对称,委托人—代理人关系就可能存在。掌握信息多的市场参加者称为代理人,掌握信息少的则称为委托人。

不利选择是指在建立委托人—代理人关系之前,代理人已经掌握了某些委托人不了解的信息,而这些信息可能是对委托人不利的。代理人利用这些可能对委托人不利的信息签订对自己有利的合同,而委托人则由于信息劣势而处于对自己不利的选择位置上。

道德风险则指经济代理人在使其自身效用最大化的同时损害委托人或其他代理人的行为,主要涉及无法在契约中明确规定的代理人的行动选择。对于这些行动的选择代理人相对于委托人具有私人信息,具有隐蔽性,代理人无法观测到这些信息,然而代理人对这些行动的选择将影响委托人的利益。

10.2.3 激励机制与市场信号

市场信息的不完全、不对称导致了市场失灵或市场运行的低效率,导致了不利选择和道德风险。纠正这种现象的有效方法主要有激励机制的设计、制造与传播市场信号,以及借助市场中间经纪人的力量。

1. 激励机制

委托人和代理人都是追求自身收益最大化的,那么必然产生冲突。解决问题的关键是如何能使他们都获得收益的最大化。那么,就存在一个策略性的问题。例如,雇主(委托人)可以有两种付酬方式:一种是月薪制;另一种是计件制。显然,后者具有产生刺激作用。这就是激励机制的设计问题。因此,委托人设计激励机制应该是针对代理人的隐蔽信息而面临的不利选择地位,激励的目标是如何使代理人"自觉地"显示他们的私人信息或真实偏好,即所谓的"如何让人说真话";而针对代理人的隐蔽行动可能面临的道德风险问题,激励的目标就是如何使代理人"自觉地"尽最大努力工作,诱使代理人不采取道德风险行动,即所谓的"如何让人不偷懒"。

2. 市场信号

优质产品可以通过市场信号,使自己的优势与假冒伪劣产品区别开来。制造和传播市场信号的经济学原理是：低质产品或者无法提供优质信号，或者市场信号成本太高。名优产品可以贴高科技防伪标志，假冒伪劣产品则因为成本而不行。当然，优质产品可能会造成成本提高，但是，顾客愿意为此付出这样的代价，因为购买低质产品他们可能面临更大的代价。

3. 市场信用

市场经济的灵魂是市场信用。美国著名经济学家阿罗曾强调，一个成功经济体制的特征之一是委托人与代理人之间的相互信任和信赖关系足以强烈到这样的地步，以至于即使进行欺骗是"理性的经济行为"，代理人也不会实行欺诈。阿罗进一步指出，道德因素在不同程度上进入了每个合同，没有它，任何市场都不能正常地运转，在每次交易中都包含有委托代理的信任因素，在任何复杂的交易中，要拟定一个包含每种可能意外事件的合同，其成本将十分高昂。因此，委托人与代理人之间的信任关系，构成市场经济的灵魂，没有对委托代理合同的信任，就难以有发达的市场经济。

10.3 市场信息资源搜寻与选择

10.3.1 市场信息资源搜寻与选择介绍

1. 搜寻

由于市场价格离散，或信息分布的离散，信息需求者的搜寻是多种多样的。

（1）交易区域化是最为古老的搜寻方式之一。在唐朝以前，市场制度规定买卖者不得在集市范围之外或者非集市时期进行市场交易，进入集市的商户向政府缴税。

（2）专业贸易商的出现是对搜寻方式的一个发展，潜在的买卖者通过专业化贸易商的集中专业贸易活动得到相互需要的市场信息或信号。

（3）广告，特别是分类广告，是买卖者相互交换信息的现代方式，也是现代人信息搜寻的主要方式。

（4）信息资源共享。两个买主相互之间比较价格，事实上就是在共享各自搜寻到的价格信息。

（5）直接走访，如走访商店，对市场行情进行实地调查等。

（6）专业或非专业化信息机构或个体，包括信息公司、职业介绍所、婚姻介绍所和专业咨询公司等这类机构，也包括自由信息经纪人、媒婆或红娘等。

（7）通信搜寻，如电话咨询、函件求职等。

（8）在互联网上查询所需的信息。

2. 选择与成本

信息搜寻是一个成本递增的过程。由于成本的制约，当事件所涉及的预期收益或风险损失很小时，人们在信息搜寻方面的努力不多；当不确定性所涉及的经济利益较大时，人们会进行信息搜寻，以降低风险、减少损失，但搜寻的成本会控制在一定的限度内。因此，信息搜寻通常是适度的。

3．国际市场信息选择

国际市场信息的特点有来源的广泛性、渠道的多样性、相关性、时效性、累积性（历史资料）、障碍性。国际市场是国际贸易的场所，涉及两个或多个国家，所以它除了包括市场信息的内容外还包括以下内容：

1）政治信息

政治信息包括：国与国之间的政治制度及友好情况；某国内部各政党间的政治见解、政局稳定状况、政策变化等；各国对外来投资和外来商品所持的态度，各国政府对进口的控制情况，各国政府对外汇的管制状况及对价格和租税的限制等信息。

2）经济信息

国际市场的经济信息既包括整个世界经济发展，也包括各个国家的经济状况，它直接关系到国际市场容量大小和市场状况。国际市场信息包括以下几方面：总人口、人口的自然增长率、人口的年龄分布、地区分布；国民总收入、人均收入及国民收入分配状况；通货膨胀率；顾客对产品的设计、视觉、包装及服务的要求；产品的生命周期在该国所处的阶段；销售渠道结构，运输设备和通信设备状况，信贷、保险、金融机构的情况，商业习惯，广告服务机构状况，市场咨询机构及地理及气候情况等。

3）文化信息

人的需求不仅受收入因素的影响，而且受文化因素的影响。国际市场文化方面的信息应包括：人口的受教育程度和人口的职业构成；人口的宗教信仰和语言分布情况；各贸易国的审美观和价值观；社会的组织结构情况。

10.3.2 市场信息资源利用

市场信息的收集、加工整理、传递、存储等都是为了使用市场信息。对于同一条市场信息，有的可能会产生可观的效益，有的毫无意义，所以，市场信息的利用是十分重要的，但也存在一定的困难。如何科学、有效地使用市场信息值得深入研究。市场信息的效用利用必须遵循科学的方法和原则。

1．从全局把握

企业从市场上收集到的信息，往往是局部的，对于这些市场信息一定要从全局出发，从宏观上进行分析和把握。

2．进行市场预测

为使企业能持续发展，对取得的市场信息，必须首先要进行科学分析，其重要手段就是利用这些信息进行市场预测，使决策人清楚地了解未来发展的状况。

3．把握时机

市场竞争如战场，时机把握特别重要。一旦机会来临，就必须正确把握。因此，对市场信息的处理、分析、把握显得非常重要。

4．建立反馈渠道

当今的商品市场瞬息万变。一个正确的决策是随市场变化调整的结果，或者说是市场反馈的结果。市场信息从收集到利用的过程与决策过程相随相伴，因为市场信息的收集、处理和利用也是一个企业市场过程反馈的结果。反馈渠道要保证信息被利用后，能从各个不同的渠道进行回收。如果没有综合的反馈，完整的市场变化信息是难以得到的。

5．市场信息必须经过处理

由于个人的原因，市场信息的失真和对信息的理解偏差是不可避免的。因此，必须对收集到的市场信息进行处理、筛选，去掉失真信息，保证提供市场决策的信息具有较高的质量，能满足企业的需要。

10.4 市场信息系统建设

市场信息系统又称市场信息传递交流系统。它是各市场信息从信息源传递给有关用户的职能系统。市场信息系统是由人、设备、信息传递交流过程以及传递交流目的等系统对象所组成的综合体。

10.4.1 市场信息系统发展原则

1．系统的发展观

21世纪的信息经济发展是一个多元素相关的结构运行过程，是一个多元相关变量交织协同的结果。它的多元相关和整体性特点，显然不是某一个问题的突破所能解决的，它必须从系统的发展观来考虑问题。

2．思路要超前

21世纪的信息经济发展总体思路，既是国民经济国际化发展的客观要求，也与国家信息经济密切相关。我国的社会主义市场经济体制正在进行改革，思路超前是必须的，它对政策的指导具有重要的意义。

3．先进带动后进

我国信息经济的发展已经经过了一段时间，全国各地出现了一些先进地区、行业和企业。因此要求全国各个地区都实行同样的发展速度，这就存在一个先进带动后进的问题。一个行业应该有几个信息化的示范企业，全国也有一些信息化的示范省市。

4．重点突出

具体做法是，市场信息系统发展应该有一个或几个重点。对于重点的选择和培植需要考虑它们的特点。例如，电信业，正好它又是信息化的基础行业，因此，它的发展应该优先，且要作为重点开发。再如，北京、上海、广州等城市，已经有良好的基础，且也是信息的交汇点，对它们的重点投入和开发已经不是一个或几个点的问题，它们会带动一个区域的发展。

5．靠中心城市带动

建设有地方特色与优势的城市市场信息点和面，这是我国信息经济发展的策略。我国城市市场信息发展，要以信息产业为主体，融流通渠道、开发与产业为一体的城市市场信息实体，解决市场信息技术和流通问题。另外，按照产业分工协作的原则与要求，将信息收集、加工、存储和利用的职能逐步分化开来，以提高信息产业的社会专业化水平，在一定程度上增强城市的信息加工机能和收集机能,同时,向社会或中小城市辐射,通过服务不断自我发展壮大。

6. 分流与集中的整合

整合信息分流与集中关系的重点是要构造地方与中央的分合机制。21世纪,整合信息集中与向地方分流的关系,既要从根本上变革传统的过分集中的决策体制,又要重建与社会主义市场经济宏观调控新体系构造相适应的信息集中新机能;既要使中央一些经济信息机能与能力分散出去,又要发挥地方各级经济信息中心的职能,采集富有特色的新经济信息向中央集中;中央促成地方信息经济的发育,并协调各地信息经济发展的不平衡问题;两者互为需要,各得其所,既互相推动又互相约束。

7. 打通环节

打通环节既是"铺路",也是"疏通"。经过多年的发展,我国信息高速公路建设已经具有一定规模。疏通就是如何管理和使用好现有的设备和资源。合理地利用现有的资源,并将其优化组合也是打通环节。

8. 国际化道路

中国市场信息经济离不开国际化的道路,它关系到中国的企业能不能走出去。因此,市场信息系统的建设必须与国际接轨,尊重国际惯例和标准。随着我国在全球经济地位的提高,必然要从以出口为主的经济模式,逐步转变为一个全球开放系统的人口、生态环境、物能与信息协调共存的模式,使全球信息与我国文化、文明融为一体。中国市场信息的国际化必须要分重点分阶段进行,在不同的发展阶段定义不同的中国市场信息化内涵。

10.4.2 国家市场信息网络系统

1. 国家市场信息系统的建立

国家市场信息系统就是在一国的范围内所组成的这种综合体。建立国家信息系统必须按照一定的原则去办,并且要分步骤地进行。

1) 建立信息系统的原则

(1) 树立全局观念,强调全国系统。全国系统是指各地各种系统的组合。国家信息系统应该强调系统整体功能所要求的不同层次和类型信息系统的有机结合,而不是把不同层次的信息平行堆积。只有这样,才能使国家市场信息系统具有整体性能。国家信息系统的结构应该是集中式与分布式的结合。集中式是指应该根据信息系统各功能层次的联系,考虑整个系统的规划与协调;分布式是指应该根据不同类型的信息需求,提出处理要求,确定信息数据库的合理布局。

(2) 挖掘现有潜力,共同使用现有设备。建立国家信息系统,需要相应建立大量信息处理系统,特别是设置计算机信息处理系统,要注意防止盲目性。这里需要注意的是"分批实施,逐步完善,信息共享"。

2) 信息系统建立的步骤

为了使建立的国家市场信息系统有实际效果,起到推动经济发展和指导市场经营的作用,建立信息系统必须有步骤地进行。

（1）分析论证。建立市场信息机构，特别是大型信息机构，事先均要进行分析论证。分析论证的目的是明确信息机构建立的必要性、设置地点的合理性，以及与整体信息系统形成网络的情况和各种信息机构的配套设置情况等。通过分析论证，使建立起的市场信息系统的适用性更有保证。

（2）系统设计。根据分析得到的结果，确定设计内容，并完成设计任务。设计的目的是为信息机构的建立提供一个蓝图，明确信息机构设置的结构和建设的规模。设计的内容包括信息机构的种类、信息机构的规模、信息机构的内部结构，以及建立信息机构所需要的投资。设计信息机构应从我国的经济、技术实际出发，注重节约和经济实用的原则，确定其现代化程度。

（3）建设实施。以信息系统的设计为根据，实施建设。一般情况下，实施建设要严格按照设计来进行。但是在发现设计得不合理时，可向有关领导机关提出意见，有组织地更改设计，保证建设的信息系统更加符合实际需要。如果实施时发现问题就可提出更改设计的意见。

2．国家市场信息系统的职能

国家市场信息系统有五种基本职能：信息输入职能、信息存储职能、信息处理职能、信息输出职能和控制职能。这些职能各有自己的内容，分述如下。

1）信息输入职能

国家信息系统要想发挥作用首先是要执行信息输入职能。只有执行这一职能，才能为执行其他职能创造条件。执行信息输入职能主要是寻找信息源和信息的输入。寻找信息源是为了不断地输入信息，有连续不断的信息源泉。信息系统的信息源有两种：一种是固定的；另一种是临时的。信息系统有了自己的信息源供应单位，要不断地将信息源单位提供的市场信息资料和数据收集起来，输入信息系统内部，为信息系统的存储和处理提供素材。

2）信息存储职能

信息存储职能是指信息系统储藏信息资料、数据的职能。信息系统的信息存储职能是与信息输入职能紧密联系在一起的。只有输入了信息资料，才能存储信息资料。输入是存储的基础与前提。国家信息系统中的每一个信息机构都要担负存储信息的职能。

3）信息处理职能

信息处理是信息系统内部的生产和再生产过程。经过这一生产过程，可以使市场信息更加条理化、明确化，从而使信息更有使用价值。信息的处理有很多方法，如信息简化、信息综合、信息分析和信息处理。

4）信息输出职能

国家信息系统建立的目的就是满足各种信息需求者的信息需要。这就必须进行市场信息输出。通过信息输出，把国家信息系统中的信息传递给信息需求者，以便发挥市场信息的作用。

5）控制职能

信息系统的控制职能要通过两种手段来实现：一是用电子计算机和现代通信设备装备起来的自动化信息系统进行自动控制；二是用系统的组织管理，即由组织机构来控制与调节系统内部各环节的工作来实现控制。通过这两方面，全面地实现控制职能。

10.4.3 市场信息数据库的建设

数据库与高速信息网相结合,为信息服务市场开辟了一个新领域。信息网络降低了通信成本,大大提高了数据库的利用率,加快了数据库产业成为信息资源主体的速度。从某一方面看,我国信息市场资源开发建设的核心也是市场信息资源数据库建设。

目前我国数据库业的发展水平仍然较低,数据库的规模、容量虽然有了较大提高,但仍与发达国家有一定的差距。我国在信息产业投资中,重硬件设备和网络建设,轻资源开发和数据库建设,造成数据库与信息系统建设投资比例严重失调,数据库建设严重滞后,影响了信息产业的协调发展。

数据库技术是信息资源管理最有效的手段,当然也可以用于市场信息资源的管理。市场信息数据库是指那些能够提供与市场活动有密切联系的各类信息的数据库,即有关公司、厂商、产品供销、市场行情、贸易统计、金融活动、经济政策法规、专利、商标、标准等方面信息的数据库。目前,市场信息数据库已占联机数据库的主导地位,其总量、比例、增长速度等均居数据库应用发展的前列。因此,市场信息数据库的建设是非常必要的。

市场信息数据库的建设的关键是数据库设计,它是指对于一个给定的应用环境,构造最优的数据库模式,建立数据库及其应用系统,有效存储数据,满足用户信息要求和处理要求。数据库设计一般要经过以下几个过程。

1. 需求分析阶段

数据库设计过程的第一个阶段是确定建立数据库的目的和收集数据。这一个阶段称为需求分析。需求分析的任务就是通过详细调查要处理的对象来明确用户的各种需求。并且通过调查、收集和分析信息,以了解在数据库中需要存储哪些数据、要完成什么样的数据处理功能。这一过程是数据库设计的起点,它将直接影响后面各个阶段的设计,并影响设计结果是否合理和实用。

确定目的之后就需要根据目的收集有用的数据。在着手收集数据之前最重要的就是调查用户的实际需求,然后分析与表达这些需求。调查用户需求的方法很多,如查阅记录、访谈、开调查会、设计调查表请用户填写或回答相关问题等。其中比较有效的方法是访谈,可以借助一些设计合理的调查表来与用户直接交流。通过充分交流,可以了解他们平时是如何使用数据库的,以及对当前信息的要求,进而设计满足用户需求的字段,并根据设计的字段收集数据。

2. 概念结构设计阶段

确定建立数据库的目的以及完成数据收集后,就进入数据库设计过程的第二个阶段,即建立概念模型。这一阶段是整个数据库设计的关键。设计时,一般先根据应用的需求,画出能反映每个应用需求的 E-R 图,其中包括确定实体、属性和联系的类型。然后优化初始的 E-R 图,消除冗余和可能存在的矛盾。概念模型是对用户需求的客观反映,并不涉及具体的计算机软、硬件环境。因此,在这一阶段中必须将注意力集中在怎样表达出用户对信息的需求,而不考虑具体实现问题。

3. 逻辑结构设计阶段

将概念结构转换为某个 DBMS 所支持的数据模型(例如关系模型),并对其进行优化。

设计逻辑结构应该选择最适于描述与表达相应概念结构的数据模型,然后选择最合适的 DBMS。将 E-R 图转换为关系模型实际上就是要将实体、实体的属性和实体之间的联系转化为关系模式。

为了进一步提高数据库应用系统的性能,通常以规范化理论为指导,还应该适当地修改、调整数据模型的结构,这就是数据模型的优化。例如,确定数据依赖,消除冗余的联系,确定各关系模式分别属于第几范式,确定是否要对它们进行合并或分解等。

4. 数据库物理设计阶段

为逻辑数据模型选取一个最适合应用环境的物理结构(包括存储结构和存取方法)。根据 DBMS 特点和处理的需要,进行物理存储安排,设计索引,形成数据库内模式。

5. 数据库实施阶段

完成数据模型的建立后,必须对字段进行命名,确定字段的类型和宽度,并利用数据库管理系统或数据库语言创建数据库结构、输入数据和运行等,因此数据库的实施是数据库设计过程的"最终实现"。

运用 DBMS 提供的数据语言及其宿主语言,根据逻辑设计和物理设计的结果建立数据库,编制与调试应用程序,组织数据入库,并进行试运行。数据库实施主要包括以下工作:用 DDL 定义数据库结构、组织数据入库、编制与调试应用程序、数据库试运行。

6. 数据库运行和维护阶段

数据库应用系统经过试运行后即可投入正式运行。在数据库系统运行过程中必须不断地对其进行评价、调整与修改,包括数据库的转储和恢复,数据库的安全性、完整性控制,数据库性能的监督、分析和改进,数据库的重组和重构。

练习题

一、名词解释

1. 市场信息
2. 市场环境信息
3. 完全信息
4. 公共信息
5. 私人信息
6. 对称信息
7. 市场信息数据库

二、问答题

1. 简述市场信息的内涵。
2. 市场信息与信息市场有哪些区别?
3. 简述市场信息的分类。
4. 市场信息有哪些特征?
5. 我国的联机服务机构有哪些模式?
6. 常见的信息搜寻方式有哪些?

7. 科学合理地使用市场信息应遵循哪些方法和原则？
8. 市场信息系统发展一般要遵循哪些原则？
9. 国家市场信息系统有哪些职能？
10. 信息处理主要有哪些方法？

三、论述题
1. 试述市场信息数据库的建设过程、关键，及需要做哪些工作。
2. 试述市场信息资源的发展趋势。

参考文献

[1] 乌家培,谢庚,王明明.信息经济学[M].北京：高等教育出版社,2002.
[2] 刘世杰.市场信息与应用[M].北京：宇航出版社,1989.
[3] 李毕万.市场信息管理[M].北京：经济科学出版社,1988.
[4] 何炼成.市场信息经济导论[M].西安：西北大学出版社,1993.
[5] 李纲.市场信息学[M].武汉：武汉大学出版社,1996.
[6] 郑瑞林.市场信息学[M].北京：科学技术文献出版社,1992.
[7] 黄煜平.市场信息学[M].北京：中国财政经济出版社,1996.
[8] 李毕万,刘菲.市场信息管理与应用[M].北京：企业管理出版社,1989.
[9] 郑英隆.市场信息经济导论——中国市场经济发展问题新视角[M].西安：西北大学出版社,1993.
[10] 王前逊,徐继达.市场信息与预测[M].西安：陕西科学技术出版社,1987.
[11] 冷伏海.市场信息资源与市场信息行为[M].北京：北京图书馆出版社,2000.
[12] 宋运郊,李淮生,张桂珍.市场信息开发与利用[M].济南：山东教育出版社,1995.
[13] 焦玉英,符绍宏.信息检索[M].武汉：武汉大学出版社,2001.
[14] 叶继元.信息检索导论[M].北京：电子工业出版社,2003.
[15] 杨小平.市场信息学[M].北京：中国财政经济出版社,2001.

第11章 企业信息资源管理

11.1 企业信息资源管理概述

11.1.1 企业信息的资源观

所谓企业资源是指企业控制的所有资产、能力、组织过程、企业特质、信息、知识等,是企业为了提升自身的效益和效率用来创造并实施战略的基础。企业资源理论关注企业资源、持久竞争优势和企业绩效之间的关系。企业资源理论在假定资源要素市场是不完全的、企业是异质的和资源有限流动性的前提下,认为企业是资源的特殊集合体;那些与竞争对手相比具有资源的独特性和优越性,并能够与外部环境匹配得当的企业会具有竞争优势,这些竞争优势会由于市场不完全和资源有限流动而具有持久性。

在资源理论中,巴尼(Barney)认为这些资源可以分成3类,即物质资本资源、人力资本资源和组织资本资源。从战略管理角度分析,企业资源理论为战略管理提供了一个"资源—战略—绩效"的分析范式。基于上述对战略性资源的认识,柯林斯(D. Collis)、福克纳(Foukner)和鲍曼(Bowman)等人认为,企业战略的主要内容是如何培育企业在特定行业中独特的战略资源,以及最大限度地优化配置这种战略资源的能力。在企业竞争实践中,每个企业的资源和能力是各不相同的,同一行业中的企业也不一定拥有相同的资源和能力。这样,企业战略资源和运用这种资源的能力方面的差异,就成为企业持久竞争优势的源泉。

根据企业的资源是否有形,可以分为看得见的资源和看不见的资源。它们共同构成企业生产经营所必需的基础条件。其中,看得见的资源有企业的人力、物力资源(如员工、资金、厂房、设备及原材料等)。看不见的资源是指体现企业在智力方面的资源(如组织管理的思想和经验、产品研发的信息和制造技术以及市场信息和客户关系管理的信息等)。企业的信息资源是一种看不见的资源。

企业的信息资源是指产生于企业内外部、企业可能得到和利用的与企业生产活动有关的各种信息。在知识经济社会中,企业中信息资源不再从属于资本,而是一个独立的生产要素。传统企业强调物资资源的重要性,而现代企业则强调信息资源和知识的重要性。现代企业建立在信息技术进步的基础上,通过采用发散的信息技术,使企业的物流在信息流的支配下运作。现代企业的战略管理也应该格外重视信息的价值,通过对信息流的战略规划来规整网络企业内外的物流系统。

企业信息资源按其来源，可以分为内部信息资源和外部信息资源。

内部信息资源是指内部产生的各种信息，它是反映企业目前的基本状况和企业经济活动的信息。企业内部信息包括生产信息、会计信息、营销信息、技术信息、人才信息。

外部信息资源是指在企业外部产生但与企业运行环境相关的各种信息。其主要职能是在企业经营决策时作为分析企业外部条件的依据，尤其是在确定企业中长期战略目标和计划时起着重要作用。企业外部信息主要包括宏观社会环境信息、科学技术发展信息、生产资源分布与生产信息、市场信息。

11.1.2 企业信息资源管理的特点

信息管理发展到 20 世纪 70 年代末时发生新的转折，由于信息资源论的提出并很快被人们所接受，为了提高决策水平，就必须最大限度地利用信息资源。如果说 20 世纪 80 年代以前信息管理模式是面向技术的话，那么 20 世纪 70 年代末 80 年代初由美国学者小霍顿和戴波德（J. Diebold）等人提出的信息资源管理（IRM），就是面向竞争的信息管理模式。IRM 强调信息资源的技术因素和人文因素的集成管理与利用，重视信息资源的开放性和共享性，是一种新的管理手段。企业信息资源管理的特点是由企业的特征所决定的，主要有以下几点。

1. 企业信息资源管理的时效性

对企业来说，重要的信息在意义、及时性、范围和权威性方面各不相同。企业信息资源有生命周期。在生命周期内，信息资源有效，否则信息资源无效。时效性特征要求信息资源尽可能快地得到和被使用。因此，企业在收集、处理和利用信息资源时，必须保证信息传递通道的畅通和快速。当大量无用的信息保留在检索系统中时，它们是系统的"噪声"，妨碍了重要信息的有效检索。

2. 企业信息资源管理的用户导向性

企业信息管理服务的对象主要在企业内部用户，主要是满足企业内部各生产、管理层次的信息需求，为企业的盈利目标服务。企业信息资源管理项目主要依据企业经营的改变而改变。企业信息管理要以最少的成本得到对本企业最有用的信息，其最大的特点就是实用性和有效性。不同层次的信息需要不同的结构和存取方式，例如，需要快速地通知市场决策的信息应该连续地通过一个"友好的"、非技术性的接口存入计算机系统；而金融信息很可能需要由一个相当有效的和保密的信息系统保存以保证它的保密性、及时性和正确性。

3. 企业信息资源管理的综合性

企业管理活动具有很强的综合性。而企业信息资源管理是为企业管理服务的，因此也具有综合性。企业信息资源管理一般由信息系统、信息过程、信息活动 3 个层面上的管理活动构成，每个层次的信息管理活动都有它自己的特殊功能。信息系统主要重结构，信息过程主要重手段，而信息活动主要重结果。只有充分发挥这 3 个层次上的功能，才能充分发挥信息管理工作的综合性功能，才能更好地为企业管理活动服务。

4. 企业信息资源管理和企业的生存息息相关性

一个不能对市场变化做出反应，不能有效地处理和传播信息，或是不能充分挖掘信息资源价值的企业会发现自己处于竞争的不利地位。信息工作失败的组织也会导致企业的倒闭。当一个企业不能找到所需要的信息或是在那些错误或过时的信息基础上工作,或为检索重要的信息花费过量的精力时,它就要受到经济上的损失。

5. 企业信息资源管理是一个创造性劳动过程

不同的企业其信息资源管理的过程必然存在一定差异。企业信息资源需求千差万别,无法用一种固定模式去实现,因此,任何企业的信息资源管理都需要创造性的劳动。在企业信息资源管理的每一个环节,都可蕴藏着管理方式的创新。

11.2 典型企业信息资源管理系统

11.2.1 企业资源计划系统

1. ERP 概述

制造资源计划(MRP)的管理思想和处理逻辑的雏形早在 20 世纪 40 年代就已经有人提出了,后来,随着计算机技术及整个信息处理技术的发展,MRP 系统经历了单向应用、闭环 MRP 和 MRP Ⅱ 三个时代的改造,才形成制造资源计划。MRP Ⅱ 的基本思想是基于企业经营目标制订生产计划,围绕物料转化组织制造资源,实现按需要、按时生产。

ERP 兴起于 20 世纪 90 年代初期的国外企业,在几年中迅速崛起并推广,尤其是网络技术,包括 Internet 和 Intranet、虚拟专用网(Virtual Private Network,VPN)、WWW 等技术的发展,对 ERP 的实用化产生了积极的影响。ERP 支撑的实际上是一种简单的理念,即让企业员工能够获得和生产经营有关的企业内部或外部各部门的相关信息。

ERP 的基本思想是将企业内部业务单元划分成若干个相互协同作业的系统,将业务流程看作一个紧密连接的供应链,对供应链上的所有环节有效地进行管理,比如订单、采购、库存、计划、生产制造、质量控制、财务管理、投资管理、经营风险管理、决策管理、获利分析、人事管理、实验室管理、项目管理、配方管理等,为企业提供丰富的管理功能和工具。

ERP 与企业过程再造(Business Process Re-engineering,BPR)相关。ERP 是一种将商业规则作为网络设计的一部分的企业再造方案。通过一种集成各个部门的金融和生产保障事务处理的企业计算环境,ERP 系统能够增强任何一个企业及其部门的处理问题能力。从理论上说,该系统能够将企业从制造过程到资产管理的所有事务处理转移到网络上进行,它是企业战略向先进的网络计算模式转变过程中最有力的企业过程再造方案。

2. ERP 的主要功能模块

ERP 是将企业所有资源进行整合集成管理,简单地说是将企业的三大流(物流、资金流、信息流)进行全面一体化管理的管理信息系统。它的主要功能模块如下。

(1) 财务管理模块。ERP 中的财务管理模块与一般的财务软件不同,作为 ERP 系统中的一部分,它和系统的其他模块有相应的接口,能够相互集成。一般的 ERP 软件的财务部分分为会计核算和财务管理两大块。其中会计核算包括总账模块、应收账模块、应付账模块、现金管理模块、固定资产核算模块、多币制模块、工资核算模块、成本模块;财务管理包括财务计划、财务分析、财务决策。

(2) 生产控制管理模块。它是 ERP 系统的核心所在,它将企业的整个生产过程有机地结合在一起,使得企业能够有效地降低库存、提高效率。生产控制管理是一个以计划为导向的先进的生产、管理方法。它包括主生产计划、物料需求计划、能力需求计划、车间控制、制造标准五大块。其中,制造标准包括零件代码、物料清单、工序、工作中心。

(3) 物流管理。它包括分销管理、库存控制、采购管理三大块。

(4) 人力资源管理模块。它作为一个独立的模块,被加入到 ERP 的系统中来,和 ERP 中的财务、生产系统组成了一个高效的、具有高度集成性的企业资源系统,它与传统方式下的人事管理有着根本的不同。

11.2.2 客户关系管理系统

1. 客户关系管理概述

客户关系管理(CRM)不是一个产品和服务,而是一种商业策略,是以客户为中心的商业模式。客户关系管理就是企业利用信息技术,通过对客户的跟踪、管理和服务,留住老客户、吸引新客户的手段和方法。CRM 是联系企业内外信息的桥梁,通过建立良好的客户关系,可以提升客户的满意度,获得最新的客户需求,真正实现"以客户为中心"的经营目标。

CRM 系统构架通常有三个层次,第一个层次是部门级需求。在一个企业中,市场部、销售部和服务部这三个部门与客户联系紧密,CRM 必须首先满足这三个部门的信息需求,在市场决策、销售的统一管理、客户服务质量等方面起到辅助作用。第二个层次是协同级。客户关系管理将企业的市场、销售和服务协同起来,建立起它们之间的沟通渠道,从而使企业能够在电子商务时代充分把握市场机会,也就是满足企业部门协同级的需求。第三个层次是企业级。通过收集企业的经营信息,并以客户为中心优化生产过程,满足企业级的管理信息需求。

CRM 通常是一个系统的工程,只有软硬件的结合才能造就完整的 CRM 系统。CRM 一般都提供电子商务接口,还全面开展电子商务,支持电子商务销售方式,也就是以电子流的方式进行销售活动的商业模式,如网上购物、网上支付等。

2. CRM 的功能

企业 CRM 系统通常包括市场管理、销售管理、客户服务和技术支持四个方面的功能。

(1) 市场管理功能主要包括市场分析、市场预测和市场活动管理等功能,根据人口、区域、收入水平、购买行为等信息的统计分析结果,一是可以更好地识别和确定潜在的客户和市场定位,科学地制定出产品和市场策略;二是为新产品的研发、销售目标和计划提供预测的参考信息;三是对企业的一些行为,如展览、促销等进行数据收集、统计分析,提供跟踪服务。通过以上三个方面,实现市场管理功能。

(2) 销售管理功能主要帮助销售部门掌握复杂的销售路线,通过计算机处理重复性的工作,来实现降低出错率、提高工作效率、缩短销售周期的目的。另外,通过共享的数据库,及时获取产品和市场竞争的信息并保存重要的业务数据。

(3) 客户服务功能主要通过方便、及时、灵活多样的客户服务方式,如 IP 电话、E-mail、传真、文字、音频、视频等,与客户进行随时随地的面对面或远程交流,为客户进行周到、热情的高品质服务,并将客户的各种信息及时进行处理,存入业务数据仓库以便信息共享。

(4) 技术支持功能是为特定的客户进行个性化服务,技术人员通过对用户的使用情况进行跟踪,为用户提供预警服务,以确保用户安全地使用产品。

11.2.3 供应链管理系统

1. 供应链及供应链管理的基本概念

企业从原材料和零部件采购、运输、加工制造、分销直至产品最终送到顾客手中的这一过程被看成是一个环环相扣的链条,这就是供应链。供应链的概念是从扩大的生产概念发展来的,它将企业的生产活动进行了前伸和后延。例如,日本丰田公司的精益协作方式中就将供应商的活动视为生产活动的有机组成部分而加以控制和协调,这就是向前延伸。后延是指将生产活动延伸至产品的销售和服务阶段。因此,供应链就是通过计划、获得、存储、分销、服务等这样一些活动而在顾客和供应商之间形成的一种衔接,从而使企业能满足内外部顾客的需求。供应链对上游的供应者(供应活动)、中间的生产者(制造活动)和运输商(存储运输活动),以及下游的消费者(分销活动)同样重视。

供应链管理就是指对整个供应链系统进行计划、协调、操作、控制和优化的各种活动和过程,其目标是要将顾客所需的正确的产品能够在正确的时间,按照正确的数量、正确的质量和正确的状态送到正确的地点,并使总成本最小。

供应链成长过程体现于企业在市场竞争中的成熟与发展之中,通过供应链管理的合作机制、决策机制、激励机制和自律机制等来实现满足顾客需求、使顾客满意以及留住顾客等功能目标,从而实现供应链管理的最终目标——社会目标(满足社会就业需求)、经济目标(创造最佳效益)和环境目标(保持生态与环境平衡)的合一,这是对供应链管理思想的概括。

2. 供应链管理的组成

供应链管理(SCM)通常由五部分组成,各部分的轻重程度视在不同应用领域的情况有所不同。

(1) 第一部分是制定 SCM 策略。看要管理哪些事,通过制定方法来监控。衡量运作是否有效、是否能满足顾客的需要,提供给顾客高质量的产品。

(2) 第二部分是与上游供货商建立关系。制定一套定价、交货、付款的规则,同时制定监控方法。有了规则,就可以与自己的存货管理、付款系统连在一起。

(3) 第三部分是制定企业产品生产程序。包括加工、生产、测试、包装、运送的计划安排,以及质量控制与生产管理。

(4) 第四部分是交货。也就是与下游买主建立关系,对接单、仓储、运送、收款等进行管理。

(5) 第五部分是问题处理。从上游买来的东西是否有坏的、卖给下游顾客的产品是否有不满意的需要退换等问题,都需要有一个流程来处理。

11.2.4 电子商务系统

1. 电子商务的基本概念

电子商务是一套运用现代科学手段进行的商务活动。它能高效利用有限的资源,加快商业周期循环,节省时间、降低成本、提高利润和增强企业的竞争力。在国际商务的实践中,人们通常对电子商务是从狭义和广义两个方面来理解的。从狭义上看,电子商务也就是电子交易,主要指利用 Web 提供的通信手段在网上进行交易活动,包括通过 Internet 买卖产品和提供服务。产品可以是实体化的,如汽车、电视,也可以是数字化的,如新闻、录像、软件等。此外,还可以提供各类服务,如安排旅游、远程教育等。从广义上讲,电子商务还包括企业内部的商务活动,如生产、管理、财务等以及企业间的商务活动。电子商务发展到今天,人们已提出了包括通过网络来实现从原材料的查询、采购,产品的展示,定购到出口、储运以及电子支付等一系列贸易活动在内的完整电子商务的概念。电子商务的本质是商务。电子商务的目标是通过电子的方式来进行商务活动,所以它要服务于商务,满足商务活动的要求。它是包括信息流、物流和货币流三个部分的有机结合。

2. 电子商务的主要分类

按电子商务应用服务的领域范围可分为以下四类。

(1) 企业对消费者的电子商务。企业对消费者的电子商务基本等同于电子零售商业。这类电子商务近年来发展较快,主要是国际互联网的发展为企业和消费者之间开辟了新的交易平台。开展企业对消费者的电子商务,障碍最少,应用潜力巨大。

(2) 企业对企业的电子商务。这类电子商务从未来的发展看将是电子商务的主流。

(3) 企业对政府机构的电子商务。政府将采购的细节公布在国际互联网络上,通过网上竞价的方式进行招标,企业也要通过电子的方式进行投标。目前这类电子商务仍处于初期的试验阶段。

(4) 消费者对政府机构的电子商务。这类电子商务活动目前还没有真正形成。

11.2.5 办公自动化系统

1. 办公自动化的概念

随着科学技术的不断发展,在全球一体化的影响下,人们的联系日益紧密,同时工业自动化技术的影响日益渗透到人们工作和生活的方方面面,传统的办公模式已经不能适应自动化时代的办公要求,新一代的办公模式呼之欲出。办公自动化是伴随着计算机的出现而出现的名词,英文全称为 Office Automation(OA)。

现阶段互联网技术和协同办公技术趋于成熟,以网络为中心、以工作流为主要存储和处理对象,实现了工作流程自动化,让群体协同工作成为可能,打破了第一代 OA 系统中的信息孤立状态。除个人办公软件外,IBM 公司 Lotus Domino 和微软公司 Exchange 群件技术逐步被引入,以开通企业网站、实施 ERP 和 CRM 为主。该阶段难以实现异地办公,企业资源无法延展,系统开发和使用复杂,投资昂贵,推广困难。

2. 办公自动化发展趋势

随着全球一体化的影响日益深入,企业、单位的业务也迅速增加,办公的对象已不仅仅局限某一企业或单位内部的员工,业务的关联对象扩大到全球任一企业、单位,甚至个人,再加上人员的流动频繁,第三代的办公模式已逐渐不能满足形势的发展需要,需要有一种更先进的技术来弥补这种不足。3G 技术的广泛应用和人工智能的发展为这种设想提供了可能。

(1) 移动办公自动化。目前,移动办公技术在我国已经开始普及。办公自动化系统与计算机网络、通信网络、互联网技术等终端设备结合,形成了无处不在的移动办公自动化系统。员工在家中、公司、出差旅途中都可以轻松接入企业的移动办公自动化系统进行网络办公,大大节约了时间,提高了工作效率。移动办公自动化系统也开始积极利用手机上网技术,使移动办公自动化系统发挥最大的作用。

（2）办公智能化。由于业务繁多,企业、单位在进行业务处理时,往往会出现有心无力的情况。未来的办公自动化系统将强调更高的人工智能化。办公自动化系统智能化帮助企业、单位员工解决日常烦琐和复杂的数据处理。例如,智能语音服务、自定义邮件、智能短信回复、自动数据库备份、自动还原等,将在未来的办公自动化发展中纷纷得到实现和应用。现在的办公自动化系统已经朝着这个趋势发展,办公自动化系统也会在以后发挥越来越重要的作用。

11.2.6 战略信息系统

1. 战略信息系统概述

战略信息系统是通过生成新产品和服务,改变与客户和供应商的关系,或者通过改变公司内部的运作方式,以使公司具有竞争优势的信息系统。

战略信息系统是计算机和通信技术发展到一定阶段的产物。信息技术已不再仅仅具有提供辅助或服务的参谋功能,它已经具有能够左右企业竞争战略和计划的"作战"功能。现代信息技术正改变着产品(服务)和生产过程,改变着企业和产业,甚至企业竞争本身。

以计算机和通信技术为基础的信息技术是企业获得竞争优势的有力手段。现代企业的发展使我们看到信息技术的潜力和信息技术战略应用的意义。20世纪80年代,发达国家的企业界和学术界高度重视信息技术的战略应用。将信息技术运用于成本、差别化、发展、创新和联合等,创造企业竞争优势已经成为发达国家企业的有力竞争武器。信息技术的战略应用已经突破了传统的管理学理论和实践,造就了一个全新的多学科领域——战略信息系统。

2. 战略信息系统的功能

（1）环境信息分析。环境信息包括政治环境、经济环境、技术环境、社会文化环境、人口环境、环境保护等信息。对环境信息的有效信息进行分析,能大大减少因环境变化给企业带来的不确定性,使企业准确把握自己与环境的关系,可靠地估计未来的环境变化,保证决策的正确性,永远立于有利的竞争地位。

（2）供应商信息分析。供应商对企业的生产经营有很大的影响力,比如供应商就能以提价、限制供应、降低供货质量等条件来向企业施加压力,所以企业既要设法与一些主要供应商尽力建立长期合同关系,以获得稳定的供应渠道及某些优惠条件,同时也要避免对某个供应商的过分依赖。企业通过供应商信息的分析判断,发现供应商的强弱对比和信息技术战略机会。

（3）顾客信息分析。顾客对企业产品的影响也很大。所以企业必须认真研究顾客需要的特征、需要的差异,以及需要的变化趋势,从而面对压力能应对自如。信息技术的应用可以在许多方面大显身手,如计算机订货系统、计算机辅助设计系统等,利用这些先进的信息技术创造和维护企业竞争优势,不断发现和利用出现的市场机会。

(4) 竞争对手分析。在激烈的市场竞争中,企业会面临许多竞争的挑战。因此需从竞争对手的规模、增长能力、盈利能力、经营目标等方面入手,来认识和评价竞争者的优势与劣势。在这个过程中,结合竞争者对其自身业绩的评价以及是否由此决定调整其战略的考虑显然是极其重要的。企业战略信息系统还必须收集竞争的信息技术应用情报,如竞争对手使用的信息系统、性能、型号、数据库能力、网络通信能力等。供应商、顾客、竞争对手等因素,也可构成竞争环境。

11.2.7 人力资源管理信息系统

1. 人力资源管理概述

人力资源管理包括人事日常事务、薪酬、招聘、培训、考核以及人力资源的管理,也指组织或社会团体运用系统学的理论方法,对企业的人力资源管理的方方面面进行分析、规划、实施、调整,以提高企业人力资源管理水平,使人力资源更有效地服务于组织或团体目标。

企业采用人力资源管理信息系统最主要的原因是希望借人力资源管理信息系统,将人力资源运用到最佳经济效益。由于知识经济的来临,人力资本的观念已经形成,人力资本的重要性不亚于土地、厂房、设备和资金等,甚至有超越。除此之外,人是知识的载体,为了有效运用知识,将知识的效用发挥至最大,便需要妥善的人力资源管理,这样才能够充分发挥人力资源的作用。

2. 人力资源管理信息系统的功能模块

一般地,人力资源管理信息系统包括组织管理、人事档案管理、异动管理、劳动合同、薪资管理、计件工资、考勤管理、招聘管理、培训管理、绩效管理等功能。

11.2.8 财务管理信息系统

1. 财务管理信息系统的发展历程

传统的财务管理信息系统主要是以会计业务为基础,在此基础上扩充其他的一些财务操作,如总账管理、产生财务报表等。现代的财务管理信息系统是在传统的财务管理系统基础之上,再扩充了其他一些财务操作。大部分是关于理财方面的,比如个人所得税计算器、财政预算。因为在这个经济蓬勃发展的社会,理财是必不可少的一个生活细节。现代财务管理信息系统的特点:功能齐全;涉及的领域多;是公司企业运行的核心部件。

2. 财务管理系统

财务部门是企业重要的管理部门,它的主要职能是处理和分析各类财务数据,管理和监控财务活动并与投资方进行沟通,从而全面了解企业的运营效果和效率,促进企业经济活动的良性循环,并由此实现企业经济发展速度与效益相结合。财务部门与采购部门、生产部门、销售部门和库存部门有着密切的业务联系。

随着企业外部经营环境和内部管理模式的不断变化,企业不仅需要合理规划和运用自身的各项资源,还需将经营环境的各方面,如客户、供应商、分销商和代理网络、各地制造工厂和库存等的经营资源紧密结合起来,形成供应链,准确、及时地反映各方动态信息,监控经营成本和资金流向,提高企业对市场反应的灵活性和财务效率。财务管理系统的设计目的在于帮助企业财务管理人员快速反馈全球市场信息,在降低各类经营成本和缩短产品进入市场的周期间寻求平衡,提高对企业内部其他部门和外部组织的财务管理水平,提供更丰富的战略性财务信息、更强的财务分析和决策支持能力。

11.3 企业信息资源管理的组织框架

11.3.1 信息资源管理与组织结构的相关性

20世纪60年代,著名管理学家德鲁克率先认为信息对于当今组织是很重要的。这一观点引起了两种不同的反应:一是在理论上,组织理论学家们就组织机构问题提出了新的概念方法,一种权威的观点认为,组织存在的意义在于给组织与环境之间的信息沟通指定必要的规则;二是在实际中,组织内部增加了对自动化信息系统的投入,信息管理成为组织新的职能。

从系统工程的观点来看,组织就是一个系统,具有由其构成要素组成的结构层次,要素之间有内在的联系,并且与周围环境相互作用。信息贯穿于组织活动的全过程,它将组织中的各分支机构、人员和各种活动连接起来,使组织形成一个有特定目的的系统。通过信息交流,组织内部保持相对稳定和有序,并不断根据外界环境的变化调整自身,实现组织目标。组织系统本身就是一个大的信息系统,其中的每个机构同时充当着信息源、信息处理、信息传递和信息利用的角色,整个组织的结构关系就是纵横交错的信道。因此,组织结构在很大程度上决定了组织内部的信息流及其中信息资源的种类,组织结构与信息结构具有密切的相关性。

另外,企业信息资源管理在实际推行中,由于信息资源对组织的巨大影响,尤其是更有效地支持组织战略决策的需要,建立新的信息构架(information architecture)变得不容回避,由此又要求组织从结构上进行必要的调整。一个理想的信息构架要能够在最高层次的数据模型和事实数据库的设计两方面建立起精确的联系,在组织各层次对信息进行管理和综合应用,因此,建立新的容纳机构,对组织进行相应的变革就成为必要和必须的了。

总之,组织结构在很大程度上决定信息管理的结构,而信息管理结构的建立又需要组织结构的相应调整,二者具有密切的关系。组织结构问题是企业信息资源管理实施的重大问题之一。企业信息资源管理的结构与企业自身的组织结构具有密切关系,其建构与运行要保证企业信息管理各项任务的实现。企业信息资源管理体制的确立就是二者相互联系、相互作用的结果。

11.3.2 企业信息资源管理的组织机构

1. 企业信息资源管理的组织结构模式

在企业内部,由于企业信息系统的组织结构不同,企业信息流的传播机制存在着较大的差异。一般存在着集中、分散和集中-分散3种组织结构模式。

在集中结构模式中,由企业信息中心负责各种信息的收集、加工、检索、传递等工作,各个不同层次机构及职能部门所需要的信息,统一由信息中心筛选、提供。在这种模式中,企业信息流的传播机制是"信息中心→职能部门"。企业信息中心实际担任了一个"信息守门人"的角色。因此,这种模式对企业信息人员的素质要求很高,而且只适合规模较小的中小型企业。

分散结构模式是在企业不设信息中心,在各车间和职能部门设专、兼职信息员,定期或不定期组织信息交流活动。企业信息流的传播是从车间的职能部门到车间的职能部门。这种结构适应环境能力强,但由于车间的职能部门之间的约束力弱,因此易发生信息传递障碍。

在集中-分散结构模式中,企业有独立的信息中心,负责信息收集、加工、整理和传递,同时各职能部门或车间存在必要的信息联系。与其他两种模式相比,集中-分散结构模式比较灵活,值得推崇。因为这种模式中,信息流不仅发达且畅通,在企业内部既有自上而下的纵向信息流动,还有各职能部门之间横向的信息流动。因此,这种模式有利于企业的信息交流,也是企业信息交流模式发展的方向。

2. 信息资源管理的组织机构的一个层次

从组织机构的层次来看,一般企业设置的信息资源管理的组织机构有4个层次。

1) 高层信息资源机构

高层信息管理机构指负责统一管理全企业各种主要信息的信息管理中心,负责把与企业经营管理有关的重大信息向企业决策层反馈。企业信息管理中心是信息管理系统的核心,具有输入、存储、处理、输出的控制功能,既承担和协调企业经济技术信息的输入、存储、处理、输出业务的正常运行,又实现信息系统自身的控制。通过反馈信息不断改进信息系统的组织结构、工作方法和工作程序等,更好地为生产经营活动服务。

因此,这一层次信息管理机构的建立和实质应与企业管理职能一致或相适合。通常信息管理中心宜设置在负责全企业生产经营计划、统计等业务的综合科室或总经济师办公室。这样,才能使信息与企业经营管理紧密衔接起来。对于大型企业来说,为了提高信息管理的整体效率,最好建立一个集中管理企业信息的专门机构。这个机构应承担以下5个功能:

(1) 信息汇总与收集功能。将分散于各个部门的信息汇总起来,形成一个权威的内部信息库。在信息汇总的同时,对各种信息进行检验与评估,以保证信息的准确性。

(2) 信息管理与检索功能。即对汇总与收集的信息进行有序化管理,如按企业生产流程、经营范围、组织机构设置或信息用途等划分,将信息归纳为几大类,使相同和相近的信息集中在一起,将不同的信息区别开来。这个过程实际上是将零散无序的信息重新排列组合到相应的信息链中,使信息成为一种序化的有机整体,便于多途径检索,随时满足查询的要求。

(3) 信息分析与处理功能。体现在三方面:首先是信息选择与过滤,面对大量的信息,根据需要的迫切性,从大量信息中选择那些看来有用的信息。其次,需要对信息进行有效的分析,"去伪存真,去粗取精"。最后,要利用各种方法对信息进行处理,根据信息对现状进行描述及对未来进行预测。这是利用信息的根本目的。

(4) 信息协调与沟通功能。信息管理机构要对企业各部门的信息工作进行协调、指导与监督,同时作为企业信息沟通的主要枢纽。

(5) 信息反馈功能。信息管理机构一方面为企业决策提有效的信息服务,另一方面又将决策的执行情况反馈到决策层,不断完善决策过程。

2) 中层信息管理机构

中层信息管理机构是指主要负责收集、传递、处理或反馈各种专业信息的信息管理机构,对企业生产经营过程中的各种有关生产工艺、供销、质量检验、设备管理、财务核算、安全环保、技术改造、新产品开发等各种专业信息进行收集、反馈,以便各有关部门及时解决或传递给企业决策层研究解决,因此,中级信息管理机构可按信息所属专业分设于各业务归口科室。中层信息管理机构的主要功能是:

(1) 收集国内外同行业对口服务的经济、技术、工艺、质量、新产品开发等信息。
(2) 收集上级机关及有关对口业务部门颁发的政策性信息和技术资料。
(3) 收集由基层信息管理机构传递来的生产经营过程中存在的异常情况,需要跨车间或分厂、跨部门协调统一解决的重要问题。
(4) 收集市场信息,如产品销售情况、价格变化情况、原材料供应的货源、运输及保管、产品开发技术情报及国际市场的开拓等信息。
(5) 收集上级对口业务机关发布的与本企业有关的批示、指令、批复等信息。

3) 基层信息管理机构

基层信息管理机构是处于企业基层的信息管理机构,主要负责收集、传递企业内各基层生产单位(车间或分厂)在生产经营过程中所产生的信息。因此,与企业行政管理一致,基层信息管理机构宜设在各车间或分厂等基层生产单位。其具体功能包括:

(1) 收集本单位(车间或分厂)各岗位生产过程中出现的异常情况。
(2) 收集和整理本单位的产品产量、质量、产值、消耗、成本、经济效益指标等统计资料及有关技术资料,并做好各种原始记录的整理工作,使各资料档案化。
(3) 收集产品用户及其他车间或分厂对产品的意见。
(4) 收集原材料质量因素对产品质量的影响等问题。
(5) 收集上级有关部门的指令、决定、要求及意见。
(6) 向企业信息管理中心和中层信息管理机构传递基层信息管理机构收集的信息并接受它们反馈过来的信息及处理结果。

4) 非正式信息机构

前面3种信息机构都是企业正式的信息机构,另外,企业还存在着非正式信息机构。非正式信息机构包括流动信息机构、社会信息网络等。

流动信息机构指的是企业的工作人员在外出开会、参观、学习、社会交往活动中,出于对企业的责任感而收集信息的高尚行为。企业应该提倡和鼓励员工的这种行为,因为通过这种渠道往往能得到很多珍贵的信息,这些信息是企业宝贵的资源财富。有选择地收集企业的外部信息包括两层含义:首先是收集与本企业密切相关的信息,如与企业生产相关的科技信息、政策法规信息等;其次是与企业的机构联系,取长补短,互通有无,善于利用它们收集的与企业经营相关的信息为企业所用。

社会信息网络指的是社会上的信息机构,如信息中心、兄弟单位的信息机构、咨询公司、大专院校和科研部门等。企业一般通过网络获得与本企业有关的信息。社会信息服务机构对企业来说是非常好的信息源,可以让企业最大限度地利用社会信息资源。

11.3.3 信息管理体制

1. 企业信息管理体制概述

企业信息管理系统能否正常运行,不仅取决于信息工作人员的力量、素质和工作手段,而且还取决于激励机制和约束机制以及各部门的信息利用意识。企业信息管理体制是指关于企业信息管理结构的设置及其管理权限划分的制度。

一个企业设置哪些信息管理机构、采用什么样的管理形式，要根据企业生产经营特点、规模、管理体制、管理层次来设计和确定。中小型企业宜采用集中管理体制，设置一个信息管理机构对企业信息进行集中统一管理。信息管理工作需由专人承担，这些人应直接归属总经理领导。专职人员的数量视企业规模而定，少则 1 人，多则十几人。他们的工作是总经理的一部分，他们是企业的直接生产经营系统的管理人员，与生产车间管理人员、企业经营部门的管理人员的工作性质一样。他们的工作是为总经理收集他所需要的各方面的市场信息，因此，要求他们具有初步整理信息的能力，才能完成总经理信息管理工作助手的任务。

在大型或特大型企业宜采用分散—集中的管理体制，根据企业组织机构设置情况建立不同层次的信息管理机构，最终由企业的信息管理中心进行统一管理。可以依托企业综合管理部门，成立独立的信息管理中心，充分利用综合管理部门的研究力量和协调功能开展工作。一般应在首席执行官下设企业信息主管 CIO。信息主管的职责是全面管理公司所属企业的信息资源开发和利用（包括更新企业信息技术、完善企业信息系统、培训和管理企业信息人员、最大限度地实现内部信息资源共享，为决策层提供信息服务），沟通经理层与部门之间的联系，协调和组织企业内外信息资源的交流。在信息主管下设信息中心或信息部。在信息中心或信息部还要设有信息收集、信息分析、管理策划等部门。一般设部长 1 人，直接对信息主管负责。信息部内各部门可各设负责人 1 名，由信息部长统一领导。信息部的工作人员最少十几人，最多可达上百人。

2．CIO 体制

企业首席信息主管（CIO）体制的要点是由组织机构中最高经营决策层全面统筹负责本公司信息资源管理，下设专门的办事机构（信息部、秘书处等）负责信息资源的管理、共享、协调等日常业务，信息系统开发、软硬件安装维护由信息技术部门承担，信息交流利用和咨询服务则由信息咨询服务机构提供，各分支机构视信息业务量大小设立专门机构或专人负责本部门的信息资源管理。

霍国庆归纳出 3 种最基本的 CIO 模型。一是战略/战术模型。在这个经典模型中，一个公司中总有两个或几个信息方面的主管，其中一个负责战略事务，另一个或几个负责战术事务。二是内部/外部模型。在这种模型中，有关职责被划分为内部和外部两个部分，一个信息技术经理可能管理内部信息系统的总体结构、基础设施和日常操作，另一个则追踪技术进展、商业机会或研发活动。三是消亡模型。这种模型还没有流行，在这种模型中，随着时代的发展，首席执行官（CEO）日益了解信息技术对企业的作用，无须 CIO 在信息系统和业务战略之间扮演重要角色，技术方面的问题可以由首席技术主管（CTO）解决。

公司 CIO 的主要职责是全面负责包括人员、技术、设备、资金、机构和信息本身在内的所有信息资源的管理、开发和利用。具体包括负责指定公司信息政策和规划；建设公司信息系统；开发公司信息技术，确定公司信息标准规范；促进公司内部信息共享，加强公司与外界的信息交流，提高信息利用效率；管理公司信息人员，沟通公司最高经营决策者与信息技术管理层之间的联系；直接参与公司的重大经营决策。

CIO 的职责决定了对其素质的要求是多方面的，参照美国信息产业协会对信息管理人员的职业标准，起码需具备以下几点：

（1）具备广博的、多学科和交叉领域的职业技能，能运用信息科学的理论基础为各级管理人员和用户服务；

（2）具备一种或几种信息技术专长；

（3）具备经济基本知识，能对信息密集、资本密集和劳动密集产品进行规划预算，具有对竞争性资源加以权衡的能力。

此外，还必须全面了解掌握本公司经营决策的基本情况和背景知识。显然，CIO 的素质要求是一个文理兼容、集经营管理专家与信息技术专家于一身的高级复合型人才。

3．CKO 体制

企业首席知识官（Chief Knowledge Officer，CKO）是知识经济时代企业发展过程中产生的一种新型职位。随着信息化步伐的不断加速，CIO 的数量在急剧增加，CIO 的地位也在不断提升，甚至产生了夸大的现象。许多企业把 CKO 的职责范围也划给了 CIO，让 CIO 兼做 CKO，这显然是不合理的。原因很简单，信息和知识之间并非是等同的关系，只有对企业或者个人发展有利的信息才能称得上知识。由 CIO 兼做 CKO 可能会产生两种不良的影响：一是企业内部知识共享会向信息技术发生偏移，从而忽视业务知识的共享，大大降低知识管理工作的效率；二是容易混淆企业员工的认识，在目前企业员工对信息化认识参差不齐的情况下，员工会降低知识管理，甚至信息化工作的信心。

在目前少数已经拥有知识执行长头衔的公司中，CKO 的主要工作内容可大致归纳为以下几点，基本上可代表现阶段企业在知识管理工作的内涵：

（1）建立有利于组织知识发展的良好环境，包括各项配套的软硬件设施；

（2）扮演企业知识的守门员，适时引进组织所需要的各项知识，或促进组织与外部的知识交流；

（3）促进组织内知识的分享与交流，协助个人与企业的知识创新活动；

（4）指导组织知识创新的方向，系统地整合与发展知识，强化组织的核心技术能力；

（5）应用知识以提升技术创新、产品与服务创新的绩效，提升组织整体对外的竞争力，扩大知识对于企业的贡献；

（6）形成有利于知识创新的企业文化与价值观，提升成员获取知识的效率，提升个体与整体的知识学习能力，增加组织整体知识的存量与价值。

11.4　企业知识管理

11.4.1　企业信息资源管理的知识化演进

Schultze(1998)称经济正在进入一个新的商业时代，信息和知识已经成为组织中最重要的资源和可持续竞争优势的源泉。从国内外的发展和应用实践来看，企业信息资源管理正在朝着知识化的方向演进。在这里，首先需要将知识做简单的界定，即将数据、信息、知识与智能等概念做简单的区分。数据（Data）是未处理过的文字、数字等，在计算机科学和管理科学中，数据一般被看作是以某种形式出现并且可以加以处理的事件或实体。而信息是有脉络的资料整理（数字＋内容），是从被操纵、再现和阐释的数据中产生出来的，它可以用来减少不确定性或无知,提高人们的洞察力和决策能力。知识是信息再加上经验(information+experience),分为科学、判断和经验 3 个层次。一般地,经验知识的获得要求行动和记忆,判断知识的学习要求通过大量的分析和感知,而科学知识的取得要求采用公式化与一致性的形式。一些知识通过记录的形式表现出来并不见得完全有用,因为情境过于复杂,而且现实中有默契(非理性的)的存在,所以在运作时需要靠个人的感觉,这种感觉虽然无法书面化,却是很重要。智能(wisdom)是一种直觉性知识(intuitive knowledge),即能有效率、效能地把知识应用于某方面。

知识管理包含了数据管理和信息管理的内容,但又超越了这些内容。信息管理的焦点在于信息的收集、存储、发布和重用等,而知识管理的焦点则是通过信息的收集、存储、发布、重用等获得人的交流与知识共享。

有关知识管理的定义很多,大致可以从组织(分为组织价值和组织活动)、行为和技术 3 个维度去理解。就组织价值维度而言,主要强调组织知识资源的利用和组织价值的提升,即组织在知识配置过程中创造价值的艺术。更有学者直接将知识管理视为一种组织管理职能(Schwabe,1999)。就组织活动维度而言,主要强调知识管理是一组发现、生产、获得、存储、转移、转换、开发、转播、使用、保护的综合性活动,同时也包括组织环境和文化氛围的营造活动。就技术维度而言,主要强调知识管理以信息技术为基础系统,用来支持和加强由知识生产、转化与转移的过程。知识管理理论跳出企业的物理形态,将企业视为知识的集合体,针对组织的适应性、组织的生存和竞争能力等方面进行了广泛研究,对企业竞争优势的根源做出了有益探索。Zack(1999)认为组织的竞争优势来源于对组织知识的创造、配置和分享。Bertel 和 Savage(1999)也认为,随着知识经济的到来,竞争优势将会来源于知识的有效管理。企业管理的知识化演进主要体现在三方面。

1. 知识成为企业的核心资产,知识管理是成为企业战略的核心

知识成为核心资产,企业拥有的专利、许可证、品牌、商标、研发机制、客户关系、企业经销网络等专有知识成为企业的核心资产。这种资源重心的转移,导致企业的投资结构的变化,知识是企业最大的投资方向和投资主体。通过对这些资源的持续投资、组合、保护和更新,使其成为企业利润的增长点,并借此保持企业的竞争优势,使企业的无形资产价值最大化,使企业的知识优势成为支撑产品优势和资本优势的基础力量。知识管理是成为企业战略的核心,知识资本是企业竞争力的核心,是企业产品和服务的基础。企业输出产品的价值也发生了转移,产品价值组成结构中,知识成分的比例增大了,物化劳动价值比例减少。

2. 强调以客户为中心、利用网络平台传播和共享知识

客户是企业生存的基础,以客户为中心的知识管理的主要目标是提高客户满意度,增强客户的忠诚度或者通过利用以往的经验达到降低销售成本、拓展市场并提供个性化服务的目的。企业应该有意识、有目的、有系统地积累、组织、存储和重组企业的知识,强化企业记忆,建立共享和开发知识的激励机制。例如,美国 Chevron 公司通过共享最佳实践经验,使海外建点速度提高了一倍;休斯公司在经费削减、市场疲软的情况下,通过知识管理将隐性知识变成技术文件,帮助工程设计人员缩短产品开发时间,从而达到了降低成本的目的。

3. 强调以知识创新为中心的知识管理

知识创新的主体是人,但现代企业知识创新主体已经由以前的技术工人、工程师转移到企业的研究与开发(R&D)人员。同时,在创新的组织建设上,现代企业通过形成以项目或目标为核心的创新团队运作机制,使企业专有知识的创造过程由众人参与,这种方法既有利于培养人才,传播创新火种,又可以避免由于少数人垄断专有知识而给企业带来损失。在创新的文化建设上,企业除了要建立良好的知识跟踪和分析系统外,还要有一种"激励创新,包容失败"的企业文化。

11.4.2 企业知识的存在形式

从广义上讲,知识有4种存在形式:知道是什么的知识,即理解性知识;知道为什么的知识,即推理性知识;知道是谁的知识,即管理性知识;知道怎样做的知识,即技术性知识。而对一个企业而言,它的知识构成大致可以分为以下4种存在形式:物化在机器设备上的知识;体现在书本、资料、说明书、报告中的编码后的知识;存在于员工头脑里的意会知识;固化在组织制度、管理形式与企业文化中的知识。

一般来说,企业知识存在形式可以从时间和空间两个维度来进行讨论,如图11-1所示。

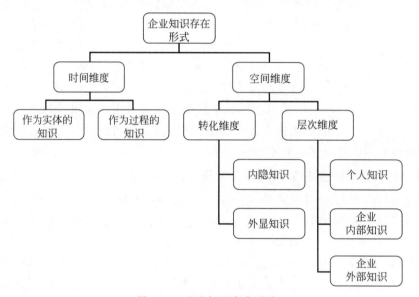

图 11-1 企业知识存在形式

1. 从时间维度上来分析,可以将企业的知识看作一种过程

从时间维度上来分析,可以将企业的知识看作一种过程。在这个过程中,知识不断地转变、融合、合并。从这个意义上来讲,知识既是静态的实体,同时又是动态的过程,是"实体"和"过程"的统一体。一般地,当对于知识进行分类和测度的时候,要考虑知识的实体性,而考虑知识的创造、传播、学习和应用时,所涉及的是知识的过程。可以引入知识的存量和知识的流量(知识流)这一概念,就知识作为创造价值的关键而言,更需要关注动态的知识流。对应于任何一个时点,知识的存量和结构又具有某种特点,而当我们讨论组织知识的积累和知识的创新等时,无疑涉及组织的知识流,当知识流产生时,知识存量和知识结构就都必然会改变。无论是从历史的角度,还是从理论分析的角度,我们都不难发现,知识的产生可以是"外生的"(专业化学习),也可以是"内生的"(实践中产生)。

所谓知识可以是"外生的",即任何个人、组织、国家都可以通过有目的、有组织的科学研究、技术发明、技术开发等活动,来创造与积累知识;也可以通过接受他人知识的传播、接受他人知识的外溢效应,来获取知识和积累知识。后者的典例是,个人可以通过接受各类教育组织获得新的知识,组织可以通过技术交易获得新的知识,国家则可以通过技术引进获得国外新的知识。从知识的外生可以看出,一方面,企业可以通过学习其他组织的知识、技术引进获取知识,这时,企业接受外来知识,是通过一定的外部知识网络来获取知识的外溢效应。而另一方面,企业也可以和其他企业和机构建立广泛的合作和技术联盟创造与积累知识。

所谓知识可以是"内生的",即任何个人、组织、国家都可以在自己的实践活动中积累经验,进而将感性的经验积累上升为理性化的知识,并通过这类过程不断地进行知识积累。从知识的内生可以看出,知识是"干中生"的。

由前述不难看到,所谓知识的"外生"与"内生",并不是就知识是产生于某个组织或国家的内部还是外部而言的,而是相对于知识的应用过程而言的。如果知识产生于知识的应用过程之外,甚至是由专门的知识生产活动(如研究开发)产生的,我们就说知识是外生的,即产生于知识的应用过程之外;如果知识产生于知识的应用过程之内,我们就说知识是内生的,即内生于知识的应用过程。

2. 从空间维度来看,知识可以有内隐知识和外显知识两种存在形式

从空间维度来看,知识可以有内隐知识和外显知识两种存在形式。内隐知识为个人主观的经验性、模拟性、具有个别情境特殊性的知识,通常无法直接辨认,保存于人身上、制程、关系等形式中,所以难以通过文字、程序或图形的具体形式向外传递,此类知识的传递较为费时。外显知识为客观的理性知识、顺序性知识与数字知识,可以清楚地辨认,保存于产品、程序、手册等具体形态中,且可以透过正式形式及系统性语言传递的知识。结构性资本指不依附于员工个人而存在的企业结构的全部知识技能,包括组织结构、规章制度、企业文化、营销流程、商誉和发展战略等知识资产和经营性资产。人们所拥有的知识有一部分是从自己所有的经验中体会出来的,那种可以用确切语言表达出来的知识只占其整个知识体系的一小部分,只能算是浮出水面的冰山一角,正所谓"我们所知道的远比能够讲出来的要多"。

内隐知识与外显知识并不是完全孤立的,它们相互补充,处在一个共同体内,它们在人们的创造性活动中相互作用、相互转化。这种转化是一种社会化的过程,即在人与人之间,而不仅仅限于某个人自身。知识创新也就是内隐知识和外显知识之间一种转化的过程。知识加工是一个连续的、动态的过程,需要内隐知识与外显知识交互作用,这种交互作用体现在不同的知识转化模式的轮换过程中。创新过程是复杂的,是由多种条件促成的,但它又不是随意的、完全非理性的。

知识转化有4种模式:从内隐知识到内隐知识;从内隐知识到外显知识;从外显知识到外显知识;从外显知识到内隐知识,如图11-2所示。

转化	内隐知识	外显知识
内隐知识	社会化	外部化
外显知识	内部化	组合化

图11-2 知识转化的4种模式

1) 社会化

从内隐知识到内隐知识之间的转化称为社会化。共同化（共鸣的知识）可举办像 Workshop 等活动，类似经验的传递，此时大部分的知识是没记录的。社会化是个体之间分享经验的过程，一个人可以不通过正规化的语言直接从他人那里获取内隐知识。例如学徒可以通过观察、模仿、实践从师傅那里学到手艺。在企业里，在岗培训就是运用这种方式来转化知识。获取内隐知识的关键是经验。没有个体之间经验的同享，一个人就很难从别人那里获得内隐知识。这样某个人所拥有的内隐知识就转化为其他人所拥有的内隐知识。这种内隐知识社会化的过程是通过观察、模仿、实践而实现。

2) 外部化

从内隐知识到外显知识之间的转化称为外部化。外部化是挖掘内隐知识并把其发展成为显形概念的过程。外部化（观念性的知识）像研究单位做的研究，将一些复杂现象整理清楚。这个转化过程是知识创新过程的关键，在这个过程中要运用一系列的方法，诸如隐喻、类比、假设和模型；用语言描述或书面表达，即概念的描述是这种转化过程所采取的主要行动。

3) 组合化

从外显知识到外显知识之间的转化称为组合化。组合化是把概念转化为系统知识的过程，这个过程包含了不同的外显知识体系。组合的方式包括文件、会议、电话沟通及计算机化的网络沟通等。现有的外显知识通过分类、重组被重新构架产生新的知识，在学校所接受的正规教育和培训就是采取这种知识创新的方式。

4) 内部化

从外显知识到内隐知识之间的转化称为内部化。内部化是使外显知识体现在内隐知识中的过程，这是一个"通过做而学习"的过程。内部化（操作性的知识）的例子有师徒制的学习。在内部化的过程中，在较广范围内的亲身体验，通过获取经验而得到知识显得非常重要。个人经验在经历了社会化、外部化和组合化以后，再内部化为人的内隐知识，存在于人的大脑中，构成个人的技术诀窍，这时从外部获得的经验就变成了个人的有价值的知识资本。如在新产品开发的跨职能团队里，来自不同职能部门的人们彼此相互交流、相互学习，这就是一个广泛的内部化过程。对于组织的知识创新过程来说，个人的内隐知识需要与组织中的其他人员分享，即社会化，于是又开始了新一轮的知识创新过程。如果外显知识以文件、手册、图表的方式描述，个人就可以在实践中通过重新体验他人的经历，吸取这些知识并使其内部化。

11.4.3 企业知识管理的模型

对知识管理实质的理解，存在两种观点：一种观点认为，知识管理是一个知识认知过程；另一种观点认为，知识管理是一贯知识社会化的过程。这两种观点分别形成了知识管理的认知模型和社会模型，这两种模型的主要区别如表 11-1 所示。可见，在这两种知识管理模型中，对知识管理实质的理解存在着明显的差别。知识管理的认知模型强调对知识内容的管理，而社会模型则强调对知识过程的管理。

表 11-1　知识管理认知模型与社会模型的主要区别

认 知 模 型	社 会 模 型
用于创新的知识来自于客观的定义及事实	用于创新的知识通过社会交往而获得并以经验为基础
知识可以被编码并通过书本进行转移	知识可以隐含在个人头脑中,并通过参加社会组织,包括职业团体及团队而转移
通过重复利用现有知识来开发新知识从而获得知识管理的成果	通过分析并综合各种社会组织及团体的知识来开发新知识,从而获得知识管理的成果
知识管理的主要作用是将知识编码从而获得知识	知识管理的主要作用是鼓励参加社会组织来分享知识
技术是成功的关键因素	信任及合作是成功的关键因素
将知识的获得比喻为人的记忆与拼图(可以将各种知识片段有目的地拼成更多的知识)	将知识的获得比喻为人的组织与万花筒(创造性的交流有时可能意外地产生新知识)

基于对知识管理实质认识的差别,与认识模型和社会模型相对应,形成了关于知识管理的内容管理观和过程管理观两种不同的观点。

1. 内容管理观

知识管理是一种有计划的活动,经理人员可以进行有序管理。知识的内容是管理的焦点,知识管理是对知识内容的管理,强调知识与拥有这种知识的专业人员分离。知识管理是一种受目标驱动的活动。从一个明确的目标(该目标与组织战略及任务相关)开始,确定并解决某一个问题(例如,缺乏知识,对某第三方过于依赖)。管理的焦点是搞清组织的知识需求,并设法有目的地去获得这种知识。强调知识管理必须是一种有用的活动。知识管理是为了帮助实现组织目标。在知识管理和组织目标之间的直接关系中,知识管理的作用必须很明显,否则将被视为无用。知识管理以可形式化和编码化的知识为重点。通过将知识形式化和编码化,知识被记载下来,即与专业人员相分离,这样知识就不会消失,而且组织对专业人员的依赖程度可以降低。知识管理强调巩固的知识和明确的知识。组织目标及方向必须十分明确,组织必须准确地确定所需知识。这种观点无疑反对"粗略的推理""想当然的事实"以及直觉知识。信息技术在知识管理中至关重要。借助信息技术实现知识的形式化和编码化,"知识的需求者"在知识库中搜索相关的编码化知识,通过人和知识库的相互作用达到知识共享的目的。

2. 过程管理观

知识管理是一种顺其自然的活动,而经理人员进行指导的机会是有限的。专业人员作为知识的主体是管理的焦点。知识(无论是隐性的还是显性的)要与专业人员相联系,否则便会失去全部或部分价值。知识管理是一种寻求目标的活动。在专业人员相互交流的过程中,目标可能会变化,在相互交流的过程中会产生某些新的、未预见的知识,从而使组织重新确立目标。知识管理不一定具有明确的直接目的性。最具创新性的知识隐存于专业人员头脑中或专业团体内部,不确定目标的交流才有利于交流知识和创造知识。知识管理以不可形式化和编码化的隐性知识与专业人员的知觉知识为重点。创新的源泉在于专业人员所占有的隐性知识和知觉知识,这些知识一旦与知识的载体相分离,即失去其全部或部分价值。强调探索未知知识。注重营造有利于创造新知识的文化环境,鼓励不同知识领域的专业人员进行交流,在这种交流中,允许存在"粗略的推理"和想当然的情况。将信息技术视为有利于知识交流的载体,借助信息技术创造一种环境,这种环境可以提供交流的机会,同时提供一种框架,在这种框架下,专业人员可以解释信息的含义。

11.4.4 企业知识管理的机制体系

知识在很大程度上具有外部性和隐藏性,而且知识拥有者可能分散在不同的员工和部门之间,他们可能会为了自身的利益而把拥有的知识作为一个讨价还价的砝码,从而降低了知识的可共享程度;同时,知识创新虽然对组织具有很大的价值,但是却需要花费较高的成本和具有较高的风险,所以在一定程度上削弱了知识创新的动力。而知识管理最基础的一点就是知识的共享和创新,所以有必要针对这种情况建立一套完整的知识管理的机制体系,来调动、激发员工对知识管理予以积极的配合。知识管理的机制体系主要由知识共享机制、知识运行机制、知识明晰机制和知识奖惩机制组成。

1. 知识共享机制

知识共享机制就是使知识可以为组织中的成员所获得、使用和更新,主要包括知识收集机制、知识分类机制和知识更新机制。

1) 知识收集机制

知识收集在很大程度上不能够仅仅局限于组织内部,也不能仅仅局限于合作伙伴范围之内,还应该包括竞争对手,以及一些细节性的知识收集。应建立组织的知识收集机制,鼓励员工注重细节性知识的收集,并及时反馈给相关的人员或部门。

2) 知识分类机制

由于收集的知识可能涉及组织的各个方面,信息量十分庞大,所以对于收集的知识还必须进行合理的分类整理才可以有效地加以利用。为此,可以按照多种规则进行分类。比较常用的一个方法就是按照局部知识和全局知识进行分类。局部知识好似在一个小组或一个部门内共享的知识;全局知识则是指在组织内部应该共享的知识。还有一种常用的方法是按照常规知识和专家知识进行分类。

3) 知识更新机制

组织的知识系统是不断地与内界、外界进行知识交换的系统,是一个循环的知识更新体系。知识的价值体现在它能够为组织提供最新的和最准确的信息,从而使得组织可以具有超前的意识和先进的形式,所以,必须建立知识更新机制,由专门的人员负责监督,将组织的技术资料、项目经验、文档案例等进行积累和整理,及时地补充到组织知识库中去。

2. 知识运行机制

知识运行机制就是使组织知识能够在组织内得到合理、充分的利用,主要包括外部知识内部化机制、知识宽松交流机制、知识项目管理机制和知识创新机制。

1) 外部知识内部化机制

为了将企业外部专家和学者的知识转化为企业内部的知识,就应该建立起相应的外部知识内部化机制。首先,需要有专门的负责与外部知识源建立联系的人员和部门,在外部知识源出现枯竭或联系断裂时能够马上找到替代的知识源,以保证知识的连续性。其次,要有一个转化的渠道。外部知识源的知识最终要转化为内部知识才可以被组织吸收和利用。企业可以通过专家座谈、报告会、业务学习等方式，使得外部知识可以为组织内部人员所掌握，并进而可以填充组织的知识库。

2）知识宽松交流机制

知识在交流的过程中会得到更深层次的发掘，而且会得到更好的吸收和消化，所以组织应该建立一个宽松的交流机制，鼓励组织内的知识交流，例如圆桌会议机制、午餐会议机制、周末企业发展沙龙机制等都是可以具体操作的制度。

3）知识项目管理机制

知识项目与传统项目不同，它在更大程度上依赖于人的智力和创造力，而且项目的目标具有很大的不确定性，会随着时间的推移和环境的变化而改变。因此，知识型项目的管理强调人本管理、目标管理、弹性管理和柔性管理。

4）知识创新机制

知识创新是有风险的，因而还应该对知识创新失败给予一定的重视，建立一种宽容的机制以允许一定范围的创新失败，从而不会束缚组织的知识创新过程。创新失败宽容机制就是要建立创新的激励机制，除了有创新成功奖励机制外，还应该建立起创新失败宽容机制。由于在一定范围内的失败可以被宽容，企业员工创新的积极性就会非常高涨，创新意识就会非常强，显然，创新成果也会随之增多。

3. 知识明晰机制

知识明晰机制就是使组织的知识管理目标和知识成果明晰化，包括知识管理目标发布机制和知识成果保护机制。

1）知识管理目标发布制度

组织知识管理必须能够首先得到组织中成员的普遍认同，否则组织知识管理就只能是一句空话。为此，需要将组织知识管理的目标和规则进行公开发布，这样才能整合组织中的所有资源，引导组织成员向一个共同的目标前进。

2）知识成果保护机制

为了维护组织的知识成果，有必要对知识成果进行保护，包括对组织成员知识成果的保护和对组织知识成果的保护。组织成员知识成果的保护主要是为了激励员工，将其取得的知识成果向主管领导或主管部门进行申报，予以奖励，并与工作绩效挂钩；组织知识成果的保护主要是将成果作为组织的资产进行评估、使用和审计，并对一些核心知识成果进行保密，防止被竞争对手窃取和掌握。

4. 知识奖惩机制

知识奖惩机制则将员工的绩效具体化为员工愿意接受的收益，对不能实现企业知识管理目标的员工进行处罚。其中奖励机制包括知识薪酬支付制度、知识股权期权制度、知识晋升制度、知识署名制度和知识培训制度等。

1）知识薪酬支付制度

知识薪酬支付制度是对于组织知识管理做出贡献的组织员工或部门，需要根据知识成果带来的收益对其进行薪金（包括工资奖金、股权期权等）奖励，来激励组织成员；而对于没有完成相应任务的员工或部门则应该予以惩罚。

2）知识股权期权制度

知识股权期权制度是指将收益比较准确,并且主要在远期实现的知识成果与员工的远期收益联系起来,通过给予股权期权来激励企业员工。

3）知识晋升制度

知识晋升制度是指对于在知识管理中表现出突出管理才能的员工加以晋升(包括晋级、晋职),以激励其继续为组织做出贡献,从而可以防止组织的知识流失;对于有重大过失的管理人员则应该考虑降职处罚。

4）知识署名制度

知识署名制度是指对于那些取得了较大知识成果,对经济利益的刺激不太敏感,但对名望非常重视的员工采用知识署名的方法来激励,以使他们取得更大成果。

5）知识培训制度

知识培训制度就是对那些取得了较大知识成果,对经济利益的刺激不太敏感,但对进一步深造非常重视的员工采用知识培训的方法来激励。其实,员工深造是外部知识内部化的方法之一。

11.4.5　企业知识资源管理的技术平台构建

信息技术的发展为企业的知识资源管理提供了技术基础。20 世纪 90 年代以来,光纤通信技术、计算机网络技术的蓬勃发展为企业创造了一种超越时间、地域的交流方式,消除了信息交流的种种壁垒,大大地改变了企业内部及企业之间业务联系的方式,同时也对企业产生了深刻的影响,为深层次产品信息共享和交换提供了技术条件。例如,CAD/CAM 使企业能够更为有效地改善新产品开发质量,缩短开发周期,降低成本,为企业根据市场需要快速更新产品和开发新产品提供了更强的技术保障。CIMS 使企业的经营计划、产品开发、产品技术、生产制造及营销等一系列活动有可能构成一个完整的系统。其他还有 MIS、MRP 和 ERP 等。这些系统的运用大幅度提高了企业在产品开发、产品制造、企业管理等方面的效率,并为企业间合作提供了技术支持。总之,信息技术的高度发展一方面加剧了企业外部环境的变化速度,另一方面也为企业间的知识资源整合创造了便捷条件。

1. 技术的选择

目前,知识管理的主流软件平台或产品有很多种,如 Lotus Domino/Notes、Microsoft 知识管理系列产品以及 Exact eSynergy 等。微软公司知识管理系列产品由 3 部分组成:一是知识桌面,即 MS Office 和 Windows;二是知识服务,即 Exchange Server、SQL Server、SharePoint Server;三是知识系统,即 Windows 2000 Server、MS Visual Studio。Exact eSynergy 由荷兰 Exact 公司出品,基于 MS 平台,主要功能有文档管理、网站管理、人力资源管理、产品/资产/服务管理、工作流管理、项目管理、客户关系管理。这个系统与该公司后台 ERP 产品 Globe 2000 基于同一数据库,集成在一起。

目前用于知识管理体系构建的技术包括:基础交流工具,如群件、概念映射、智能代理软件等;知识获取和发现工具,如搜索引擎、数据挖掘、数据库联机分析处理工具等;知识组织、存储工具,如知识库、知识映射图、XML 等;决策支持工具,如 DSS、预测工具等;特殊运用工具,如 MRP、ERP、CRM 等。

面对纷繁复杂的知识管理与知识共享的技术,可以从隐性知识和显性知识的 4 种相互转化方式的角度将它们归纳为 4 种:一是隐性知识到隐性知识的转化的技术,主要有电子社区、电子邮件、群件、讨论组、即时消息、P2P 应用、专家定位系统等。二是隐性知识到显性知识的转化的技术,主要有自助服务、文档工作流、内外网站的内容管理、搜索引擎和全文检索、数据仓库和在线分析、商业智能、数据挖掘和知识挖掘。三是显性知识到显性知识的转化的技术,主要有知识库联网、异构数据库搜索、数据仓库和数据集市、门户、企业应用集成等。四是显性知识到隐性知识的转化的技术,主要有电子社区、电子邮件、群件、讨论组、即时消息、P2P 应用、传统教学、eLearning 等。

在企业知识管理的技术平台体系构建过程中,管理者必须决定采用何种技术支持知识创新的流程。首先,要仔细设想知识创新的前景、定义知识共享的流程,然后甄别何种技术能够支持这种流程。其次,评价何种软件能够整合到知识管理环境中,同时判断这种技术支持的流程能否为企业带来更大的收益。具体地说,技术的选择要求如下。

1) 能够支持知识识别

对企业员工提交知识库的知识材料,知识管理技术要能够根据知识材料的标准进行识别,以便决定是否接受所提交的知识材料。这样既有利于员工有效地提交企业急需的和高质量的知识材料,也有利于知识主管(知识管理部门)的审核,并将其转化为知识库中的新知识。

2) 能够支持专家评价

知识管理技术既要从数量上,还要从质量上评价企业员工对知识共享系统的参与度以及对知识管理系统的贡献;并且这种评价包括员工评价和专家(由专家库中遴选的专家)评价等方面。

3) 能够支持知识传送

一旦企业员工将知识材料提交到知识库中,知识管理技术要能够根据所设置的审批流程,自动地将知识材料移交到相关的知识管理部门。只有经过知识管理部门审批通过后的知识材料,系统才能自动地将该知识材料予以发布,否则,不予公布,并要从知识库中清除。

4) 能够支持知识更新

知识管理技术要能够及时地更新它的知识库,这种更新是建立在对知识评价和识别的基础之上的。只有决策人不断地从知识库中提取有用的知识,放入新的内容,知识库才会保持活力。如果不能定期地对知识库中的知识进行评价与识别,那么知识库内的知识不仅不能支持员工高效率工作,而且还会产生误导。知识的有效性是由知识主管或知识管理部门来判断的,但软件的结构支持这种机制是重要的。

2. 技术平台构建

企业在选择了合适的知识管理的技术后,接下来就是要搭建其技术平台了。企业之间的知识管理的技术平台是建立在企业信息化平台的基础上的,所以技术平台有两个层次:

第一层次是企业的信息化平台。企业的信息化平台可以优化生产过程;降低生产成本和提高工作效率;为客户提供优质的服务,改善与客户的关系;建立与供应商、分销之间快速的合作与交流渠道。信息化的企业侧重于实现物资、信息和资金的流通方面与贸易伙伴之间的协调,使多个公司就像一个公司那样有效运作,信息和责任充分透明。它使用 EIP、ESCM 等技术。

EIP(Enterprise Information Portal,企业信息门户)是建立在企业协同商务概念上的企业应用软件，主要提供把信息集中起来利用的平台，让企业的员工，特别是分布在不同地域的员工与客户和生意伙伴进行相互交流，从而加快沟通和协作。

ESCM（Electronic Supply Chain Management，电子企业管理系统）集中协调不同企业的关键数据，包括订货、预测、库存状态、缺货情况、生产计划、运输安排、在途物资、销售分析、资金结算等，目的在于便于管理人员获取各种信息。在这里，将充分利用电子数据交换（EDI）、因特网等技术手段，实现供需链上的信息集成，达到共享采购订单的电子接受与发送、多位置库存自动化处理和控制、批量和系列号跟踪、周期盘点等重要信息，旨在提高准确性与响应速度，降低企业之间的协调成本。

第二层次是企业与企业之间的知识共享平台。为了实现跨企业的知识共享，一般利用知识集成协议栈来分析知识共享的层次和形式。企业知识共享包括单元知识共享、企业级的知识资源共享、跨企业的知识共享以及动态和智能化的知识共享等不同类型。企业与企业之间的知识共享平台可以解决各个成员企业间的知识资源整合问题，以及由于运用平台的异构和安全要求而产生的知识鸿沟问题，使不同企业的应用系统实现互联，并延伸企业的业务逻辑。企业与企业之间的知识共享平台还能够完成动态、智能化的知识资源整合，主动地按需要实现企业与企业之间的知识系统的动态互联，是更高级的知识资源整合。目前，企业与企业之间的知识共享体系一般建成基于 Web 服务的跨企业的知识集成框架，它可以很好地解决传统平台技术在实现企业间知识资源整合方面的限制。

案例：丰田 Caelum 知识管理软件"指南车"。

丰田 Caelum 原有的知识管理系统在"程序的研发嵌入方面均由系统负责人负责，对于金属模具等的设计技术人员来说大多采用已设计出来的程序"。假如要对金属模具等进行设计变更，就需要系统负责人使用专用语言对模具设计进行改写，这种系统给金属模具设计人员的知识共享带来了许多不便。

后来，丰田 Caelum 成功地开发了知识管理软件"指南车"，它可将项目的进展顺序及复杂的工序制成流程图（flow chart）并以数字形式记录，在流程图的制作上可与通用的 CAD（计算机辅助设计）及 CAM（计算机辅助制造）配合使用，初学者也可进行具有专业水平的设计和分析。此外，丰田 Caelum 和松下电器产业还宣布成功开发了基于指南车的"塑料金属模型生产知识基础 CAD/CAM 系统"。通过分析金属模型技术人员的设计和制造顺序，可调出多步流程，并通过对此进行整理制作成标准的设计流程。

通过使用指南车，技术人员无须系统负责人便可以以流程图的方式将自己的技能保存下来。

11.4.6 企业知识资源管理的资源平台构建

企业知识资源管理的资源平台构建包括企业知识门户建设、企业之间的对等的知识联网、知识仓库的建立以及知识地图的建立等方面。

1. 企业知识门户建设

1）企业知识门户的作用

基于互联网的企业布局比较混乱，每个利益相关者需要与多个其他利益相关者进行沟通与联系，构成网状的联系结构。所以企业知识资源整合的第一步应该是各个企业自身的知识平台体系构建。由于各个企业技术状态的不均衡，以及各个厂家经验和从事服务范围的限制,加上管理过程和管理系统的规范标准缺失,使得各个企业的知识系统之间的兼容性和集成性成为问题,形成了企业之间的"知识孤岛"。企业知识门户(Enterprise Knowledge Portal,EKP)是解决"知识孤岛"问题和内外网互联问题的可行方案。企业知识门户系统EKP的应用是以门户平台为基础的知识管理系统的集成,包括知识表现(统一入口和个性化定制)、系统管理(账户统一和一次登录 SSO)、知识集成与共享、协作流程的集成。其核心是企业知识管理(KM)系统和其他信息系统。

企业知识门户是员工日常工作所涉及相关主题内容的统一入口,员工可以通过它方便地了解当天的最新消息、当天的工作内容、完成这些工作所需的知识等。它使企业能够实时关联存储在企业内部和企业外部的各种信息和知识,使企业员工、客户和合作伙伴能够从单一的接触点(touch point)访问其所需的个性化知识和信息。通过企业知识门户,任何员工都可以实时地与工作团队中的其他成员取得联系,寻找到能够提供帮助的专家或者快速连接到相关的知识。

企业知识门户的基本服务应该包括:①经验知识管理,如案例管理、知识文档、工作总结、专家网络、培训系统、考试系统等;②事务协作管理,如规范制度、审批流程、公文流转、个人工作台、团队协作(team room)等;③组织文化管理,如内部论坛、网上调查、贺卡系统、电子期刊、员工活动、文化窗口等;④信息发布管理,如主页管理、新闻系统、电子邮件等;⑤系统维护管理,如系统配置库、催办系统、登录配置库、网络域搜索、帮助系统等;⑥可选扩展模块,如人事档案管理、ISO 文控管理、合同管理、图书管理、技术支持等;⑦知识管理工具,如 CKO 工具箱、知识推进、知识地图、知识评测、知识审计等。

2)企业知识门户的资源整合

企业知识门户的资源整合包括信息整合、知识分类、个性化展示和系统资源管理的整合等,其中主要强调以下方面:

(1)应用与数据整合。由于企业知识可能以多种数据格式保存,所以知识门户必须提供统一的知识检索与知识查询入口。知识门户的统一性就在于系统拥有统一的系统标准、规范和体系架构。用户可以通过统一的浏览器和移动设备访问企业知识门户,因为企业知识门户能够以任何类型的标记语言编制门户页面(包括 HTML、XML、JSP、Portlet 等)。通过基于 J2EE 的标准技术实现多层体系结构下的企业应用模式,为统一编程、统一系统接口和数据访问模式,建立企业知识系统的标准框架。EKP 使用一个 Web 浏览器界面,既简单又实用有效。所有的用户都可以通过单一的界面即企业的主页访问他们需要的知识。对于企业应用系统来说,这是一种瘦客户端的应用模式,系统维护只需在后台服务器上进行,可以快速升级,既降低了维护费用,又方便了用户使用。

(2)知识分类与内容管理。知识的抽取与分类意味着从门户内各种信息源自动取出元数据,形成数据集成。数据的集成是最基本层次的集成,就是实现不同企业系统之间的数据共享、数据同步和数据传输。数据集成和知识表现是界面个性化的自然延伸。现在有比较成熟的数据集成和知识发掘的技术和方法来实现深层次的知识整合,如 EAI 和 XML 规范等。这些技术能帮助用户识别各种知识之间的关系。EKP 通过知识分类与内容管理的应用,可以使用户通过单一的渠道访问所有信息与知识。这种集成不是简单地在页面上增加网页链接,而是通过集成化的方法把原有的应用通过一个核心组件服务器集成在一起,来获取其他应用系统中的相关数据和知识。

(3) 界面的集成和个性化定制。通过 EKP 接口展示的知识可加以定制(即个性化),为不同角色的用户提供个性化服务。这种个性化特点节省了用户的时间,并提供了安全保证,因为用户只能看到那些他们感兴趣的或他们有权限访问的知识。例如,经理可以快速地处理当天的紧急信息,而商业分析者们在做诸如详细的财务或企业优化分析时可以挖掘不同层次的知识与信息。企业知识门户的主要目标之一是定制终端用户的门户体验,为此,可以利用门户平台(如 IBM WebSphere Portal Server,WPS)为终端用户和管理员提供定制内容和页面外观版式的表现形式,满足知识门户系统各个访问者的需求。在这个阶段,通过对知识的分类和权限规划,将基于浏览器的应用按照统一规则,建立统一的访问界面和风格,满足企业门户、部门门户和个人门户的多级需求。

(4) 系统管理整合。门户系统使用统一的账户管理,借助目录服务系统(如 LDAP),采用一致的账户和密码,一次可以登录所有的企业信息系统,包括知识管理系统。门户系统利用权限的控制和个性化的知识展示,使得企业面向内部员工、合作伙伴及客户采用一致的信息门户和登录场所,提供集成化的信息服务。统一入口和界面个性化的前提是统一账户管理和认证授权系统起作用。一般企业信息系统使用 LDAP 服务器、微软 AD 和关系数据库来管理用户的账户信息;而知识门户系统通过目录映射和一次登录(SSO)实现集中的账户管理。

2. 企业之间的对等的知识联网

网络技术的迅速发展为知识网络化提供了可能。随着国际互联网、内部网、局域网等的不断发展,企业与企业间、员工与员工间的网上交流空前快速、方便且花费低廉,为知识联网创造了极大的便利条件。但是,对企业而言,除了将存储在计算机中的物理字节由网络连接起来外,更重要的是将企业中的人员的知识,和运用这些知识来完成重要任务、采取决定性行动的能力联系起来,所以企业需要知识的联网。又由于企业之间的交易关系,所以这种知识联网也应该是对等的,即对等知识联网。

对等知识联网的观念基础是人际网络、自我授权、系统思考、团队学习、相互依赖、非编码化知识(意会知识)和智力的力量等。它包括 3 个方面:技术、知识和人员。对等知识联网的技术使得每一个节点能够直接与其他的节点交流,而不需要通过一个等级制的制度安排。对等知识联网假定不论知识位于何处,人员和应用工具都能够容易地获得这些知识;对等的人员联网假定不论其他人位于何处,每个人都能够联系上他。

对等知识联网带来了企业的组织结构巨大转变,严格的等级制上下级的关系假定并不能保证知识上也会出现上下级的等级关系。对等知识联网所带来的最有意义的变化是企业中的人员相互联系方式。对等的知识联网使得企业能够把人员集合起来,针对市场机会开展跨职能、跨部门、跨企业的工作,而不是将任务的各个方面分解为僵硬和严格的等级层次。对等的知识联网假定每个人都对整体的产出有一些实质的贡献。但是,对等的知识联网并不是把人们都均质化,恰恰相反,它尊重每个员工的才干和能力,重视彼此的差异和依赖彼此的实力。对等联网意味着,当员工联网工作时,他们基于自己的思考、观察、知识和想象而产生了价值。

在企业的对等知识联网中,需要有 3 个知识服务中心:一是建立一个基于 Web 技术的知识搜索中心,通过它来提供跨企业的知识搜索服务,让用户在单一地区就可以随意在企业系统内寻找知识。二是建立企业的知识创新中心,它可以使企业更好地管理其知识资源,在企业中最大程度地共享知识资源,利用知识资源来获得真正的竞争优势。三是建立企业的基于 Web 技术的知识流转中心,充分利用企业内部网和因特网的沟通方式,让成员企业的知识资源在网络上不停流转,以最快的传播速度、最大的传播范围、最经济的传播方式将成员企业的知识资源传播到企业的各个角落。

3．知识仓库的建立

企业知识仓库的建立是为了实现企业内部与外部的知识创新,并最终形成组织知识,打造企业的核心竞争能力平台。知识仓库建立在企业的信息网络上,由安装在服务器上的一组软件构成。它能提供所需要的知识服务以及一些基本的安全措施和网络权限控制功能。员工可以在知识库中阅读公告和查找历史事件,寻找自己所需的知识资源。知识仓库的内容包括企业内各部门的资料、每个企业每个员工的知识和技能、客户的所有信息、公司的主要竞争对手及合作伙伴的详细资料、研究文献和研究报告、有关的培训会议和先进理论等。

企业知识创新的知识仓库建立过程可以分两步进行:首先是数据仓库的建立,然后是知识仓库的形成。

首先是数据仓库的建立。数据仓库(data warehouse)是面向企业、集成的、稳定的、不同时间的数据集合,用于支持企业关系管理中的知识资源的形成过程,其体系结构如图 11-3 所示。其中各个数据库子系统组成联机事务处理系统,用于收集、统计各个子系统产生的基本客户和供应商的数据,然后依据统一的元数据标准进行数据格式转换,经过数据提取、净化、检验和加载后进入面向不同应用的数据集市。企业数据仓库的数据来源于各个成员企业的数据集市。这样,各个数据库子系统、数据集市和客户与供应商数据仓库就构成了三级企业数据环境的主体,它们通过企业外部网的无缝连接,构成一个统一的整体。

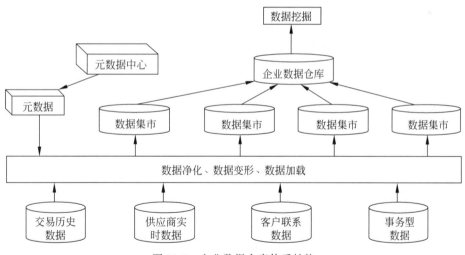

图 11-3 企业数据仓库体系结构

其次是知识仓库的建立。如果仅仅只是建立数据仓库,但没有对这些数据进行分析和挖掘形成知识,就会造成企业数据的泛滥而真正用于支持决策和创新的知识的缺乏。数据挖掘可以将数据加工成知识,是从数据仓库形成知识仓库的必经之路。在数据挖掘的过程中可以采用发现型数据挖掘和验证型数据挖掘,前者是让数据挖掘系统为用户产生假设;后者是用户自己对于数据仓库中可能包含的知识提出假设。然后通过选择合适的数据分析工具进行知识发现与验证,并将知识表达和解释出来,形成知识仓库,将对决策有用的知识提供给不同的决策者。用于数据挖掘的技术有人工神经网络、决策树、遗传算法、规则归纳等。

企业知识仓库包括知识获取模块，知识的抽取、转换和存储模块，知识分析模块，用户（系统管理员）界面模块。这些模块共同构成企业知识仓库的架构，如图 11-4 所示。

其中，知识获取模块通过数据挖掘与企业数据仓库接口，是知识仓库的入口和数据仓库的出口。知识的抽取、转换和存储模块是一个面向对象的知识库管理系统，它集成了知识库、模型库和分析任务等，使知识仓库能够有效生产、存储、检索、管理各种形式的知识。知识分析模块处理所有与分析任务有关的活动，包括知识工程、任务控制、判断生成和技术管理等。用户（系统管理员）界面模块处理知识仓库管理系统和用户的所有通信，包括判断界面、输入输出处理、在线帮助等。同时在知识分析模块和知识获取模块之间以及用户界面和知识获取模块之间存在着两个反馈环，它们将分析所产生的知识和企业使用知识仓库所创造的新知识，并将其重新存储到知识库中形成知识的再生产。

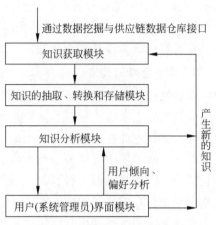

图 11-4　企业知识仓库的架构

4．知识地图的建立

企业组建了自己的知识仓库系统，这并不是其知识管理系统的全部，其最终目的是让各个企业成员得到相关知识。因此，如果说企业建立的知识传播网络有利于将相关知识推送（push）到企业的项目组成员，那么，知识地图（Knowledge-map，K-map）可以帮助各个成员知道在哪里能够找到有用的知识，是企业知识仓库的导航系统，显示整个企业知识系统的分布状况。不管是分类还是查找，知识地图都有利于企业成员以拉（pull）的形式获取有用的知识。

如果说知识仓库主要侧重于对于显性知识的管理，那么，知识地图则更加有利于对隐性知识的管理。对于企业来说，大部分有价值的知识都存在于不同组织的不同员工的脑袋里，往往没有文件的记录，而且失之于片断与不完整。企业可以用问卷的形式把员工已经知道的知识用索引方式收集起来，重新整理成知识地图。知识地图可以指出知识的位置，但并不包括知识。知识图可以是真正的地图、知识"黄页"或者是巧妙构造的数据库，它是向导而非知识库。开发知识地图包括找出企业中的重要知识，然后以清单或图片的方式公布它们，并显示在哪儿可以找到它们。知识地图的基本目的是告诉组织中的人们，当他们需要专门知识时到哪里去找。企业如果拥有一幅好的知识地图，员工们就可以方便地找到知识源。创建知识地图所需的信息通常已在组织中存在，但它们往往以分散的、未成文的形式存在。每个员工的头脑中都有一小块地图，知道他自己的专长以及到哪里去获得特定问题的答案。创建知识地图就是把这些个人和成员企业的小知识地图结合在一起。开发知识图经常采用调查的方法，即询问员工使用什么样的知识以及在工作中他们从什么地方能获得所需的知识。通过对这些问题的答案进行分析，并把它们结合在一起，于是就把一些私人的地图组装成企业的公共地图。

企业的知识地图是企业对各种知识与信息进行加工处理得出的系统化的概念、规律和经验的显示。它来源于企业的实践，反过来又指导实践。例如，企业的许多项目可以分解成多个子任务来完成,每个子任务都可以产生相应的知识元并与之发生联系,同时,不同的子任务与各个知识元也有联系。企业依赖于这种任务的关联与知识的共享,带来整个企业的生产能力和创新能力的提升。在企业的知识地图的建立过程中,应根据企业的各个子任务建立与其相关的知识元,并将知识元指向相应的人、地点或者时间,告诉项目组成员在何时、何地、向什么人可以获取所需要的知识。同时,企业跨企业 CKO 要经常根据任务的进展情况,指导项目组适时地对地图进行更新,不断地改变和调整地图中各个知识元之间的联系,使知识地图趋于完善。

练习题

一、名词解释

1. MRP Ⅱ
2. ERP
3. CRM
4. 知识编码模式
5. 知识个人化模式
6. EIP

二、简答题

1. 简述企业信息资源的特点。
2. 简述企业信息资源管理的用户导向性。
3. 简述企业信息资源管理系统建立的最优化原则。
4. 简述 CKO 的主要工作内容。
5. 简述知识的过程管理观。

三、论述题

1. 试论述知识存在的时间维度。
2. 试论述信息资源管理与组织结构的相关性。
3. 试论述知识奖励机制。

参考文献

[1] 马费成. 信息资源管理[M]. 武汉:武汉大学出版社,2000.
[2] 卢泰宏,沙忠勇. 信息资源管理[M]. 兰州:兰州大学出版社,1997.
[3] 徐志坚. 信息系统与公司竞争[M]. 北京:科学出版社,2002.
[4] 陈启申. 供需链管理与企业资源计划(ERP)[M]. 北京:企业管理出版社,2001.
[5] 柯平,高洁. 信息管理概论[M]. 北京:科学出版社,2002.
[6] 霍国庆. 企业战略信息管理[M]. 北京:科学出版社,2001.
[7] 夏敬华. 知识管理[M]. 北京:机械工业出版社,2003.
[8] CINGIL I. An Architecture for Supply Chain Integration and Automation on the Internet[J]. Distributed and Parallel Database,2001(10):59-102.

第12章 经济信息资源管理案例

12.1 银行

现代化商业银行经营管理系统是由人、资金、物及信息在一定条件下组成的有机经济综合体。商业银行现代化管理就是通过各种不同形态的信息促使系统的人流、物流、资金流、信息流进行合理的流动,使它们各自流动的方向、速度、效益、准确性都得到最佳配合和达到最佳效果。所以,信息在商业银行现代化管理中起着举足轻重的作用。特别是进入21世纪后,信息技术的飞速发展,计算机网络的迅速普及,使得世界各国的信息化建设得以迅猛发展。信息化是21世纪国家现代化的基本标志,也是一个国家综合国力的集中体现。金融信息化是国民经济和社会发展信息化的重要组成部分,也是金融现代化的重要手段,是实现国家现代化的必由之路。我国银行业的信息化和国外相比是一个起步较晚但奋起直追的过程,从无到有,从单项业务到综合业务,从机器仿人工到推出各种人性化的服务,从单机布点到数据大集中,不仅在技术上紧跟信息化的前沿,在认识上也从肤浅的工具论到现在的信息化战略论。现实中,银行信息化的发展,正在配合、推动或者触发金融业产业结构的调整和升级,从根本上改变着传统的金融业务处理模式。下面先从银行信息的基本概念开始,逐步介绍银行信息系统,最后介绍银行信息化方面的内容。

12.1.1 银行信息的基本概念

信息是商业银行经营管理、决策管理的依据。任何的管理和决策都必须建立在大量地收集、整理、加工和运用各个方面有关信息的基础之上。没有信息便没有管理和决策。商业银行日常的业务管理也必须建立起稳定、迅速的信息反馈机制,依据反馈信息及时调整或改变经营策略和管理方式,以保证银行经营目标的实现。由此可见,商业银行信息管理是商业银行经营管理活动中的有机的、不可缺少的组成部分。

1. 狭义商业银行信息

商业银行信息是信息概念在商业银行领域里的具体化或表现形式。我们知道,信息作为事物间相互作用的联系媒介,是一个多要素的概念,其中,信源和信宿是形成信息的两个最基本的要素。没有信源,信息就成了无源之水;没有信宿,信息便是无本之木。信源、信宿两者相辅相成,缺一不可,构成信息存在的基础。因此,可以从信源和信宿两个不同的角度,来界定商业银行信息的含义。

狭义上讲,商业银行信息是指商业银行业务活动过程中所产生的各种输入信息。如商业银行某一核算期的资产负债表和损益计算书中所包含的国内活期存款、国外存款、资本盈余、贷款利息收入、纯利润等内容,产生在商业银行日常的业务活动过程中,不仅商业银行本身关心和需要这些信息,各级经济管理部门、其他商业银行以及城镇居民等也都需要关心这些信息。这种狭义上的商业银行信息概念实际上是从信源的角度来界定的(见图12-1)。

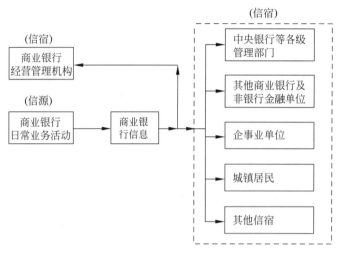

图 12-1 狭义的商业银行信息图

2. 广义商业银行信息

从广义上讲,商业银行信息既包括上述商业银行自身日常业务活动中所产生和输出的信息,也包括商业银行管理和决策所需的金融市场以及与此相关的社会经济活动的信息。这是从满足商业银行经营管理信息需求的角度,以商业银行作为信宿来界定商业银行信息的含义。这样一来,商业银行自身的业务活动,以及商品市场,金融市场,国家各级经济、金融管理部门,其他银行和企业经营活动等都构成了商业银行信息的信源。把商业银行自身的业务活动称为内部信源,其他的称为外部信源。内部信源产生商业银行经营管理的反馈信息;外部信源产生商业银行经营管理的环境信息。例如:国际、国内的政治经济形势,政府有关的经济政策、金融政策变动,同业银行的经营状况,股票市场的行情、利率、商品物价指数以及居民收入水平的变动等,都构成商业银行经营管理的环境信息(见图12-2)。

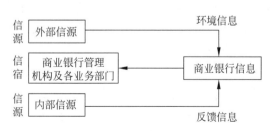

图 12-2 广义的商业银行信息图

商业银行信息有广义与狭义的区别。商业银行经营管理活动的过程，就是反馈信息与环境信息连续不断地收集、加工、转换和交流的过程。广义地理解商业信息的概念，有利于概括和把握商业银行信息管理工作的业务范围和内容。

3. 信息在现代商业银行经营管理中的作用

现代化的商业银行的日常经营和管理是建立在信息的基础上，其实质是通过各种不同形态的信息促使系统的人流、物流、资金流、信息流进行合理流动，使它们各自流动的方向、速度、效益、准确性都得到最佳配合和达到最佳效果。商业银行信息在商业银行现代化管理中的作用主要有以下几方面。

1) 信息是商业银行经营决策和制订计划的依据

制定决策是商业银行经营管理的核心内容。商业银行要实行科学的管理，就必须保证决策和计划的科学性。影响商业决策的因素很多，如决策人员、决策方法、决策环境与背景、决策所依据的信息等，而其中最重要的就是信息。由于信息反映了客观事物的属性，因而是科学决策的前提和依据。决策的过程实际上也是一个信息的收集、传递加工、整理和运用的过程。正确的决策建立在对决策对象有关信息充分的掌握和利用的基础之上，决策的开始要依靠正确的信息输入，决策的结束则是对这些信息处理后的输出。因此，决策的正确与否，往往取决于能否及时、准确地获得足够的信息，只有以及时、准确的信息为依据，才能保证决策的科学性。同样，制订科学的银行经营计划，也必须以全面反映客观经济过程的各种信息为依据。商业银行只有掌握了可靠充分的经济金融信息，才能驾驭形势，适应环境，在市场竞争中求生存。

2) 商业银行信息是控制、监督资金调配与融通的依据和手段

控制和监督就是依据决策和计划的要求，通过对各种商业银行信息的处理，来控制和监督银行经营活动，协调各方面的关系，使资金融通和营运遵循预定的轨道运行，以达到整个经营目标。在银行经营管理活动中，管理人员必须对各方面的工作，包括贷款的发放、收回，存款的吸收，结算和汇兑，投资与信贷规模以及利率管理等规定一定的标准。倘若实际执行结果偏离了原定的标准，那就要立即查明偏离的地方、产生的原因和性质，并采取必要的措施来纠正偏差。所以，这就要求银行管理者要经常地通过自身信息机构及时地掌握反馈信息，从而保证实现有效的控制和监督。一般说来，银行控制可以通过3种途径来实现：其一，通过掌握充分可靠的信息，使银行活动发展中产生的偏差趋向平稳，回到正常的轨道上来，尽可能小地发生波动，特别是避免大的被动；其二，通过掌握信息而清楚产生偏差的原因，消除或削弱各种引起偏差的因素或活动，从而使银行经济保持稳定，以调节国民经济协调发展；其三，通过掌握干扰正常运行的环境信息，使银行系统在运行过程中摆脱干扰而达到控制的目的。无论通过哪一种途径来实现控制，都要以掌握一定量的银行经济信息作为前提，否则任何控制职能都无法发挥。

3) 信息是商业银行改善经营管理，建立合理、高效、协调、正常的经营秩序的保证

商业银行在市场经济中如何经营、怎么管理，没有一个明确的模式，必须根据市场情况灵活应变，那么，就必须掌握大量的信息，研究市场如何变化，然后按照市场需求去组织经营管理。因此，就银行经营方面而言，存款的吸收、贷款的发放与管理、存贷款利率的确定、资金的拆入拆出、新业务的拓展等都离不开信息工作。没有商业银行的信息活动，就无所谓货币资金运动的组织和协调。这是因为只有通过信息的传递和有效利用，把银行活动中各个部

分、各个因素联系起来,才能按照一定的整体目标进行组织,使银行活动各个组成部分的行为统一协调成银行企业化经济行为,也才能使商业银行资金活动合理、高效、正常、有序地运行。

4) 信息是商业银行内部各部门之间以及与其他社会经济机构联系的纽带

商业银行是一个多层次的庞大经济系统,联系社会经济活动的各个行业、各个部门。银行机构分处各地,必须借助于信息,把上级行的政策、指令、任务要求传达给各个基层单位,同时把每一个下层单位重要的经营活动和问题及时地反映到有关领导层,以实现各层次单位的活动协调于系统整体之中。另外,由于国民经济活动的复杂性和多样化,银行内部与外界环境必须同时进行纵向和横向的信息交流,以组成银行系统内部信息网和国民经济信息网,从而保证信贷资金最大限度地发挥其经济效益和社会效益。

5) 信息是银行拓展新业务,实施金融创新的基础

随着计算机网络的日益普及、银行电子化的实施,以及一系列新技术的广泛使用,使得计算机网络技术已经成为银行进行日常经营活动所必需的基础设施。特别是我国加入WTO以后,不仅是国内银行之间,而且在国内银行与国外银行之间的竞争日趋激烈。这种竞争不仅表现在传统的存贷业务之间,而且表现在对新业务的提供,以及对客户提供服务的质量等各个方面。未来银行业发展趋势应用的热点是以产业规模进行管理和营销活动,以规模化的产品和服务手段在更大的市场中参与竞争,最大限度地优化整合内部资源,全方位为客户服务。这也是国内商业银行竞争的新的舞台以及中国银行业参与国际化竞争的必要条件。

12.1.2 银行信息系统

1. 商业银行信息系统的概念

现代化商业银行是一个复杂的大系统,同时,它又具备着信息系统的功能。在整个商业银行的经营管理活动过程中,自始至终贯穿着两种流动:一是资金、人力的流动;二是随之产生的大量的表现为数据、资料、指令、指标、条例、图纸、报表等形式的信息的流动。为使商业银行经营管理活动达到最佳的效果,就必须对人流、资金流加以科学的组织、调节和控制,使其按照符合盈利目的的轨道流动。而资金流、人流的前提条件就是信息流。没有信息流,就没有资金流或人流。资金流、人流畅通的前提条件是信息流的畅通。信息流的任何阻塞都会给资金流、人流造成混乱,而有损于银行的经营效果。因此,商业银行经营管理过程同时又是信息流动的过程;商业银行经营管理系统同时又是商业银行信息系统。于是,我们可以这样来界定商业银行信息系统的概念:商业银行信息系统是为满足商业银行经营管理的需要而建立的收集、整理、存储、加工、传递商业银行信息的人工系统。

商业银行信息系统是一个发展的概念。最初的商业银行经营规模较小,组织机构比较单纯,信息流量比较小,银行内部各管理部门一般可以通过直接的信息交流来实现商业银行内部的信息流动。信息的这种流动只是一种自发的信息交换过程,还远没有达到系统化程度。随着商业银行经营规模的不断扩大,信息流动日趋大量化、多样化、复杂化,信息系统的功能特点也就变得越来越显著。现代化商业银行一般都设有专门的信息管理部门,商业银行信息系统已发展成为综合性、多因素、多功能的复杂系统。

对人工的信息系统而言,其系统构成要素除信源、信道、信宿3个要素外,还多了一个信息管理机构的要素(见图12-3)。

图 12-3　人工信息系统示意图

从图 12-3 可以看出,人工的信息系统中,信息管理机构具有双重地位,对最初的信源来说,它是信宿;对最终的信宿来说,它又是信源。原始信息经过信息管理机构的加工处理转换为最终信宿可以接受的形式,然后,通过信道传递给最终的信宿。

商业银行信息系统则是一种构成要素更为复杂的人工信息系统,它的开放性、服务性及多重性,决定其信源、信道及信宿的多样性和复杂性。因而,系统结构是比较复杂的。由于观察的角度不同,所获得的系统结构的特点也不相同。下面我们从满足经营管理信息需要的角度来对商业银行信息加以描述(见图 12-4)。

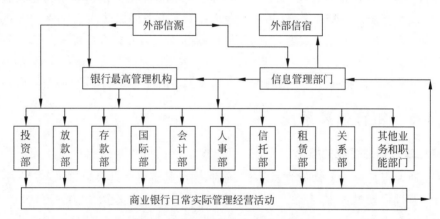

图 12-4　商业银行信息系统示意图

对商业银行信息系统来说,外部环境与日常实际的经营管理活动是最初的原始信源,信息管理部门、各业务和职能部门、银行最高管理机构则同时具有信宿和信源双重地位。信息管理部门与银行最高管理机构、外部环境、内部各业务和职能部门之间,银行最高管理机构与各业务和职能部门、外部环境之间,以及各业务和职能部门相互之间普遍存在着信息通道和信息交流。但其中银行日常实际经营管理活动信源与信息管理部门之间、外部信源与信息管理部门之间、信息管理部门与银行最高管理机构之间是商业银行信息系统中基本的信息通道。信息管理部门在整个信息系统中处于中心的地位,负责管理和组织商业银行信息的收集、整理、加工、存储、传递等各业务活动。

银行信息系统包括银行管理信息系统和银行业务信息系统。银行管理信息系统离不开银行业务信息系统的支持,银行业务信息系统以银行管理信息系统为最终目标,两者结合起来形成了银行信息系统。图 12-5 显示了两者的关系。

2．商业银行信息系统的功能

1) 信息反馈功能

从信息系统与银行最高经营管理机构的系统关系上看,商业银行信息系统具有信息反

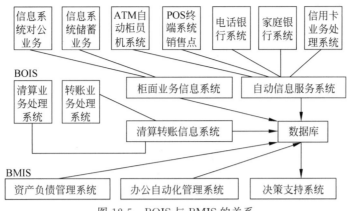

图 12-5　BOIS 与 BMIS 的关系

馈功能。商业银行经营管理系统是一种闭环的控制系统。银行最高经营管理机构通过编制和下达决策管理指令的方式实现其对整个银行经营活动的控制。下级各业务和职能部门对各项指令执行情况如何,都集中地体现在银行日常经营活动的实际过程之中。一般情况下,决策的实际执行情况与既定的决策目标之间,总是存在一定的差距。信息系统要对有关的输出信息进行全面的收集和处理,找出决策实际执行情况与既定决策目标之间的差距,并及时传递给银行最高经营管理机构,银行最高经营管理机构据此调整和修正有关的决策方案,重新下达下一轮的决策管理指令,以保证决策目标的充分实现。在此过程中,银行信息系统表现出具有信息反馈的功能(见图 12-6)。

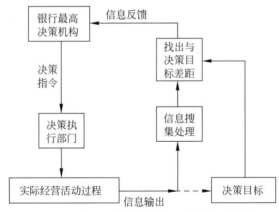

图 12-6　商业银行信息系统反馈功能示意图

2) 信息输入功能

信息系统的输入功能体现在信息系统与银行内部信源与外部信源的关系上。商业银行信息是一个开放系统,来自内部与外部信源的信息内容是复杂多变的,不同来源、不同性质的信息,其可获得性也是互不相同的。因此,系统输入功能主要表现为能否在适应内部和外部环境变化的同时,做到及时、全面、准确地收集来自各方面的信息资料。

3) 信息存储功能

信息系统的存储功能与其输入功能是密切相关的。所谓存储功能指的是信息系统存储数据、文件等信息资料的能力。任何一个信息系统其存储容量总是有一定的限度的,在"信息爆炸"环境下,信息系统的存储能力不仅仅体现在系统本身存储容量的大小,更重要的是体现在系统的选择存储信息的能力。在存储容量一定的条件下,系统存储功能的强弱则主要体现在系统本身是否拥有一个科学合理的信息取向。

4) 信息处理功能

大量的输入信息被系统存储之后,必须及时得到处理。信息处理的过程就是信息的整理、分析、加工、提炼的过程。系统处理信息的能力取决于信息处理设备和技术手段的精度的高低、速度的快慢以及所采用的信息处理的方法是否科学,但更重要的是信息处理人员素质的高低。因为设备和手段是由人操纵的,方法是由人来选择的。信息处理过程是一个原始信息条理化、系统化的过程,而同时却又是新的非原始信息的产生和创造过程。这是一项目的性很强的工作。经信息系统加工处理过的信息能否满足银行各方面经营管理活动和决策的需要,根本上取决于人而不是机器和设备。

5) 信息检索功能

对存储的信息进行检索即查找,是对银行信息再利用的过程。这一工作实质上是信息的再收集过程,但这一收集是在一定范围内、一定条件下的行为,比初始阶段的信息收集目的性、针对性、秩序性更强。

6) 信息输出功能

建立和完善商业银行信息系统的目的,旨在满足银行经营管理和决策活动的需要。有关方面对信息系统所进行的评价集中体现在对系统输出功能的评价上。人们总是希望能够方便、迅速地通过信息系统来获得符合于自身需要的、准确、全面的信息资料。系统输出功能的建立和完善应立足于满足用户、方便用户、服务于决策和管理的观念之上。与此相关,系统内部的输入功能、存储功能、处理功能也都应根据系统的输出功能来确定,并随之不断地调整和完善。

7) 信息管理功能

对类似于商业银行信息系统这样复杂的系统来说,除应具备上述各项基本功能之外,还应具备自身的信息管理的功能,以保证系统中的输入、存储、处理、输出等环节能够均衡、连续、高效地运行。信息系统的管理功能表现在这样两方面:一方面是对先进的信息处理、信息存储、信息传递设备进行技术上和使用方法上的管理和控制;另一方面是对信息系统中各个功能环节的组织协调和管理控制。

8) 信息传递功能

商业银行信息若不传递给信息使用者,就没有什么价值。上述信息反馈、输入、处理以及输出等系统功能,都是建立在传递功能基础之上的(见图12-7)。没有传递功能,其他功

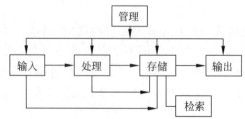

图 12-7　商业银行信息系统输入、处理、存储、
　　　　　检索、输出和管理功能关系示意图

能则无法发挥。信息传递有自然传递和人工传递两种形式。无论何种形式都需要有一个信息传递网，特别是人工传递，要想实现传递准确、及时的目标，就必须要有先进的传递技术、工具和固定的网络组织。

12.1.3 银行信息化

信息化是指构建在由通信网络、计算机、信息资源和人力资源组成的国家信息基础框架之上，由具有统一技术标准，通过不同速率传送数据、语音、图形图像、视频影像的综合信息网络，将具备智能交换和增值服务的多种以计算机为主的信息系统互联在一起，创造经营、管理、服务新模式的系统工程。信息化改变了企业传统的工作方式，实现了业务处理的自动化、服务电子化、管理信息化和决策科学化，从而为客户提供快捷方便的服务，为国民经济各部门提供及时、准确的信息。银行信息化就是银行通过采用现代信息技术，在业务处理、信息咨询服务和经营管理的各个环节上，全面改革传统的操作方式和管理体制，极大限度地提高银行工作效率、经济效益、社会效益和全体员工素质。银行信息化既是银行需要努力达到的一个目标，也是银行需要努力奋斗的一个过程。银行信息化是早已进行或正在进行中的银行电子化和自动化的继续与发展，比银行电子化和自动化的意义更为深远。

1. 银行信息化的发展阶段

从 20 世纪 80 年代初开始，银行业发动了一场信息革命。这场革命促使银行的发展产生了翻天覆地的变化，所有的银行业务活动都被嵌入到计算机信息网络中，这个过程大致经历了业务处理电子化、经营管理电子化以及银行再造 3 个阶段。

第一阶段主要通过计算机模拟原有银行手工业务，模拟按手工操作、部门分工的传统管理模式进行。在这个阶段，银行利用计算机进行票据集中录入，实现账务管理的批处理。计算机批处理的应用在客观上使银行的账务管理模式由分散走向了集中。

第二阶段是通过新技术、新产品的使用，不断创造科技含量较高的金融服务方式、金融产品和渠道。创新使银行业务发生了革命性的变革。银行业务进入了虚拟化的阶段，出现了网络银行、电子商务等新型服务渠道，以提供虚拟化、个性化的服务。

在第三阶段，信息技术逐步进入银行的管理领域，初步实现了管理信息化。银行利用信息技术进行业务优化、整合，再造业务流程，不断进行全面的企业重组。目前，国外商业银行已经实现了组织结构扁平化和信息资源化，系统之间的通信和沟通正向标准化迈进，银行通过构建数据仓库对客户的信息进行深度挖掘，确立优质客户，客户可以在任何地方、任何时间享受到银行提供的产品和服务。

2. 银行信息化的主要内容

现代信息技术在银行的成功应用，不仅包括银行管理信息系统，而且随着信息技术的不断发展，一些新的内容在不断地充实进来，赋予信息化新的内涵。目前，主要包括以下一些内容。

1）银行支付事务处理系统

该系统包括商业银行面向客户的支付服务系统和中央银行面向商业银行的支付资金清算系统。利用现代信息技术，可以把支付服务系统和支付资金清算系统两者有机地衔接组成现代化银行支付系统，实现支付全过程的自动化。

2）银行经营管理信息系统

我国各商业银行经营管理信息系统可分为事务处理系统、常规协调管理信息系统和决策支持系统3个层次。利用现代信息技术，可以把这3个层次的系统从低层到中层再向高层逐步发展，实现相互渗透融合，并与具有人机界面的办公自动化集群系统有机地结合，发展成为综合性的银行管理信息系统。

3）银行信息咨询服务系统

该系统的服务内容包括多种通信服务、多种信息咨询服务以及信息资源共享和查询等服务。利用现代信息技术，可以完成这些服务，并实现因特网与金融计算机网络的互联互通和互服务，为银行发展战略分析预测、金融衍生工具设计、新产品新服务开发等提供辅助决策依据，为国家宏观经济管理部门提供辅助决策依据。

4）外汇国际服务系统

该系统包括外汇管理局的外汇外债管理业务系统和各商业银行的国际业务系统。利用现代信息技术，可以把这两种系统集成为以客户为中心的综合性业务处理系统，实现与国际清算系统连接。

5）办公自动化系统

该系统应具有文字处理、演示文稿、电子邮件、计划编制和数据访问等功能。利用现代信息技术，可以实现上述功能，并使之与数据处理、数据库、计算机网络、多媒体技术等有机结合，且与管理信息系统有机结合，成为综合性银行管理信息系统的重要组成部分。

信息化是支持商业银行业务发展、提升银行核心竞争力的利器。基于商业银行信息化的现状与需求，城市商业银行应重视信息化的总体规划，在总体规划的基础上，按步骤逐步开展信息化建设。重视系统框架与平台建设，避免重复投资与信息孤岛，保证信息系统建设的连贯性和一致性。

根据城市商业银行的业务特征、信息化现状与需求，结合目前信息化发展趋势，一般商业银行比较适合的信息系统架构的基本结构如图12-8所示。

3. 银行信息化的关键技术

银行信息化无疑要涉及传感器、通信和计算机3大支柱技术，也要涉及其他许多关键技术。下面简单介绍其中几种关键技术。

1）计算机网络技术

计算机网络技术包含的内容很多，又在日新月异发展之中，网络银行又是银行业发展的趋势之一。因此，今后应深入进行银行计算机网络技术的研究，其研究的重点应是银行计算机网络的安全保密性问题，各银行计算机网络同一性与多样性、共用性与专用性、全国性与区域性等方面的协调发展问题，以及如何以最少的耗费实现更理想的信息交换、资源共享、相互提供服务和技术支持等问题。

2）数据仓库

在一般行业的日常操作中，所生成或访问的数据称为操作数据。在操作数据中，对业务分析有意义、有用处的那些部分数据称为信息数据。信息数据的用户是企业的专业人员或决策人员。一般的操作系统都必须维持相当高的运行效率，决策人员的额外访问或查询往往会影响操作系统的效率。出于这种考虑，通常是在业务不忙时，将决策者所需要的信息数据整批地从操作数据库中抽取出来，另外存放，这就是数据仓库。由此可知，数据仓库的基

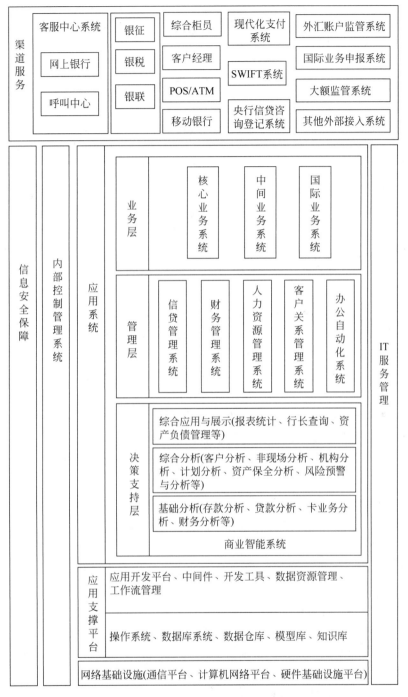

图 12-8 一般商业银行信息系统架构

本概念是给最终用户(特别是决策支持者们)提供对信息数据更好的访问支持。银行数据仓库能在大量的银行业务交易数据中挖掘对于银行经营管理、信息咨询服务等有用的信息,这些信息可以用于全银行的所有业务。因此,数据仓库是银行信息化的核心。

3) 安全性和保密性

在银行计算机网络系统中,对数据的安全性和保密性要求特别高,绝不允许其数据被篡改和窃取。尤其数据在网上传输时,更需要确保数据的安全。因此,必须加强银行信息化系统的安全性和保密性技术研究。为此目的,一是要采取有效的技术手段,二是要靠严格的科学管理。就前者而言,不同类型的系统,应有不同的密级和采用不同的技术手段。

4) 可靠性

产品或系统在规定条件下和规定时间内,完成规定功能的能力或性质,称为产品或系统的可靠性。经过多年的实践,许多行业(如航天、电子和机械等)都认识到产品或系统的可靠性是一个系统运行成败的关键。银行在业务处理、信息咨询服务和经营管理等方面的性质及特点,又要求银行信息化系统更加可靠。因此,应该认真研究银行信息化系统的可靠性问题。其中银行计算机网络系统的可靠性应该是研究的重点。具体的内容应包括:对计算机网络系统设计、设备选用及施工要求等方面的可靠性定性分析;计算机网络系统硬件可靠预测、可靠性设计及可靠性测试;计算机网络系统软件可靠性分析与设计、可靠性度量与评估、可靠性测试与增长、可靠性工程管理等。

5) 标准化

标准化既是组织现代化生产和工程建设的重要手段,又是科学管理的重要组成部分。银行信息化首先必须标准化。标准化不仅是数据的标准化,还有业务流程、业务模式、业务程序等一系列的标准化问题。许多银行在电子化建设的初期,由于缺乏标准化的指导原则,产生了不少问题,造成了许多不必要的损失。由此说明,标准化始终是银行信息化要面临的一个大问题。

为解决这一问题,必须建立一个以技术标准为主体,包括管理标准、工作标准在内的综合标准化体系。因为计算机网络是银行信息化的基础,而网络涉及的计算机硬件、软件和通信设备、经营管理制度和业务操作规程等都必须实现标准化。所以,抓好银行计算机网络建设的标准化工作是首要任务。

4. 银行信息化的未来发展趋势

随着信息技术的发展,银行信息化也在不断地变化之中,新的业务也在不断地产生中。未来银行业信息化的发展趋势主要体现在以下几个方面。

(1) 为了提高银行核心竞争能力,数据集中和数据整合不断加强,信息化由局部化应用向一体化应用演变。数据集中和数据整合,就是将原有过于分散的信息系统,实现数据集中处理,在高度的灵活体系中实现信息共享和灵活的技术开发,通过技术创新形成强大的技术要求,将数据集中带来的优势转化成企业的竞争优势。在业务竞争的驱动下,为客户提供一体化、全过程的金融服务以及高端的金融衍生产品,一体化的信息应用势在必行。

(2) 银行信息化以业务为中心向以客户为中心的转变。银行信息化不仅是数据的集中和整合,而要在数据集中和整合的基础上向以客户为中心转变。为了适应竞争环境和客户需求的变化,银行信息化必须利用信息技术对传统运作过程进行集成和优化,实现信息共享、资源整合和综合利用,把银行的各项作用统一起来,优势互补,统一调配各种资源,为银行的客户开发、服务、综合理财、管理、风险防范创立坚实的基础,从而适应日益增长的需要,全面提高银行竞争能力,为金融创新和提高市场反应能力服务。

(3) 信息技术在银行风险管理中的应用将进一步得到加强,以实现风险管理的现代化。

风险管理是银行的生命线,风险管理水平是银行核心竞争能力的重要内容,加强信息技术在银行风险管理中的作用是提高风险管理水平、实现风险管理现代化的重要途径。要了解某些客户就必须收集、存储和查询客户的各种数据,就必须充分发挥现代信息技术的作用。

(4) 进一步推动银行管理和决策信息化,努力提高银行经营管理水平。要充分利用先进的信息技术,在信息整合的基础上建立和完善决策支持系统,要进一步开发和完善综合业务管理、信贷管理、财务管理、客户关系管理、风险管理、市场营销管理、绩效考核管理系统,并实现信息系统共享。要利用信息技术逐步实现业务流程和管理流程、内控机制以信息化流程为整合,全面提高银行风险防范水平。要充分利用银行的数据信息,实现数据深层次的利用,为银行深层次的管理提供支持。

(5) 银行信息安全工作将继续升级与强化。维护系统安全运行关系到银行信息化服务体系能否有效提供金融服务,是信息化建设的重点。随着银行信息集中和系统整合,银行信息化系统保障工作更为突出,银行要加强信息管理体系和管理技术建设。加强信息安全保障体系建设,加强计算机安全的定期检查,建立信息安全保障、沟通机制。认真落实安全责任制,切实保障信息化服务体系安全、平稳、高效运行。高度重视灾难备份建设,而且在综合考虑运行和应急备份的基础上统筹兼顾、合理布局,稳步推进。

银行信息化既是涉及银行体系改革、业务创新、经营管理的改进、金融风险的防范以及先进信息技术应用的复杂体系,也是一个由政府部门、银行、其他金融企业以及 IT 产业共同参与的庞大的系统工程,是我国金融现代化的重要组成部分。

12.2 证券

证券是指各类记载并代表一定权利的法律凭证的统称,用以证明持券人有权依其所持证券记载的内容而取得应有的权益。从一般意义上讲,证券是指用以证明或设定权利所做成的书面凭证,它表明证券持有人或第三者有权取得该证券拥有的特定权益,或证明其曾经发生过的行为。改革开放以来,证券业在我国得到了迅速的发展。特别是1989年上海证券交易所的成立,标志着证券市场在我国的正式形成。此后,证券业在我国得到了飞速的发展。随着以计算机网络为代表的信息技术的飞速发展,由电子商务、互联网的广泛应用而迅速崛起的网络经济,正在推动世界经济进入新一轮发展阶段。

在网络经济发展的时代中,由于金融证券产品具备耐久性、同质性的特征,并可由电子化记账,与其他实物产品相比更易于传输、保管和交收,因此,金融证券业的电子商务的发展尤其迅猛。事实上,网络传递的是信息、符号,金融证券实质上也就等于信息、符号。因此,信息时代中金融证券和信息的合一是最为容易的,网上金融证券可能是网络时代全球化最快的部门。网上金融证券不仅可以透过网络直达服务者,而且直接降低了各类金融证券要素流动的摩擦。由于证券的虚拟性,使得证券业在网络经济时代得到了迅猛的发展,证券业的信息化成为证券发展的助推器。

12.2.1 证券信息的基本特征

近年来随着证券市场的飞速发展,证券业正面临经营模式的改变,电子技术的进步和投资者交易习惯的改变强烈冲击着行业传统,计算机和各种电子化工具的广泛应用已使得越来越多的客户通过电子化的交易和资讯渠道实现证券买卖存取资金和获取信息。电话委托和查询、图文版远程委托和查询、网上交易以及传真机和传呼机的使用已在券商经济业务中占据重要地位。与此同时,证券业务的发展对交易所及证券公司的内部管理提出了新的需求,除了要加强自身内部管理外,还需要利用高新科学技术,以计算机、网络为辅助工具,实现高效的全面的金融信息系统,提高员工的办公效率,加速内部信息传递,还要为业务骨干以及中高层领导提供准确的辅助决策信息。如果没有一套完善的适用于证券业的管理信息系统,很难适应证券行业的发展速度。

1. 证券信息的特点

证券信息是反映证券市场活动特征及其发展变化情况的各种数据、消息、资料等的统称。根据信息的来源来分,证券信息又可以分为外部信息和内部信息。其中,内部信息也可称为系统信息,是系统运行过程中产生的各种作业信号和管理指令;外部信息也可称为环境信息,是指形形色色的证券相关信息,包括宏观经济信息、金融信息、行业信息、上市公司信息、证券市场交易信息等。

证券信息作为信息的一种,除具有信息的一般特征外,它还有以下特点。

1) 时效性强

由于证券市场变化的瞬时性,证券市场的价格是一个动态变化的量,在证券交易时间内,每时每刻都在变化。为了尽量减少交易双方的损失,就要求能够随时了解交易信息,同时在进行交易的过程中,其交易的速度也必须要求越快越好。也就是证券信息的时效性非常强。另外,证券市场价格的变化又受到政治、经济、文化、外交以及各种突发事件等许多外在因素的影响,对这些外在因素信息的及时掌握,关系到交易双方对交易价格走势的预测,并决定着交易的行动。

2) 传播快

任何影响交易价格的因素,都能够通过现代化的传媒工具迅速地扩散。交易时期的交易价格的变动更是能够在同一时间迅速地传遍全球。

3) 来源广

证券交易价格,受到许多方面的影响,甚至是一些虚假的信息的影响。而这些影响交易价格因素的信息,均称为证券信息。这些信息的来源非常广泛,有政府部门发布的政治、经济信息,也有上市公司发布的信息,甚至有一些街头小道消息。

4) 涉及面宽

证券信息涉及面相当广泛,不仅包括交易信息,还包括国家的政治、经济、文化、外交,以及上市公司自身的一些信息。在经济全球化的今天,任何国家的经济都互相影响,因而国际政治、经济都对证券交易有着非常大的影响。甚至全球的证券交易的变化也是相互影响的。由此可以看出,证券信息包括的内容相当广泛。

5) 影响力大

证券市场的变化,对国家的政治、经济有着相当大的影响。证券市场上剧烈的波动,有时会导致经济危机。如1997年的亚洲经济危机,开始就是美国的对冲基金对证券市场的影响所导致。

6) 共享度高

证券信息可以为任何人共享,任何想得到证券信息的人也可以通过各种途径获得。

但证券信息中绝大部分是通过文献信息源进行传播和交流的,这些信息源包括报纸、书刊、资料、电子出版物、各种相关数据库、国际国内的金融信息系统、互联网等。由于证券信息源的广泛性和复杂性,需要信息中介机构按照相关性、重要性、经济性原则和信息服务的范围和层次,在提高信息总量的同时,提高信息系统的加工质量,提高信息的有效性。这项工作在信息爆炸的时代单靠人的手工操作是难以完成的,必须依赖先进的技术手段。证券信息化管理系统正是基于这一需要而产生的。证券信息管理系统在环境信息的处理上,以扩大信息源、提高系统信息容量、提高信息有效性和流动速度为目的;在系统信息的处理上,则要求提高系统信息处理的准确性,能够及时、准确地反映系统的运转状况,为决策层提供决策支持。

证券业务主要是一级市场承销、经纪业务和投资咨询业务,交易的对象是资金、有价证券等金融资产,这些业务的核心是为上市公司和各种投资者金融资产的交易提供服务。由于证券交易电子化程度较高,所以,它不同于一般的商品交换,它没有实物的传递,是以信息为载体,通过信息的传递来完成资产的交易和交割的,信息化程度较高。这样便于通过信息流控制物流的方向、速度和流量,以实现对证券公司业务过程的控制。同时也只有采用信息化手段,才能管理信息化的过程。

2. 证券信息化管理的基本内涵

证券信息化管理是现代信息技术与证券业务充分结合而形成的一种管理模式。它是以证券信息化为核心,以现代信息技术为手段,通过证券相关信息的高效率运作,实现对证券公司业务全局的科学组织和资源的优化配置,提高系统总体效率的系统工程。证券信息化管理工程的实质是根据证券业务的特点,从系统工程的角度来规划、设计证券信息化管理,通过证券信息化系统的建立,以信息的合理流动,综合优化公司的各种资源,重组公司的内部业务,调动全体员工的积极性、创造性,拓宽加深公司业务的广度和深度,进而提高公司的整体素质和管理水平。其核心在于应用信息技术最大限度地提高公司经营管理水平。

证券信息化作为产业信息化的一个组成部分,就是证券公司应用现代信息技术,提高信息的传递、加工和处理速度及质量,最大限度地发挥信息资源的效用,是证券行业采用信息技术和开发信息资源而提高生产率的过程。把系统建立在先进的信息技术基础之上,是系统先进性的前提条件。所以,证券信息化管理系统是一个动态的、开放的、并随着信息技术的发展不断提高的系统。

证券信息化管理不同于其他的信息管理系统,它广纳公司业务全局,贯穿公司全部经营环节和过程,是一项系统性、综合性、操作性极强的现代化管理工程,是一种全新的证券业务管理模式。第一,从系统性上看,证券信息化管理工程不是信息化、局域网、业务及管理各部分特性和功能的简单相加之和,而是一个诸要素相互作用的有机综合体,这一管理工程的关键在于有效地反映这些证券信息诸管理要素之间的相互关系;第二,信息的传递过程是程式化的、高效的,但系统输出的结果是丰富多彩、极富个性的;第三,证券信息化管理工程是一种"人本化的模式",体现以人为本的管理思想,强调发挥员工的最大潜力和为投资者提供最佳的服务;第四,从方法上看,证券信息化管理工程中综合运用经济学、数学、管理学的原理方法,定量分析与定性分析相结合,为使用者提供科学的分析工具,保证信息传递的准确性和高效率。

3. 当前我国证券行业的整体状况

随着我国对外开放和经济改革的进一步深入,尤其是加入 WTO 后市场的不断开放,国

内的证券行业面临越来越严峻的市场形势。主要包括:

1) 竞争日趋激烈

由于特殊的市场地位和作用,证券业历来受国家和企业所重视。近年来金融企业的重组、大型产业集团的进入、国际金融企业的逐步渗入,使得我国证券市场的竞争日益加剧,证券企业开始面临空前的压力。

2) 业务变化和创新加快

政策的逐步放开、技术的不断发展和激烈的竞争形势,将大大激活企业的创新能力,使得新的业务品种、业务模式等不断涌现,证券市场的金融创新和业务变化速度日益加快。

3) 监管要求不断提高

证券业存在的不规范和风险,加上以巴塞尔资本协议为代表的国际监管框架的普及,以及市场开放和混业经营所蕴含的风险和管理压力,使得监管层将不断提升监管要求、加大监管力度,以便让证券企业不断规范业务,提高自身的风险监控能力。

激烈的同业竞争和日益加剧的风险,大大增加了证券公司经营管理的难度,使得战略决策和管理控制能力与证券公司的生死相关。如何充分利用信息技术来构筑企业的网络化业务支撑平台,以提高企业的战略实施和风险管理水平、加强经营决策和管理控制能力,从而增进企业绩效、提升企业价值已成为我国证券公司面临的重大课题。

12.2.2 证券信息化实施

1. 证券信息化的主要内容

证券信息化包括许多内容,从不同的角度看,有不同的需求。但不论对于交易所、证券公司、股民以及监管机构,其最基本的是证券交易系统。

证券交易系统是以证券交易所为中心,以计算机网络技术为基础,构成一个以本地网络为核心、本地网络与远程通信相结合的集中式中央数据管理、分布式证券业务处理的计算机网络系统。该系统将证券交易所登记公司和中央清算机构以及全国各地的证券营业机构及其下属分理处彼此有机地联系起来,使证券交易的买卖委托、买卖盘实时传送、自动撮合成交、即时行情显示和无纸化过户等证券业务组合成一体,为广大投资者提供一个公正、公开、安全、高效的管理与服务界面。

对于当前的证券行业,证券交易逐渐由传统的交易方式向网络交易转变。这对于方便客户、提高交易速度、降低交易成本、节省券商成本有巨大的作用。

网络证券交易是指投资者利用互联网资源,包括公用互联网、局域网、专网、无线互联网等各种手段进行与证券交易相关的活动,包括获取实时行情、相关市场资讯、投资咨询以及网上委托买卖证券等一系列服务。其狭义概念是指借助互联网完成开户、委托、支付、交割和清算等证券交易的全过程;技术上,网络主要覆盖证券经纪公司及其网站,客户也可在线获取与证券交易有限的财经资讯信息等服务。其广义概念是指利用开放式系统,包括利用有线或无线网络、内联网或互联网,完成开户、委托、清算、支付、交割等证券交易过程;技术上,网络可以覆盖证券交易所、银行、证券咨询公司、网络技术服务公司等,客户可以在线获取证券信息服务、投资分析服务、咨询理财服务等,以及在此基础上建立的个人理财等其他金融增值服务。网络证券交易在我国得到了迅猛的发展。来自中国证监会的一份统计数据显示,在2004年4月份,中国网上证券交易量已占到同期沪深证券交易所股票、基金总交易量(双边计算)的近2成,创下了网上交易量的新高。证券公司网上委托交易量约为2077.06亿元,占沪深证券交易所股票、基金总交易量的19.71%,比上年同期上升了5.33%。近年,利用智能手机进行证券交易的比例在逐年上升。

对于证券行业而言,仅有证券交易系统只能完成证券交易的功能。而对于会计管理、成本、信息决策分析与管理、风险控制等许多的信息数据需要处理。在此,主要讨论集中会计核算、集中资金管理、证券投资管理、经纪业务管理、战略管理和中央监管等6个应用方案。其整体架构如图12-9所示。

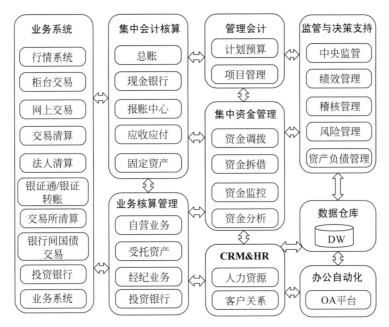

图12-9 证券信息系统主要功能架构

1) 集中会计核算

实现集中式会计核算和财务监控,是证券企业适应市场竞争和经营环境的要求、规避经营风险的必然选择。用友公司为证券业提供集中式财务核算与管理解决方案,使得从数据的存储与处理、信息的收集与加工到财务资金的监控,都在相关的管理决策人员的实时掌握之中。主要特点包括:

(1) 集中数据管理。通过将全公司各财务账的数据统一集中管理,为实现整个系统的应用模式、基础控制体系、客户化管理、实时监控、全面协同等集中管理要求奠定了坚实的基础。

(2) 集中分布相结合。各核算主体的日常工作在总部的授权和统一管理下分布进行,既减小了各核算主体的基础设置等工作量,又保证了企业集中管理的需要。

(3) 实时监控分析。管理部门可根据授权实时地全面监控和分析企业财务、资金及业务信息,从而避免了数据反馈的延误和层层收集的失真,保证了监控分析精准而有效,并提高企业的管理控制和防范风险的能力。

(4) 会计协同。通过自动制单、协同单据、协同凭证、信息交换、对账、审批等多种方式,充分满足企业内部往来业务、专项核算管理与总账、信息交换等协同需求,极大提高了会计人员的工作效率和质量。

2) 集中资金管理

资金是企业的血液,更是证券公司经营的命脉。在传统方式下,资金分散不但带来了集中计划性差、资金活动的监控能力弱、资金的运用效率低等问题,而且给证券公司带来了巨大的风险,国内外由于资金失控而给企业带来巨大损失的案例屡见不鲜。

用友公司为证券行业提供的集中资金管理解决方案,通过资金预算、资金划拨和资金分析的结合,实现了资金运营的事前计划、事中控制、事后分析的全面管理控制,有效地保证了资金管理的效率和效益,降低了管理成本,减小了企业运营风险。其主要功能特点如下。

(1) 完成全公司和各机构的现金收入和支出的预算管理,可设定资金管理权限、预警条件、控制方式等管理需求,实现对现金流的全面预算和管理。

(2) 根据资金预算,管理公司负责对各业务部门内部资金往来的申请、审批、对账和内部考核等工作。

(3) 与网上银行、清算、交易和证券投资等相关系统实现无缝集成,自动形成资金流动信息,在授权、授信制度下,实现资金实时划拨和对各机构费用专户的限额(或清零)管理。

(4) 提供资金头寸统计、大额现金收支分析、重要合同分析、资金运用分析等功能。

3) 证券投资管理

证券自营和受托资产管理是综合类券商的核心业务,也是证券公司专业化竞争能力的关键所在。

用友证券行业解决方案通过提供对自营证券、受托资产管理的网络平台,实现与财务系统的有机集成,帮助客户有效地进行投资业务的运作和绩效管理,不但可以提高作业效率,还能使企业信息流全面畅通,从而更好地帮助企业领导进行管理分析和决策。其主要功能特点包括:

(1) 投资计划管理。系统可根据公司总体投资计划(或受托资产合同)自动形成相关投资计划,并可对该计划进行变更、执行控制和多维度的实施分析。

(2) 投资资金管理。针对资金账户和管理项目进行投资账户资金的存取划拨的全面管理。

(3) 投资业务管理。根据设定的管理项目组合(品种、操盘手、库位、资金号、股东号和合同等),进行证券投资的买卖处理、成本收入核算、库存管理、计提跌价准备以及盈亏预警等管理。

(4) 投资管理分析。提供库存证券估值、浮动盈亏分析、资金成本分析、投资业绩分析以及资金预测、资金运用绩效分析等功能。

(5) 集成应用。可导入资金存取划拨和交易清算数据,并在进行处理后自动生成会计凭证,使财务信息更加精准,从而实现证券交易、投资管理和财务核算的集成应用。

4) 经纪业务管理

经纪业务是证券公司的传统业务,长期以来也是券商(尤其是经纪类)的主要业务。该业务主要由证券公司各营业部的柜台交易和网上交易等交易系统来进行业务处理。为满足该业务的会计核算和财务管理统计的需要,经纪业务管理的主要功能有:

(1) 客户资金管理。能导入柜台交易、银证转账、交易所清算等系统的保证金存取、代理结息、代理派发红利等资金变动数据,并形成相关凭证。

(2) 代理交易管理。可导入柜台交易、交易清算数据、资金清算数据、配股缴款数据、红股分配数据等数据,并经核对后形成相关凭证。

(3) 统计分析。可按币种、交易所、交易日期等统计各交易席位代理证券买卖汇总、各证券品种的分红、配股等业务汇总和资金汇总数据。

5) 战略管理

面对激烈的市场竞争,企业越来越重视战略管理和决策分析。用友证券行业解决方案特别提供了战略管理解决方案,以帮助管理人员进行财务与经营分析、战略目标制定和实施监控、绩效管理及决策支持等工作。

(1) 战略目标管理。通过对企业自身的资金、人力、市场表现等情况以及市场、竞争对手、政策等多层面的分析和预测,指导企业科学设定战略目标。

(2) 战略实施与监控。结合企业战略,编制科学的计划预算,并采用根据要求监控实施情况(可采用预警等方式),进行实时、有效的实施、管理监督和控制,必要时可对计划进行调整。

(3) 战略分析与决策。以建立的全面完整的战略计划管理体系(包括战略管理指标体系和分析预测模型)为基础,通过对企业战略实施、市场变化等情况进行不同层面的分析,帮助企业提高战略分析和决策的能力。

6) 中央监管

风险管理能力是证券公司的核心竞争能力,通过加强监控能力,来提升证券公司的风险管理和分析决策能力是本方案的目标和核心。本系统提供了直接监察、报表分析、目标预警、数据仓库与数据挖掘等多种监管分析手段。

通过集中管理,实时精准地掌控全公司的财务、资金和自营证券、受托资产、经纪业务等业务经营状况,帮助企业进行科学决策。

根据设定的监管要求进行全方位的资金分布和配置、资金收付、投入产出、预算执行、绩效考核等多种监管分析,提升企业的管理控制能力。

根据业务特点、风险管理模型和监管要求,自动进行数据的实时提取和监测,进行风险管理分析,并根据监管要求自动预警,从而帮助企业规避各种风险。

2. 证券信息化管理系统与传统的信息管理系统的比较

证券信息化管理系统是结合证券业发展的特殊情况开发完成的一种新的经营管理系统。它与传统的信息管理系统在内容上、特点上、设计思想上都存在较大的差别,具体体现在:

1) 涵盖的内容有所不同

传统的信息管理系统更多地侧重于解决管理中某一方面的问题。如 MIS 是将电子数据处理与经济管理模型的仿真、优化计算结合起来,具有预测、控制和决策功能,它更加强调定量判断的分析技术,包括建立模型、进行优化等;又如办公自动化(OA)主要是从如何提高管理人员,特别是经理层领导、秘书人员等的工作效率出发,全面应用各种高效、智能化的办公工具进行综合处理。而证券信息化管理系统涵盖了上述内容,是办公自动化系统、MIS和交易系统、用户服务系统和网上交易电子商务系统的综合应用。它在突出管理的同时,更加注重以企业文化为核心的组织激励和信息交流及人的潜能的发挥。

2) 有不同于传统的信息管理系统的特点

第一,传统的信息管理系统主要是运用人工智能技术支持决策,辅助高级决策人员解决半结构化或非结构化问题,有灵活性、通用性和快速响应的特性,有方便的交互功能。而证券信息化管理系统首先是注重外部环境与内部条件的较好结合,建立以客户服务为导向的经营管理模式,使券商服务能够适应客户需求的各种变化,并能够对外部经济形势和证券业的发展变化进行系统的分析和预测,拓展业务空间。第二,证券信息化管理系统既要考虑当前的可行性、效益性和效率性,又要与公司的长远发展战略和管理工程的升级扩展很好地结合起来。第三,是证券信息化管理工程有效地处理集权与分权、集资与分账的关系,管理方式上更强调人本化、个性化。第四,是定性分析与定量分析相结合,定性分析定量化和定量分析定性化。

3) 设计思想人本化

传统的信息管理系统主要是从系统本身的构造和特点出发,由解决结构化问题,逐步向解决半结构化和非结构化问题深入;由向操作执行层提供自动处理各种数据的手段,逐步转向为决策人员提供决策支持功能。而证券从业人员技术构成高、市场因素复杂、风险高的特点,决定了证券信息化管理系统在设计上必须突出人本化管理思想,形成人本信息化模式。把人视为管理的主要对象及企业的最重要资源,通过证券信息化管理系统来激励、调动和发挥员工的积极性和创造性,引导员工去实现公司预定的目标。

3. 证券信息化管理系统建设中需要注意的问题

1) 要有较好的管理基础

证券信息化管理系统的有效运行是建立在科学合理的管理体制,完善的规章制度,良好的业务架构,科学的管理方法和完整、准确的历史数据基础上的,它与企业基础管理工作并不冲突,是互相补充、相得益彰的。广域网作为整个证券信息化管理工程的一个有机组成部分而存在,它仅是实现管理目标、完成相关功能的一个手段,没有较好的公司基础管理,证券信息化管理工程就成了无本之木、无源之水。所以,要不断地修改和完善公司的规章制度,调整业务格局和业务流程,整合与再塑企业文化、管理思想,以使系统随着环境的变化不断得到更新和升级。

2) 需要决策者的重视和全体人员的参与

证券信息化管理工程不同于传统的计算机管理系统,是一个十分复杂的、关乎公司全局性的问题,涉及公司体制、机构、人员、规章制度的变化和调整,需要公司全体人员的共同参与,积极配合,才能更有个性,产生更强的生命力。所以,在系统设计上,要注意结合证券业从业人员素质较高的特点,采取开放式的设计思路,给参与人员更多的自主权和更大的发挥空间,使工作更富情趣和更有效率。同时,在保证工程高效、安全的前提下,使之能够具有适应性、先进性、创新性,使之充满生机与活力并能不断进行自我超越和自我更新。

3) 要注意突出人的潜能的发挥

证券信息化管理工程,以其技术上的先进性,排挤简单劳动,但并不否定或削弱人的价值和地位,相反,对人的综合素质和专业技术水平要求更高了,必须加强员工的培训工作,不断提高员工的综合素质和适应能力。

4) 提高系统的安全性和抗干扰能力

从系统设计到系统运行都要充分考虑可能出现的系统隐患,把系统的安全问题放在首位,如采取多种多样的容错技术、数据库和防火墙,实时病毒检测,严格操作纪律等技术措施和管理措施,提高系统自身的安全防范能力,保证系统万无一失。

12.3 商业

12.3.1 商业信息的基本特征

1. 商业信息的概念

商业信息是经济信息的一种。商业是一个历史范畴,是人类社会发展到一定历史阶段的产物。社会再生产过程是生产、分配、交换、消费4个环节的不断循环。每个环节的活动就会产生、传递、吸收特定的经济信息,各个环节所产生的经济信息都有一定的内在联系。在市场经济条件下,社会再生产过程的顺利循环必须通过市场。社会产品的价值实现和再生产连续进行所需要的实物补偿都离不开市场的商品交换。因此,从广义的角度上讲,商业信息是指能够反映商业经济活动情况,同商品交换和管理有关的各种消息、数据、情报和资料的统称。商业信息的范畴不但包括直接反映商业购销和市场供求变化及供求运动的信息,而且还包括各种影响市场供求变化的有关情况的信息。如农业丰歉、自然灾害、政治事件等会影响当年或来年市场商品可供量的增减、购买力投向变化等,有关这些方面的情况变化也可纳入商业信息的范围。从狭义的角度看,商业信息是指直接反映商品买卖活动的特征、变化等情况的各种消息、情报、资料的统称。总之,商业信息渗透于商业经济系统内的一切部门和所有环节,贯穿于全部经营管理活动中。

商业信息按其划分的标准不同可以分为若干种。按照商业信息性质和内容可以划分为市场营销信息、市场管理信息、商品科技信息和市场环境信息等。

市场营销信息是市场信息的核心和主体,主要包括如下信息:商品生产和供应信息(市场商品生产能力、规模、布局、结构、渠道以及产地、产量、质量、品种、花色、规格、性能、款式、型号、价格等),商品需求信息(消费者人数、性别、年龄、职业、收入、习惯、爱好,心理变化特征,以及购买力增减和投向变化、消费水平和结构变化等),商品竞争信息(同行业竞购、竞销能力及其竞争战略与策略,如同行业的产品开发、销售渠道、网点分布以及价格策略、销售促进策略等)。市场营销信息常常通过商情、广告、市场调查等形式反映出来。

市场管理信息包括国家调控市场、市场引导企业的宏观管理信息和企业内部业务管理的信息。前者包括国家制定和颁布的经济法规、政策和计划,财政、税收、银行、物价等部门根据经济杠杆的原则而出台的有关新的规定等。后者指的是商品产供销计划,购销合同的签订和履行,以及业务、财务、会计、审计、物价等管理措施的制订。

市场商品科技信息包括新产品的开发、设计、试制,以及各类产品在加工、包装、仓储、运输、检验、采购、销售、服务等环节中所出现的科学技术发明成果和改革、革新措施所形成的信息。

市场环境信息指的是影响市场供求变化和营销活动的各种政治、经济、社会环境、自然变化的信息。其包括政治环境信息,如国家重大方针政策变化等;经济环境信息,如经济政策变化,经济体制改革,经济结构变化,经济发展速度和人民消费水平、消费结构变化等;社会环境信息,如城乡建设发展、人口发展与分布、商业网点建设、交通、人民文化和教育水平,以及风俗习惯等;自然环境信息,如气候变化、土地资源开发利用、农作物生长态势等。以上事物变化所产生的信息都作为市场环境因素而对市场营销决策有着重要价值。

2. 商业信息的特点

1) 商业信息的社会性

商业信息的社会性主要表现在两个方面。

(1) 从事商业信息工作是一种普通的社会现象。商业信息的来源十分广泛,各个经济部门既是商业信息的使用者,同时又是商业信息的来源。它们不断从社会上取得商业信息加以利用,同时又不断地向社会提供商业信息。

市场经济越发展,人们对商业信息的需求越强烈,从事商业信息工作的机构和人员也必然越来越多。

(2) 商业信息联系着人们的一切活动。商业信息广泛地联系着国民经济的各个领域,渗透到各行各业以及人类社会生活的各个方面,贯穿全社会再生产的全过程。无论是商品生产的经营管理,还是物质文化生活的分配和消费,都必须紧紧地依靠商业信息。在现代市场经济条件下,离开了商业信息,商品生产、交换、分配、消费等一系列活动都无法进行。

2) 商业信息的客观性

商业信息是商业经济活动状态和变化的客观反映。由于商业经济活动的发展变化是不随人们的意志为转移的客观存在,所以反映这种客观存在的商业信息同样有客观性。商业信息不仅其实质内容具有客观性,而且一旦形成,其本身也具有客观实在性。

3) 商业信息的价值性

商业信息的价值是指商业信息对人的效用。商业信息的价值是以商业信息对人的有用程度来区分其大小的。有用程度高则商业信息价值大,有用程度低则商业信息价值小,两者成正比关系。

商业信息资源的开发利用会给商业企业带来社会效益和经济效益。

4) 商业信息的时效性

商业信息是有寿命的、有时效的,和世界上任何商品一样,它有一个生命周期。商业信息使用价值与其所提供的时间成反比。商业信息一经生成,其提供的时间越短,它的使用价值就越大;反之,其提供的时间越长,它的使用价值就越小,时间的延误会使商业信息的使用价值衰减甚至最后完全消失。

5) 商业信息的依附性

商业信息是由商业信息实体和载体构成的整体。商业信息的实体是就其内容而言,如商品需求情况、商品价格情况、商品供应情况等。商业信息载体是指反映商业信息实体的各种中介,如电磁波、声波、文字、语言等。

商业信息的依附性是指商业信息依附于载体。商业信息内容依附于载体构成完整的商业信息,商业信息的发出必须采用某一信号,通过一定传递的载体才能表现出来。无论是通过广播、报纸、电视,还是网络等媒体工具,还是人们之间的消息传递,信息必须经过载体才能表现出来。

6) 商业信息的相对独立性

商业信息的相对独立性是指商业信息的内容不因载体的形式不同而发生改变。例如,某种商品的价格信息,无论是用中文还是外文,是用广播还是电视来表达传播,其信息内容都不会改变。

商业信息的相对独立性还表现在无论在什么时间、空间传播,其内容是不变的。

商业信息对载体的相对独立性可以使我们根据需要选择传播和存储载体。

7) 商业信息的可传递性

传递是商业信息的一个要素,是商业信息发挥作用的前提。商业信息的可传递性可以从两个方面加以理解:一是指商业信息是可以通过一定的形式传递的;二是指商业信息必须经过传递才能获得。

商业信息工作之所以能够进行,正是利用商业信息可以被人们传递的特性。

8) 商业信息的可存储性

商业信息反映的内容是客观的,商业信息生成后具有客观存在性。商业信息的客观性决定了商业信息具有可存储性。有时加上处理后的商业信息并非立即就用,有的当时用了,但以后还要参考,于是人们便把商业信息进行存储。商业信息的存储和积累,使人们能够对商业信息进行系统的、全面的研究和分析,使商业信息得以延续和继承。

9) 商业信息的可加工性

商业信息的加工是指人们运用大脑和相关工具对其进行处理的过程。商业信息只有通过加工后才有价值。商业信息的可加工性表现出人们对商业信息的可认知性,人们根据需要有选择地收集商业信息,通过筛选、审核、分类、编码等加工处理过程,保证商业信息的完整性和真实性,为商业信息的运用提供方便。

商业信息的可加工性是保证商业信息完整性、真实性的重要条件,便于人们对商业信息的处理。

10) 商业信息的可增值性

商业信息具有确定性的价值,但在不同的时间、地点对不同的人又有不同的意义,并且这种意义还可引申、推导、繁衍出更多的意义,从而使商业信息增值。

3. 商业信息处理原则

在商业管理实践活动中,管理过程与信息运动过程是不可分的。可以把商业管理过程看作是接受信息—变换信息—传输信息的过程。信息既是管理劳动的产品,又是管理劳动的重要资源。在整个管理系统中,所有的管理劳动都必须靠信息流沟通联络,信息流构成一个纵横交错的通信联络网。

然而,对于商业管理者来说,并非任何资料和数据都具有信息的价值。商店的经理不可能用大量时间去阅读数量繁多且无关紧要的信息。因而商业信息管理的任务就在于全面利用各种信息资源,对信息进行精心的处理和科学的排序、分类,提高信息的知识性,减少信息的不确定性,使原始信息资料成为精练、准确、科学、实用的二次信息和三次信息,为企业的经营决策和计划控制提供服务。

为了充分发挥商业信息的功能,必须加强对商业信息的管理,坚持及时、准确、适用、层次、经济的原则。

1) 及时

及时就是信息传递速度要快。由于信息具有时效性,速度越快,信息水平越高其价值越大。当前,市场形势急剧变化,客观上要求商业企业及时收集和传输市场信息,以便对企业经营决策提供有效的资料和数据,并对企业经营管理过程进行合理的控制。从商业企业来看,信息处理的及时性包括4方面内容:一是收集信息要及时;二是加工制作新的信息要及时;三是反馈信息要及时;四是传输信息要及时。只有做到这4个及时,这样才能赢得企业经营上的主动权。

2) 准确

准确即信息要如实反映客观情况。准确是信息的生命,情报越准确,其价值越大。而假情报、假信息只能导致企业经营管理的决策失误,从而贻误整个商业工作。要做到信息能如实反映实际情况,首先必须做到一切从实际出发,周密调查研究,认真收集各种原始资料和数据,这样才能加工出准确的信息,保证企业决策人员的正确判断和管理过程的有效控制。

3) 适用

适用就是信息要符合实际需要。在企业经营过程中,内源信息渠道和外源信息渠道都在源源不断地输入大量信息。由于决策人员和管理科室的职能不同,所需要的信息在内容上也不尽相同。例如,经理的主要职责是确定企业目标,制订计划,组织人力、物力、财力资源,管理业务系统的办事程序,沟通整个系统的联络,因而他们主要需要用于企业进行战略决策的信息。其信息不但来源于企业内部,而且来源于企业外部。企业职能科室是企业的实施部门,其主要职责是执行企业经营目标和进行管理监督。他们需要的信息一般用于程序化决策,信息主要来源于企业内部的基层商品部、组。他们需要的是作业用的具体信息,其信息量大,但具有规律性,一般以企业内部稳定信息和流动信息为主要来源。

4) 层次

企业的不同决策层次,需要的信息量不同。越是上层决策者,需要的信息量越少,但对信息的要求趋于整体化,所得到的信息也越不正式、越不规律,不易事先预测;信息处理越加复杂,往往需通过模拟、预测或其他复杂的处理过程,才能得到战略上的信息。而越是下层决策者,信息资料越加具有规律性,趋于数据化、经常化。所以,国外管理学家认为"越在下层资料处理越科学化,而越在上层越艺术化"。企业信息处理的任务是要使不同层次的管理人员和业务人员得到其各自需要的信息,而不是企业的全部信息。

5) 经济

经济指采用的信息处理方式必须符合经济核算的要求。任何管理工作都要考虑经济效益,信息的处理也必须遵循经济效益的原则,即考虑如何用较低的费用获取必需的信息。因此,经济的要求应从两个方面考虑:一是从信息的产生到传播要尽量节约费用;二是如何使信息给商业工作带来更大的效用。

12.3.2 商业信息系统

商业作为国民经济的重要组成部分,是商品、消费、配送、运输等信息的集散地,其信息化建设程度的高低,在整个国民经济信息化建设中具有举足轻重、不可替代的地位和作用。

我国的商业正在从传统商业转向现代化商业,规模化、集团化、连锁化、现代化已初具雏形,大型百货、连锁超市、仓储商场、配送中心、电话购物、网上营销、电子商务等新的经营模式不断涌现。外资零售挺进国内,争夺市场份额,市场上的消费者需求日益多样化,以消费个性化导向为主的市场已经形成,商业企业经营与服务的竞争不断加剧。科技兴商、实施现代化经营管理刻不容缓,必须实现前台数据采集、后台实时处理、刷卡、网上快速传递,然后电子划账结算。信息及时的加工与存储,时段性的跟踪分析与决策支持等。要提高商业企业竞争力,就必须提高企业的现代化经营管理水平,就必须加强企业的 MIS 和 POS(Point Of Sails)系统建设,就必须实现企业的动态差别化经营,就必须满足个性化消费的需要。传统的手工业方式和条块分割的管理体制与经验型管理方式是根本无法适应现代商业的竞争。只有依靠商业企业的全面信息化,国内商业企业才能与外资抗争,才能在市场生存,也才能够取得发展。

商业管理信息系统是指商业企业的管理信息系统,它包括为实现商品的销售,在企业内部商品的计划、合同、进、销、调、存、核算、财务、统计分析、辅助决策的整体循环处理过程,以数据信息为轴心的全面自动化管理控制。它承担为商业企业决策收集信息、加工处理信息、存储和检索信息,并把信息及时传输到企业管理决策层和外部关联目标的科学组织体系。

1. 商业信息管理系统的基本内容

就商业零售企业来讲,一个大体上完整的管理信息系统,该包括以下几个方面。

1) 外部商业信息系统

外部商业信息系统建立在公用数据网基础之上,跨接多个社会商业信息系统,其目的是向有关主管单位呈报数据;向生产厂商、批发商订购商品;与银行进行账目往来;与下属单位进行数据交换;向公共数据中心提供有关信息等。外部商业信息系统的建立是社会信息化发展的必然趋势,它是建立 EDI(电子数据交换)、EOS(电子订货系统)、VAN(增值网络)以及完整的 DSS(决策支持系统)的基础。

2) 前台收款系统

前台收款系统除了要完成前台商品销售的收款之外,更重要的任务是完成一定范围内的信息采集,为高层经营分析与决策奠定数据信息基础。当前,一般采用 POS 进行处理。

POS 即销售点实时处理系统。它是采用条码技术和收款机进行销售数据的实时输入,能够实时地跟踪处理销售的情况,并根据这些数据以销售进行详细、正确、迅速的分析,为商品的补货和管理提供依据的信息管理系统。它的主要任务是对商品交易提供服务和实时管理。具体内容包括:以不同的处理方式(零售、批发、折让、折扣、调价、减价等),不同的结算方式(现金、支票、信用卡等)完成商品交易并产生所需的收据;对商品销售信息进行统计和实时管理,如统计交易次数、时段销售金额、时段各类商品的销售量、自动更新库存量、提供可靠的存货信息;控制各类商品的库存量并管理商品的订货等。

3) 后台管理信息系统

后台管理信息系统主要用于商业销售企业经营过程中商品的进、销、调、存全过程信息的管理与控制,以及以财务管理为核心的建立在商业零售企业信息基础之上的综合管理和其他部分的自动化系统,如办公自动化系统。

4) 辅助决策支持系统

商业自动化系统中的决策支持系统就是充分利用商业企业内部的信息网和与企业内部网络相连的外部社会信息网,建立起商业企业的管理信息综合数据库,在此基础上利用各种可行的预测和分析技术,形成符合商业企业管理习惯的模型库,并根据企业各领导层的不同管理习惯,生成满足他们日常决策的方法库,为企业辅助经营决策提供基础。

5) 其他辅助系统

其他辅助系统主要包括电子监控与防盗系统、消防安全系统、大屏幕广告、多媒体导购、电话购物系统、虚拟商城、网上购物、盘点、储运、展示设备等,它们作为商业自动化的辅助系统,目前越来越成为商业自动化系统中必不可少的部分。

商业企业管理信息系统按照其业态、结构等不同,可以划分为多种类型。

按照商业企业管理信息系统的应用类型,可以分为购物中心管理信息系统、商场(百货店)管理信息系统、批发企业管理信息系统、超市管理信息系统、配送中心管理信息系统、仓储商场管理信息系统、专卖店管理信息系统等。

按照商业企业管理信息系统在企业内部的结构,可分为分散型、集中型和综合型3种。

分散型是我国传统的信息组织机构,一般分散在各科室进行。各科室人员从事信息的收集、加工、分析、编写、传输等工作,没有一个专门机构集中统一从事信息工作。集中型指的是企业内部设有专门机构,集中统一从事企业信息的收集、加工、处理、存储、检索、传输等工作。综合型是分散和集中的结合,企业建立专门的信息组织机构,各部门也负担一部分信息采集的工作。当前一般采用综合型的方式进行。专门的信息部门进行系统的日常管理和维护,其他各部门负担自身相关信息的采集工作。

2. 商业管理信息系统的特点

商业企业管理信息系统是管理信息系统的一种特定类型,它具有一切管理信息系统的共性,由于它特定的组成部门和应用环境,又使它拥有自身的特殊性。概括起来,主要有以下几个主要特点。

1) 用系统的角度去解决信息管理问题

它从系统的角度,解决企业信息管理问题,并把系统放在整体中处理,力求达到整个系统的最优化。作为系统至少是由两个以上的可以相互区别的要素(分系统)组成。系统是一个不可分割的整体,必须作为一个完整的而不是作为一个系统的集合去看它的功能。从它的作用和功能看,整体要比它的所有分系统的功能大。商业企业信息管理部门有计划科、统计科、财务科、会计科、业务科、情报信息科、秘书科等职能部门,这些部门的人是企业内部各种数据、资料、文件、商情通信等信息的使用者和管理者。信息管理系统的产生将由专业人员(市场研究人员、信息技术人员、信息管理人员)和机器设备,如电子计算机、通信工具等,以及程序等诸要素,结合成企业综合的信息实现人-机系统,对企业商情信息、数据信息和科研信息等,实行统一管理,从而实现企业信息管理整体最优化。

2) 以计算机等现代化的信息工具为基础

充分地运用现代化管理方法和电子计算机等手段及现代信息传递技术,实现信息的收集、处理、传递的系列化。现代企业信息管理系统包括传统的手工机械管理信息系统和计算机信息系统两种。对大多数企业来讲,应当是充分利用计算机进行信息处理的优点,对现行的人工信息处理流程加以整顿和疏通,尽量将数据采集自动化,建立市场研究的专门机构和内部数据信息处理的专门机构,实行统一科学的管理。

商业企业管理信息系统要由人来确定其目标,选用其经济模型来安排系统内信息以及其他处理流程。只有在保证系统输入正确的数据信息的条件下,系统才能输出正确信息,作为商业企业管理人员的决策依据。

商业企业管理信息系统的用户是指那些负责操作机器(如收款员)、输入数据(如录入员)、指挥系统(如管理员)或者使用系统输出结果(如各级管理人员)的人。对于许多问题来说,用户和计算机共同构成一个综合系统,而问题的具体答案是通过计算机与用户之间的一系列交互活动获得的。例如,商场的总经理可以通过对计算机的查询等一系列的操作来了解商品销售信息、库存信息,并可通过运用决策支持子系统来分析商品信息,做出决策。

商业企业管理信息系统能使企业管理人员摆脱事务性的复杂工作,改革管理决策过程,减轻管理人员日常业务性工作,从而使他们将时间和精力用在分析和设计有关经营政策及其如何执行上。

3)集成化系统

商业企业管理信息系统通常为企业组织结构的集成化信息处理工作提供基础。实现商业企业管理信息系统的各种应用集成化的第一步是要有一个总体的信息系统规划。即使各应用系统的实施是逐个进行的,但它们的设计工作应当在总体规划的指导下进行。

商业企业管理信息系统设计的发展趋势是应用处理系统将与支持系统的数据相分离。独立式的数据库结构能使各项应用中的数据项成为一个整体,并对各种用户都能做到一致性。由于商业企业管理信息系统是由多种软件、多种平台共同组成的一个综合系统。因此,它的集成化程度更高。

4)联机事务处理系统

商业企业管理信息系统的基本任务就是对商业企业进、销、存业务的统一处理,在前台完成及时收款的同时,要把采集到的数据及时传送到后台,后台经过一定的加工处理后,又要把相应的信息传送到财务,形成财务账,出具统计报表。这一系列任务的完成都要在联机的情况下进行,任何一个环节出现故障,都会使系统无法正常运行。因此,商业企业管理信息系统要求必须要有很高的实时性、可靠性,能及时响应各方面的信息,并且要有完整的故障恢复处理措施,保证系统某一点的故障不会影响到整个系统的运行。特别是网络应用日益广泛、系统安全威胁日益严重的今天,保证信息系统的安全是保证系统正常应用的前提条件。

5)数据处理量大

每一个大中型商场,都有上万甚至几十万的商品品种。这样的商场每天都要接待几万个顾客,需要处理几万条商品交易信息,数据在每一时点的数据吞吐量和存储量都很大。所以要有效地保证日常业务的正常进行,需要解决的问题就是系统要有足够快的处理速度和足够大的系统存储容量。特别是采用了网络支付和网上购物的系统,需要系统性能更加稳定可靠。

6)应用环境复杂

商业企业管理信息系统作为一个集成很强的系统,它面对的是多层次、多数量的工作人员,从前台的收款员到后台的系统管理员、业务人员,每个环节都要有不同的用户对象,完成不同的工作任务;另外,商业企业管理信息系统还分布在商场的各个地方,覆盖企业的各个部门,对于连锁企业来说这种分布的特点就更加明显,它通常要管辖全国甚至全球不同地区的分店。

7)适应环境及管理模式的多变性

系统处于环境之中,系统必然要与外部环境产生物质、能量和信息的交换,必须适应外部环境的变化。环境也是系统,是一个复杂的难以控制的系统。商业企业可以看成是开放的信息系统,从外部市场和营销输入各种变化的信息,经过企业信息系统转换加工、升华的预测、决策计划等信息,必须适应环境因素变化,具有适应能力和应变能力。

商业企业作为商品流通领域,充分体现了商品流通过程中的多变性。商业企业为了适应顾客的需求,往往不断地采取新的管理方式,力争用最短的时间、最少的环节把商品送到消费者手中。因此,商业本身的管理方式是在不断变化的,同时会发生一定经营模式基础上的企业机制的调整和变化,商业企业的这种变化表现在要求管理信息系统有充分的柔性和可扩充性,能适应商业企业在一段时间内的业务调整。

8) 能够对企业的管理生产流程进行优化,提高商业企业的管理效率

通过对信息系统的实施,可以提高企业的管理水平,加快企业的资金周转,改变企业不合理的管理方式和管理方法,甚至可以对企业的管理流程进行再造。如当前普遍运用于企业的 ERP 系统,对提高企业的管理效率具有很大的帮助。

9) 能够促进企业开发新的销售方式和营销手段,促进企业快速发展

利用现代信息技术,可以提高商业企业的管理效率,促进企业的发展。在我国加入 WTO 以后,国外大型商业企业迅速进入我国。它们利用现代化的信息手段对全球资源进行统一管理、统一采购,以降低成本、提高利润。连锁超市、大型购物商场的出现,对我国的商业企业的生存提出了严峻的挑战。另外,由于网络的迅速普及,新的采购、销售方式层出不穷,网上购物、网络营销、新的直销模式等的出现也在侵蚀着传统商业企业的市场。如果我们的商业企业不能利用新技术来改变现状,就只能在激烈的竞争中被淘汰。

12.3.3 商业信息管理的实施

1. 商业管理系统的结构

商业管理信息系统的结构可以按照层次和职能两个方面进行划分。

1) 层次结构

商业管理信息系统的层次结构是一种塔形结构,如图 12-10 所示。它分为作业层、管理层和决策层。

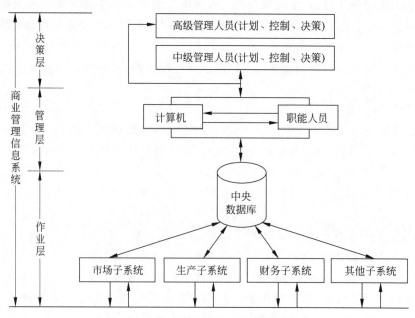

图 12-10 商业管理信息系统的层次结构

(1) 作业层。作业层的任务是有效地使用企业现有的人力、物力资源,在预算的范围内执行各项活动。它的处理包括事务处理、报表处理和查询处理。各项处理所需的数据主要来自企业内部,处理的数据量很大,它的处理是企业管理信息系统的基础。

目前,我国商业流通企业所建的计算机系统主要完成这一层次的任务。它们保存有本企业商品进、销、调、存数据,供各部门查询和输出各种报表使用。

主要功能包括如下几个方面。

① 原始数据采集与处理。原始数据采集与处理包括文件文字、声音、图像的录入与修改,各种事务的原始记录等。

② 业务管理。业务管理主要包括商品流转计划管理、合同管理、商品购进管理、商品编码、商品仓储管理、商品销售管理、前台 ECR 与 POS 管理等。

③ 财会管理。财会管理主要包括成本核算、会计核算、固定资产管理、综合财务计划管理、财务部报表管理、内部银行管理、费用管理、会计档案管理等。

④ 人事管理。人事管理主要包括员工档案管理、工资奖金管理、劳动纪律考核管理、劳动用工调配管理等。

⑤ 物业管理。物业管理主要包括低值易耗品管理、固定资产管理、能源耗费管理等。

⑥ 办公管理。办公管理主要包括会议管理、文字处理、公文档案管理等。

⑦ 考核管理。考核管理主要包括经济指标考核管理、员工劳动绩效考核管理等。

⑧ 综合查询管理。综合查询管理主要包括综合计划指标完成查询,商品购、销、存查询,商品价格查询,商品实时销售查询,员工状况查询等。

⑨ 统计分析与决策支持管理。统计分析与决策支持管理主要包括购进统计与分析、库存统计与分析、劳效统计与分析、销售统计与分析、顾客统计与分析、财务统计与分析等。

随着计算机及信息技术的进一步发展,这些功能都会不断地发生变化。但是,这些变化都会围绕着满足企业经营管理需要这一中心任务进行,并始终不会改变。

(2) 管理层。管理层的任务是保证企业经营所需要的人、财、物的调用、综合衡量企业的生产经营情况,检查企业的主要经济技术指标完成情况,将它们与计划值比较,从中观察其发展趋势,找出偏差的原因,提出解决方案。

处理包括根据有关部门的计划或使用预算模型来编制企业的计划和预算,定期提供企业经营情况的综合报告,运用数学方法分析执行计划的偏差,为管理人员提供满意的行动方案,处理所需要来自作业层产生的信息或数据,如各种计划、标准、预算和成本指标等。

(3) 决策层。决策层的任务是确定企业的目标、制订达到该目标应采用的战略计划。

处理包括建立数学模型,用模拟和试凑法来探索企业的目标和达到该目标的途径,如探索企业的经营发展方向、开发什么样的新产品。处理所需要的数据除了企业内部管理层产生的信息之外,还需要来源广泛的外部环境数据,如企业当前的和未来活动领域内的经济形势、政治环境、科技发展、市场预测、竞争对手的实力和市场占有率、备选战略方案及其所用资源等。

由于决策环境的不确定性和管理模式的不同,因此要解决的决策问题多数是半结构化的。对这种问题的处理是系统给决策者提供一个分析问题、构造模型、模拟决策过程及其效果的环境,通过人机对话的方式去探询决策目标和实现途径的解答。决策层的目的是提高整个企业的经济效益,同时在广度和深度方面扩大决策者的视野。

在实际企业运作中，一般一个企业的管理活动至少包括3个层次：战略管理层、战术管理层和作业管理层。

① 战略管理层也叫最高管理层。它主要负责有关企业全局和重大性问题的决策，具有战略性，如企业经营目标和经营方向的选择、企业产品结构的调整、市场营销策略的制定等。

② 战术管理层主要负责企业的中层管理。它所做出的决策多用于企业的小、短期计划方案，也可以说是一些局部问题解决方案，如生产经营计划、供销计划、财务计划的制订等。

③ 作业管理层又称事务处理层，它主要负责企业的基层管理和一些经常性的事务操作，如经营中的商品销售计划的制订、班组营销管理等。

管理活动的3个层次对应着3种类型的管理决策：结构化决策、半结构化决策和非结构化决策。

① 结构化决策通常针对确定性的管理问题，依据一定的决策规则和决策模型可以实现决策过程的自动化。一般来说，它主要负责处理作业管理层出现的问题。

② 半结构化决策通常指企业职能部门的计划、控制、管理等决策活动，多属局部的、短期的决策，通过相关的科学方法如运筹学、计量经济学、模糊数学等将半结构化问题转化为结构化问题来决策。

③ 非结构化决策带有战略性、全面性和复杂性。它所需要的信息大多来自于企业外部环境，很难用确定的决策模型来求解，它主要强调决策者的主观意志和经验判断。

2）职能结构

管理信息系统的结构也可以按照企业内部职能的不同进行划分，目前尚没有标准的结构，但是在商业企业中一般均包括市场营销部、后勤保障部、行政管理部、财务管理部和总经理办公室等部门。每种职能部门具有单独的信息需求，并且有自己的信息处理任务。它们形成整个系统的各个子系统。这些职能子系统和公共使用的数据库、模型库、服务程序，通过集成构成了企业的管理信息系统。

（1）市场营销部。商场营销部的职能通常包括有关商品的市场预测、销售、服务的全部活动。它的作业处理包括处理销售订单、销售数据，制订日销售计划，定期按商品、顾客等因素分析销售量，培训销售人员等。管理处理是根据收集的顾客、竞争者、竞争商品和需要的销售力量等数据，以市场为背景进行效益分析比较。决策处理是根据顾客分析、竞争者分析、用户信息调查、用户预测、技术预测等数据来制定新的营销策略和开拓新市场。

（2）后勤保障部。后勤保障部的职能包括购货、收货、存货控制和分发等活动。它的作业处理包括处理购货需求、购物单、提货单、发货单、库存报表等，并从中得到脱销商品、积压商品、库存周转率、卖主经销情况及商品性能等信息。管理处理包括商品库存量的计划值和实际值的比较，商品成本、脱销商品及库存周转率等。决策处理主要是确定新的存货和分发策略，对卖方的新政策。

（3）行政管理部。行政管理部的职能包括对企业职工的培训、选拔、聘用、解雇、管理人事档案、企业宣传、工资奖金标准制定等。其作业处理包括管理职工档案、提出雇用需求、制订培训计划、改变工资额和发放福利的规程等。管理处理主要是对计划指标和实际情况进行分析比较，分析的内容有职工数、员工技能、培训费用、支付的工资、工资额的分配等。决策处理主要是根据教育、本国不同地区的工资率、职业转换模型分析等数据来制定招工工资、培训、福利和企业的地理位置等的策略，以确保得到和聘用实现企业目标必需的员工。

(4) 财务管理部。财务与会计可以说是独立的职能部门,但它们之间有着紧密的联系。财务的职能是保证企业的资金并使企业的费用尽可能降低。财务的作业处理包括资金安排(借款、存货销售)、现金管理、收账处理、顾客赊欠。会计的职能是负责执行财务的各项活动,如记账,分类财务事务并概括成标准的财务报表(收入财务报表、资金平衡表),编制预算,分析成本。财会的作业处理是根据赊欠申请、销售单、支付凭证、支票等分类账,控制每天的差错,处理推迟的记录、未处理的事务和例外报表。它的管理层处理是根据财务的实际成本、会计处理数据的成本、差错率与预算进行对比。它的决策处理包括制订长远的战略计划,保证企业所需的资金。

(5) 总经理办公室。总经理办公室是企业的高层管理决策中心。它的作业处理主要是查询系统内存储的各种信息,以辅助决策;管理处理是根据各职能部门提供的综合信息来评估它们执行计划的情况;决策处理是依据系统内部的概括性数据、外部数据,通过特定的数据检索、分析来制订企业的战略计划,同时给各职能部门的战略计划规定框架及协调各种计划的制订、实施。

管理信息系统实际上是各职能子系统的集成,在系统中各职能子系统为完成其任务配合专用的软件,配有为整个系统服务的公用软件、数据库管理系统、模型库等。

2. 商业信息化

1) 国内外商业信息化现状、问题及发展趋势

(1) 国外商业信息化发展状况及趋势。国外商业信息化始于20世纪60年代末70年代初的条形码技术和电子数据交换(EDI)的兴起与推广应用。

20世纪70~80年代,PC和连锁经营的大发展,促使商业信息化出现高潮;在这期间,条形码识别系统、电子收款机(ECR)、销售点实时管理系统(POS)、电子订货系统(EOS)、电子数据交换(EDI)、银行信用卡及电子转账系统(EFT)等日渐普及,商业增值网(VAN)开始建设。

20世纪90年代,在网络技术的带动下,商业信息化得到空前大发展。美、日、欧盟等先进国家和地区商业流通业务流程的各个环节都在大力建设信息采集、信息处理、信息应用的计算机化和网络化;商业MIS由简单模拟型的第一代,发展到具有动态分析和决策支持功能的第三代。商业MIS与业务流程重组相结合,挂接"外脑"和"思想库"成为新的趋势。

1995年,基于因特网的电子商务在美国迅速兴起,亚马逊网上书店向人们展示了虚拟商业的魅力;思科、戴尔公司的网上直销创造了骄人的经营业绩;电子港湾的网上拍卖公司创造了"集体议价"(C2C)的电子商务模式。20世纪90年代后期,网络营销、电子交易很快波及欧洲、日本乃至世界各地。世界零售业巨头沃尔玛的网上商店1997年7月开始营业,标志着网上虚拟商店和传统的实体商店的有机结合进入了新的阶段。尽管电子商务还存在诸如法律、安全、税收、认证及网上结算等一系列问题,网络商店经营的商品还很有限,在整个商品零售额中所占比重还很小。但是发展地看,电子商务代表着一种趋势,将极大地改变传统的流通渠道和流通模式,迫使传统商业企业进行业务重组,改变经营模式,并将引发一些新兴业态的兴起。

(2) 国内商业信息化现状、问题及发展趋势。国内商业信息化起步较晚,发展水平整体上较低。在国家和政府各有关部门及金融单位的支持下,商业部门在"六五"期间开始探索微型计算机辅助管理;"七五"时期引入了MIS概念;"八五"期间在大型企业中广泛推行了POS管理;"九五"期间在全面推进大中型企业管理信息系统建设的同时,适应超市、连锁商

业的快速发展,推广应用了条形码技术、多种银行卡互联互通技术,探索了决策支持、现代物流配送技术、地理信息技术和网上购物等技术的应用;各级商业管理部门的办公自动化建设开始起步,并取得了显著成效。但是由于我国各地经济发展不平衡,各地的商业信息化存在着较大的差距。在经济发达的东部沿海城市和大城市的大型商业企业中,商业信息化基本普及和实施,但是在西部欠发达地区和一些中小城市,基本上还处于起步阶段。

即使从发达地区整体情况看,商业信息化还存在着严重的"信息孤岛"现象,在信息共享方面还没有根本突破;信息资源的采集、利用还缺少系统规划;信息化的基础,尤其是多数商业服务业企业的基础信息化建设还处于信息获取的较低水平,在商品管理、供应链管理、信息资源开发利用方面还有较大差距。中小企业的信息化水平不高,尤其是小型企业,计算机管理的普及率还很低,制约了我国商业信息化建设的持续、健康发展。

21世纪将是以高新技术为先导的知识经济时代和信息化时代,是我国实现经济、社会发展战略目标的重要时期。21世纪的前期,商业仍将处于一个持续发展的重要阶段,也是商业信息化发展的关键阶段。伴随着国民经济的快速发展和我国加入WTO的影响,传统的流通业面临一系列流通资源的重组和流通结构的变化,全球信息化的高潮更将使一些新兴流通企业伴随电子商务迅速崛起,基于因特网的网络经济和电子商务将代表着现代商业的发展方向。

2) 商业信息化应用实例

下面以用友软件公司开发的商品流通行业软件为例,简单介绍商业信息化系统的基本架构和主要功能。

根据商品流通行业系统的典型需求,建立产品基础数据描述,通过先进的采购、销售、库存和财务管理功能构建核心企业的最佳业务流程,通过信息流协同各经营单位和部门的商流、物流和资金流,合理配置企业资源,提高企业的核心竞争能力和市场应变能力,改善企业对客户的服务水平和质量,提高客户对企业的满意度和忠诚度。

从企业外部来看,构建以核心企业为主体的价值链条,通过信息流,协同上下游企业与核心企业的商务关系,实现整个价值链的增值。图12-11描述了商品流通行业解决方案的基本架构。

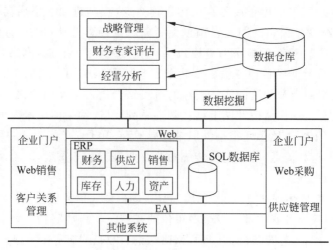

图12-11 商品流通行业信息化建设基本架构实例

商业解决方案为商业企业提供所需的全面系统功能,帮助商业企业提高灵活性,提高业务管控能力和市场的快速反馈决策机制。解决方案由财务管理系统、业务管理系统、管理驾驶舱、Web 应用管理系统、人力资源管理系统、客户关系管理系统和专业接口模块(航天金税系统接口、银行接口、POS 接口等)以及 EAI 应用等 60 多个模块集成组成。

系统的主要功能如图 12-12 所示。

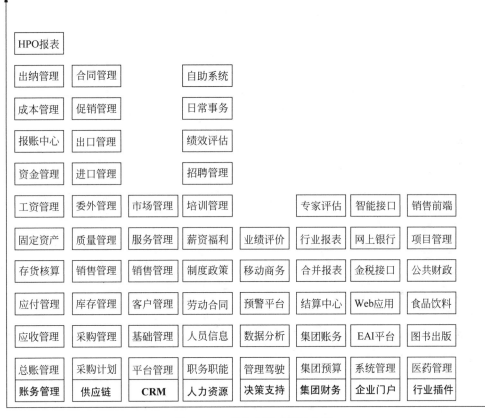

图 12-12　系统主要功能结构图

(1) 财务管理。为商业企业提供世界先进的财务管理理念,借助先进的财务管理工具实现财务管理职能的转变和飞跃。其系统功能模块如图 12-13 所示。

专家评估功能:使财务管理更好地指导公司战略规划和业务发展。通过先进的财务绩效管理工具保证公司健康发展。

管理会计功能:借助先进的成本管理工具,引入全新的成本管理手段,增强获利分析功能,指导业务的高效发展。

财务会计功能:满足外部会计信息的披露和业务监管的报表需要,提高会计信息处理效率,增强财务信息的透明度。

(2) 人力资源管理。人才是商业企业最重要的资产,人员的管理和发展关系到公司的未来。人力资源管理是目前市场比较专业的人力资源管理全面解决方案。其功能模块结构如图 12-14 所示。

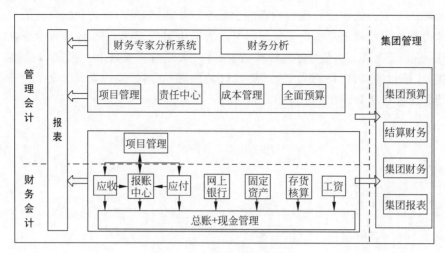

图 12-13 财务管理系统模块

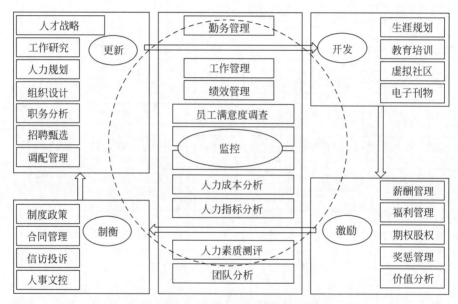

图 12-14 人力资料管理模块结构图

(3) 客户关系管理(CRM)。商业解决方案通过一整套前台业务系统功能,帮助营销员和批发商优化客户及潜在客户之间的关系,使员工和客户能够借助呼叫中心、互联网、面对面和其他沟通渠道进行交流。建立一个虚拟空间,在那里代理商、客户和商业企业可以通力合作。

(4) 供应链管理(SCM)。供应链管理为商业企业提供目前全面和先进集成的核心供应链业务解决方案。建立符合商品流通行业管理需求的供应链信息系统,在实现内部业务流程的一体化运作基础上,逐步扩展至供应链的上下游,与上下游伙伴协同运作,帮助企业整合上下游资源,统筹信息、货物与资金管理,提高整个供应链竞争力;同时系统具有以下特性:灵活性、先进性、开放性、可扩展性、经济性、安全性、方便性。

12.4 企业竞争情报

12.4.1 企业竞争情报系统概述

Johen Prescott 博士认为,企业竞争情报系统是一个含有正规和非正规操作流程的企业管理子系统,其功能主要是评估行业关键发展趋势,跟踪正在出现的非连续性变化,把握行业结构的演化以及分析现有和潜在的竞争对手的能力和动向,从而协助企业保持和发展可持续性的竞争优势。

竞争情报软件是为支持竞争情报活动而设计开发的具有一定通用性的软件,它的目标是提高竞争情报团队的工作效率,简化竞争情报工作。这是狭义的定义。狭义的竞争情报软件通常是专业竞争情报软件。从广义上说,凡是能够支持竞争情报活动的软件都属于这一范畴,例如常用的办公软件、统计软件,专门的信息分析和交流工具。广义的竞争情报软件通常是通用的竞争情报软件。

企业竞争情报系统是指对反映企业自身、竞争对手和企业外部环境的时间状态和变化的数据、信息、情报进行收集、存储、处理、分析,并以适当的方式发布给企业有关战略管理人员的计算机应用系统,是基于计算机和网络环境的、由先进的信息技术支持的企业竞争情报辅助分析计算机系统。

12.4.2 企业竞争情报系统

1. 企业竞争情报系统的内容结构和业务流程

1) 竞争情报系统的内容结构

按照竞争情报的概念和竞争情报工作的研究对象,竞争情报系统的内容包括竞争对手情报、自身情报、行业情报、市场情报、用户情报和合作者情报。竞争情报系统的内容结构如图 12-15 所示。

2) 竞争情报系统的工作业务流程

为了实现前面所述的企业竞争情报的价值,企业竞争情报系统应该是围绕企业的经营战略目标,以现代信息技术(尤其是网络技术)为主要手段,对企业内部和外部的竞争要素、竞争环境以及竞争对手的信息进行收集、存储、处理与分析研究的新一代综合性信息系统。图 12-16 为系统的工作业务流程。

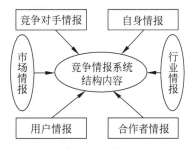

图 12-15 竞争情报系统的内容结构

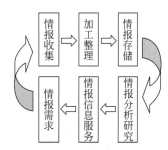

图 12-16 竞争情报系统的工作业务流程

企业竞争情报系统由情报需求、情报收集、加工整理、情报存储、情报分析研究、情报信息服务等几项业务组成。

情报需求：由企业主管部门或企业决策者提出战略展望、规划以及企业当前急需解决的问题等，然后根据这些情报需求信息做出情报规划和主题。

情报收集：包括传统信息源（报纸、杂志、出版物等）和网络信息源（电子刊物、网站、数据库、搜索引擎等）收集。

加工整理：将系统收集到的信息进行加工整理，在加工整理的过程中，首先对大量的信息进行筛选，剔除那些陈旧、无用和重复的以及缺乏真实性的信息，然后对经过筛选后的信息进行分类、合并、重组等处理，最后将有价值的情报信息录入数据库系统中。

情报存储：将经过加工整理后的信息存储到数据库系统中，为情报进行分析、挖掘做准备。

情报分析研究：通过一定的分析手段，对情报信息进行分析、挖掘、判断和推理。目前较常用的情报分析方法有定标比超、核心竞争力分析、态势分析、财务分析、专利分析、价值链分析等。

情报信息服务：将情报信息分析、判断、推理得出的结果提供成数据库查询、情报信息简报、情报分析报告等供企业管理者做决策参考。

2．企业竞争情报软件系统

1）软件系统结构

竞争情报系统可以划分为情报收集、情报处理、数据分析、情报服务4个功能模块以及中心数据库（见图12-17）。数据中心是各类数据、信息和情报资料的存储核心。

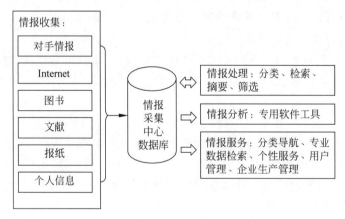

图 12-17　系统功能模块结构

2）软件系统运作流程

在系统功能结构的基础上，画出系统的运作流程图，如图12-18所示。该系统运作步骤概括如下。

第一步：情报研究与管理人员调研用户信息需求，锁定竞争情报目标，并依据该目标进行系统信息源、信息渠道、信息需求的分析与优化。

第二步：根据用户信息需求进行有针对性的信息资源采集，并经初步加工后输入竞争信息数据库。信息采集要力求全面、精确、及时。

第三步：信息资源组织处理与协调，包括信息深加工与组织、资源建设与协调等，从而使原始信息资源有序化、系统化。

第四步：按照相应的情报评价标准进行基于专家网络的信息分析评价和更高层次的组织排序（如统计分析、相关性分析、综合评价与精炼等），并根据企业经营目标评估企业竞争力。

第五步：情报配置，包括常规情报的发布与配送、情报报告和预案准备等。

第六步：情报报警，向相关部门和用户发出相应的报警信息，提供决策支持。

第七步：信息反馈与处理，即根据用户反馈的信息调整竞争情报目标，进行情报再分析。

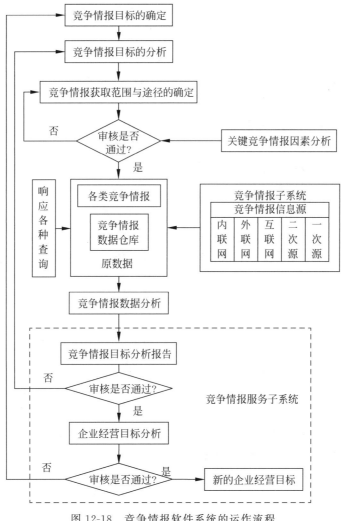

图 12-18　竞争情报软件系统的运作流程

12.4.3　企业竞争情报系统的实施

企业竞争情报软件系统包括 3 个子系统，它们是竞争情报收集子系统设计、竞争情报分析子系统、辅助决策服务子系统。

1）竞争情报收集子系统设计

竞争情报收集子系统包括两个功能：收集信息和加工处理信息。它是面向企业一线人员，从政策、采购、生产、销售、市场、服务等环节收集和输入相关信息，对收集的信息进行分类、整理，并存储于企业 MIS（管理信息系统）数据库中，为企业提供参考依据。它包括两个数据库：情报数据库和关键情报课题库（见图 12-19）。

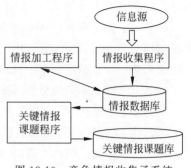

图 12-19　竞争情报收集子系统

情报数据库是将一线人员收集、输入的数据初步处理（删减、分类等）后而形成的数据进行存储，具备检索和调集功能。它包括：①动态信息。主要项目有相关政策、媒体报道、国际动态等。②行业数据库。主要项目有厂家基本资料、技术指标、产品结构、产品动态、市场信息等。③企业动态。主要项目有产品数据、合同数据、库存数据、客户数据、技术研发、营销管理、财务数据等。

关键情报课题库收集和确定关键情报课题（KITs）并分项目显示内容，针对企业 MIS 所有用户开放，具备留言和邮件接收的功能，为情报人员提供下一步情报收集任务。建立以项目为基础的竞争情报关键课题主要基于下列原因：把项目与企业的战略规划结合起来；能够针对特定的竞争对手和问题提供解决方案；在一个更全面的系统中进行有效的管理；提高数据管理的有效性和效率；提供具有可操作性的建议。

2）竞争情报分析子系统

竞争情报分析子系统是竞争情报收集子系统的功能延伸，是根据企业的竞争目标，围绕企业竞争战略，对存储在 MIS 中的数据进行及时分析，形成情报分析报告，并及时发送给上级领导或者是情报用户的过程。整个环节相互联系，构成一个权重、评价、荐优的循环系统。

竞争情报分析子系统主要具有以下职能：制定企业竞争情报研究的年度规划；负责情报的鉴定、筛选与保存；根据企业内部情报的需求，确定最佳的情报分析方案，正确地完成分析任务；为企业的经营管理提供竞争态势分析、市场调查报告、企业环境分析等专题报告；为企业提供危机预警服务；为企业寻找新的发展机遇。

在技术不断更新的环境下，情报分析的复杂化和高级化无疑是未来竞争情报的一大趋势。它包括分析的工具和专业技巧，以及对未来的预测功能。鉴于国内中小企业的实际情报需求和 MIS 的技术特色，需要从以下几个构成要素上考虑配置竞争情报分析子系统的分析功能，如图 12-20 所示。

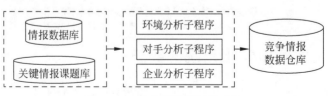

图 12-20　竞争情报分析子系统

(1) 环境分析子程序。

竞争环境指影响企业活动的各种外部环境因素的总和。分析这些因素对提高企业自身的竞争力是不容忽视的。一般来说,竞争环境的分析包括以下几个方面的内容:①经济环境,包括经济制度、消费结构等。②政治环境,包括国内外政治环境及相关的法律、法规等。③科技环境,包括行业技术发展状况及成果等。④自然环境,包括自然条件、地理条件、能源供应等。

环境对一个企业的影响是多方面的,也是非常重要的。任何和环境相抵触的措施或者是策略将要受到环境的惩罚,被淘汰的命运在所难免,更谈不上提高竞争力了。

(2) 对手分析子程序。

企业竞争对手主要是与本企业有共同目标的市场上与本企业有利益冲突、构成一定威胁的组织或个人。通过分析竞争对手,了解他们的战略和目标,评估其优势与劣势以及竞争反应模式,从而制定出自己的竞争战略和策略。对竞争对手的分析需要对下列问题做出回答:①在行业中我们将与谁展开竞争? 采取怎样相应的步骤? ②竞争对手战略行动的意义是什么? 我们该如何对待它? ③我们应当规避哪些领域,以防止竞争对手做出情绪化、不顾一切的反应? 竞争对手分析不仅针对他们的生产情况、管理机制、营销和销售、财务实力及研发等,还需考察工艺变化、生产技术变化、运输技术变化、包装技术变化、产品老化等。

(3) 企业分析子程序。

如果说对竞争对手的分析属于"知彼"的话,那么对自身的分析则属于"知己",只有知己知彼,方能百战不殆。要提高竞争力,除了要了解竞争对手、熟悉竞争环境外,还必须对自己有一个清楚的认识。一般来说,企业分析包括以下几个方面内容:①财务管理数据分析,包括财务统计和财务报表分析。②服务反馈,包括客户的忠诚度、对新产品的响应程度。③市场营销,包括合同比较,客户信息收集和比较,销售统计、分析和预测。④危机分析,包括企业重大事件回顾、环境的变化(包括政策、标准、行业等)。

3) 辅助决策服务子系统

竞争情报是为企业决策提供依据,并在企业的决策智能性及环境敏感性方面起着重要的作用。应有效地发掘竞争情报资源,对其进行深入的分析加工,并以最快最能满足需要的方式输出,供决策层参考。

辅助决策服务子系统的设计方案包括竞争情报数据库仓库、数据挖掘子程序、辅助决策子程序和用户服务子程序几个部分。竞争情报数据库仓库中有大量的竞争情报相关数据。数据挖掘子程序运用数据统计学等技术在现有数据中发现有用知识。辅助决策子程序通过竞争情报的挖掘分析,为决策提供辅助决策服务。用户服务子程序主要为用户提供交互服务,如图 12-21 所示。

图 12-21 辅助决策服务子系统

12.5 企业市场信息系统

企业市场信息系统是指为了增强企业的市场竞争力而建立起来的由人员、设备和技术相结合的完整体系。它通过对行业市场追踪报道，及时地收集、整理、分析和评价各种市场信息，为企业决策者制定市场竞争战略，提供决策支持。它是企业管理信息系统的重要组成部分。企业市场信息系统建立的目的在于收集各种相关的市场信息。但不同的企业所需要的信息流有所不同，因此不同企业其市场信息系统的构成会不尽相同。一般来说，企业信息系统可包含以下一些内容。

12.5.1 支持系统

支持系统指企业内用于信息存储、加工、通信与交流的计算机网络系统和可以连接到企业外部的其他数据库系统。

(1) 计算机网络系统：不仅要建立企业内部的局域网，还要将企业内部网与外界相连。

(2) 数据库系统：企业内部的信息和各种企业外部信息的集合体。企业的内部信息，如企业各部门的信息、企业图书馆的信息、各种和企业生产相关的非公开信息等，在经过加工整理后组建成企业数据库，以备企业市场信息的需求。同时企业的信息系统要借助于企业的联机系统，及时收集 Web 站点和网络上联机数据库中的企业市场信息，补充到企业数据库中加以统计分析。

12.5.2 功能系统

功能系统是指进行产品生产研发，市场信息的收集、加工、存储、分析和管理的整个工作系统，是企业市场信息系统的核心。从信息处理的层次来讲主要包括以下几部分（见图 12-22）。

1. 市场信息职能系统

该系统见图 12-23。

图 12-22　企业市场信息系统功能系统层次结构图

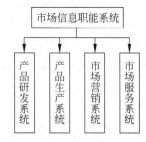

图 12-23　市场信息职能系统层次结构图

(1) 产品研发系统。收集信息为产品研发做准备，关键是各种专利信息。企业的研究发明是否为重复发明是至关重要的，之后收集同类产品的技术信息、销售状况，确定产品研发特色，以及进行收益分析，在可行性研究的基础上进行产品开发。

(2) 产品生产系统。该系统是信息运作的核心,其他子系统的信息最后要汇集于此。在生产过程中要做好生产进程记录,还要收集同类产品的市场动态,及时调整生产和上市的时间,同时为库存管理、销售管理、财务管理等做好前期准备。

(3) 市场营销系统。收集市场销售状况以便分析,主要是收集企业零售商信息、企业产品信息和批发商信息以及各种企业运营信息,利用信息系统使企业与客户和供应商保持紧密相连。

(4) 市场服务系统。主要收集售后产品信息,包括客户对产品的满意度、与同类产品的比较信息、产品的市场潜能、在同类产品中所占的市场份额、产品的销售分析等。

2. 市场信息调研系统

市场信息调研系统一般是临时建立的信息系统,委托咨询机构进行调研。它是为解决企业某个特定的营销而设立的,为企业做动态信息跟踪,解决企业内部常规信息系统所无法解决的问题。它主要收集以下信息(见图12-24):

(1) 行业政策法规信息。急需解决的与企业问题相关的最新政策法规,它们将对企业发展产生怎样的影响,在解决企业问题中所起作用等。

(2) 行业发展状况信息。关于产业动态发展状况、市场预测、产业发展前景等相关的信息。目的是了解企业的定位,寻求市场机遇,降低企业运营风险。

(3) 金融机构信息。收集各种金融、股市动态、期货市场等信息,这类信息可以为企业投资及贷款进行风险预测。

(4) 竞争情报信息。主要收集关于市场的综合信息,目的在于准确及时地了解自己和整体市场的现状,确定竞争对手和竞争产品,及时做出决策分析,并估算竞争者的反应模式等。

3. 市场信息分析系统

市场信息分析系统是市场研究系统,企业针对某种特定的市场形态,利用前两个系统传递的信息,对信息收集并分析整理,得出结论,如图12-25所示。

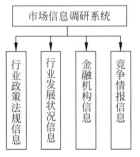

图12-24 市场信息调研系统所收集的信息

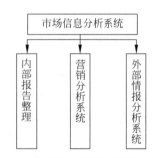

图12-25 市场信息分析系统层次结构图

(1) 内部报告整理。它提供关于销售、成本、投资、现金流量、应收和应付账款的最新数据分析,解决企业的内部问题。

(2) 营销分析系统。它包括先进的统计程序和模型,负责建立用于解释、预测和控制营销过程的模型,以便从中挖掘出更精确、更有价值的调研结果。

(3) 外部情报分析系统。利用各种内部报告、外部环境信息和各种调研结果,进行企业外部环境分析,即竞争环境分析。由于市场的形成、竞争的出现,有些企业的信息收集已开始具有战略的色彩,通过企业市场信息系统对抗外部的威胁,可以认为这个系统是战略系统的雏形。

以上所有这些系统之间通过信息交换进行信息集成,从而实现数据通信和信息共享。市场信息职能系统获取的信息和市场信息调研系统研究的信息,需要传递给市场信息分析系统,以便分析系统根据这些数据进行企业决策分析。

练习题

一、名词解释
1. 商业银行现代化管理
2. 商业银行信息
3. 商业银行信息系统
4. 信息化
5. 证券信息
6. 证券信息化管理
7. 网络证券交易
8. 证券交易系统
9. 商业信息
10. 商业管理信息系统

二、问答题
1. 简述信息在现代商业银行经营管理中的作用。
2. 简述银行信息化的主要内容。
3. 证券信息有哪些特点?
4. 如何理解"证券信息化管理是一种全新的证券业务管理模式"?
5. 证券信息化管理系统与传统的信息管理系统有哪些不同?
6. 证券信息化管理系统建设中需要注意哪些问题?
7. 简述商业信息的内涵。
8. 商业信息有哪些特点?
9. 商业信息处理原则有哪些?
10. 商业管理信息系统有哪些特点?

三、论述题
1. 商业银行信息系统的功能有哪些?
2. 试述银行信息化的关键技术。
3. 商业信息管理系统包括哪些基本内容?

参考文献

[1] 朱斌.浅谈银行信息化现状和一级支行应对措施[J].华南金融电脑,2004(12):21-22.
[2] 张莹,杨雪晶.企业市场信息系统的开发[J].图书馆学研究,2004(04):64-66.
[3] 杨晓斌.银行信息化的标志及关键技术[J].电子质量,2002(11):33-35.
[4] 张晓京,王治宝,王秀峰.我国证券交易系统发展现状及展望[J].计算机应用,2001(03):11-14.

[5] 谭柏卿.信息化趋势与我国商业银行发展[J].湖南税务高等专科学校学报,2000(04):44-45.
[6] 邵荣第.证券信息化:跨世纪的课题-信息技术变革与券商经营模式研究[J].计算机与网络,1999(08):31.
[7] 林自煊.商贸信息管理[M].北京:中国商业出版社,1996.
[8] 吴以雯.商业银行信息系统[M].上海:上海财经大学出版社,1996.
[9] 徐志坚.网络证券[M].贵阳:贵州人民出版社,2001.
[10] 牛东来.王春利,商业信息化[M].北京:京华出版社,1998.
[11] 陈德维.柳思维,商业信息管理学[M].北京:中国财政经济出版社,1987.
[12] 李大军.商业管理信息系统[M].北京:清华大学出版社 ,2002.

附录 A 模拟试题

信息资源管理期末考试模拟试卷（一）

题号	一	二	三	四	五	总分	总分人
分值	15	20	30	24	11	100	
得分							

得分	评阅人

一、多项选择题（本大题共 10 个小题，每小题 1.5 分，共 15 分。在每小题列出的 5 个选项中有 2~5 个选项是符合题目要求的，请将正确选项前的字母填在题后的括号内。多选、少选、错选均不得分）

1. 信息采集的过程一般可以分为（　　）。
 A. 需求分析　　　　　　　　　　B. 确定采集途径和策略
 C. 采集实施　　　　　　　　　　D. 结果评价
 E. 整理数据和编写报告
2. 按照主体的认识层次，可将信息划分为（　　）。
 A. 资料　　　B. 知识　　　C. 语法信息　　　D. 语义信息
 E. 语用信息
3. 信息职业包括（　　）。
 A. 知识生产与发明者　　　　　　B. 知识分配与传播者
 C. 市场调查、管理及咨询人员　　D. 信息处理与传输人员
 E. 信息设备劳动者
4. 计算机软件保护条例的作用包括（　　）。
 A. 保护著作权人的权益　　　　　B. 鼓励开发
 C. 扩大计算机销售　　　　　　　D. 促进计算机应用事业的发展
 E. 调整开发者、销售者、使用者之间的利益关系
5. 下面描述正确的是（　　）。
 A. 强制性国家标准代号为 GB，推荐性国家标准代号为 GB/T
 B. 对需要在全国范围内统一的技术要求，应当制定国家标准
 C. 国家标准由国务院有关行政主管部门制定，并报国务院标准化行政主管部门备案

D. 只有国有企业才有权利和义务按照《标准化法》的规定制定企业标准

E. 没有国家标准和行业标准而又需要在省、自治区、直辖市范围内统一的工业产品的安全卫生要求,可以制定地方标准

6. 制订项目计划常用的方法有( )。

A. 工作分析结构表(WBS) B. 甘特图

C. ER 图 D. PERT 图

E. CPM 图

7. 影响信息系统安全的隐患具体可分为数据和信息安全隐患、软件系统安全隐患、网络安全隐患及设备安全隐患。在产生这些隐患的原因中,属于信息系统本身缺陷的是( )。

A. 系统开发过程中,程序调试和检验不严格,很多错误没有被发现,造成了系统运行时遇到特定情况造成系统混乱

B. 设备的故障(如机器发生故障、网络发生故障、电源发生故障等)对系统所产生的危害

C. 系统设计没有考虑防止误操作和严格的输入校验措施,以致某些随机的误操作或关键性输入错误发生时,弄乱了整个系统内部的数据

D. 突发性灾难(如火灾、水灾、地震、雷电等)对系统设备和数据产生的危害

E. 系统开发过程中没有考虑到系统保护、系统备份等安全性措施,当外界环境或技术故障发生时,整个系统陷于瘫痪

8. 以下选项属于知识产权的是( )。

A. 商标权 B. 名称标记权

C. 著作权 D. 版权

E. 专利权

9. 维护即对系统进行修改,由此可能对系统带来一定的副作用,主要是因为( )。

A. 对数据结构的修改 B. 源代码修改可能产生新的错误

C. 系统中文档删除 D. 数据维护

E. 源代码修改,而不对相应文档更新,造成源代码与文档不一致

10. 计算机软件产品开发过程中应编制的主要技术文档包括( )。

A. 可行性研究报告 B. 总体设计说明书

C. 测试计划 D. 操作手册

E. 项目开发总结

得分	评阅人

二、名词解释题(本大题共 5 个小题,每小题 4 分,共 20 分)

11. 信息资源管理:

12. 知识产权:

13. 标准化:

14. 项目管理:

15. 政府信息化：

三、简答题(本大题共 6 个小题,每小题 5 分,共 30 分)

16. 根据信息采集的针对性原则,为了准确地收集信息,要注意哪些事情?
17. 简述信息资源具有稀缺性的主要原因。
18. 网络信息资源配置一般遵循哪些原则?
19. 著作权主要包括哪些方面的权利?
20. 网络信息资源的重点信息资源保障利用模式是怎样设计的?
21. 我国的政府信息化进程共经历了哪 4 个阶段?

四、论述题(本大题共 3 个小题,每小题 8 分,共 24 分)

22. 你认为应该怎样评价图书馆服务质量?
23. 介绍客户关系管理(CRM)的功能。
24. 招标有哪 3 种实施方式?请分别叙述每种方式是如何实施的。

五、分析阐述题(本大题共 1 个小题,每小题 11 分,共 11 分)

25. 信息产业的一个突出特点是许多企业不是孤立地出现在单个地点,而是成群地集聚在有利的地理区位。如美国 67% 的计算机产业集中在 5 个州,大部分半导体行业经销商在硅谷设立总部,2/3 的小型计算机制造厂开设在马萨诸塞州。试分析阐述导致这种现象发生的原因。

信息资源管理期末考试模拟试卷(二)

题号	一	二	三	四	五	六	总分	总分人
分值	10	10	20	30	20	10	100	
得分								

一、单项选择题(本大题共 10 个小题,每小题 1 分,共 10 分。在每小题列出的 4 个选项中只有一个选项是符合题目要求的,请将正确选项前的字母填在题后的括号内)

1. 目前在我国,各级政府部门在信息资源管理过程中的主要职责是( )。
   A. 向社会提供信息服务

  B. 从政策上指导信息资源的开发和利用
  C. 直接从事信息资源的开发和管理
  D. 研究制定信息资源开发的标准和规范
2. 研究与制定信息资源开发的标准与规范的责任承担者主要是( )。
  A. 各级政府的有关部门   B. 民间团体和组织
  C. 国家标准局   D. 各类信息服务机构
3. 信息对于现代社会的经济活动是一种重要的( )。
  A. 物质资源   B. 非物质资源
  C. 可再生资源   D. 不可再生资源
4. 对于一个企业组织来说,信息资源管理的主要目标是( )。
  A. 支持基层作业   B. 支持新产品开发
  C. 支持生产计划安排   D. 支持高层决策
5. 对整个国民经济体系的体制、政策、经济结构、科技水平,以及涉及这些方面的标准化水平做出综合反映的是( )。
  A. 标准体系 B. 产品标准 C. 技术标准 D. 经济标准
6. 由国际权威组织制定,并为大多数国家所承认和通用的标准,称为( )。
  A. 国家标准 B. 企业标准 C. 国际标准 D. 区域标准
7. 制定信息资源管理标准的过程中,在充分考虑本国国情及相关政策的基础上,要注意并尽量与其接轨的标准是( )。
  A. 国家标准 B. 国际标准 C. 区域标准 D. 行业标准
8. 载体的性质主要取决于信息的( )。
  A. 表示内容   B. 描述形式
  C. 物理特征   D. 三者都不是
9. 在全球互联网中,下面网站所占的比例较大的是( )。
  A. 企业网站   B. 政府机构
  C. 商业网站   D. 教育科研机构网站
10. 信息采集的过程一般可以分为( )。
  A. 需求分析、确定采集途径和策略、采集实施、结果评价、整理数据和编写报告
  B. 发现采集源、采集实施、整理信息和编写报告
  C. 发现采集源、采集实施、整理信息、编写报告和存储
  D. 发现采集源、采集实施、整理信息和服务客户

得分	评阅人

  二、多项选择题(本大题共 10 个小题,每小题 1 分,共 10 分。在每小题列出的几个选项中有 2~5 个选项是符合题目要求的,请将正确选项前的字母填在题后的括号内。多选、少选、错选均不得分)

11. 信息资源管理主要起源于( )。
  A. 工业企业管理   B. 图书情报管理
  C. 信息服务   D. 科学技术管理
  E. 管理信息系统

12. 信息化发展的主要前提是（　　）。
    A. 人类工作、生活和思维方式的变化
    B. 科学技术的进步
    C. 社会政治经济活动的全球化
    D. 人民生活水平的提高
    E. 信息资源的不断积累
13. 信息系统项目管理的任务划分工作包括的内容有（　　）。
    A. 组建管理小组　　　　　　　　B. 任务设置
    C. 资金划分　　　　　　　　　　D. 任务计划时间表
    E. 协同过程与保证完成任务的条件
14. 信息资源管理标准化的方法，除了简化方法之外，还可以运用的方法有（　　）。
    A. 类比　　　B. 程序化　　　C. 统一　　　D. 综合
    E. 组合
15. 在开展信息资源管理标准化的过程中，除了以效益原则为指导之外，还应遵循（　　）。
    A. 动态原则　　B. 简化原则　　C. 系统原则　　D. 优化原则
    E. 协商原则
16. 用系统论方法构建信息资源管理系统应遵从系统方法的三项基本原则。三项基本原则是（　　）。
    A. 整体性原则　　B. 最优化原则　　C. 动态性原则　　D. 快捷性原则
17. 市场信息主要包括（　　）。
    A. 市场营销信息　　　　　　　　B. 市场管理信息
    C. 科技信息　　　　　　　　　　D. 市场环境信息
18. 企业CRM系统通常包括4个方面的功能，即（　　）。
    A. 市场管理　　B. 销售管理　　C. 客户服务　　D. 技术支持
    E. 人力资源管理
19. 政府的信息能力包括（　　）。
    A. 信息采集能力　　　　　　　　B. 信息处理能力
    C. 信息利用能力　　　　　　　　D. 信息交流能力
    E. 信息学习能力
20. 声像存储技术包括（　　）。
    A. 幻灯片存储技术　　　　　　　B. 录音存储技术
    C. 录像存储技术　　　　　　　　D. 电影存储技术

得分	评阅人

三、**名词解释题**（本大题共5个小题，每小题4分，共20分）

21. 信息检索：
22. 信息资源配置：
23. 地方标准：
24. 信息系统监理：

25. CIO：

四、简答题（本大题共 6 个小题，每小题 5 分，共 30 分）

26. 简述我国知识产权制度的发展。
27. 影响标准体系构成的因素包括哪些方面？
28. 网络信息资源有哪些特点？
29. 简述信息产业的管理模式。
30. 国家市场信息系统有哪些职能？
31. 简述信息化的三要素及其相互关系。

五、论述题（本大题共两个小题，每小题 10 分，共 20 分）

32. 论述在推进信息化发展的进程中，信息化三要素之间的协调发展关系。
33. 论述信息化对社会生产活动的影响。

六、分析题（本大题共 1 个小题，每小题 10 分，共 10 分）

34. 多年的统计资料发现，北京、上海、广州等发达地区的互联网普及率较高，而云南、贵州、西藏等西部地区的互联网普及率较低，"数字边缘化"现象明显。请从信息资源管理的角度分析，并提出解决方案。

信息资源管理期末考试模拟试卷（三）

题号	一	二	三	四	五	总分	总分人
分值	10	10	20	30	30	100	
得分							

一、单项选择题（本大题共 10 个小题，每小题 1 分，共 10 分。在每小题列出的 4 个选项中只有一个选项是符合题目要求的，请将正确选项前的字母填在题后的括号内）

1. 一个国家管理信息系统建设的规模和数量主要反映该国信息资源的（　　）。
   A. 利用能力　　B. 管理能力　　C. 储备能力　　D. 处理能力
2. 广义信息资源与狭义信息资源定义的主要区别是（　　）。
   A. 内容不同　　B. 形式不同　　C. 角度不同　　D. 观点不同

3. 在一个企业内部,不直接涉及信息资源管理的过程是(　　)。
　　A. 财务报表管理　　　　　　　B. 人力资源管理
　　C. 信息系统管理　　　　　　　D. 安全保卫管理
4. 随着信息技术的不断进步,信息化进程的障碍主要来自于(　　)。
　　A. 工业基础薄弱　　　　　　　B. 人员素质不高
　　C. 管理水平落后　　　　　　　D. B 和 C
5. 标准是维系科研、生产和使用三者的"纽带",其"桥梁"作用的发挥体现在将科技成果转化为(　　)。
　　A. 技术开发　　B. 生产力　　C. 生产率　　D. 生产能力
6. 信息资源管理标准化工作的最基本方法是(　　)。
　　A. 组合方法　　B. 统一方法　　C. 简化方法　　D. 综合方法
7. 按照广义信息资源的定义,以下各项中不属于信息资源内容的是(　　)。
　　A. 信息存储的设备　　　　　　B. 信息存储的方法
　　C. 信息存储的标准　　　　　　D. 信息存储的地点
8. 信息源的评价方法有(　　)。
　　A. 计算法　　B. 统计法　　C. 估计法　　D. 直接评定法
9. 超媒体是(　　)。
　　A. 超媒体＝超文本＋多媒体　　B. 媒体
　　C. 超文本　　　　　　　　　　D. 流媒体
10. 我国信息政策法规的研究和制定起步较晚,其发展过程大致经过了(　　)。
　　A. 一个阶段　　B. 两个阶段　　C. 三个阶段　　D. 四个阶段

得分	评阅人

二、**多项选择题**(本大题共 10 个小题,每小题 1 分,共 10 分。在每小题列出的几个选项中有 2~5 个选项是符合题目要求的,请将正确选项前的字母填在题后的括号内。多选、少选、错选均不得分)

11. 按照我国信息产业两大部类的划分,信息服务业包括(　　)。
　　A. 计算机软/硬件产品制造　　　B. 计算机软/硬件产品开发
　　C. 计算机软/硬件产品销售　　　D. 计算机软/硬件产品维护
　　E. 计算机软/硬件产品采购与安装
12. 计算机化的信息资源载体包括(　　)。
　　A. 纸介质　　B. 磁介质　　C. 电介质　　D. 光介质
　　E. 声介质
13. 信息系统项目管理的内容包括(　　)。
　　A. 任务划分　　B. 计划安排　　C. 经费管理　　D. 审计与控制
　　E. 风险管理
14. 考察一个汽车制造企业,以下资源中属于信息资源的有(　　)。
　　A. 生产原材料　　B. 银行贷款　　C. 生产计划　　D. 各类报表
　　E. 新产品研究开发人员

15. 根据我国标准化法的规定,我国标准具有的级别分为(　　)。
    A. 区域标准　　　B. 企业标准　　　C. 地方标准　　　D. 国家标准
    E. 行业标准

16. 信息产业由以下(　　)部分组成。
    A. 信息技术和设备制造业　　　　B. 信息服务业
    C. 软件　　　　　　　　　　　　D. 电子游戏

17. 市场信息特征包括(　　)。
    A. 目的性　　B. 利益性　　C. 竞争性　　D. 变换性
    E. 层次性　　F. 增值性

18. ERP主要的功能模块有(　　)。
    A. 财务管理模块　　　　　　　　B. 生产控制管理模块
    C. 物流管理　　　　　　　　　　D. 人力资源管理模块

19. 著名的英国费希尔-克拉克的产业分类体系,将国民经济各部门划分为(　　)。
    A. 农业　　　B. 工业　　　C. 第三产业　　　D. 教育产业

20. 信息资源存储技术主要是(　　)。
    A. 纸张印刷存储技术　　　　　　B. 微缩存储技术
    C. 声像存储技术　　　　　　　　D. 磁存储技术
    E. 光存储技术

得分	评阅人

三、名词解释题(本大题共5个小题,每小题4分,共20分)

21. 信息采集:
22. 信息资源有效配置:
23. 行业标准:
24. 商业过程重组:
25. 政府的信息能力:

得分	评阅人

四、简答题(本大题共6个小题,每小题5分,共30分)

26. 简述政策与法规的区别。
27. 信息系统战略规划的内容是什么?
28. 简述信息产业的特征。
29. 什么是"两网一站四库十二金"?
30. 简述企业信息资源管理系统建立的最优化原则。
31. 市场信息有哪些特征?

五、论述题(本大题共 3 个小题,每小题 10 分,共 30 分)

32. 为什么说信息产业的发展是国民经济和社会可持续发展的重要条件?
33. 政府信息资源管理的职能有哪些?
34. 论述知识奖励机制。

信息资源管理期末考试模拟试卷(四)

题号	一	二	三	四	五	六	总分	总分人
分值	10	10	20	30	20	10	100	
得分								

一、填空题(本大题共 5 个空,每空 2 分,共 10 分,请在每小题的横线上填上正确答案,错填、不填均不得分)

1. 信息资源是人类社会活动中经过开发、组织与利用,并大量积累起来的信息及其信息工作者和信息技术等信息活动要素的_____。
2. 信息资源配置效益的优化是信息资源合理化配置追求的目标之一。我们应从用户效益、机构效益、_____和社会效益几个方面去考虑信息资源配置效益。
3. OCR 是_____技术。
4. 计算机信息系统由硬件、软件、数据(库)、通信网络、_____和程序规则组成。
5. 我国政府信息化进程共经历了起步阶段、推进阶段、_____和高速发展阶段 4 个阶段。

二、判断题(本大题共 5 个小题,每小题 2 分,共 10 分。判断下列各题,在题后括号内正确的打"√",错的打"×")

6. 信息是社会生产力的重要构成要素。(　　)
7. 知识产权就是版权。(　　)
8. 行业标准是指某一个地区范围内统一的标准。(　　)
9. 所谓招投标,是指采购人(采购商或采购机构)在大宗商品的采购或大型建设项目外包中,不采用一般的交易程序,而是事先提出货物、工程或服务采购的条件和要求,邀请众多投标商(制造商、承包商或集成商)参加投标并按照规定程序从中选择交易对象的一种市场交易行为。(　　)
10. 市场信息就是信息市场。(　　)

三、名词解释题(本大题共5个小题,每小题4分,共20分)

11. 信息资源管理:
12. 帕累托最优:
13. DVD:
14. 国家标准:
15. 注意力经济:

四、简答题(本大题共5个小题,每小题6分,共30分)

16. 信息资源配置的效益一般从哪几个方面来考虑?
17. 信息系统安全的5个属性是什么?
18. 简要列举信息产业的主要组成部分。
19. 市场信息与信息市场有哪些区别?
20. 简述CKO的主要工作内容。

五、论述题(本大题共两个小题,每小题10分,共20分)

21. 简述信息系统是企业竞争的工具。
22. 论述电子政务对于促进改革和发展,加快现代化建设的重要意义。

六、分析题(本大题共1个小题,每小题10分,共10分)

23. 分析我国信息产业发展现状和问题,提出其管理模式。

2018年,我国电子信息产业销售收入总规模达12.4万亿元,同比增长12.7%,其中,规模以上电子信息制造业实现主营业务收入9.3万亿元,同比增长10.4%;软件和信息技术服务业实现软件业务收入3.1万亿元(快报数据),同比增长24.6%。2018年,我国电子信息产品进出口总额达13 302亿美元,同比增长12.1%,增速高于同期全国外贸进出口总额水平4.5%。其中,出口7807亿美元,同比增长11.9%,高于全国外贸出口增速。部分产品产销量居世界前列;结构调整初见成效,软件、集成电路等核心基础产业迅速发展;产业集聚效应进一步显现。但是,我国信息产业发展的体制问题依然存在,行业管理和监管体系尚需完善,法制建设亟待加强,核心基础产业薄弱,创新能力不足,结构性矛盾仍较突出,产业大而不强。

信息资源管理期末考试模拟试卷(五)

题号	一	二	三	四	五	总分	总分人
分值	10	10	20	30	30	100	
得分							

得分	评阅人

一、单项选择题(本大题共 10 个小题,每小题 1 分,共 10 分。在每小题列出的 4 个选项中只有一个选项是符合题目要求的,请将正确选项前的字母填在题后的括号内)

1. 根据信息对信息接收者活动的影响,信息内容可分 4 个层次,即( )。
    A. 迹象、事实、知识、智慧　　　　B. 概念、判断、知识、智能
    C. 印象、概念、知识、理论　　　　D. 事实、判断、知识、智慧
2. 狭义的信息资源是指( )。
    A. 信息及其载体　　　　　　　　　B. 信源及其信宿
    C. 事物的状态及其联系　　　　　　D. 数据的形式及其内容
3. 信息产业是信息经济发展的( )。
    A. 重要基础　　B. 必然结果　　C. 主要现象　　D. 重要资源
4. 信息资源管理标准化的效益原则,体现了信息资源管理标准化的( )。
    A. 贯彻　　　　B. 实施　　　　C. 检查　　　　D. 目的
5. 各种标准的相互依存,互相补充,共同构成一个完整的体系结构,反映了标准体系的( )。
    A. 配套性特征　B. 协调性特征　C. 比例性特征　D. 复合性特征
6. 标准体系的配套性就是反映标准体系的( )。
    A. 协调性　　　B. 比例性　　　C. 综合性　　　D. 完整性
7. 在信息资源管理标准化方法中,针对系统标准化对象的整体及其相关要素,有目的、有计划地制定和贯彻一个标准系统化的标准化方法,称为( )。
    A. 组合方法　　　　　　　　　　　B. 综合方法
    C. 统一方法　　　　　　　　　　　D. 简化方法
8. 信息资源是( )。
    A. 人类社会活动中经过开发、组织与利用,并大量积累起来的信息及其信息工作者和信息技术等信息活动要素的集合
    B. 信息
    C. 信息的集合
    D. 科学技术信息、政策法规信息、社会发展信息、经济信息、市场信息金融信息的集合
9. 只读式光盘存储器是( )。
    A. CD-ROM　　B. CD-R　　　C. CD-RW　　　D. CD-O

10. 信息的最重要的经济功能是（　　）。
   A. 对社会生产力的作用功能　　B. 对生活的作用功能
   C. 对国家的作用功能　　D. 对企业的作用功能

得分	评阅人

二、**多项选择题**（本大题共 10 个小题，每小题 1 分，共 10 分。在每小题列出的几个选项中有 2~5 个选项是符合题目要求的，请将正确选项前的字母填在题后的括号内。多选、少选、错选均不得分）

11. 企业信息资源管理人员包括（　　）。
   A. 企业副总经理或副总裁　　B. 企业信息主管
   C. 企业营销人员　　D. 信息中心工作人员
   E. 各部门专业技术管理人员

12. 广义的信息资源应包括（　　）。
   A. 信息采集、处理、存储、传输和利用的对象
   B. 信息采集、处理、存储、传输和利用的方法、技术和工具
   C. 信息采集、处理、存储、传输和利用的人员
   D. 信息采集、处理、存储、传输和利用的内部过程
   E. 信息采集、处理、存储、传输和利用的外部环境

13. 要使信息资源管理标准化实现保护用户和消费者权益的目的，当前我国应进一步搞好对标准的（　　）。
   A. 研究　　B. 制定　　C. 统一　　D. 修订
   E. 贯彻执行

14. 非对称性市场有 3 种典型的形式，即（　　）。
   A. 卖主与买主之间　　B. 买主与买主之间
   C. 卖主与卖主之间　　D. 房地产商与客户之间

15. 信息资源被压缩的对象包括（　　）。
   A. 文本　　B. 声音　　C. 图像　　D. 视频

16. 国际市场信息包括（　　）。
   A. 市场信息　　B. 政治信息　　C. 经济信息　　D. 文化信息

17. 企业的信息资源具有（　　）特点。
   A. 时效性　　B. 共享性　　C. 可存储性　　D. 可复制性

18. 信息产业的管理体制包括（　　）。
   A. 集中式　　B. 分散式
   C. 集中分散混合式　　D. 金字塔式

19. 文本输入方式包括（　　）。
   A. 键盘录入　　B. 语音识别
   C. 手写输入　　D. OCR 识别

20. 罗曼认为，信息资源配置特性包括（　　）。
   A. 层次性　　B. 动态性
   C. 渐进性　　D. 合理性

三、名词解释题（本大题共5个小题，每小题4分，共20分）

21. 信息资源：
22. 市场失灵：
23. 超文本：
24. 标准化：
25. 信息产业：

四、简答题（本大题共5个小题，每小题6分，共30分）

26. 知识产权分为哪几类？
27. 什么是信息系统审计？
28. 如何理解产业划分？目前比较普遍采用的三大产业指的是什么？
29. 简述市场信息的内涵。
30. 简述企业信息资源的特点。

五、论述题（本大题共3个小题，每小题10分，共30分）

31. 论述信息在社会经济中发挥的作用。
32. 论述信息资源优化配置目标实施的对策。
33. 论述标准化的必要性与重要性。

期末考试模拟试卷（一）部分参考答案

一、多项选择题

1	2	3	4	5	6	7	8	9	10
ABCDE	CDE	ABCDE	ABDE	ABE	ABDE	ACE	ABCDE	ABE	ABCDE

其他各题的答案略。

期末考试模拟试卷（二）部分参考答案

一、单项选择题

1	2	3	4	5	6	7	8	9	10
B	B	B	D	A	C	B	B	A	A

二、多项选择题

11	12	13	14	15	16	17	18	19	20
BCE	BCE	BCDE	BCDE	ACDE	ABC	ABCD	ABCD	ABCD	ABCD

其他各题的答案略。

期末考试模拟试卷(三)部分参考答案

一、单项选择题

1	2	3	4	5	6	7	8	9	10
D	C	D	D	B	D	D	D	A	C

二、多项选择题

11	12	13	14	15	16	17	18	19	20
ABCD	ABCDE	ABCE	CDE	BCDE	AB	ABCDE	ABCD	ABC	ABCDE

其他各题的答案略。

期末考试模拟试卷(四)部分参考答案

一、填空题

1	2	3	4	5
集合	国家效益	光学字符识别	人	发展阶段

二、判断题

6	7	8	9	10
√	×	×	√	×

其他各题的答案略。

期末考试模拟试卷(五)部分参考答案

一、单项选择题

1	2	3	4	5	6	7	8	9	10
A	A	A	D	A	D	B	A	A	A

二、多项选择题

11	12	13	14	15	16	17	18	19	20
BDE	BCDE	BDE	ABC	ABCD	ABCD	ABCD	ABC	ABCD	ABC

其他各题的答案略。

图书资源支持

感谢您一直以来对清华版图书的支持和爱护。为了配合本书的使用,本书提供配套的资源,有需求的读者请扫描下方的"书圈"微信公众号二维码,在图书专区下载,也可以拨打电话或发送电子邮件咨询。

如果您在使用本书的过程中遇到了什么问题,或者有相关图书出版计划,也请您发邮件告诉我们,以便我们更好地为您服务。

我们的联系方式:

地　　址:北京市海淀区双清路学研大厦A座701

邮　　编:100084

电　　话:010-83470236　010-83470237

资源下载:http://www.tup.com.cn

客服邮箱:2301891038@qq.com

QQ:2301891038(请写明您的单位和姓名)

书圈

扫一扫,获取最新目录

课程直播

用微信扫一扫右边的二维码,即可关注清华大学出版社公众号"书圈"。